Gerrit Jan Heering

Der Sündenfall des Christentums

Eine Untersuchung über
Christentum, Staat und Krieg

edition pace | Band 29
Regal: Pazifismus der frühen Kirche 4

Herausgegeben von Peter Bürger

Eine Neuedition in Kooperation mit:
Lebenshaus Schwäbische Alb,
Ökumenisches Institut für Friedenstheologie,
Thomas Nauerth (Portal: Friedenstheologie)

Gerrit Jan Heering

Der Sündenfall des Christentums

Eine Untersuchung über Christentum, Staat und Krieg

Aus dem Holländischen übersetzt durch
Octavia Müller-Hofstede de Groot
(1930)

edition pace

Diese Buchausgabe
folgt der schon erschienenen
Digitalversion des Online-Regals
(OekIF / Lebenshaus Schwäbische Alb)

© 2024

Gerrit Jan Heering

DER SÜNDENFALL DES CHRISTENTUMS
Eine Untersuchung über
Christentum, Staat und Krieg

*Aus dem Holländischen übersetzt durch
Octavia Müller-Hofstede de Groot* (1930)

edition pace I Band 29
(*Regal: Pazifismus der frühen Kirche* 4)

Herausgegeben & gestaltet von Peter Bürger

Umschlagbildmaterial: „Im Kreuzgang
in Millstatt" & „Statua di Costantino ai musei
capitolini" I commons.wikimedia.org

Verlag: BoD · Books on Demand GmbH, In de Tarpen 42,
22848 Norderstedt, bod@bod.de I Druck: Libri Plureos GmbH,
Friedensallee 273, 22763 Hamburg

ISBN: 978-3-7693-2488-4

Inhalt

DRITTES KAPITEL.
STAAT UND KRIEG | **118**

———

Wenn ein Buch – zum mindesten im Herzen des Christen – den Krieg töten könnte, so würde es dieses Buch tun. Für die christliche Ethik ist der Krieg erledigt. Was man zu seiner Rechtfertigung oder Entschuldigung von dieser Seite noch geltend macht, ist nur Rückzugsgefecht der Nachhut eines geschlagenen Heeres.

Wenn der nächste Krieg kommt, werden die Kirchen nicht mehr geschlossen zu den Armeen stehn. Es wird dann nicht ohne schwere innere Konflikte gehen. Wie sie sich abspielen, wie sie sich lösen werden, weiß kein Mensch. Je länger die gegenwärtige Atempause dauert, desto besser mag es sein. Es ist nur ein sogenannter Friede, den wir haben. Aber doch eine Gottesgnade immerhin, den Völkern zur Besinnung gegeben. Denn das tut am meisten not: Besinnung. Und dann zur Besinnung ein Wille. Beidem möchte dies Buch Vorspann leisten.

Der Verfasser ist Holländer. Bürger eines „neutralen" Staates. Die Völker der neutralen Staaten haben den letzten Krieg anders erlebt, als wir mitwirkenden. Das half ihnen manches anders sehen und beurteilen, als wir. Wenn die Ausführungen dieses Buches gelegentlich merkbar davon bestimmt sind, so wird es dadurch nur um so interessanter. Deutschland ist ja jetzt auch mehr oder minder ein neutraler Staat.

Während dies Buch ins Deutsche übertragen wurde, erschien aus deutscher Feder ein verwandtes, mit Recht viel beachtetes: „Friede auf Erden?" von Generalsuperintendent D. Dibelius in Berlin. Unsere Übersetzung wurde dadurch nicht überflüssig. Es ist von hohem Reiz, die beiden Bücher zu vergleichen.

Wir leben in einer wunderlichen Zeit. Das heißt: in einer Zeit, über die sich unsere Vernunft wundert. Aber unser Glaube sagt: es ist Gottes Stunde.

Martin Rade

Es war nicht mein Wunsch, dieses Buch zu schreiben, sondern das Bündnis, das Christentum und Militarismus in aller Ruhe zusammengeschlossen hatten, und dem ich nicht länger zusehen konnte, nötigte mich dazu.

Ich will weder über die Ursachen des Krieges sprechen (außer über die eine große, die in besagtem Bündnis liegt), noch ein Geschichtsbuch schreiben. Ich will nur auf Grund einiger in ehrlicher Weise geprüften und mitgeteilten Tatsachen ernsthaft auseinander setzen, daß Christentum und Krieg – jetzt mehr denn je – unversöhnliche Gegensätze sind. Ich will zwischen die christliche Ideologie und die des Krieges einen Keil treiben. Beide Systeme sind von der Geschichte zwangsweise zusammengeführt und werden jetzt in künstlicher Weise zusammengehalten. Ich will an das christliche Gewissen und an das von diesem Gewissen gelenkte vernünftige Denken appellieren und fragen, ob es nicht die höchste Zeit ist, daß Kirche und Christen sich prinzipiell gegen das ganze Kriegswesen auflehnen.

Dem historischen Christentum, das sich auf mancherlei Gebiet in heilsamer Weise betätigt hat, und dem ich das Beste, was ich habe, verdanke, stehe ich ehrfurchtsvoll gegenüber – auf dem Gebiet der christlich sanktionierten Staats- und Kriegsmoral weist jedoch seine Geschichte so dunkle Seiten auf, daß ich vor der inhaltsschweren Symbolik meines Titels: „Der Sündenfall des Christentums" nicht zurückgeschreckt bin. Es war eine verhängnisvolle Wendung in der Geistesgeschichte, die während und nach der Zeit Konstantin des Großen sich vollzog; durch das allzuenge Bündnis zwischen Staat und Kirche ging das Bewußtsein des Gegensatzes zwischen Christentum und Krieg (das als Konsequenz des Evangeliums in den ersten Jahrhunderten entstanden war) verloren und damit das Bewußtsein eines großen christlichen Wertes.

Eine verhängnisvolle Wendung in der Geistesgeschichte. Denn das Schlimmste ist nicht, daß man in gewissen Dingen gegen die christliche Grundstellung sündigt; das schlimmste ist, daß man sie nicht mehr sieht, und ruhig Böses gut nennt. Wie viel geschichtlich-psychologische Gründe auch zur Erklärung dieser Wendung in der

Geistesgeschichte beigebracht werden können, im Prinzip war sie ein Abfall. Am Ende eines Weges sieht man oft besser, daß er falsch war, als am Anfang. Die Art, wie in allen christlichen Ländern die Kirche direkt in das gegenseitige Gemetzel des letzten Krieges hineingezogen worden ist, nämlich als unentbehrlicher, als inspirierender Faktor, demonstriert jenen Sündenfall in deutlichster und greulichster Weise. Es ist kein größerer Abstand und Gegensatz denkbar, als zwischen Christus und dem modernen Krieg. Wer dies verneint, hat die Realität eines von beiden oder beider nicht klar gesehen. Das militärische Christentum unserer Tage kann nicht schärfer gerichtet werden, als es durch das Christentum Christi geschieht.

Es ruht eine schwere Schuld auf unserem Christentum, namentlich auf seiner Theologie. Sie hat den Staats-Absolutismus und den Nationalismus viel mehr in sich aufgenommen und verehrt, als die christliche Idee ertragen kann. Sie hat in viel stärkerem Maß mit der Sünde und den Notwendigkeiten dieser Welt gerechnet, als die christliche Ethik erlaubt. Sie hat mit ihrem Glauben an die Weltschöpfung den an eine notwendige Neuschöpfung verdrängt und diese von Christus abgewandte Welt gelehrt, dem gläubig zuzustimmen. Sofern sie kulturkritisch blieb oder wurde, hat sie diese Kritik durch zu hochgespannte Jenseitigkeit gelähmt, eine Jenseitigkeit, die der Militarisierung und der Verderbnis dieser Welt mit eschatologischer Gelassenheit zuschaute. Die Theologie hat es infolgedessen fertig gebracht, daß das Christentum sich auf individuelle Heilsarbeit beschränkte und seinen welterneuernden Charakter verlor. So hat die Theologie es erreicht, den Christen mit dem Krieg zu versöhnen, seinen Widerstand zu besiegen und dem Militarismus jene geistige Basis zu verschaffen, ohne die er sich in Ländern christlicher Konfession nicht hätte halten können.

Damit ist die reine und erhabene Ethik des Evangeliums hoffnungslos verzerrt und getrübt. Soll diese Ethik wieder zu ihrem Recht kommen, dann muß sie – trotz, nein kraft des Glaubens, der sie trägt – sich die Dogmatik vorläufig fern halten, um zu verhüten, daß diese sie im voraus entnervt, ehe sie ihr Ziel und ihre Kraft hat zeigen können.

Man verstehe mich nicht falsch. Ich vermesse mich nicht, die Geschichte zu bekritteln; Gottes Wege sind nicht unsere Wege. Und Harnack hat schon recht, wenn er sagt, daß das Christentum sich verblutet hätte, wenn es sofort die Durchführung seiner Prinzipien im Staat und in der Gesellschaft gefordert hätte. Es ist mitunter göttliche Weisheit, wenn sie einen Vorhang vor die Augen der Menschheit zieht, so daß die Grundstellung des Christentums zum Teil verdeckt wird und sie die Folgerungen, die ihr eigenes Prinzip verlangt, nicht übersehen kann. Wenn aber die Zeit kommt, wie es jetzt der Fall ist, daß Gott den Vorhang wegzieht und der Ausblick wieder frei wird, so daß das in Verblendung begangene Unrecht in seinem sündigen Charakter klar an den Tag tritt, dann ist es unverzeihlich, die Augen davor zu schließen, und unmöglich, schwarz weiß zu nennen. Dann gilt auch kein Appell mehr an die Geschichte. Wir dürfen für unser Verhalten keine andere Norm als die s i t t l i c h e anerkennen. Die k o s m i s c h e n Richtlinien der Geschichte kennen wir nicht; wir müssen sie der Vorsehung überlassen, deren Rolle wir nicht zu spielen versuchen dürfen.

Man halte mich nicht für hochmütig. Ich erhebe mich nicht über die Kirche, aus der ich hervorgegangen bin, der ich diene, und deren Schuld ich trage. Ich erhebe mich nicht über meine christlichen Gegner; ich weiß nur zu gut, daß wir alle Sünder sind vor Gott. Aber in der e i n e n Sache, um die es hier geht, sind mir nach langem und schwerem Kampf die Augen geöffnet worden; diese Offenbarung ist mir heilig und darum absolut. In ihrem Licht, das nur die Verlängerung eines Lichtstrahls des Evangeliums ist, habe ich versucht, mir über den Krieg, seinen Charakter, sein Verhältnis zur Persönlichkeit, zur Gesellschaft, zu Recht und Staat, Rechenschaft zu geben.

Ich muß die Frage offen lassen, ob es mir gelungen ist und ob ich dazu befugt war. Ich bin weder Historiker noch Exeget, weder Staats- noch Rechtsphilosoph. Auf diesen Gebieten mußte ich mich oft von zuverlässigen Führern belehren lassen. Je mehr jedoch die Probleme ethischer und prinzipieller Natur wurden, um so s i c h e r e r fühlte ich mich. Es versteht sich von selbst, daß meine Schrift, die so vielerlei Gegenstände berührt und berühren mußte, ihre schwachen Seiten hat. In der Hauptsache aber, nämlich in der Auseinandersetzung, daß ein „gerechter Krieg" – wenn er je möglich war – jetzt undenkbar ist, und daß es einer christlichen Nation durch ein heiliges Verbot untersagt ist, den Krieg noch länger mitzumachen, fühle ich mich stark. Die viele Kritik, die mir in Holland zuteil wurde, und die bewirkte, daß die erste Auflage meines Buches binnen Jahresfrist vergriffen war, hat meine Überzeugung nur gefestigt. Die Kritik wurde schwächer, je mehr sie sich der Hauptsache näherte, und gegen die Hauptsache vermochte sie nichts.

Das Beste in dem Buch ist nicht von mir, sondern von Dem, der mich zum Schreiben nötigte. Darum wage ich zu hoffen, daß es auch in jenen Ländern, die in deutscher Sprache Christus verehren und Gott anbeten, seinen Weg finden wird. (Die englische Übersetzung wird im Herbst bei George Allen & Unwin Ltd. in London erscheinen.)

Die vorliegende deutsche Übersetzung von Octavia Müller-Hofstede de Groot und ihrem Gatten, zu der neben Anderen auch Dr. Liechtenhan (Basel) wertvolle Arbeit geleistet hat, möge dies vermitteln.

Leiden, Frühjahr 1930.

Dr. G. J. Heering
Professor an der Universität Leiden

Erstes Kapitel
Das Urchristentum und der Krieg

A. DAS NEUE TESTAMENT

I. Wie es im Alten Testament wurzelt. Zweierlei Messiaserwartung.
Jesus der Friedens-Messias. Die Ethik des Neuen Testamentes ist
unvereinbar mit dem Krieg.

Das Neue Testament wurzelt im Alten. Man könnte also verlangen,
daß wir zunächst fragen: Welche Gedanken hat die Bibel zur Frage
des Krieges? Darauf müßten wir antworten: sehr verschiedene. Bei
wenigen Fragen bietet die Bibel so von einander abweichende und
unter sich unvereinbare Gesichtspunkte wie bei der des Krieges. Für
den, der die Bibel als eine in sich geschlossene Einheit von Gedanken ansieht, die alle auf derselben Höhe liegen, ist dieses Problem
unlösbar. Wer dagegen in der Schrift nicht eine in sich starre, sondern eine organische Einheit (ein Organismus kennt Phasen des
Wachstums), eine fortschreitende und stets vollkommenere Offenbarung von Gottes Wesen und Absichten sieht, wird auch in bezug
auf unser Problem eine steigende Linie erkennen, die ihren Höhe-
und Ruhepunkt in Jesus Christus findet. Sein göttliches Licht scheint
seitdem in der Welt und zeigt den Weg zu seinem Reiche.

Der große Aufstieg der Offenbarungslinie liegt natürlich zwischen dem Alten und dem Neuen Testament. Aber auch das Alte
Testament kennt eine fortschreitende Entwicklung. Ein merkwürdi-
ges Beispiel dafür bietet der Verfasser der Chronik, der gegen den
gefeierten König David den Einwand erhebt, daß er den Tempel
nicht bauen dürfe, weil er „viel Blut vergossen" habe, während die
älteren Bücher Samuelis und der Könige dieses Bedenken nicht kennen; waren es doch „Kriege des Herrn" (1. Chron. 22,8). Dr. J. C. de
Moor[1] versucht, diese sich widersprechenden Ansichten auf merkwürdige Weise auszugleichen, und er ist von seinem Standpunkt

---

[1] Dr. J. C. DE MOOR, Dienstplicht en Geweten. 4. Aufl. 1918. van Schild en Pyl, blz.
9. 11.

aus dazu gezwungen: Wie hätte derselbe David sonst sagen können, „daß Gott ihn das Kriegführen gelehrt hätte" (2. Samuel 22,35: „Er lehrt meine Hände streiten"), ein Beispiel für die schwierige Lage, in die man kommt, wenn man in der Schrift keine fortschreitende Entwicklung sehen kann und darum all ihre Aussprüche auf eine Ebene stellen muß. Es gibt im Alten Testament einen Fortschritt der Gedanken (wie viele Jahrhunderte umfaßt die Entstehung dieser Schrift!) und wir finden dort Gipfel, die fast an die Höhen des Neuen Testamentes heranreichen.

Dem Kriegsproblem gegenüber ziehen sich durch das Alte Testament zwei Gedankengänge: der eine ist stark national-kriegerisch; der andere wächst darüber hinaus zu einer Gesinnung, die sich dem Evangelium nähert. Der erste Weg, in der alten Zeit der natürliche, wird der Weg der Verstockung Israels; mit Jesu Kommen wird er gerichtet und ist damit erledigt. Den zweiten Weg betritt Christus selbst.

Auf dem ersten Weg, auf dem Jahwe ausschließlich als Israels Stammes- und Kriegsgott verehrt wird, begegnen wir den „heiligen" Kriegen Israels mit all den Grausamkeiten, von denen Josua in den Kapiteln 6, 7, 10 und 11 erzählt; wir begegnen Deborah mit ihrem grotesken und unmenschlichen Siegessang (Richter 5), auch Samuel mit seiner Aufreizung zur erbarmungslosen Rache (1. Sam. 15). Hier erklingen die leidenschaftlichen Rachepsalmen, zum Beispiel Psalm 74, 3. 22; 79, 12; 83, 10ff.; 137, 7-9. Aus diesem Geist ging auch zum größten Teil die jüdisch-nationale Messias-Erwartung hervor, deren Zeloten sich später immer wieder in blutiger Empörung gegen die römische Gewalt erhoben, bis sie in den Jahren 70 und 135 n. Chr. endgültig besiegt und aus ihrem Land vertrieben wurden.

Hier herrscht eine Gesinnung – sie geht nur allzu deutlich aus den angeführten Stellen hervor –, die dem Geist Jesu Christi auf das schärfste widerspricht. Diejenigen, die die Inspiration der Heiligen Schrift in allen Einzelheiten anerkennen, machen verzweifelte aber vergebliche Versuche, diese Teile des Alten Testamentes mit dem Evangelium in Übereinstimmung zu bringen. Diese antik-barbarische Gesinnung hindert viele Strenggläubige daran, sich zum Krieg so zu stellen, wie es sich für einen Christen gehört. In diesem Sinne hat Dr. Macpherson recht, wenn er sagt, daß „die orthodoxe Auffassung der Bibel als inspiriertes Ganzes in vergangenen Jahrhunderten der Kirche die Möglichkeit genommen hat, den Krieg von ganzem Herzen zu verurteilen"[2]. Wir fügen hinzu: „das ist noch immer der Fall". Noch immer wird in manchen kirchlichen Kreisen zur Bekämpfung des Pazifismus König David zitiert, der ein „Mann war nach Gottes Herzen" (1. Sam. 13,14) und trotzdem viele Kriege geführt hat. Wir wollen gern die edeln und frommen Züge dieses Königs anerkennen, wenn wir aber lesen, in welcher Weise er die „Kriege des Herrn" führte – (1. Sam. 27,9: „Da aber David das Land schlug, ließ er weder Mann noch Weib leben"; und 2. Sam. 12,31: „Aber das Volk drinnen in der Stadt Rabba führte er heraus und legte sie unter eiserne Sägen und Zacken und eiserne Keile und verbrannte sie in Ziegelöfen. So tat er allen Städten der Kinder Ammon") –, dann fühlt jeder unbefangene Leser: hier spricht nicht Gott, sondern eine barbarische Zeit mit einer rohen Auffassung Gottes und seines Willens.

Es ist selbstverständlich, sagt Professor Windisch in seiner Schrift: „Der Sinn der Bergpredigt", 1929, S. 154, daß nicht alle alttestamentlichen Begriffe in das Evangelium eingefügt werden können. „Die brutalen Kriegs- und Staatsgebote des Alten Testamentes kommen für den, der die Antithesen der Bergpredigt verstanden hat, nicht in Frage." Es ist kein Wunder, daß der bekannte Missionar Stanley Jones, als er in Britisch-Indien den Hindus und Mohammedanern die Eindeutigkeit und Größe des Christentums in diesen Fragen predigen wollte, immer mit Gegnern Schwierigkeiten hatte, die sich gegen ihn auf die genannten Stellen des Alten Testamentes beriefen. Er begegnete ihren Einwänden mit der Erklärung: „Christus ist für mich das Christentum." Seine Gegner fragten: „Was berechtigt Sie, in der Heiligen Schrift diesen Unterschied zu machen?" Jones antwortete treffend: „Daß sein eigner Meister, der ja selbst gesagt habe: ‚Ihr habt gehört, daß zu den Alten gesagt ist. ... Ich aber sage euch ...' ihm das Recht dazu gegeben habe." Jones verstand von da an und lehrte es andere, daß die Offenbarung fortschreite und in Ihm den Höhepunkt erreiche.

Wer mit der Schrift das Friedensproblem in christlicher Weise

---

[2] Rev. Dr. Hector MACPHERSON: „The Church, the Bible and the War". Edinburgh 1928, p. 7.

erfassen will, muß „der ganzen Bibel" unabhängig gegenüberstehen, und muß allein Christus und was im Alten Testament auf ihn hinzielt, im Auge haben; sonst ist, wie gesagt, das Problem unlösbar.

Am Anfang dieses zweiten alttestamentlichen Weges steht das fünfte Gebot: „Du sollst nicht töten", das ursprünglich im engern Sinne aufgefaßt (den Mitbürger schonen) eine immer tiefere und umfassendere Bedeutung erhielt. Auf diesem Wege bewegt sich die andere Messias-Hoffnung, die das Edelste der nationalen Erwartung übernimmt und vergeistigt, bis sie die Höhe wie bei Jesaja erreicht. Dieser Prophet sieht im Geiste, wie die Völker künftig nach Jerusalem ziehen, um dort zu hören, daß man „die Schwerter zu Pflugscharen und die Spieße zu Sicheln machen wird, denn es wird kein Volk mehr gegen das andere ein Schwert aufheben und wird nicht mehr kriegen lernen" (Jes. 2,2-4; 9,1-6; 11,1-9). Ebenfalls Psalm 46, 8-11 und Sacharia 9,9-10: „Siehe, dein König kommt zu dir, ein Gerechter und ein Helfer, arm und reitet auf einem Esel, auf einem jungen Füllen der Eselin. Denn ich will die Wagen abtun von Ephraim und die Rosse von Jerusalem und der Streitbogen soll zerbrochen werden, denn er wird Frieden lehren unter den Heiden; und seine Herrschaft wird sein von einem Meer bis ans andere und vom Strom bis an der Welt Ende."

Der rachsüchtige und kriegerische Messianismus hat die letzten Jahrhunderte des israelitischen Volkes in überwältigender Weise beherrscht. Nach dem makkabäischen Freiheitskrieg „blieb das jüdische Land auch weiterhin unter römischer Herrschaft vulkanischer Boden"[3]. Von der Rachsucht und dem Blutdurst der fanatisch religiös-nationalen Juden bekommt man aus dem Buch Henoch einen klaren Eindruck: „Die Männer, die Gott mit der Führung des messianischen Krieges betraut, sind genau so grausam und barbarisch, wie die heidnischen Unterdrücker der Juden[4]." Dieser „religiöse Kriegsfanatismus" endigte mit einem Blutbad. „Aber unmittelbar, bevor dieses verblendete Volk seine weltgeschichtliche Rolle verspielte, hatte sich von seinem Boden eine neue religiöse Bewegung losgelöst, die die großen, der Welt unentbehrlichen geistigen Güter,

---

[3] Hans WINDISCH: „Der Messianische Krieg und das Urchristentum". Tübingen 1909. S. 7.
[4] WINDISCH, S. 14.

den Gottes- und Erlösungsglauben und die Moral, in einer unerreichten Reinheit und unvergleichlichen Kraft in sich barg, aber den sich selbst aufzehrenden Kriegsfanatismus abgestoßen hatte. Seit dem Erscheinen Jesu und der Entfaltung der urchristlichen Mission hatte das Judentum der Menschheit nichts mehr zu sagen. Nun trieben es die niedern Instinkte, die es nicht lassen mochte, ins Verderben. Ohne das Christentum wäre seine Weltmission verpfuscht. Beides, die Entstehung des friedlich gerichteten Christentums und der darauf folgende Untergang des kriegerischen Judentums, muten wie Fingerzeige Gottes an. Auch der oberflächlichste Beobachter kann hier mit Händen greifen, wie die Geschichte der Menschheit von Vernunft geleitet wird. Der Christ sieht in ihnen unanzweifelbare Zeugnisse für ein Walten der Vorsehung Gottes in der Geistesgeschichte[5]."

Den Charakter des ersten Christentums verdanken wir der schöpferischen Persönlichkeit, die diese Bewegung hervorrief: dem Messias Jesus, der die reinsten Messiaserwartungen der Besten Israels erfüllt hat. „Das wichtigste negative Charakteristikum seines Messiastums liegt darin, daß er den messianischen Krieg ablehnte. … Er hätte seine Mission verdorben, wenn er den Kriegsfanatismus entfacht hätte. Die Verfeinerung des Gewissens, die er darbot, wäre verloren gegangen. Aber er nahm auch die Folgen seiner Entscheidung wider das Volksideal auf sich. Er duldete, litt und ließ sich töten. So ward er den Juden zum Trotz dennoch der Messias Triumphator. Ohne Kampf hat der Galiläer doch gesiegt[6]."

Einige Ausdrücke im Evangelium haben mitunter zu einer falschen Auffassung des Messiascharakters Jesu Veranlassung gegeben; besonders Stellen wie Matth. 10,34 und Luk. 22,36-38 könnten gedeutet werden, als ob er sich dennoch mit Waffengewalt hätte durchsetzen wollen. Matth. 10,34 lesen wir: „Ihr sollt nicht wähnen, daß ich gekommen sei, Frieden zu senden auf die Erde. Ich bin nicht gekommen, Frieden zu senden, sondern das Schwert." Die Fortsetzung jedoch zeigt, daß hier das Schwert der Zwietracht in einer Welt, die sich für oder gegen Christus entscheiden wird, gemeint ist. Das Schwert des Hasses und der Verfolgung, das sich gegen die

---

[5] WINDISCH, S. 92:
[6] WINDISCH, S. 95.

Christen richten wird. Wie könnte es anders gemeint sein, da kurz vorher gesagt wird (Vers 16): „Siehe ich sende euch wie Schafe mitten unter die Wölfe." Luk. 12,51 vermeidet das Mißverständnis, indem er statt „Schwert" „Zwietracht" schreibt.

Größere Schwierigkeit bietet Luk. 22,36-38, eine der dunkelsten Stellen des Neuen Testaments. Im Hinblick auf die schweren Zeiten, die kommen werden, ermahnt Jesus hier seine Jünger: „Wer kein Schwert hat, verkaufe sein Kleid, und kaufe ein Schwert." Sie sprachen aber: „Herr, siehe hier sind zwei Schwerter." Er aber sprach zu ihnen: „Es ist genug." – „Seht ihr's", rief der deutsche Theologe Spitta im Krieg aus: „Jesus war kein weichlicher Pazifist und Kosmopolit. Seine Jünger hat er zur Notwehr aufrufen können[7]." Aber fast alle Neu-Testamentler stecken hier in der Klemme. Professor Oort in der Leidener Übersetzung nennt diese Stelle „rätselhaft" und im Widerspruch mit vielen anderen Stellen im Neuen Testament. Joh. Weiß urteilt in seinem Kommentar: „Die äußerst kriegerische Stimmung dieses Wortes steht im Widerspruch mit vielen andern, die den aktiven Widerstand geradezu verbieten (z. B. Matth. 26,52ff. Offenb. 13,10. Matth. 5,39. Luk. 6,29ff.). Es widerspricht überhaupt dem ganzen Geist des Urchristentums und ist aus Stimmung und Lage der alten Gemeinde in der Verfolgung nicht zu erklären", nicht aus der Stellung jener „kleinen Minderheiten" und auch nicht aus der Stellung Jesu vor seiner Gefangennahme. Was hätte er mit zwei Schwertern machen sollen! Wie konnte das „genug" sein? Wie hätte Jesus Führer in diesem Kampf sein können? Was für ein bewaffneter Messias wäre er gewesen? Die Fragen häufen sich. Harnack weiß keine andere Erklärung dieser rätselhaften Ermahnung als eine allegorische: „Jesus meinte die kriegerische Bereitschaft, das Evangelium mit allen Mitteln zu verteidigen; seine Jünger aber verstanden ihn sinnlich und wiesen auf die zwei Schwerter hin, die im Gemache waren." Ironisch bricht er das Gespräch ab mit den Worten: „Es ist genug[8]." Windisch verwirft die Allegorie, betrachtet diesen Text als einen „Fremdkörper" im Evangelium und findet folgende Lösung: daß hier eine menschliche

---

[7] Theologische Rundschau, 18. Jahrgang (1915), Heft 11/12, S. 335 von WINDISCH zitiert in seinem Artikel: „Jesus und der Krieg".

[8] Adolf HARNACK, Militia Christi. Tübingen 1905. S. 4. 5.

Schwäche Jesu mitgeteilt wird, die jedoch sofort überwunden wird: in der Stunde der Gefahr „hat er selbst, für einen Augenblick wenigstens, an Notwehr gedacht". Aber er überwand die Versuchung. Unmittelbar darauf (Luk. 22,51) verbietet er in Gethsemane bei der Gefangennahme – einem seiner Jünger, der das Schwert ergriffen und einem der Angreifer ein Ohr abgehauen hatte, fortzufahren: „Hört auf, nicht weiter!" (Leidener Übersetzung) und heilt die Wunde. Im kritischen Augenblicke erhebt er sich über seine Angreifer und Verteidiger. „Rein steht er da, mitten in einer Welt voll Rachsucht, Blutdurst und Grausamkeit, als der Mann der Liebe, des Friedens und der Geduld"[9]. Matthäus bringt Jesu Worte noch deutlicher, noch eindrucksvoller: „Stecke das Schwert an seinen Ort, denn wer das Schwert nimmt, der soll durch das Schwert umkommen." (Matth. 26,52.) – Nein, nur „Kriegsexegese", die leider in voller Blüte gestanden hat, kann aus diesem Kapitel des Evangeliums Kriegsmünze schlagen[10]. Und zwar auf beiden Seiten der Kriegführenden. Wir wiesen vorhin auf Spitta hin. Aber auch der wallonische Prediger Giran erklärte, daß Jesus einen Schlag geduldet hat, um ein lebendiges Beispiel zu geben, daß es unter Umständen gerechtfertigt, ja geboten ist, bewaffneten Widerstand zu leisten. Und mit dem Wort, daß, wer das Schwert nimmt, durch das Schwert umkommen wird, habe das Evangelium die Sache der Entente glänzend gerechtfertigt; darum mußte Deutschland schließlich besiegt werden (!)[11].

Wer den Geist Christi mit der Gewalt verquickt, hat ihn sicherlich nicht verstanden. Die einzige gewalttätige Handlung, die von Jesus in den Evangelien berichtet wird, ist die Tempelreinigung (Matth. 21,12. Joh. 2,14), bei der Jesus in heiligem Zorn die Kaufleute und Wechsler aus dem Hause des Gebets austrieb, ohne daß jedoch von Blutvergießen die Rede ist; und sogar diese Handlung, wie menschlich erklärlich sie sein, ja wie sehr sie vielleicht auch aus dem „mysterium tremendum", das in Jesus verborgen war, zu verstehen

---

[9] WINDISCH, Der Messianische Krieg. S. 48 f. 51.
[10] Diese Kriegsexegese versteht es sogar, das vorhin zitierte Wort Jesu in Gethsemane auszunutzen und darin n.b. eine Rechtfertigung, das Schwert zu tragen, auch für die Obrigkeit zu sehen. Die ersten Christen dachten anders, siehe z. B. Tertullian.
[11] Theologische Rundschau, 20. Jahrgang (1917), Heft 10/11 in einem Artikel von WINDISCH.

sein möge, steht mehr oder weniger auf gespanntem Fuß mit dem übrigen Neuen Testament, wo überall der Geist göttlicher Liebe und leidender Geduld an die Stelle der Gewalt tritt. „Denn dazu seid ihr berufen", heißt es im ersten Petrusbrief 2, 21-23: „sintemal auch Christus gelitten hat für uns, und uns ein Vorbild gelassen, daß ihr sollt nachfolgen seinen Fußstapfen; welcher keine Sünde getan hat, ist auch kein Betrug in seinem Mund erfunden; welcher nicht wieder schalt, da er gescholten ward, nicht drohte, da er litt, er stellte es aber dem anheim, der da recht richtet." Dies ist der Eindruck, den des Menschen Sohn hinterließ. Nicht die menschliche, sondern die von Gott inspirierte Liebe besitzt die hohe Geisteskraft, alles zu ertragen und alles zu überwinden. Wer Christi Liebe weich nennt, hat sie nie gekannt; sie ist die stärkste Macht, die die Erde je gesehen hat.

―――――

Es wäre eine der schwierigsten Aufgaben, in objektiver Weise das Wesen des christlichen Glaubens zu bestimmen. Davon ist jeder überzeugt, der die Diskussion verfolgte, die sich an Harnacks Vorlesungen über „Das Wesen des Christentums" (1900) und den Aufsatz von Troeltsch „Was heißt Wesen des Christentums" (1903) geknüpft hat. Eine große Anzahl kultur- und dogmengeschichtlicher und sogar linguistischer Probleme sprechen hier mit und schließlich entscheidet zum großen Teil die eigene Überzeugung. Wenn man jedoch das Christentum vor allem in jener großen Urkunde, dem Neuen Testament, suchen und wenn man zugleich nicht den gesamten Umkreis des christlichen Glaubens, sondern bloß das Gebiet der christlichen Ethik ins Auge fassen will, steht die Sache anders. „Es liegt in der Art der Ethik", schreibt Prof. de Zwaan in seinem Werk „Jesus, Paulus en Rome" (Amsterdam 1927, blz. 16. 17), „daß hier die Vorbedingungen am günstigsten liegen, und daß sie zu dem gehören, was unmittelbar zu uns spricht." Wir wollen dazu die Ethik des Neuen Testaments reden lassen. Wir werden uns hüten, eine willkürliche Wahl zu treffen, vielmehr unsere Aufmerksamkeit auf jene Aussprüche richten, die allgemein als von zentraler Bedeutung anerkannt werden.

Selbstverständlich kann man christliche Ethik von christlichem Glauben nicht trennen; beide sind eins in Gottes Kraft, in seinem Heiligen Geist, den sie beide voraussetzen. Nur wer an die erlösende Liebe Gottes, die Christus uns offenbart hat, glaubt, und sie erfahren hat, kann die christliche Ethik wirklich verstehen und ausüben; zusammen bilden sie das christliche Leben als ein unteilbares Ganzes. Daher kommt es, daß die gewaltig hohen Forderungen des Evangeliums uns wie selbstverständliche Wahrheiten anmuten. Sie sind auch selbstverständlich für den, der von Gott in Christo ergriffen ist, wenn er auch – da seine Erlösung auf Erden nie vollendet ist, und er immer nur in der Hoffnung lebt – die Forderungen nur zu einem kleinen Teil erfüllen, und Christus nur von weitem nachfolgen kann. Was de Zwaan mit Recht das fundamentalste und für Jesu Ethik charakteristische Wort nennt, nämlich das Gebot: „Du sollst lieben Gott, deinen Herrn von ganzem Herzen, von ganzer Seele, von ganzem Gemüt; dies ist das vornehmste und größte Gebot; das andere aber ist dem gleich: Du sollst deinen Nächsten lieben, wie dich selbst (Matth. 22,37-39)", klingt uns selbstverständlich.

Das moderne Bedenken, ob man Liebe befehlen kann, war für Jesus und für den Evangelisten ebensowenig ein Problem wie für den Mosaischen Gesetzgeber, auf den Jesus sich beruft (5. Mos. 6,5 und 3. Mos. 19,18). Gewiß, Jesus denkt intensiver als der alte Gesetzgeber an die Gesinnung, aber Gesinnung und Tat sind für Ihn eins[12]. Ein jeglicher guter Baum bringt gute Früchte und an den Früchten erkennt man ihn (Matth. 7,17-20). Nachdrücklich betont Er, daß es auf das Vollbringen des Willens Seines Vaters, auf das Tun seiner Worte ankommt (Matth. 7,21; 24-26). Wir denken auch an die goldene Regel von Matth. 7,12: „Alles nun, was ihr wollt, daß euch die Leute tun sollen, das tut ihr ihnen auch", und an Jesu Ermahnung am Schluß des Gleichnisses vom barmherzigen Samariter: „Gehe hin und tue desgleichen" (Luk. 10,37).

Bei weitem die meisten ethischen Aussprüche des Evangeliums findet man in der Bergpredigt (Matth. 5-7); diese schließen sich aber wieder vollkommen der Ethik an, die aus dem „Großen Gebot" (Matth. 22,36-40), aus Luk. 10 (Barmherziger Samariter) und einer

---

[12] H. WINDISCH, Der Sinn der Bergpredigt, namentlich Kapitel 2: Der Sinn der Gebote.

Anzahl anderer Stellen hervorgeht. Darum hat es, beiläufig gesagt, keinen Sinn, eine Beweisführung, wie die hier gegebene, mit einem hochmütigen: „Bergpredigt-Christentum" abzutun, weil man sich nicht anders zu helfen weiß. Damit beschimpft man einfach den Willen Gottes, wie Jesus ihn im Evangelium, von dem die Bergpredigt ein bedeutender Teil ist, offenbart.

In konkreten und strengen Vorschriften zeichnet die Bergpredigt die Gesinnung und das Verhalten derer, die Jesus wahrhaft nachfolgen, die wahrhaft Kinder Gottes heißen dürfen, die vor Gottes Gericht bestehen, und in sein Gottesreich eingehen werden, der wahrhaften Christen, folglich solcher, die reinen Herzens sind, der Sanftmütigen, der Friedensstifter, derer, die hungern und dürsten nach Gerechtigkeit und dafür leiden wollen. Sie sind das „Salz der Erde" und das „Licht der Welt". Und dann folgen die Gebote: Du sollst dich nicht nur von Totschlag fernhalten, sondern auch von Rachsucht. An die Stelle des Wortes: ‚Auge um Auge, Zahn um Zahn' tritt das Wort: … „daß ihr nicht widerstreben sollt dem Übel, sondern, so dir jemand einen Streich gibt auf deine rechte Backe, dem biete die andere auch dar". „Diese Überschwenglichkeit des Ausdrucks", sagt der Kommentar von Joh. Weiß, ist ebenso zu beurteilen wie Matth. 18,19: „so dich dein Auge ärgert, reiß es aus und wirf es von dir." Jesu Empfindung, daß alle weltlichen Interessen nicht so wichtig sind, als das Interesse einer Menschenseele, die vor Gott rein und für sein Reich reif ist (was hülfe es dem Menschen, so er die ganze Welt gewönne und nähme doch Schaden an seiner Seele? Matth. 16,26), „ist so übermächtig, daß der stärkste, sogar übertriebene Ausdruck ihm gerade recht ist. Es ist ein Zeichen einer feurigen und heldenhaften Seelenverfassung, daß er von den Seinen Unerhörtes verlangt … er erwartet von ihnen eine bis zum Äußersten entschlossene Opferbereitschaft um des Reiches Gottes willen". Und was sie hierzu treiben muß, ist immer wieder die Liebe gegen Gott und Menschen, die Gottes Gnade in ihnen auslöst. „Jesus gibt keine einzelnen Gebote … dein ganzes Leben und all deine Handlungen zwingt er unter die Forderungen eines einzigen Prinzips" (DE ZWAAN, S. 29). „Ihr habt gehört, daß gesagt ist: Du sollst deinen Nächsten lieben, und deinen Feind hassen. Ich aber sage euch: Liebet eure Feinde, segnet die euch fluchen, tut wohl denen, die euch hassen, bittet für die, so euch beleidigen und verfolgen; auf daß ihr Kinder seid eures Vaters im Himmel."

Jesus bezieht sich hier auf 3. Mose 19,18, wo die Liebe „zum Nächsten" geboten wird und wo mit „dem Nächsten" der Volksgenosse angedeutet wird. Unter dem „Feind", den Jesus daneben stellt, würde man also zunächst den Volksfeind verstehen müssen. Doch „nicht nur der öffentliche Feind" ist nach Weiß hier gemeint, sondern vor allem „dein" Feind, der „persönliche Feind". Auch den Feind lieben! „Dies ist", sagt Weiß mit Recht, „die höchste Forderung, die überhaupt gestellt werden kann." Diese Feindesliebe ist nicht bloß eine Tugend neben anderen, sondern die höchste Blüte menschlichen Tuns. Es ist die Liebe, von der Paulus sagt, daß sie alles verträgt, alles glaubt, alles hofft, alles duldet; die Liebe, die nimmer aufhört, und die von „Glaube, Hoffnung und Liebe die größte ist." In der Tat die größte, denn Gott glaubt nicht, hofft nicht, sondern er liebt mit einer ewigen Liebe. „Gott ist die Liebe" (1. Joh. 4,8). Darum können nur die Kinder Gottes dem Sohne gleich werden und so lieben. „Darum sollt ihr vollkommen sein", so beschließt die Bergpredigt dieses Kapitel, „gleichwie euer Vater im Himmel vollkommen ist." Dies ist eine Sprache, die über die Sprachen der Menschen hoch hinausragt, hoch auch hinaus über unser Leben, so hoch wie das Kreuz Christi über unsere kleinen, sündigen Gestalten hinausragt. Ist es doch die Sprache und der Geist des Evangeliums. Wer nach christlicher Gesinnung und christlicher Ethik fragt, findet hier – darüber besteht kein Zweifel – die erste und vornehmste Antwort.

Diese Gesinnung wurde nach den Evangelien sogar von den Jüngern nicht immer verstanden. Der jüdische Messias-Gedanke („Hosianna dem Sohne Davids") saß ihnen im Blut: der Messias mußte seine Ehre rächen. Als man ihm in einem Samariterdorf das Nachtlager verweigerte, weil er auf dem Weg nach Jerusalem war, wollten die Jünger die dem Meister angetane Schmach vergelten, indem sie aus dem Himmel Feuer herabfallen lassen wollten. Jesus aber wandte sich und bedrohte sie und sprach: „Wisset ihr nicht, wes Geistes Kinder ihr seid? Des Menschen Sohn ist nicht gekommen, der Menschen Seelen zu verderben, sondern zu erhalten." (Luk. 9,51-56) „Und dennoch", sagt Windisch (Der Messianische Krieg, S. 54. 90), „ein Kämpfer war er doch, trotz seiner Ablehnung des Kampfes und trotz seines Verbots des Widerstandes, doch gegen dämonische Mächte. Er kämpfte nur, um Menschenseelen zu erhalten. Das Töten von Menschen war und blieb verpönt." In diesem Sinne hat auch Paulus seinen Meister verstanden: ein Christ steht in dieser Welt und kämpft nur mit den Waffen des Geistes, und mitten in der Zeit der Verfolgung ruft er seinen Mitkämpfern zu: „Ziehet an den Harnisch Gottes ... denn wir haben nicht mit Fleisch und Blut zu kämpfen, sondern mit Fürsten und Gewaltigen, nämlich mit den Herren der Welt, die in der Finsternis dieser Welt herrschen, mit den bösen Geistern unter dem Himmel. ... So stehet nun umgürtet an euren Lenden mit Wahrheit und angezogen mit dem Panzer der Gerechtigkeit und an den Beinen gestiefelt, als fertig zu treiben das Evangelium des Friedens" (Eph. 6,10-17). Es ist, als ob Paulus absichtlich diesen Vergleich dem Kriegsdienst entnimmt, um zu zeigen, daß der Kampf der Christen ein ganz anderer ist.

Und dennoch finden wir bei Paulus in seiner Eschatologie (Lehre von den letzten Dingen) einzelne Züge des Kriegs-Messias, die der jüdischen Eschatologie entlehnt sind, d. h. nicht in den Andeutungen des irdischen Lebens Jesu – daran konnte er nichts ändern. Sondern: „Aus dem Tode läßt er den Kriegsfürsten hervorbrechen, vor dessen Wunderkraft hin und her die feindlichen Mächte hinsinken, der den Weltkrieg aufnimmt und mit einer gewaltigen Triumphfeier sein Weltregiment beschließt" (WINDISCH, S. 69. 70). Ein mythologischer Endkampf also, besser gesagt, ein Endkampf in mythologischer Form (s. z. B. 2.Thess. 2,8. 1. Kor. 15,24. 28). Auch im Evangelium finden wir einen ähnlichen Zug (Matth. 21,40ff.; 22,6ff.), wo immer wieder vom vernichtenden Endurteil „des Herrn", des Königs gesprochen wird. Doch diese eschatologischen Schilderungen sind für das irdische Leben des Heilandes, wie das Evangelium es zeichnet, und für die Lebensführung, zu der er aufrief, unerheblich.

So steht es auch mit der christlichen Apokalyptik, die sich nach jüdischem Muster und zum großen Teil aus der jüdischen Gedankenwelt im ersten Jahrhundert aufgebaut hat, und deren biblischer Typ die Offenbarung Johannis ist. „Die apokalyptische Eschatologie", schreibt Harnack (Militia Christi, S. 9), „bewahrte die Züge des kriegerischen Messias, indem sie sie auf Jesus übertrug", aber, „man bemerkt, daß das kriegerische Element ganz und gar auf die apokalyptische Eschatologie beschränkt bleibt und sich auf das Christusbild außerhalb derselben nicht ausdehnt". Und da der Messias der

Offenbarung mit Engeln und nicht mit Menschen kämpft, berührt dieses Auftreten nicht das Vorbild, das der Christus des Evangeliums uns hinterlassen hat. „Himmlische Personen und übermenschliche himmlische Heerscharen allein", schreibt Windisch (Der Mess. Krieg, S. 76), „führen den Kampf für die Sache Gottes." Der Verfasser der Offenbarung ist überzeugt: „Menschen, die da kämpfen, sind dem Untergang geweiht; nur der Teufel läßt Menschen für sich kämpfen. Gott gesegnete Kämpfer können nicht Menschen sein" (WINDISCH, Der Mess. Krieg, S. 76). Johannes sagt es auch deutlich: „So jemand mit dem Schwert tötet, der muß mit dem Schwert getötet werden. Hier ist Geduld und Glaube der Heiligen" (Offenb. 13,10). Inmitten der kriegerischen Szenen der Offenbarung erscheint auch immer wieder das Bild des Lammes, das zur Schlachtbank geführt wird. „Der Jude", sagt Harnack (S. 9. 10), „zog in der letzten Not wirklich das Schwert und griff dem Messias vor; er hatte ja auch ein Land, eine heilige Stadt und einen Tempel zu verteidigen. Der Christ aber war angewiesen, auf seinen Christus-Viktor zu warten." … „Die Geschichte bezeugt, daß der kriegerische Jesus Christus redivivus der Apokalyptik die Christen niemals in den ersten drei Jahrhunderten (den Jahrhunderten der Verfolgung) zu kriegerischen Revolutionären gemacht hat." „Der Jude hatte ja auch ein Land, eine heilige Stadt und einen Tempel zu verteidigen", schreibt Harnack. Er weiß jedoch wohl, daß dies nicht der Hauptgrund für den Unterschied des jüdischen und christlichen Verhaltens war. Der Hauptgrund war die Tatsache, „daß die christliche Ethik dem Christen den Krieg überhaupt verboten hatte" (Harnack, S. 11) und die jüdische Ethik dem Juden nicht. Die christliche Gemeinde Jerusalems hatte doch auch noch etwas mehr, als allein ihr Vaterland in jener Stadt zu verteidigen. Aber beim Ausbruch des Aufstandes im Jahre 70 verließ sie Jerusalem und zog sich über den Jordan zurück. Beim folgenden und letzten Aufstand gegen die römische Unterjochung (132-135) „wurden sie aus Zuschauern zu Duldern. Der Messias Bar-Kochba hat die Bekenner seines Konkurrenten Jesus grausam verfolgt und von ihrem Bekenntnis abzubringen gesucht. Aber der Kämpfer ward zu Schanden und die Dulder siegten" (WINDISCH, S. 91).

Wahrlich, das ursprüngliche Christentum hat es in voller Klarheit gezeigt und Harnack behauptet darum auch mit vollstem Recht:

„Es bedarf nicht weiterer Worte, um festzustellen, daß das Evangelium alle Gewalt ausschließt und nichts Kriegerisches an sich hat oder auch nur dulden will" (HARNACK, S. 2).

Als die klassische Zeit des Urchristentums, das noch aus der Quelle schöpfte, vorüber war, haben die Christen aus Gründen, die wir später nennen und beurteilen wollen, diesen Weg des Evangeliums, auf dem Christus ihnen vorangegangen war, verlassen, haben am Krieg teilgenommen, ja selbst – wie die Juden und Mohammedaner – im Namen Christi „heilige Kriege" geführt. (Die Kriege Karls des Großen zur Bekehrung der Heiden, die Kreuzzüge, viele päpstliche Kriege.) Wir werden darüber noch sprechen. Hier interessiert uns die Frage: „Wie hat man sich dem Geist und den Worten des Evangeliums gegenüber verantworten können?" Es lohnt sich der Mühe, nachzuspüren, wie man wenigstens vor sich selbst gleichzeitig den Krieg bejahen und dennoch dem Evangelium gut Freund sein kann. Wir wollen den hauptsächlichsten Versuchen nachgehen.

II. Versuche zur Aussöhnung. Die „Beweisstellen".
Das „Argumentum e silentio".

1. Die Bergpredigt, sagt man, muß nicht äußerlich, sondern innerlich aufgefaßt werden. „Dem Übel nicht widerstehen", sagt bereits Augustin in seiner Schrift gegen den Manichäer Faustus, „bedeutet, daß wir uns nicht mit dem Körper, sondern mit dem Herzen darauf vorbereiten müssen" (AUGUSTINUS, Contra Faustum, XXII, 76). Die linke Backe hinhalten, wenn man dich auf die rechte schlägt, kann doch auch nicht buchstäblich aufgefaßt werden, sagt er in einem seiner Briefe[13]. Auf diesem gefährlichen Weg, der von Augustin anderswo verlassen wird, wo er persönliche Anwendung der Gewalt – auch aus Notwehr – mißbilligt[14], sind viele christliche Theologen in verschiedener Weise weitergeschritten, indem sie teils auf die

---

[13] Brief 138 an Marcellinus II, 12. 13. Siehe Dr. K. H. E. DE JONG, Dienstweigering bij de oude Christenen. Leiden 1905. S. 52. 53. HARNACK nennt diese Schrift: „gründlich und fördernd". (Militia Christi, Vorwort.)

[14] *De Civitate Dei* I, 20. 21. Siehe Dr. Th. L. HAITJEMA, Oorlog en Christelyk geweten in de V. de eeuw. Stemmen des Tyds, 7de jaargang II, blz. 266.

übertragene Bedeutung der krassen Ausdrücke der Bergpredigt hinwiesen, die man cum grano salis verstehen müsse, teils, wie Prof. Baumgarten noch 1915, behaupten, diese Predigt enthalte nur ein Gesetz für den inwendigen Menschen, sie sei ein Ideal für eine höhere Welt, in deren Liebes- und Friedensreich wir uns flüchten mögen, um uns zu erquicken und um uns vor Haß, Rachsucht und unnötiger Grausamkeit zu bewahren[15]. Auch Ihmels sagt, daß die Bergpredigt als das Gesetz des Reiches Gottes gemeint ist, als regnum internum, als die Welt Gottes in uns, wohl zu unterscheiden von der Außenwelt, die andere Forderungen stellt[16]. So weit diese Theologen. Wie man es fertig bringt, innerlich in einer höheren, und mit seinem Verhalten in einer niederen Welt zu leben, ohne Schaden für seine innere Reinheit zu nehmen und ohne Verletzung jenes inneren Reiches Gottes, das erfahren wir nicht. Diese Trennung zwischen innerem und äußerem Leben, die das Evangelium nicht kennt, hat dem Christentum sehr geschadet.

2. Eng mit dem obigen verwandt ist die Auffassung (die namentlich von W. Herrmann und seinen Schülern vertreten wird), daß, da Christus uns vom „Gesetz" befreit, die Gebote der Bergpredigt, die in ihrem Radikalismus nun einmal unerfüllbar seien, nicht als konkrete Vorschriften gegeben sein können, sondern nur als Andeutungen der Gesinnung. So gewinnen wir für unser Verhalten gegenüber der Forderung des Evangeliums einen gewissen Spielraum und die Freiheit, in einem Konflikt desselben mit unseren irdischen Pflichten einen anderen Weg zu gehen. Diese Auffassung wird aber jetzt mehr und mehr als unhaltbar empfunden. Man erkennt an, daß diese Gebote, obgleich sie den Nachdruck auf die Gesinnung legen und frei vom Zwang des Gesetzes sind, dennoch (für Jesu Jünger) als konkrete Vorschriften gemeint sind, denen gehorcht werden muß; ihre Ausführung wird erwartet. Hinter diesen Vorschriften, für die Gesinnung und Verhalten eins sind, steht der Gottgesandte mit seinem: „Ich aber sage Euch", d. h. „Ich aber gebiete Euch"[17].

3. Ein anderer Weg, um die Forderungen der Bergpredigt zu umgehen, war die Auslegung, daß sie von der Erwartung, die Welt

---

[15] Zitiert von WINDISCH, Theologische Rundschau 1915: Jesus und der Krieg. S. 339.

[16] Bei WINDISCH, ebenda S. 346. 347 Fußnote.

[17] WINDISCH, Bergpredigt. S. 22ff. 43ff. 69ff.

werde bald untergehen, eingegeben seien und folglich nur eine Ethik für die kurze Zwischenzeit, eine Interimsethik, enthielten, die demnach für uns nicht gelte. Gegen diese „eschatologische" Auslegung jedoch wird angeführt, daß die Erwartung des Unterganges der Welt gerade entstanden ist aus diesen „überspannten" Forderungen, die die ersten Christen als den unerbittlichen Willen Gottes betrachteten; eine Welt, die sich weigerte, diese Forderungen zu erfüllen, mußte zugrunde gehen.

Aber auch aus andern als diesen psychologischen Gründen hat man diese Auffassung fallen gelassen. „Der Einfluß der Eschatologie auf die Ethik des Evangeliums, insbesondere auf die der Bergpredigt", schreibt Windisch 1929, „ist nicht so umfassend, wie oft, auch von mir, behauptet worden ist[18]," Und der englische Professor Cadoux sagt: „Die Behauptung, daß diese allgemeinen Grundsätze … von dem begrenzten historischen Horizont so abhängig sind, daß sie bei Aufhebung der Begrenzung bedeutungslos werden und vor der vorausgesetzten Notwendigkeit des modernen gesellschaftlichen und politischen Lebens nicht mehr gelten dürfen, bedeutet im Prinzip die Verneinung einer modernen christlichen Ethik, die auf die Predigt Jesu gegründet ist[19]."

4. Eine vierte Lösung lautet: die Forderungen der Bergpredigt gelten nicht für diese Welt, sondern für das zukünftige Reich Gottes. Dort, nicht hier, sagte man, wird der Christ imstande sein, sie anzuwenden. Wie man sich das Reich Gottes aber vorstellt, mit „Feinden", die man lieben muß, mit dem „Übel", dem man nicht widerstehen soll, mit Menschen, „die sich schlagen", bleibt ein Rätsel. Es gibt wohl kein stärkeres Mittel, aber auch keine betrübendere Art, das Evangelium zu entkräften, als die Erfüllung der Gebote Christi erst in das jenseitige Reich Gottes zu verweisen und danach sein Wort: „Mein Reich ist nicht von dieser Welt" (Joh. 18,36) zu lesen, als ob da stünde: „Mein Reich ist nicht für diese Welt!"

Nein, weder die Forderungen der Bergpredigt, noch ihre Gültigkeit für unser Leben in dieser Welt lassen sich wegdeuten. Die Erwartung des nahen Unterganges dieser Welt mag für die ersten

---

[18] WINDISCH, Bergpredigt. S. 152.

[19] C. J. CADOUX, The early Church and the World. Edinburgh 1925, p. 13. Diese umfangreiche und gut begründete Arbeit ist ein großer Gewinn für den Gegenstand, der uns beschäftigt.

Christen eine Erleichterung in dem schweren Kampf um die Erfüllung dieser Forderungen gewesen sein; der Kampf war für sie schwer, so wie er es auch für uns ist, wenn wir mit den Forderungen Ernst machen wollen. Und auch wir wissen ja, daß diese Welt – wenigstens an uns – nach kurzer Zeit „vorübergeht". Auch wir „haben hier keine bleibende Stadt". In gewissem Sinn ist jede christliche Sittenlehre: „Interimsethik".

5. Eine oft gehörte Auffassung, die noch 1915 von dem bekannten Philologen Th. Birt vorgetragen wurde („Ein Wort der Beruhigung in Kriegszeiten"[20]), lautet: „Liebet eure Feinde ist auf politische Völkergegensätze nicht zu beziehen. Das Evangelium ist vollständig unpolitisch, absolut individuell. Das Gebot der Bergpredigt spricht nicht von dem ‚polemios', dem Landesfeind, sondern von dem ‚echthros', dem persönlich verhaßten Menschen, der auch uns persönlich haßt. Diesen muß man zu lieben versuchen, gegen jenen muß man kämpfen." Nun verrät auch diese Auffassung (wie die Trennung zwischen innerem und äußerem Leben) Mangel an Wirklichkeitssinn. Glaubt man allen Ernstes, gegen die Landesfeinde, die man persönlich nicht zu hassen behauptet, mit liebreichen Empfindungen kämpfen zu können? Als ob nicht der Haß unvermeidlich auflodert, ja sogar Bedingung für einen fanatischen, d. h. gut geführten Krieg ist, und gerade deshalb systematisch gezüchtet werden muß! Diese Auffassung kommt für die moralische Seite des Problems wenig oder gar nicht in Betracht, weil man doch gegen den Landesfeind mit Einsetzung seiner ganzen Person kämpft und also auch Personen des anderen Volkes trifft. Aber auch sonst hält dieser Unterschied zwischen Landes- und Privatfeind vor dem Evangelium nicht Stand. Erstens sprachlich nicht: wie Windisch bemerkt, wird im Neuen Testament (vgl. Luk. 1,71. 74; 19,43) und in der Septuaginta „echthros" sowohl für den privaten wie für den nationalen Feind gebraucht; „polemios" dagegen fehlt im Neuen Testament vollständig[21]. Wir hörten schon, wie Joh. Weiß in seinem Kommentar bemerkt, daß mit Matth. 5,44 „nicht nur der nationale Feind" gemeint ist, obgleich die Gegenüberstellung mit 3. Moses 19,18 daran zunächst erinnert. Aber noch schärfer widerspricht Windisch dieser

---

[20] Mitgeteilt von WINDISCH, Theologische Rundschau, S. 336.
[21] WINDISCH, Theologische Rundschau, 1915. S. 345.

einseitigen Auffassung der Bergpredigt: Die Juden waren in ihrer messianischen Erwartung voll Haß gegen ihre Unterdrücker. „Als Jesus seinen Jüngern gebot, die Feinde zu lieben, ihnen wohl zu tun, für sie zu beten, ihre Kränkungen und Verfolgungen mit Sanftmut hinzunehmen ... hat er damit jeden Gedanken an Revolten und Nationalkrieg erstickt[22]."

Kein Wunder, daß dieser Neutestamentler – wie vorsichtig und entgegenkommend er auch seinen mitten in der Kriegszeit mit dem Kriegsproblem ringenden Landsleuten Antwort gab – dennoch nicht umhin konnte zu erklären: „daß bei Anwendung der Grundsätze des Evangeliums auf den ‚polemios‘ der Pazifismus eher dem Geiste Jesu gemäß erscheint, sollte nicht verkannt werden"[23].

Windisch ist mit Baumgarten vollständig einverstanden, daß nicht nur der Angriffs- sondern auch der Verteidigungskrieg vom Evangelium vollständig ausgeschlossen wird. „Das Evangelium richtet den Kriegszustand. Wir haben zunächst, so schwer uns das gegenwärtig auch wird (1915!), anzuerkennen, daß das Kriegführen in der ethisch-religiösen Belehrung Jesu keinen Platz hat." „Was man gemeinhin den ‚Geist‘ der Bergpredigt nennt, ist mehr ihre Aufhebung, Kriegsexegese[24]." Baumgarten hat sich aus der Schwierigkeit, die er stark und schmerzlich empfunden hat, herausgezogen, indem er erklärte, daß – da nationale Ethik höher steht als individuelle[25] – der Krieg „ein Moratorium der Bergpredigt" fordert. Wir sind mit dieser Lösung nicht einverstanden, aber achten die ehrliche Gesinnung, die anerkennt, daß es eine hoffnungslose Arbeit ist und keine Ehre einbringt, die Bergpredigt mit dem Krieg in Einklang bringen zu wollen. Die Ethik des Evangeliums sei, was sie ist, in voller Reinheit. Rühre sie nicht mit Kriegshänden an, meint Baumgarten, tritt ehrfurchtsvoll beiseite und ... wende ihr dann den Rücken und führe Krieg! Diese Haltung ist ehrlich, aber keine Lösung. „Die Verurteilung von allem Kriegswesen ist die Haltung, die dem Geist der Bergpredigt einzig kongenial ist[26]."

6. Über Luk. 22,36-38 (die zwei Schwerter) und über Matth. 10,34

---

[22] WINDISCH, Der Messianische Krieg. S. 31.
[23] Theologische Rundschau, 1915. S. 345.
[24] Theologische Rundschau, 1915. S. 333. 338. 345. 346. 348.
[25] Siehe Kap. III.
[26] WINDISCH, Der Sinn der Bergpredigt. S. 150.

(nicht den Frieden, sondern das Schwert) und die Auslegung dieser Texte sprachen wir schon. Hier kann man für die Verteidigung des Krieges keine Stütze finden.

7. Man weist auf Stellen hin wie Luk. 11,21. 22, wo Jesus die Übermacht Gottes über den Teufel mit einem starken Bewaffneten vergleicht, der einen weniger Starken besiegt und ausplündert. Auch Bavinck weist auf die militärischen Gleichnisse hin[27]. Aber Jesus entlehnt seine Bildersprache allen Dingen dieser Welt und sogar dem Einbruch eines Diebes (so unerwartet wird der Menschensohn kommen Matth. 24,42-44). Damit wird jedoch der Einbruch nicht gebilligt.

8. Man weist auf die Prophezeiung in Matth. 24,6ff. und Mark. 13,7ff. hin: „Wenn ihr aber hören werdet von Kriegen und Kriegsgeschrei" usw. Es ist die bekannte apokalyptische Prophezeiung der Katastrophen, die dem Kommen des Reiches Gottes vorangehen werden. Viele Sachverständige zweifeln, ob dies zur ursprünglichen Lehre Jesu gehört, u. a. weil gleich darauf Matth. 24,36 gesagt wird: „Von dem Tage aber und der Stunde weiß niemand, auch die Engel nicht im Himmel, sondern allein mein Vater", und Luk. 17,20 heißt es: „Das Reich Gottes kommt nicht mit äußerlichen Gebärden; man wird auch nicht sagen: siehe hier! oder: da ist es!" Unser entscheidender Einwand ist jedoch dieser: Selbst wenn diese Prophezeiungen von Jesus stammen, welches Recht hat man dann, daraus die Folgerung zu ziehen, daß es seinen Jüngern erlaubt ist, sich an den Kriegen zu beteiligen? Das Gegenteil ist richtig.

9. Ein beliebter Text für diese Art der Beweisführung ist auch Jesu Antwort an die Pharisäer, die ihn fragten, ob es recht sei, dem Kaiser Zins zu geben oder nicht: „Gebt dem Kaiser, was des Kaisers ist, und Gott, was Gottes ist" (Matth. 22,15-21). Schon Augustin, der mit Ambrosius und Athanasius zu den ersten christlichen Theologen gehörte, die versuchten, den Kriegsdienst dem Evangelium anzupassen, glaubt (in seiner Schrift gegen den Manichäer Faustus) in diesem Text einen Beweis zu finden: „Zu diesem Zweck werden doch Steuern eingezogen, um den während des Krieges unentbehrlichen Soldaten ihren Sold zu geben[28]." Es gibt jetzt jedoch nur noch

[27] H. BAVINCK, Het Probleem van den Oorlog. Kampen 1914, blz. 17.
[28] AUGUSTINUS, Contra Faustum XXII, 74.

wenige sachkundige Exegeten, die diese Auslegung zu vertreten wagen. In die schlau gestellte Falle der Pharisäer, die ihn zwingen wollten, entweder eine revolutionäre Haltung anzunehmen, oder sich beim Volk unbeliebt zu machen, geht Jesus nicht. Er bittet um eine Zinsmünze und er zeigt das Bild des Kaisers. „Nach antiker Anschauung", sagt der Kommentar von Weiß, „ist die Münze durch Bild und Schrift als das Eigentum des Kaisers bezeichnet; er kann sie also zu jeder Zeit zurückfordern. Darum, sagt Jesus, ist es nicht mehr als recht und billig, wenn er das will, sie ihm zurückzuerstatten." „Zugleich", sagt Weiß (und das fühlt jeder, der es liest), „liegt in Jesu Wort eine gewisse Geringschätzung für die Angelegenheit." Der Nachdruck fällt auf den zweiten Teil: „Gebt Gott, was Gottes ist." Dafür trat Jesus ein, und das sollte man von ihm lernen. Es ist doch wohl sehr weit hergeholt, wenn man diese Worte als Beweis dafür anführt, daß Jesus die Kriegsmacht, die aus den Steuern bezahlt wurde, billigt, und ebenfalls, wenn man in dieser Stelle des Evangeliums eine Sanktionierung des Krieges finden will.

Wenn auch diese Auslegung des genannten Textes sich nicht mehr halten kann, so gilt doch immer noch eine andere: nämlich, daß Jesus mit dieser Antwort Staat und Religion wie zwei selbständige Gebiete anerkennt; man gesteht dann stillschweigend bei eventuellen Konflikten (die nicht ausbleiben) dem Staat die höhere Autorität zu. Die Frage stellen, ob dieses Verhalten christlich ist und ob es einer christlich gerichteten Politik den Weg weist, heißt sie verneinen. Wir kommen auf diese Frage noch zurück.

10. Ihren Kronzeugen findet die militärfreundliche Theologie nicht im Evangelium, sondern Röm. 13,1-7, wo Paulus – offenbar in der Zeit, als Kaiser Nero noch nach Recht und Gesetz regierte und die Christen diese Rechtsordnung noch schätzen konnten[29] – ermahnt: „Jedermann sei untertan der Obrigkeit, die Gewalt über ihn hat." Die Obrigkeit ist „Gottes Dienerin dir zugut. Tust du aber Böses, so fürchte dich; denn sie trägt das Schwert nicht umsonst". „Diese Worte Pauli", schreibt Professor Cadoux, „bilden mit Matth.

---

[29] Die Stimmung der Christen gegen den römischen Staat schwankte in den ersten Jahrhunderten zwischen Wertschätzung und Abneigung. Wie sie in der zweiten Periode über dieselbe kaiserliche Regierung, also über die „Obrigkeit, die von Gott" ist, urteilten, geht aus Offenb. 13, 3 hervor, wo Nero mit einem der Köpfe des „lästerlichen Tieres" identisch ist.

22,15-21 im Evangelium die Grundlage für den ganzen Komplex der traditionellen und konservativen christlichen Gedanken in bezug auf das Verhältnis zwischen Kirche und Staat, und werden von späteren Schriftstellern, wenn sie diesen Gegenstand behandeln, ständig zitiert[30]." Paulus ahnt hier die Notwendigkeit, die später – als der Staat das Christentum öffentlich in Schutz nahm – brennend wurde, Christentum und Rechtsordnung zu versöhnen. Diese Versöhnung konnte ohne Zugeständnisse von seiten des Christentums nicht zustandekommen. (Wir sprechen noch weiter darüber.)

Paulus macht hier schon ein Zugeständnis, indem er vor einer anderen Lebensordnung als der des Evangeliums, nämlich vor der staatlichen Rechtsordnung, Ehrfurcht fordert. Die Christen werden zwar nicht ermahnt, schwerttragende Diener der Obrigkeit zu werden – kein Gedanke daran bei Paulus oder bei einem Christen jener Zeit; es wäre ihnen damals wahrscheinlich auch nicht erlaubt worden – aber das Recht der Obrigkeit, die Ordnung mit Zwang und wenn nötig mit Gewalt aufrechtzuerhalten, wird hier ausdrücklich zugegeben, sogar religiös sanktioniert. Aus Röm. 13 kann man schließen, daß die Obrigkeit als Justiz- und Polizeimacht auftreten darf und muß; mehr nicht! Vom Recht zum Kriegführen ist nicht die Rede. Dennoch beruft man sich auf diesen Text und zwar nach berühmten Mustern; u. a. stellt Calvin die Gegner des Krieges Banditen gleich und findet so den Zusammenhang mit Röm. 13: „Sie müssen alle zusammen in gleicher Weise für Räuber gehalten und als solche bestraft werden[31]." Übrigens auch schon Ambrosius und Augustin nennen in einem Atem Verbrecher, Räuber, Barbaren, gegen die der römische Staat sich zu wehren hatte; in jener Zeit der Einfälle der Goten, Vandalen und Hunnen konnte man diese Gleichstellung verstehen. In unserer Zeit ist es uns nicht mehr erlaubt, „den Feind" Verbrechern usw. gleichzustellen und ihm auf diese Weise das Recht zu geben, uns ebenso zu betrachten und zu behandeln. Außerdem besteht in folgenden zwei Punkten ein Unterschied zwischen dem Kriegführen und dem Auftreten der Justiz und der Polizei:

---

[30] CADOUX, p. 112.
[31] Institutio IV, 11. 20.

a) darf man bei dieser das Recht voraussetzen, während bei jenem der objektive Richter, der über das Recht entscheiden muß, fehlt;

b) hat das Kriegshandwerk einen ganz anderen Charakter als die Justiz und die Polizei und kann folglich aus ethischen Gesichtspunkten nicht auf dieselbe Weise beurteilt werden. Über diese beiden Punkte sprechen wir noch Kapitel IV.

11. Es wird auch auf das günstige Licht hingewiesen[32], in dem im Neuen Testament einige Militärpersonen erscheinen, z. B. der Hauptmann von Kapernaum (Matth. 8,5-10), der Hauptmann unterm Kreuz (Matth. 27,54) und der Hauptmann in Cäsarea (Apostelgesch. 10). Wenn man diese Zeugnisse auf ihren wahren Wert hin prüfen will, dann mag man zunächst sich überlegen, daß das römische Militär in Judäa nur Polizeidienst leistete; besonders aber muß man sich klarmachen, worauf wir oben (Punkt 6) schon hinwiesen, daß – wo, wie in Matth. 8, zwischen militärischem und geistlichem Machtgebot und Gehorsam eine Parallele gezogen wird, das Evangelium keineswegs eine gleiche Wertschätzung beabsichtigt; ferner muß man sich an die selbstverständliche Tatsache erinnern, daß man unter Militärs – wie man auch sonst über ihren „Beruf" denkt – genau so viele Menschen mit guten Eigenschaften findet, wie in anderen Berufen. Mit Recht schreibt Windisch: „Die Worte des Hauptmanns von Kapernaum haben nur Vergleichsbedeutung. Auch hier ist das Verhalten Jesu keine Sanktion des Militarismus"[33], und Harnack urteilt über alle drei Hauptleute und ihre Bedeutung für die Wertschätzung ihres Standes im Evangelium: „Diese Geschichten im Neuen Testament sind nicht erzählt, um den Soldatenstand zu loben oder auch nur seine Duldung nahezulegen. Daß es Soldaten gewesen sind, ist in allen diesen Fällen von untergeordneter Bedeutung für den Erzähler. Nachmals sind freilich diese Geschichten von diesem und jenem zugunsten des Soldatenstandes ausgebeutet worden[34]."

---

[32] U. a. von Dr. BAVINCK, Het Probleem van den Oorlog, blz. 16. 17 und von Dr. DE MOOR, Dienstplicht en Geweten, blz. 13-15. Beide könnten sich auf das Beispiel AUGUSTINS berufen, der neben diesen Hauptleuten auch „den heiligen David" nennt. Brief (189) an den militärischen Gouverneur Bonifacius. § 4.

[33] Theologische Rundschau, 1915. S. 343, Fußnote.

[34] Militia Christi, S. 52.

12. Die verhältnismäßig stärkste Beweisstelle für das militärische Christentum scheint uns zweifellos Luk. 13,14 zu sein, wo Johannes der Täufer auf die Frage der Kriegsleute: „Was sollen denn wir tun?" antwortet: „Tut niemand Gewalt noch Unrecht und lasset euch genügen an eurem Solde." Außer Jesu Wort über die kaiserlichen Steuern ist dieses Wort von Johannes die hauptsächlichste Beweisführung Augustins. „Sonst hätte Johannes, als die Soldaten zu ihm kamen, um getauft zu werden und fragten: Was sollen wir denn tun, ihnen antworten müssen: Werft die Waffen von euch, verlaßt den Kriegsdienst, verwundet und tötet niemand[35]." Nun könnte man sofort hiergegen einwenden: Hier spricht nicht Jesus, sondern sein echt israelitischer Vorläufer Johannes, von dem Jesus bezeugte: „der aber der kleinste ist im Himmelreich, ist größer denn er" (Matth. 11,11). Aber wir wollen uns mit diesem Einwand nicht begnügen; Jesus greift nirgends den Stand oder das Soldatenhandwerk an, und auch Petrus befiehlt dem Hauptmann von Cäsarea nach seiner Taufe nichts über das Niederlegen seines Amtes. Diese Tatsache, die der andern ebenso bestimmt gegenübersteht, daß dem Evangelium die Anwendung der Gewalt fremd ist, fordert eine nähere Auslegung, die wir unter Punkt 13 geben wollen. Hier sei nur erwähnt, welch eine gewaltige Forderung es schon an die rauhen Kriegsleute der damaligen Zeit war, nicht zu stehlen, niemand unnötig zu belästigen und mit dem Sold zufrieden zu sein. Würden diese Menschen damals schon größeren und tieferen Forderungen zugänglich gewesen sein?

13. „Das Evangelium bekämpft nirgends den Soldatenberuf, folglich hält es ihn für erlaubt." Dieses „Argumentum e silentio" wird oft vernommen. Wer aber dieses Argument anwendet, rechnet nicht mit folgenden Erwägungen:

a) Das Evangelium bezieht sich auf ein persönliches Verhältnis zwischen Gott und den Menschen und den Menschen untereinander. Dieses Verhältnis wird in dem von Jesus verkündigten Reich Gottes seine Vollendung erreichen. Auf weltliche und politische Dinge und ihre Folgerungen läßt er sich nicht ein. Und zwar aus folgenden beiden Gründen:

---

[35] AUGUSTIN, Contra Faustum XXII, 94. Brief 138, II. 15, 189, 4 also wiederholt. Es ist offenbar Augustins stärkste Beweisstelle.

b) Jesus hätte durch Bekämpfung des römischen Soldatenstandes nach Harnack leicht in einen Konflikt mit dem Römischen Reich geraten können und riskiert, daß das leicht entflammbare jüdische Volk eine feindselige Haltung annahm. Dann wäre auch er in die Stellung des revolutionären Messias hineingeraten. Sowohl das eine wie das andere mußte er um jeden Preis vermeiden, wenn er seiner Sendung keinen Schaden zufügen wollte.

c) Der Hauptgrund jedoch, warum Jesus ebensowenig wie das Urchristentum als Reformator der Gesellschaft und des Staates auftrat, liegt in der bestimmten Erwartung des baldigen Unterganges dieser Welt („das Reich Gottes ist nahe"). Die ersten Christen fühlten sich als Fremdlinge auf Erden, als Pilger in einer feindlichen „im Argen" liegenden Welt, die man noch kurze Zeit ertragen müsse. Sie hängten deshalb ihr Herz nicht an diese Welt, ließen sie auf sich beruhen und erwarteten mit Ungeduld das kommende Reich. Fälschlich behauptet man von konservativer Seite, daß Jesus sich absichtlich auf sein eigenes Gebiet, auf die Religion beschränkte. Als ob Religion nur eine Provinz im menschlichen Leben wäre und z. B. mit dem täglichen Verkehr der Menschen untereinander nichts zu tun hätte! Das Christentum ist nicht bloß persönliche Mystik, sondern Menschen und Welt erneuernde Kraft Gottes. Die Erneuerung der Welt von Gott her jedoch würde – nach alt-christlicher Erwartung – bald und radikal vor sich gehen. „Die Eschatologie", sagt Harnack mit Recht, „wurde so zu einem quietistischen und konservierenden Prinzip; sie hat es bewirkt, daß das Christentum nicht die Durchführung seiner Prinzipien im Staat und in der Gesellschaft gefordert hat, um daran sofort zu verbluten oder zu scheitern; sie hat eine grundlegende stille Mission ermöglicht. Hätte man den ersten Missionaren gesagt, die Welt werde noch lange, lange stehen und Christus werde auch in Jahrhunderten nicht wiederkommen, so hätte ihnen das gute Gewissen gefehlt, mit dem sie jetzt in dieser letzten betrübten Zeit die öffentlichen Dinge gehen ließen wie sie gingen[36]." Nun wohl! Sie ließen auch das Kriegsproblem auf sich beruhen, und konnten das um so eher, weil

d) die Frage der Dienstpflicht für die Christen nicht bestand. Das Römische Reich kannte keine allgemeine Dienstpflicht und besaß

---

[36] HARNACK, Militia Christi, S. 50.

nur ein Heereskontingent, das im Vergleich mit der Bevölkerung klein war und aus Freiwilligen rekrutiert wurde. Der positive Geist des Evangeliums und die Abneigung gegen „diese Welt" bewirkten gemeinsam, daß es für die ersten Christengemeinden selbstverständlich war, daß ein Christ nicht freiwillig Soldat werden durfte. „Der getaufte Christ wurde einfach nicht Soldat." Daher kam es, daß man bis ungefähr 170 von christlicher Seite nichts über die Soldatenfrage hört, „ein Schweigen, lehrreich und bedeutsam", woraus „die wohlbegründete Mutmaßung, daß ein solches Problem in der christlichen Gemeinde überhaupt nicht bestand"[37], zu folgern ist.

Die sub d) genannten Erwägungen veranlassen uns, ein paar Fragen zu stellen, die der Militärfrage analog sind. Das Problem der Sklaverei wird im Evangelium nicht erörtert, ebensowenig wie die Soldatenfrage. Das Evangelium nimmt hier die gegebene Lage, wie sie ist: die Sklaverei besteht und haftet dem Wesen „dieser Welt" an, die ja doch bald vorübergeht. Aber aus dem Evangelium fließt zugleich der Geist, in dem der Christ zu leben hat. Dieser Geist offenbart sich u. a. deutlich in den Worten: „Einer ist euer Meister, Christus, ihr aber seid alle Brüder" und „Einer ist euer Vater, der im Himmel ist" (Matth. 23,8. 9). Paulus drückt diese christliche Wahrheit folgendermaßen aus: „Denn ihr seid alle Gottes Kinder durch den Glauben an Christum Jesum. Denn wie viele euer auf Christum getauft sind, die haben Christum angezogen. Hier ist kein Jude noch Grieche, kein Knecht noch Freier, hier ist kein Mann noch Weib, denn ihr seid allzumal einer in Christo Jesu" (Gal. 3,26-28). Dieser Geist des Evangeliums hat Paulus veranlaßt, in seinem Schreiben Philemon dringend zu bitten, den entlaufenen Sklaven Onesimus in Gnaden wieder anzunehmen und fortan als einen Bruder zu halten. Aber auch bei Paulus noch kein Wort des Protestes gegen die Sklaverei. Nun fragen wir: Darf man aus diesem Stillschweigen schließen, daß das Evangelium (und auch Paulus) die Sklaverei billigt? Sind folglich die Christen, die im 19. Jahrhundert die Sklaverei bekämpften, mit dem Evangelium im Widerspruch gewesen? War ihre Überzeugung, daß ihr Protest sich auf den Geist des Evangeliums stützte, ein Irrtum? Wer würde es wagen, diese Fragen zu bejahen?[38]

---

[37] HARNACK, Militia Christi, S. 47. 48. 49.

[38] „Während einerseits nicht in Abrede gestellt werden kann, daß die Abschaf-

Nun wohl, wenn man in diesem Punkt das Argumentum e silentio nicht anerkennen kann, mit welchem Recht kann man es dann wohl bei dem militärischen Problem?

Die sittliche Wahrheit des Evangeliums ist wie ein Licht, das seine Strahlen in immer weiterem Umkreis verbreitet und immer wieder Stellen bescheint, die bis jetzt im Finstern blieben. Und wenn sie dann beschienen werden, dann fällt es uns wie Schuppen von den Augen, und wir fragen verwundert: „Wie ist es möglich, daß wir dies nicht früher erkannten!" So ging es u. a. mit der Sklaverei. So wird es mit manchem Unrecht gehen, das lange geduldet worden ist. Spricht doch das Evangelium vom Himmelreich, das einem Sauerteig gleicht, der allmählich das Mehl durchdringt und aufgehen läßt (Matth. 13,33), und von „dem Geist der Wahrheit", der uns „in alle Wahrheit leiten wird" (Joh. 16,13). Dies gehört zur Erziehung Gottes.

Alle Versuche, das Kriegführen mit dem Evangelium in Einklang zu bringen, haben sich als vergeblich herausgestellt. Keiner der sogenannten „Beweise" hält der Kritik stand. Das Resultat der Prüfung bestätigt den Eindruck, den jeder unbefangene Leser der Evangelien hat und den Harnack, wie wir schon hörten, mit folgenden Worten wiedergibt: „Es bedarf nicht weiterer Worte, um festzustellen, daß das Evangelium alle Gewalt ausschließt und nichts Kriegerisches an sich hat oder auch nur dulden will." In vollkommener Übereinstimmung mit diesem Urteil spricht Cadoux über die „pertinent ethical principles of Jesus, die wie jede natürliche und ehrliche Exegese lehrt, offenkundig mit absichtlichem und organisiertem Blutvergießen, also mit dem Krieg, in flagrantem Widerspruch stehen, und die nur sehr künstlich und gewaltsam mit dem Soldatenhandwerk in Einklang gebracht werden können[39]".

„Lagerreligion", fügt Harnack hinzu, „wie der Mithra-Kult und andere Kulte konnte das Christentum nicht werden, dazu stellte es

---

fung der Sklaverei logischerweise dem Geist Jesu zu verdanken ist, der die Herzen erfüllte, ist es anderseits wahr, daß Jesus selbst die Frage niemals als etwas behandelt hat, das das Verhalten seiner Jünger beeinflußte." (CADOUX, The early Church and the World, p. 51.)

[39] CADOUX, p. 55.

zu hohe sittliche Anforderungen." Für den Soldaten hatte die christliche Religion nichts Anziehendes: „war sie doch seinem Metier ganz entgegengesetzt"[40]. Was das Urchristentum der Sklaverei gegenüber nicht getan hatte, das tat es dem Kriegsdienst gegenüber wohl: es nahm eine entschieden ablehnende Stellung ein. Der Gegensatz zu dem Evangelium war hier auch viel schärfer. In dieser abwehrenden Stellung hat die christliche Kirche bis in das 4. Jahrhundert beharrt, wie aus den Zeugnissen ihrer geistigen Führer hervorgehen wird.

B. Das ablehnende Urteil der ältesten Kirchenväter über den Krieg, Märtyrertum der Soldaten. Die hauptsächlichsten Motive

Bis zirka 170 hören wir in der christlichen Gemeinschaft nichts über das militärische Problem. „Der getaufte Christ wurde einfach nicht Soldat." Zu „den anstößigen Punkten, welche der Soldatenstand den ersten Christen bot", rechnet Harnack, dieser eminente Kenner des ältesten Christentums, zunächst:

1. „Es war ein Kriegerstand, und das Christentum verwarf prinzipiell Krieg und Blutvergießen."

2. „Die Offiziere mußten unter Umständen Todesurteile fällen, und die Gemeinen mußten alles ausführen, was ihnen befohlen wurde."

3. „Der unbedingte Soldateneid stritt mit der unbedingten Verpflichtung Gott gegenüber."

Ferner werden noch die Einwände gegen Kaiserverehrung, heidnischen Kultus und das Verhalten der Soldaten im Frieden genannt[41]. Ebenso urteilt Cadoux über diese Zeit: „Kein Christ sollte nach seiner Bekehrung freiwillig Soldat werden. Nicht nur die Furcht, dem Götzendienst zu verfallen, sondern auch eine natürliche Abneigung und in vielen Fällen sicherlich auch Gewissensbedenken, hielten ihn davon ab, die Waffen zu führen." „Denn", sagt Cadoux, „wenn man sich auch in dieser Zeit noch wenig Rechen-

---

[40] Harnack, S. 54. 55.
[41] Militia Christi, S. 46.

schaft über den Konflikt gab, so fühlte man doch, daß die Lehre Jesu und die christliche Ethik im allgemeinen den normalen Pflichten des Soldaten diametral gegenüberstanden[42]."

Durch die Schriften vieler alter Kirchenväter ziehen sich zwei Gedankengänge: ein christlicher und ein römisch-heidnischer. In jenem verurteilen sie als Christen die Gewalt, das Blutvergießen, den Krieg; in diesem empfinden sie als Römer eine fast völlige Ehrfurcht vor dem Kaiser, seinem Imperium und vor allem, was damit zusammenhängt. Den Ausgleich zwischen beiden Standpunkten bildet der Wunsch, das Imperium für die Christen günstig zu stimmen, da sie ja gute Staatsbürger seien. Dazu kam das Verlangen, die christliche Kirche unter dem Schutz der römischen Legionen als einer Weltpolizei (pax romana[43]) im Frieden auszubauen und auszubreiten. Die sich in dieser Hinsicht widersprechenden Äußerungen jener Schriftsteller sind daraus abzuleiten, daß sie sich der Konsequenzen des Evangeliums für die staatlichen und gesellschaftlichen Fragen (z. B. die Sklaverei) nur wenig bewußt werden. Die Alten ließen sich offenbar durch Inkonsequenzen weniger stören als wir. Das Besondere in dem alten Christentum sind jedoch nicht die Versuche, Römisches und Christliches auszusöhnen, ebensowenig liegt es darin, daß damals bei Vielen über die Soldatenfrage dasselbe Stillschweigen herrscht wie im Neuen Testament (s. oben). Das Besondere ist, daß man sich als Konsequenz des Evangeliums über den absoluten Gegensatz zwischen christlicher Ethik und Krieg klar wurde (was in bezug auf die Sklaverei erst viel später geschah). Damit war die nachdrückliche Verurteilung des Krieges gegeben. Diese Verurteilung findet man: 1. bei führenden christlichen Denkern, 2. in offiziellen Kirchenordnungen (man lese diese canones bei CADOUX, p. 432-433, mit der vorhergehenden Erklärung ihres Entstehens), sowie bei gemeinen Soldaten, die den Militärdienst verweigerten.

Die Motive der Verurteilung des Soldatenstandes und des Krieges waren also Abneigung gegen Gewalt und Blutvergießen, Ablehnung des heidnischen und Kaiserkultus, zu dem man im Heer gezwungen wurde.

---

[42] CADOUX, p. 189. 190.
[43] ORIGENES, Contra Celsum VIII, 68. 73.

Als negatives Motiv kommt das Fehlen eines starken Bewußtseins der Zusammengehörigkeit mit dem Reich, in dem die ersten Christen lebten, hinzu, das fast gänzliche Fehlen des Staats- und Nationalbewußtseins. In der ihrem inneren Wesen fremden, oft feindlichen Welt, fühlten sie sich schon als Bürger des ewigen Reiches, das sie erwarteten. Celsus, der älteste literarische Gegner der Christen, wirft ihnen (um 178) vor, daß sie unrömisch und unpatriotisch seien, da sie dem Kaiser keinen Heeresdienst leisten wollen. Selbstverständlich liegt der Hauptgrund dieser Haltung in den oben genannten Gründen, in der Abneigung gegen Gewalt und Todschlag. So schreibt Justinus Martyr, der tonangebende Apologet des 2. Jahrhunderts (um 150), daß die Christen kein irdisches Reich erwarten, sondern ein himmlisches, und daß dies ein Friedensreich sein wird. Die Verheißungen Jesajas, daß die Schwerter zu Pflugscharen und die Spieße zu Sicheln gemacht werden sollen, daß kein Volk gegen das andere ein Schwert aufheben und hinfort nicht mehr Kriegführen lernen wird, fängt an, ihre Erfüllung in der Sendung der Christen zu finden. Denn „wir bekämpfen unsere Feinde nicht, sondern für die Sache Christi erleiden wir freudig den Tod". Die Christen sind Kämpfer besonderer Art, friedliche Kämpfer; aber in der Treue für ihre Sache, in der Todesverachtung übertreffen sie Alle. Denn den Soldaten des Kaisers ist nichts teurer als ihr Leben, das sie verlieren könnten; während unsere Liebe auf das ewige Leben hinzielt, das Gott uns zu schenken vermag[44].

Einige Jahrzehnte nach Justinus, in derselben Zeit, da Celsus den Christen vorwarf, daß sie keinen Heeresdienst tun wollten, melden andere Schriftsteller, daß sich im Heer Marc Aurels schon Christen befinden. Wahrscheinlich noch nicht viele (s. Celsus' Vorwurf), aber sie sind da. Das Christentum hatte durch seine Ausbreitung viel von der ersten, feurigen Prinzipienfestigkeit verloren, „die Gemeinden waren schon stark verweltlicht und die größte Anzahl der Christen war lau und schwach"[45]. Vielleicht gab es schon vorher Christen im Heer. Die prinzipielle Ablehnung des Soldatenstandes seitens der Kirche darf also nicht zu dem Schluß verleiten, daß es „keine Chri-

---

[44] Justinus Martyrs Apologie I, 11. 39.
[45] Harnack, Militia Christi, S. 28.

sten im Heer gegeben hat"[46]. Es wird auch wohl hochstehende Christen gegeben haben, die diese „Expansion" des Christentums nicht mißbilligten. Daher zum Beispiel die zweideutige Haltung eines Clemens Alexandrinus (um 200), der einerseits Christus erwähnt, „der mit seinem Wort und mit seinem Blut das Heer, das kein Blut vergießt", die Soldaten des Friedens sammelt, anderseits die Soldaten, die Christen geworden sind, nur ermahnt, ihren Vorgesetzten zu gehorchen und sich von Raub und Unterdrückung fernzuhalten; er zitiert hierbei die Worte Johannes des Täufers an die Soldaten; sie dürfen also in ihrem Stand bleiben[47]. Vielleicht hat Clemens aus der Not eine Tugend gemacht. Denn: einige, vielleicht viele, haben den Soldatenstand quittiert, nachdem sie Christen geworden sind; aber die Regel kann es nicht gewesen sein, die meisten sind im Heere geblieben[48].

Die führenden Theologen jener Zeit jedoch redeten eine entschiedenere Sprache. Vielleicht war ihr christliches Gewissen durch die marcionitische Bewegung geschärft, die damals schon geraume Zeit von sich hören ließ; sie verwarf das Alte Testament, weil es kriegerisch und mit dem Evangelium im Widerspruch sei. Der christliche Schriftsteller Marcion versuchte in einer Reihe von Antithesen darzutun, wie verschieden Jesus Christus und der Gott der Juden seien. Die Kirche lehnte Marcion als Ketzer ab, sie wollte mit Recht das Alte Testament behalten, ohne welches das Neue undenkbar ist. „Aber", sagt Harnack, „Marcion hat unzweifelhaft den christlichen Gottesbegriff wesentlich richtig erfaßt. … Es wird aber stets ein Ruhm der marcionitischen Kirche, die sich lange gehalten hat, bleiben, daß sie lieber das Alte Testament verwerfen, als das Bild des Vaters Jesu Christi durch Einmengung von Zügen eines kriegerischen Gottes trüben wollte[49]."

Man darf fragen, wie die alte christliche Kirche, die die Lehre Marcions verwarf und an dem Alten Testament als Heiliger Schrift festhielt, sich trotz der alttestamentlichen Kriege nicht von ihren antimilitaristischen Grundsätzen abbringen ließ. Irgendeinen histori-

---

[46] S. 57.
[47] HARNACK zitiert (S. 23. 58) Clemens Alex, aus seinem *Protreptikos, Stromateis, Paidagogos*.
[48] Militia Christi, S. 66. 67.
[49] Militia Christi S. 25. 26.

schen Begriff der Entwicklung oder des Fortschreitens der Gotteserkenntnis hatte man damals noch nicht. Einige kritische Geister waren gezwungen, sich mit Auslegungen zu helfen, wie wir sie nachher von Origenes hören werden. Weitaus die meisten aber dachten einfach nicht daran, die alttestamentliche Vergangenheit auf die christliche Gegenwart anzuwenden. „Kraft ihrer gesunden sittlichen Intuitionen", schreibt Professor Cadoux, „wurden sie davor bewahrt, aus jenen alten Voraussetzungen jene falschen Folgerungen für ihr eigenes Verhalten zu ziehen, die manche Verfechter des Krieges aus unserer Zeit ihnen so gerne aufnötigen möchten. Die kriegerischen Gewohnheiten ihrer Vorfahren und ihre eigenen friedfertigen Grundsätze bilden zwei getrennte Gebiete"[50].

Der hauptsächlichste Gegner Marcions, und zugleich der größte Theologe seiner Zeit, Origenes aus Alexandrien (erste Hälfte des 3. Jahrhunderts) weiß in bezug auf die Heiligen Kriege des Alten Testamentes keinen anderen Ausweg, als die allegorische Auffassung. Mit den Kriegen Josuas sei nichts anderes gemeint, sagt er, als der Kampf gegen die Sünde und die Mächte der Finsternis; es ist alles Symbol des großen Kampfes, den Christus und die Christen später führen müssen. Denn: „müßten die furchtbaren Kriege, von denen das Alte Testament berichtet, nicht geistlich verstanden werden, dann hätten die Apostel die jüdischen Geschichtsbücher niemals zum Vorlesen in den Kirchen den Nachfolgern Christi überreicht, der doch gekommen ist, den Frieden zu verkünden. Paulus hat ja gelehrt, daß die Christen ‚fleischliche' Kriege überhaupt nicht mehr führen dürfen. Der Kriegsdienst des Christen ist geistlich." Von weltlichem Kriegsdienst will Origenes nichts wissen, er hält ihn für unerlaubt[51]. „Wir (Christen) führen nicht mehr das Schwert gegen ein Volk, und wir lernen nicht mehr die Kriegskunst, da wir durch Jesus, der unser Führer ist, Söhne des Friedens geworden sind." „Wir, die wir mit unseren Gebeten alle Dämonen zerstören, die die Kriege erregen, sind für die Herrscher eine größere Hilfe, als solche, die in den Krieg ziehen. … Wir kämpfen viel besser für den Kaiser. Zwar ziehen wir nicht mit ihm in den Krieg, auch nicht, wenn er es

---

[50] CADOUX, p. 118.
[51] ORIGENES, Homiliae in Jesu Nave. Anfang hom. 15.

fordern würde, aber wir kämpfen für ihn mit einer eigenen Heerschar der Frömmigkeit, mit unseren Gebeten zur Gottheit[52]."

„Wir ziehen nicht mit dem Kaiser in den Krieg, auch nicht, wenn er es fordern würde." Hier schwingt ein revolutionärer Ton mit, der dem Christentum in Christus-feindlichen Zeiten niemals fremd gewesen ist, am allerwenigsten in seinen großen Heldenzeiten; Tausende von Märtyrern, die sich auf verschiedenen Gebieten weigerten, den Staatswillen über den Willen Gottes zu stellen, haben es bezeugt. Was unser Thema betrifft, so hört man jenen revolutionären Ton auch in alten kirchlichen Kanones (Kirchenordnungen): „Personen, die Vollmacht zum Töten besitzen, oder Soldaten, sollen überhaupt nicht töten, selbst dann nicht, wenn es ihnen befohlen wird. … Jeder, der eine leitende Stelle einnimmt oder Herrschermacht ausübt und sich nicht mit Waffenlosigkeit bekleidet, wie es dem Evangelium entspricht, muß von der Herde (Gemeinde) getrennt werden. … Kein Christ darf hingehen und Soldat werden[53]."

Im allgemeinen schonten die Führer der Christen aus begreiflichen Gründen soviel wie möglich den römischen Kaiser und griffen – wie es das Evangelium immer gehalten hatte – auch infolge ihrer heroischen Gleichgültigkeit „der Welt" gegenüber, seine Herrschaft und seine Heeresmacht nicht an. Sie selbst wollten nichts damit zu schaffen haben. So spricht Origenes sogar von „dem, der gerecht herrscht" und „einen gerechten Krieg führt", und dem die Christen mit ihren Gebeten beistehen mögen, obgleich sie ebensowenig in den Krieg ziehen wie die Priester, die auch ihre Hände rein halten wollten[54].

Es gab jedoch auch Andere, die die Unhaltbarkeit dieses Standpunktes durchschauten. Die Zahl der Christen im Heer war so groß geworden, daß man nicht mehr daran vorüber gehen konnte. Die Erwartung des Untergangs der Welt hatte ihre Spannung verloren, die Kirche richtete sich auf lange Dauer ein. Beides hat sicherlich veranlaßt, daß nicht nur die Frage, „darf ein Christ Soldat sein?" schärfer gestellt wurde, sondern, daß auch das römische Heer und sein Handwerk der christlichen Kritik unterzogen wurde. Die Kri-

---

[52] ORIGENES. Contra Celsum V, 33; VIII, 73.
[53] *Canones Hippolyti*, HARNACK, S. 72. 73; CADOUX, p. 432. 433.
[54] ORIGENES, Contra Celsum VIII, 73.

tik, die kraft der Grundsätze des Evangeliums kommen mußte, kam endlich mit all dem Ungestüm und dem Radikalismus des Glaubenseifers. Der Angriff ging aus von Tertullian (Carthago um 200). Kein christlicher Schriftsteller des Altertums hat so scharf den Militarismus bekämpft, wie dieser temperamentvolle Apologet, der selbst Offizierssohn war. Er faßt die Sache prinzipiell an[55]. „Es hat keinen Sinn", sagt er, „darüber zu reden, wie ein Soldat sich benehmen muß, was er darf und was nicht. Vor allem muß man untersuchen, ob Christen überhaupt Soldaten werden dürfen; denn welchen Wert hat es, über Nebensachen zu sprechen, wenn das Unrecht schon in der Voraussetzung liegt? Halten wir es für erlaubt, einer menschlichen Fahne einen Eid zu leisten, nachdem wir schon Gott Treue geschworen haben, und dürfen wir uns nach Christus noch einem anderen Herrn verpflichten? Ist es erlaubt, mit dem Schwert umzugehen, wo doch der Herr erklärt hat, daß, wer das Schwert nimmt, durch das Schwert umkommen wird? Darf der Sohn des Friedens Krieg führen, wo ihm schon das Prozessieren verboten ist? Wird er jemand fesseln, einkerkern, foltern und hinrichten dürfen, während er nicht einmal erlittenes Unrecht vergelten darf[56]?"

Es handelt sich für Tertullian nicht nur darum, ob ein Christ Soldat werden darf, sondern auch, ob ein Soldat zum Christentum zugelassen werden kann. Die Antwort lautet: Nein. Ein Soldat, der Christ wird, soll aus dem Heer austreten. „Der göttliche und der menschliche Fahneneid, das Feldzeichen Christi und das Feldzeichen des Teufels, das Heerlager des Lichtes und das des Teufels vertragen sich nicht. Eine Seele kann nicht zwei Herren, Gott und dem Kaiser, dienen. Gewiß, Josua und andere aus dem Alten Testament haben Krieg geführt, aber wir dürfen uns nicht mehr darauf berufen. Wird trotzdem der Christ Krieg führen, ja sogar im Frieden Soldat

---

[55] Man hat TERTULLIAN oft vorgeworfen (auch HARNACK tut es Mil. Chr., S. 56), daß er nicht ganz ehrlich sei, weil er in seiner Apologie (Kap. 37) den Heiden gegenüber prahlt, daß die Christen – „Menschen von gestern" – überall im römischen Reich, auch im Heer zu finden seien. Professor Cadoux findet diesen Vorwurf unverdient. Tertullian, sagt er, will nur das Wachsen des Christentums beweisen und nennt deshalb alle Stellen, wo man sie finden kann. Außerdem fährt er unmittelbar darauf fort, daß die Christen gegen den Krieg sind, weil sie nach ihrer Lehre sich eher töten lassen dürfen, als selber töten. (CADOUX, p. 423. 428. 429.)
[56] TERTULLIAN, De Corona, cap. 11.

sein dürfen, wo der Herr ihm das Schwert weggenommen hat? Wenn auch Soldaten zu Johannes (dem Täufer) gekommen sind und von ihm Vorschriften für ihr Verhalten empfingen, wenn auch der Hauptmann von Kapernaum gläubig geworden ist, der Herr hat später, als er Petrus entwaffnete, jedem Soldaten seine Rüstung genommen. Jede Uniform, die das Wahrzeichen eines unerlaubten Berufes ist, ist bei uns verboten[57]." Wenn der Soldat ein getaufter Christ wird, muß er „entweder den Soldatenstand sofort aufgeben", oder – wenn er daran gehindert wird – „für Gottes Sache dasjenige leiden, was der Glaube in gleicher Weise von dem christlichen Bürger fordert. Denn der Soldatenstand gewährt weder Straflosigkeit der Sünde, noch Erlaß des Märtyrertums. Der Christ ist überall derselbe. Es gibt nur ein Evangelium und Jesus ist immer derselbe. ... Wollte man für den Christen als Soldaten eine Ausnahmestellung anerkennen – aber sogar bei Folterqualen gilt für jeden Christen das Gebot, den Glauben öffentlich zu bekennen – dann würde man den wesentlichen Inhalt des Taufbündnisses dermaßen entkräften, daß auch bei freiwilligen Sünden die Gebote außer Kraft gesetzt würden"[58]. Als Tertullian von einem Soldaten hört, der, weil er Christ geworden ist, sich nicht mehr der militärischen Autorität beugen will[59] und nun im Gefängnis dem Märtyrertum entgegengeht, ruft er aus: „Ein standhafter Soldat Gottes hob sich leuchtend von seinen christlichen Kriegskameraden ab, die sich vermaßen, zwei Herren zu dienen." ... Als der Soldat nach seinen Gründen gefragt wurde, antwortete er: „Ich bin ein Christ." „O, du ruhmreicher Soldat Gottes!" Als er zum Präfekten gebracht wurde, legte er den so lästigen Kriegsmantel ab – damit begann schon die Befreiung! – er löste die Soldatenschuhe von seinen Füßen – damit betrat er schon „das heilige Land!" – das Schwert, das auch zur Verteidigung des Herrn nicht gezogen werden darf, gab er zurück, der Lorbeerkranz fiel ihm aus der Hand, und nunmehr im roten Waffenrock des „Blutes, das vergossen wer-

---

[57] TERTULLIAN, De Idololatria, cap. 19. Zu dieser Zeit war Tertullian noch ein loyaler Katholik. Als er *De Corona* schrieb, war er zu der christlichen Sekte der Montanisten übergetreten.

[58] TERTULLIAN, De Corona, cap. 11.

[59] HARNACK erörtert die Möglichkeit, daß dieses aus einem anderen Grunde geschieht, als der von Tertullian angenommene (S. 68), dies ändert nichts an Tertullians Urteil.

den soll", beschuht mit der Bereitschaft des Evangeliums, umgürtet mit dem schärferen Schwert, dem Worte Gottes, ganz und gar angetan mit der apostolischen Waffenrüstung und mit dem schöneren Kranz des zukünftigen Märtyrertums, erwartet er im Gefängnis den Lohn Christi. Nun hält man über ihn Gericht; – sind es wirklich christliche Urteilssprüche? Die heidnischen lauten nicht anders! – nämlich, daß er unbesonnen, eigensinnig, voreilig oder lebensmüde sei, da er – wo es sich doch nur um seine äußere Lebensführung handele – die ganze Glaubensgemeinde in die größte Ungelegenheit bringe; das heißt: „er allein unter so vielen christlichen Soldaten ist heldenhaft, er allein ist ein Christ!"[60]

Der große Kirchenvater Cyprian, Bischof von Carthago, der 258 als Märtyrer gestorben ist und danach als Heiliger verehrt wurde, und der aus Verehrung für Tertullian jeden Tag in den Schriften des „Meisters" las, „lehnt als christlicher Rhetor den Krieg natürlich scharf ab" (Harnack) und schreibt: „Der Erdkreis ist feucht von dem gegenseitig vergossenen Blut; wenn ein einzelner einen Menschen mordet, ist es ein Verbrechen; Tapferkeit wird es dagegen genannt, wenn der Staat es befiehlt: nicht die gute Sache, sondern die Größe der Grausamkeit sichert den Greueln Straflosigkeit." Später sagt er, „daß es den Christen nicht erlaubt ist, zu töten, sondern, daß sie sich töten lassen müssen", und noch später, „daß es dem Unschuldigen nicht einmal erlaubt ist, einen Schuldigen zu töten"[61].

Der Kirchenvater Lactantius (aus Bithynien, Anfang des 4. Jahrhunderts) schreibt in bezug auf das fünfte Gebot: „Denn, wenn Gott uns verbietet zu töten, so verbietet er uns nicht nur den Raubmord, der nicht einmal von den Staatsgesetzen erlaubt wird, sondern er ermahnt uns auch, dasjenige zu unterlassen, was bei den Menschen als erlaubt gilt. So darf der Gerechte, dessen Dienst der Gerechtigkeit selbst gilt, weder Kriegsdienst tun, noch jemand in einer Halssache verklagen; es ist kein Unterschied, ob man jemand mit dem Wort oder mit dem Schwert tötet, da doch das Töten an sich verboten ist. Es darf deshalb von diesem Gebot Gottes überhaupt keine Ausnahme zugelassen werden; es ist immer Sünde (*nefas*), den

---

[60] TERTULLIAN, De Corona, cap. 1.
[61] CYPRIANUS, Epistolae I, 6; LVI, 4; LVII, 2.

Menschen zu töten; Gott hat gewollt, daß der Mensch in seiner Würde unantastbar sein solle[62]."

Man kann annehmen, daß die Militärs, die in jener Zeit nicht aus nebensächlichen oder oberflächlichen Motiven, sondern mit Herz und Gewissen Christ wurden, das Heer verlassen haben[63] oder Märtyrer geworden sind. Das größte Opfer war glücklicherweise nicht immer nötig. So erzählt uns der christliche Geschichtsschreiber Eusebius (Bischof von Cäsarea Anfang des 4. Jahrhunderts) von einem Offizier, Seleukus, der sich im Heeresdienst rühmlich hervorgetan und es zu einer bedeutenden Stellung gebracht hatte. Jedoch nach seinem Übertritt zum Christentum hatte er durch freimütiges Bekenntnis und das Erdulden harter Schläge Ruhm erworben und glücklich erreicht, daß er aus der militärischen Stellung entlassen wurde. Als echter Soldat Christi hat er sich dann der Pflege von verwaisten Kindern und vereinsamten Witwen und solchen, die von Armut und Krankheit heimgesucht waren, gewidmet und waltete wie ein Bischof über ihnen. Ein Vater und Fürsorger, milderte er die Leiden und Kümmernisse der Ausgestoßenen. Zuletzt durfte er den Märtyrertod erleiden[64].

Seleukus erlitt also den Märtyrertod wegen seines Christentums im allgemeinen. Andere Christen jedoch, die ihm auf diesem Weg folgten, oder nicht ins Heer eintreten wollten, obgleich sie, besonderer Umstände halber, hierzu gezwungen waren, erlitten jenen Tod als Dienstverweigerer. Zahlreich sind in dieser Zeit die Akten und die Schilderungen des Soldaten-Märtyrertums. Viele jedoch, sagt Harnack, tragen deutliche Spuren der Ausschmückung. Die Tatsache ihrer Entstehung deutet aber an sich schon auf die Geistesverfassung jener Tage hin. Die Motive für die Dienstverweigerung kamen darauf hinaus: „Ich bin ein Christ und leiste Kriegsdienst für meinen König", und deshalb „ziemt es mir nicht, für diese Zeit oder für diese Welt, der ich entsagt habe, Kriegsdienst zu leisten"; „ich bin ein Soldat Christi und darf nicht kämpfen." „Die Waffen

---

[62] LACTANTIUS, Div. Inst. VI, 20; 15-17.

[63] Der Kirchenordnung entsprechend „Das Testament unseres Herrn" (zweite Hälfte des 4. Jahrhunderts): „Wenn wir im Herrn getauft sein wollen, laßt uns dann aus dem Militärdienst ausscheiden" (CADOUX, p. 432).

[64] EUSEBIUS, Mart. Palaest. XI, 20-22. De Seleuco milite, zitiert von HARNACK, S. 86.

des Blutes wurden weggeworfen, damit man sich mit den Waffen des Friedens umgürtete[65]." Dies alles stimmt überein mit den Gründen, die der heilige Paulinus (um 400) außer der Weltflucht angibt: „Wer mit dem Schwert Kriegsdienst leistet, ist ein Diener des Todes", weil er „Blut vergießt"[66]. Zu den zuverlässigsten Nachrichten rechnet Harnack das Martyrium des jugendlichen Maximilianus von Thebeste (Numidien). Die Akten beruhen auf dem Gerichtsprotokoll[67]. Maximilianus, der Sohn eines Veteranen und als solcher militärpflichtig, weigert sich, die Soldatenuniform anzulegen und sagt: „Ich darf nicht dienen, da ich ein Christ bin." Er wird zum Landvogt, Statthalter Dio, gebracht. Der Unterhaltung, die dann geführt wird, entnehmen wir folgendes:

Dio: Tritt in den Dienst ein, sonst kostet es dir das Leben.
Maximilianus: Ich leiste keinen Kriegsdienst für diese Zeit (d. h. für diese „Welt"), sondern für meinen Gott.
Dio (zu den Beamten): Gebt ihm das Zeichen (das Medaillon mit dem Bild des Kaisers, das am Hals zu tragen ist).
Max. widersetzt sich: Ich nehme das Zeichen dieser Welt nicht an. Ich bin ein Christ, ich darf kein Blei an meinem Hals tragen, nun ich schon das Heil verkündende Zeichen meines Herrn Jesu Christi, des Sohns des lebendigen Gottes, trage.
Dio: In der Leibgarde unserer Herrscher sind Christen, die als Soldaten dienen.
Max.: Sie müssen selbst wissen, was ihnen frommt, aber ich bin Christ und kann nichts Böses tun.
Dio: Was für Böses tun die, welche dienen?
Max.: Du weißt recht wohl, was sie tun.
Dio: Diene; wenn du fortfährst, den Dienst zu verweigern, würde es dir schlecht bekommen.
Max.: Ich komme nicht um, und wenn ich diese Welt werde verlassen haben, lebt meine Seele mit Christus, meinem Herrn.

---

[65] DE JONG, blz. 34, 35, 43, 51.
[66] DE JONG, blz. 47.
[67] Militia Christi, S. 83, 84 (Fußnote). Die lateinischen Akten mit dem ganzen Gespräch bei HARNACK, S. 114-117.

Maximilianus wurde, 21 Jahre alt, hingerichtet. Sein Vater „kehrte nach Hause zurück, Gott dafür dankend, daß er dem Herrn ein solches Geschenk hatte bringen dürfen; er selbst würde später folgen, Gott sei Dank! Amen." Maximilianus wurde von der Kirche als Heiliger verehrt.

Hiermit schließen wir die Reihe der christlichen Zeugnisse gegen Krieg und Kriegsdienst aus der Zeit, da Christentum und Militarismus miteinander in Konflikt gerieten. Wir sahen, daß diese antimilitaristischen Zeugnisse aus dem 3. und dem Anfang des 4. Jahrhunderts direkt aus der Stellung des Urchristentums hervorgingen, das sich vom Heer fernhielt. Diese Stellung ihrerseits entsprang direkt dem Evangelium, das die Gewalt verurteilt, Liebe zum Nächsten und Ehrfurcht vor dem Menschen als Ebenbild Gottes, als Gegenstand seiner Liebe fordert. Dieser Geist war der hauptsächlichste Grund des Widerstandes der Christen, dessen Grundzug Harnack mit den Worten kennzeichnet: „Das Christentum verwarf prinzipiell Krieg und Blutvergießen." Wir sahen, daß dieses Urteil von den Kirchenvätern und Märtyrern bestätigt wurde.

Dieser Hauptgrund der Ablehnung von Krieg und Kriegsdienst wurde – wie bereits gesagt – indirekt unterstützt durch eine Abneigung oder Gleichgültigkeit gegen diese Welt (oder Zeitepoche), deren Ende nahe war; diese ablehnende Haltung wurde folglich auch nicht durch National- oder Staatsbewußtsein aufgehalten.

Im Lichte dieser Tatsachen mutet es sonderbar an, wenn man später – auch in unseren Tagen – sogar von christlichen Führern und Theologen sagen hört: „Ein guter Christ ist ein guter Soldat", „Verteidigung des Vaterlandes ist Christenpflicht", „Totschlag ist keine Sünde, wenn der Staat es befiehlt", „Ein Christ sei der Obrigkeit in allen Dingen untertan, auch wenn sie gebietet, in den Krieg zu ziehen oder sich im Kriegshandwerk zu üben" usw. Welches auch die Forderungen veränderter Erkenntnis und Umstände sein mögen, sicher ist, daß, wer so spricht, weder auf seiten des Evangeliums noch des Urchristentums steht.

Hinsichtlich der Frage „Christentum und Krieg" begann die radikale Veränderung schon unter Konstantin dem Großen. Mit dessen Übertritt zum Christentum (312) und der Erklärung dieser Religion zur Staatsreligion (324) wandte sich das Christentum dem Staat zu und söhnte sich mit Krieg und Soldatenstand aus.

Die Gesinnung, die dies ermöglichte, ist negativ vorbereitet durch die Erschlaffung des ersten feurigen Glaubenslebens und positiv durch die Wertschätzung der Militia Christi, des „christlichen Kriegsdienstes", der anfänglich mit der Praxis des Krieges nichts zu tun hatte, ihm sogar feindlich gegenüberstand. Beide Dienste hatten die Eigenschaften der Treue, der Tapferkeit, der Todesverachtung gemein. Da diese Eigenschaften in den ersten Jahrhunderten den Christen unentbehrlich waren, nimmt es nicht Wunder, daß das bekannte Sinnbild des Kriegsdienstes, sei es auch in antithetischer Form (Eph. 6 „die Waffenrüstung Gottes") von selbst erstand: Christus, der göttliche Feldherr, der die Seinen anfeuert und in den guten Kampf des Glaubens und zum Siege führt. Außer Eph. 6 findet man bei Paulus noch mehrere andere Kriegsausdrücke (1. Thess. 5,8; 2. Kor. 6,7; Röm. 6,13ff. 23; 13,12; 1. Tim. 1,18). In 2. Tim. 2,3 wird der Christ zum erstenmal ein Kriegsknecht genannt: „Leide mit als ein guter Streiter Jesu Christi" (in der holländischen Übersetzung statt Streiter – Kriegsknecht). Dieser Kriegsdienst muß rein geistig aufgefaßt werden: die Christen fühlten sich als „Soldaten des Friedens". Das Leben des Christen – ein Kampf; nur ein kämpfendes Christentum kann die Welt überwinden; dies ist das Schöne und Bleibende dieses Bildes. Die unerschrockenen Zeugen und Märtyrer des Evangeliums wurden an erster Stelle als Christi wahre Soldaten angesehen.

Harnack aber, dessen Buch „Militia Christi" in erster Linie diesen Gegenstand behandelt, bemerkt, daß nicht nur diese kriegerische Sprache zu einer Manier wurde, sondern daß auch „eine kriegerische Stimmung, die sittlich nicht unbedenklich war, sich der lateinischen Christenheit im 3. Jahrhundert bemächtigt hat"[68]. Und wenn „dennoch der ‚heilige' Krieg im wirklichen Sinne des Wortes

---

[68] Harnack, Militia Christi S. 42. 43.

im vorkonstantinischen Zeitalter niemals gepredigt worden ist" – nach Konstantins Übertritt änderte sich die Sache. Auf die Versöhnung des Christentums mit dem Krieg hat das Heidentum einen großen Einfluß gehabt. „Die heidnischen Massen zogen in die Kirche ein, ließen sich schnell für den neuen Glauben fanatisieren, und bald wurde der heilige Krieg proklamiert[69]."

Der Übertritt Konstantins wurde zum Teil durch heidnische und opportunistische Motive bestimmt. Im Feldzug gegen seinen Nebenbuhler Maxentius beschloß er, sich auf die Seite Christi zu stellen, ein Beweis dafür, daß damals schon viele Christen im Heer dienten. „In der Schlacht sollte es sich bewähren, wer stärker sei, der Christengott oder die alten Götter." Konstantin siegte, folglich: „Christus victor! Der Christengott hatte sich als Kriegs- und Siegesgott offenbart"[70]. Harnack, in seinem 1905, in der Zeit von Deutschlands militärischer Größe geschriebenem Buch, selbst durchaus nicht Antimilitarist, bewundert wiederum „die beispiellose Elastizität und den Universalismus der Kirche"[71] in ihrer Versöhnung zwischen Christentum und Militarismus während und nach Konstantins Zeit. Er fühlt sich als Historiker trotzdem verpflichtet, gesperrt drucken zu lassen: „Der weltgeschichtliche Umschwung vom Heidentum zum Christentum hat sich also zuerst im Heer vollzogen. Von hier hat die öffentliche Anerkennung der christlichen Religion ihren Anfang genommen[72]." Aber nun veränderte auch der „miles Christi" seinen Charakter: „An die Stelle des Friedenssoldaten trat der Kriegssoldat". Nach den Siegen Konstantins „trennte keine Schranke mehr die milites Christi vom Heere". „Die milites Christi stellten sich dem Kaiser zur Verfügung." Der Soldat Christi wurde in Wirklichkeit der Soldat des Kaisers. Und die Kirche nötigte – aus Dankbarkeit für Konstantins Schutz und Bevorzugung – „diese milites Christi, wenn sie im Heere dienten, auch im Heere zu bleiben". Die Kirche ging sogar noch weiter und stellte die Haltung der ersten Christen unter Strafe. Origenes hatte, wie wir hörten, den heidnischen Gegnern, die zum Kriegsdienst drängten, geantwortet: Eure Priester ziehen auch nicht in den Krieg, die Gottheit muß mit reinen

---

[69] S. 44.
[70] HARNACK, Militia Christi S. 45. 87.
[71] Vorwort S. VI.
[72] S. 86f.

Händen verehrt werden; Basilius der Große urteilte noch 374 (im Hinblick auf die lobend erwähnten Hauptleute des Neuen Testaments), daß ein Krieger zwar nicht an seinem Seelenheil zu verzweifeln brauche, aber trotzdem, wenn er im Krieg getötet habe, sich drei Jahre der Kommunion enthalten solle, da seine Hände nicht rein seien[73]. Das Konzilium von Arles dagegen faßte schon 314 folgenden Beschluß: „Die, welche im Frieden die Waffen wegwerfen, sollen von der Kommunion ausgeschlossen werden[74]." Das war eine andere Sprache!

„Dieser Beschluß", sagt Harnack, „ist manchen Historikern so auffallend und anstößig erschienen, daß sie versucht haben, dem Ausdruck ‚die Waffen wegwerfen' einen Sinn zu geben, den er nicht haben kann." Hier ist jedoch kein Mißverständnis möglich: „Die Kirche hat zu Arles die bisher öfters geübte Praxis christlicher Soldaten, um ihres Christenstandes willen fahnenflüchtig zu werden, nicht nur mißbilligt, sondern unter die furchtbare Strafe der Exkommunikation gestellt[75]." Auch dies wird von Harnack unterstrichen, dann fährt er fort: „Damit ist seitens der Kirche die volle Eintracht von Staat und Kaiser einerseits, von Christentum und Kirche andrerseits gewonnen und proklamiert" und „hat die Kirche durch diesen Beschluß ihre bisherige theoretische Stellung zum Heer und zum Krieg gründlich revidiert"[76]. „Dem Kaiser, der sie begehrte, warf sie sich in die Arme." Ihre Aussöhnung mit dem Soldatenstand wurde erleichtert, indem der heidnische Kultus (der früher zwar nicht der erste, wohl aber der zweite Stein des Anstoßes gewesen war, siehe Anfang von Abschnitt B) aus dem Heer verschwand. „Sie schuf ihnen sogar kriegerische Heilige (neben den kriegerischen Erzengeln) und überließ fortan die alten Vorstellungen in bezug auf den Kriegerstand und den Krieg den Mönchen[77]."

---

[73] BASILIUS, Homil. auf den heiligen Gordius en Epist. 188, bei DE JONG, blz. 39. 40. Fast gleichen Inhalt hat die Kirchenordnung des HIPPOLYTUS (erste Hälfte des 4. Jahrhunderts): Wenn er (der Christ, der gezwungen wurde, Soldat zu werden) Blut vergossen hat, darf er an den christlichen Mysterien nicht teilnehmen, bis er gereinigt ist (CADOUX, p. 433).

[74] Man kann die Worte „im Frieden", in pace, verschieden auffassen. HARNACK zieht die Auffassung vor: im Frieden zwischen Staat und Kirche, S. 87.

[75] Militia Christi S. 88.

[76] S. 88.

[77] S. 92.

Diese radikale Umwandlung des Christentums in seiner Einstellung zum Krieg – die Geschichte wird uns darin Recht geben – können wir nur als Abfall betrachten, den das Urchristentum als einen Sündenfall bezeichnet haben würde. Nach diesem Sündenfall haben wir mit einem in dieser Hinsicht entarteten Christentum zu tun, das immer wieder gezwungen wird, sich in seiner Entartung darzustellen.

Adolf Harnack ist zu sehr ein christlicher Denker und Geschichtsschreiber, als daß er diese straffe Einheit von Christentum und Kriegsstaat nicht bedenklich gefunden hätte. Die zuletzt angeführten Äußerungen bezeugen dies. Und mit einer gewissen Erleichterung beschließt er sein Buch: „Aber jene Einheit, die Konstantin erstrebte und die einen Augenblick verwirklicht erschien, ist nicht von Dauer gewesen. Auf dem Boden des christlichen Staates suchte die Kirche ihre Selbständigkeit zurückzugewinnen; neue Spannungen entwickeln sich, und in ihnen sind auch die alten Fragen über den Kriegerstand in neuer Gestalt wieder aufgetaucht[78]."

Die Geschichte zeigt jedoch, daß es der Kirche (Kirche in engerem Sinn, die Sekten zeigen ein anderes Bild) niemals vollständig gelungen ist, ihre Selbständigkeit, am allerwenigsten auf dem Gebiet des Krieges, wieder zu erobern. Das Bündnis zwischen Staat und Kirche, das im 4. Jahrhundert im Heer und im Krieg seinen Anfang nahm, war ein unheilvolles Omen für die Zukunft.

Man soll aber ja nicht glauben, daß nach dem Konzilium von Arles die christliche Gesinnung sich überall wie mit einem Schlag änderte. „Die Geschichtsschreiber", sagt Cadoux, „haben nicht aufgehört, den ungeheuerlichen Kompromiß zu erwähnen und in manchen Fällen ihn zu bedauern, auf den die Kirche eingegangen war. Obgleich man jedoch die überaus große Bedeutung dieser historischen Entscheidung nicht bezweifeln darf, müssen wir uns davor hüten, uns die Kapitulation vollständiger und entscheidender vorzustellen, als sie in Wirklichkeit war[79]." Hier und da, namentlich in der Kirche des Ostens (z. B. bei Joh. Chrysostomus und Basilius dem Großen) blieb die altchristliche Abneigung gegen Heer und Kriegsdienst bestehen. Auch die Kirchenordnungen aus dem 4. Jahrhun-

---

[78] HARNACK, Militia Christi. S. 92.
[79] CADOUX, The early Church and the World, p. 589-590.

dert beweisen es. Man kann sogar behaupten: das Urchristentum ist nie ganz verloren gegangen; immer kam es wieder zum Vorschein. Es wurde aber auch immer wieder, von nun an durch die Kirche, in der Regel mit Hilfe der weltlichen Macht, unterdrückt. Die öffentliche Meinung, die allmählich in die offizielle Kirchenlehre einlenkte, wehrte sich dagegen. Auf diese Ansicht und Lehre haben die Kirchenväter Athanasius, Ambrosius und namentlich Augustinus ihren Stempel gedrückt.

Athanasius, „der Vater der Orthodoxie" eröffnet (um 350) den Reigen: „Morden ist nicht erlaubt; in Kriegen jedoch ist es sowohl gesetzlich als lobenswert, Gegner zu töten[80]." Ambrosius folgte (um 375): „Auch die Tapferkeit, die im Krieg das Vaterland gegen die Barbaren beschirmt, und im Innern die Schwachen verteidigt oder die Bundesgenossen gegen Räuber schützt, ist voll Gerechtigkeit[81]." Dies ist derselbe Kirchenfürst, der Kaiser Theodosius vom Altar zurückwies und Buße von ihm verlangte, weil er einen Aufstand in Mazedonien gar zu blutig unterdrückt hatte. Ambrosius war ebensowenig ein kriegerischer Mensch wie sein Schüler, der größte und einflußreichste Kirchenvater des Mittelalters, Augustinus (354-430). Dieser schreibt: „Wer ohne tiefen Schmerz an den Krieg denken kann, muß jedes menschliche Gefühl verloren haben." Trotzdem hat Augustin am ausführlichsten und planmäßigsten das Recht des Krieges verteidigt.

Was Augustin hierzu veranlaßte, war hauptsächlich sein Verantwortungsgefühl (die ersten Christen kannten es nicht) für das Schicksal dieser Welt und – da er das Heil dieser Welt mit dem des Römischen Reiches verband, – sein Verlangen, diesen Staat, der Kirche und Rechtsordnung schützte, in seinem Kampf gegen die heranrückenden und das Reich überflutenden „Barbaren" (Goten, Vandalen, später auch die Hunnen) zu unterstützen. 410 eroberten die Goten Rom. Das Römische Reich, der mächtige Schutzherr des Christentums, schien dem Untergang geweiht. Die Rollen hatten gewechselt. Das Römische Reich war nicht länger Subjekt der Eroberungen, sondern Objekt. Die Vandalen drangen später in Afrika ein,

---

[80] ATHANASIUS, Brief an Ammonius. Zitiert VON DE JONG, blz. 50.
[81] AMBROSIUS, De officiis I 27, 129.

wo Augustin Bischof in Hippo war. Während der Belagerung dieser Stadt ist der 75jährige Bischof gestorben.

Psychologisch ist es zu verstehen, daß sogar ein Christ sich in einer solchen Zeit und unter solchen Verhältnissen mit Roms kriegerischem Auftreten aussöhnte. Augustin betrachtet den Krieg (wie später Calvin und Luther) als Polizeimaßregel gegen Verbrecher, als Verteidigung eines friedliebenden Reiches gegen kriegerische Nachbarn. Jene Nachbarn müssen zu ihrem eigenem Besten besiegt werden. „Denn wer seiner Freiheit beraubt ist, weil er sie zum Bösen mißbrauchte, wird zu seinem eigenen Besten besiegt; denn es gibt kein größeres Unglück als das Glück der Missetäter, wodurch eine unverdiente Straflosigkeit gefördert wird[82]." Die römischen Soldaten stehen im Dienste des Rechtes und des Friedens. „Die natürliche Ordnung der vergänglichen Dinge, die durchaus auf den Frieden hin angelegt ist, fordert, daß die Macht und der Befehl zum Kriegführen in den Händen des Fürsten sei, und die Soldaten dienen dem Frieden und der Allgemeinheit, wenn sie die Kriegsbeschlüsse ausführen[83]." Diese „pax terrena" (irdischer Friede) Augustins hat sehr viel Ähnlichkeit mit der „pax Romana", dem Frieden, den die römischen Legionen des Römischen Reiches wegen der Welt auferlegt hatten. Was ihn jedoch noch mehr veranlaßte, die Kriege Roms zu billigen, war der Vorwurf heidnischer Bürger, daß die Christen infolge ihrer Gewaltlosigkeit keine guten Staatsbürger und mitschuldig an dem Mißgeschick seien, von dem das Römische Reich gerade unter christlichen Kaisern betroffen wurde. Augustin verteidigt energisch sowohl in seinem Brief an Marcellinus wie in seinem „Gottesstaat" das Christentum gegen diesen Vorwurf, der nach seiner Meinung das Ansehen der Kirche gefährdet. Die Christen sind gute Staatsbürger und helfen im gerechten, d. h. im Verteidigungskrieg tüchtig mit. Diese Verteidigung des Krieges ist nur möglich geworden, weil der große Kirchenvater es in seinem Optimismus für möglich hielt, den Krieg in guter, sogar in christlicher Weise zu führen. „Wenn ihr euch zum Kampf bewaffnet, denkt dann vor allem daran, daß sogar eure Körperkraft eine Gabe Gottes ist, – wenn ihr dies nicht vergeßt, werdet ihr euch hüten, die Gottesgabe gegen

---

[82] AUGUSTINUS, Epist. 138, an Marcellinus, Kap. 14.
[83] AUGUSTINUS, Contra Faustum XXII, 75.

Gott zu gebrauchen …" In welchem Ringen auf Leben und Tod, in welchem Krieg bewahren die Menschen ihre Menschlichkeit, geschweige ihre Christlichkeit? Diese unwirkliche Betrachtungsweise ist – wie sich Kapitel III noch herausstellen wird – bezeichnend für jene Theologen und Philosophen, die aus ethischen Gründen den Krieg billigen. Wie Augustin sind sie gewohnt, über alle Unmenschlichkeiten des Schlachtfeldes hinweg auf den mehr oder weniger anständigen Lebenswandel der Soldaten außerhalb des Schlachtfeldes zu sehen: „Euer Wandel sei keusch und nüchtern und mäßig in allen Dingen[84]. …"

Auch ein Motiv theologischer Art hat Augustin zu diesem Standpunkt geführt: sein Kampf gegen die Manichäer. Diese Sekte von persischer Herkunft vertrat noch schärfer als das älteste Christentum (das im Schöpfungsgedanken und im Glauben an Gottes Allmacht ein Gegengewicht fand) einen Dualismus zwischen dem Reich des Lichts und dem der Finsternis. Zu jenem Reich rechneten sie, wie auch Tertullian, den Krieg. Augustin dagegen legte ihnen gegenüber den Nachdruck auf die göttliche Weltordnung, in die auch der Krieg aufgenommen ist. Im nächsten Kapitel kommen wir darauf zurück.

Augustin muß stark unter dem Einfluß obengenannter Motive gestanden haben. Wie könnte man sonst die erstaunliche Tatsache erklären, daß er erstens in dieser Hinsicht so radikal mit dem Urchristentum brechen konnte, zweitens sich dieses Bruches so wenig bewußt war, drittens glauben konnte, auf seiten des Evangeliums zu stehen (er berief sich auf Luk. 3,14 und Matth. 22,21); viertens sich so wenig in die Bedenken und die Motive der ersten Christen einfühlen konnte?

Unbegreiflich naiv schreibt er gegen den Manichäer Faustus: „Was hat man denn gegen den Krieg? Etwa, daß Menschen, die doch einmal sterben müssen, dabei umkommen? Nur Furchtsamen ziemt es, dies zu tadeln, nicht Gottesfürchtigen." Selbstverständlich sind Grausamkeit und Rachsucht vom Übel, ebenso Belästigungen und Erpressungen friedlicher Bürger, die Johannes der Täufer bereits verbot. Der Krieg selbst wird, „wenn entweder Gott oder eine gesetzliche Autorität es befiehlt, von den Guten geführt, da sie ihr

---

[84] AUGUSTINUS, Epist. 189, an Bonifacius, Kap. 6 und 7.

Stand innerhalb der menschlichen Gesellschaftsordnung nötigt, entweder etwas derartiges zu gebieten, oder dem Gebot zu gehorchen". Johannes der Täufer wußte recht gut, daß solche, die in dieser Weise den Kriegsdienst verrichten, „keine Mörder, sondern Diener des Gesetzes, keine Rächer des ihnen selbst geschehenen Unrechts, sondern Verteidiger des Allgemeinwohls seien"[85]. Im Brief an den römischen Befehlshaber Bonifacius, der wegen Gewissensbedenken sein Kommando niederlegen will, schreibt Augustin: „Glaube nicht, daß jemand, der mit den Waffen Kriegsdienst verrichten will, Gott nicht gefallen könnte. Zwar stehen die, die der Welt entsagt haben und in Askese leben, bei Gott in höherem Ansehen", „aber ein Jeglicher hat seine eigene Gabe von Gott, einer so, der andere so" (1. Kor. 7,7). „Andere kämpfen demnach gegen unsichtbare Feinde, indem sie für dich beten, und du arbeitest für sie durch deinen Kampf gegen die sichtbaren Barbaren[86]."

Dies ist nun allerdings eine ganz andere Auffassung, die den Ansichten Tertullians, Origenes und anderer Wortführer des Urchristentums völlig widerspricht. Die Kirche jedoch hat sich mit dieser neuen Moral abgefunden und die alte Moral des Evangeliums in die Klöster verbannt. Papst Leo I. erklärt in der zweiten Hälfte des 5. Jahrhunderts, daß „der Kriegsdienst unschuldig sein kann"[87], und dies blieb die offizielle Ansicht der Kirche.

D. SCHLUSSBETRACHTUNG

Wenn man auf die Zeugnisse des Urchristentums (des Evangeliums und der ersten christlichen Jahrhunderte) hört, wie wir es vorhin getan haben, und man hört danach die Erklärungen Augustins und der Kirche nach Konstantin, dann kann man sich zweier Eindrücke, die zusammen e i n e Wahrheit bilden, nicht erwehren: 1. Diese Beurteilung der Gewalt und des Totschlags wird dem Geist des Evangeliums nicht gerecht; 2. Sehr hohe christliche Werte sind hier in Gefahr, verloren zu gehen. Hier hat ein tiefer Fall stattgefunden. Eine

---

[85] AUGUSTINUS, Contra Faustum XXII, 74.
[86] AUGUSTINUS, *Epist.* 189, *an Bonifacius*, Kap. 4 und 5.
[87] *Epist.* 167, *Antw.* 14, DE JONG, blz. 55.

andere Wertschätzung des Staates ist die Hauptursache, daß diese christlichen Werte aus dem Bewußtsein der Kirche und eben ihrer Führer verdrängt wurden. Vor der Zeit Konstantins war diese Wertschätzung des Staates meist negativ; sie schwankte zwischen Abneigung und einer verhältnismäßigen Anerkennung seines Rechtes und seines Nutzens, beruhte jedoch meist auf heroischer und asketischer Gleichgültigkeit; nach Konstantin wurde sie positiv. Der Staatsgedanke, der ursprünglich heidnisch, nicht in Jerusalem, sondern im alten Rom daheim ist, ist unbestreitbar ein schweres Hindernis für den christlichen Gedanken des Evangeliums gewesen. Zum Teil war dies unvermeidlich. Man kann jedoch fragen, ob dieser Konflikt unbedingt dazu führen mußte, daß jene christlichen Werte, die dem Kriege feindlich sind, beiseite geschoben wurden. Das ist eine inhaltsschwere Frage, die wir näher beleuchten wollen. Wir lehnen jedoch noch einmal nachdrücklich die Behauptung ab, daß die hohe Einschätzung dieser christlichen Werte auf einer zeitlich begrenzten Einsicht des alten Christentums beruhte und auf Verhältnisse berechnet war, die sich inzwischen geändert hatten.

Diese Anschauung findet man beiläufig bei Professor Windisch in seinem wiederholt zitierten Aufsatz „Jesus und der Krieg". Er schreibt da u. a.: „Der Kritiker muß dem Dienstverweigerer zugeben, daß seine Exegese richtiger ist (als die seines Opponenten). Er bewahrt sich vor tolstoischer Praxis nicht durch dogmatische Exegese, sondern durch den historisch bedingten Charakter des Evangeliums"[88]. Später bezeichnet Windisch das näher: „Das Evangelium verurteilt den Kriegszustand. Aber gegen das Evangelium berufen wir uns darauf, daß das Evangelium die Entwicklung des alten Aeon falsch gezeichnet hat; mit dem Guten und Schlimmen, was ihm anhaftet, hat er sich völlig unerwartet in unendliche Länge gezogen. Diese Abweichung des Geschichtslaufes von den Erwartungen Jesu hat Notwendigkeiten zuwege gebracht, auf die das Evangelium nicht gestimmt war, und sie hat sittliche Gesetze erzeugt, die im Evangelium keine Sanktion haben[89]."

Dieselbe Anschauung wird von Dr. J.C. Wissing in seiner übri-

---

[88] Theologische Rundschau, 1916. S. 288.
[89] Theologische Rundschau, 1915. S. 349.

gens sehr verdienten Doktorarbeit: „Der Begriff des Gottesreiches"[90] sehr nachdrücklich vertreten. Dieses Buch beleuchtet zunächst klar und deutlich[91] die antimilitaristische Haltung des Ur-Christentums, versichert jedoch danach, daß die Christen unserer Zeit jene Haltung nicht mehr einnehmen können, weil sie nicht mehr an den nahen Untergang dieser Welt glauben und sich für die Gesellschaft und den Staat verantwortlich fühlen. Aus dieser letzten unverkennbaren Wahrheit folgert der Verfasser sofort, daß ein Christ Kriegsdienst leisten darf, wenn der Staat einen gerechten Krieg führt[92].

Diese Folgerung wäre richtig, wenn der Glaube an den nahen Untergang der Welt die einzige Triebfeder des Urchristentums gewesen wäre, Krieg und Waffengewalt abzulehnen. Aber wir wissen: diese Triebfeder war nicht die einzige und hauptsächliche, sondern nur eine sekundäre und negative; d. h. sie stand dem entscheidenden Beweggrund nicht im Wege: der Abneigung vor dem Blutvergießen, die aus der „Nächsten"- und „Feindes"liebe hervorgeht und aus der Ehrfurcht vor dem Menschen als Ebenbild Gottes und Gegenstand seiner Liebe. Nun wohl: diese Triebfeder hat noch nichts von ihrer Kraft verloren und wird dies auch niemals; sie hat vielmehr in einer Zeit, da die Kriege noch blutiger und zynischer geworden sind, an Kraft gewonnen. Und außerdem bemerken wir: wenn auch Gesellschaft und Staat, Volk und Vaterland für uns positiven und religiösen Wert erlangt haben – untrennbar vom christlichen Bewußtsein bleibt der Gedanke (einerlei in welcher Zeit wir leben), daß ein Christ nicht in erster Linie der Welt, nicht dem Staat und nicht seinem irdischen Vaterland gehört, sondern dem Reiche Gottes, dessen Bürger er hier schon werden muß, dem ewigen Vaterland, dem die ewige Zukunft gehört.

Es ist gewiß, daß die Überzeugung von der langen Dauer dieser Welt und das damit erwachende Verantwortungsgefühl der Gesellschaft und dem Staat gegenüber zusammen ein Problem bilden, das den ersten Christen unbekannt war. Dieses Problem, das im Evangelium noch gar nicht vorliegt, erschwert es uns, unser Leben in christlicher Weise zu führen; darin haben Windisch und Wissing

---

[90] Het Begrip van het koninkryk Gods, vooral met betrekking tot de religieus-socialen in Zwitserland. Utrecht 1927.

[91] z. B. blz. 128.

[92] Siehe S. 191-199, 196.

recht. Zunächst darf die Tatsache nicht aus dem Auge verloren werden, daß ein abgeschwächtes Epigonen-Christentum mit dem Problem leichter fertig wird als ein solches, das die ursprüngliche Kraft bewahrt hat. Sodann aber ist mit allem Nachdruck zu betonen, daß dieses Problem mit der einfachen Feststellung: wir haben eine andere Geschichtsbetrachtung und leben in anderen Verhältnissen, nicht gelöst, sondern e r s t   g e s t e l l t ist.

Professor Windisch weiß dies auch. Wir hörten schon, wie er später zugab: „Der Einfluß der Eschatologie auf die Ethik des Evangeliums, insbesondere auf die der Bergpredigt, ist nicht so umfassend, wie oft auch von mir behauptet worden ist." Er erkennt, daß wir in der Spannung des Problems bleiben und daß dies zum Ernst des christlichen Lebens gehört. Aber meines Erachtens schwächt er die Spannung vorzeitig ab, wenn er behauptet, daß die Abweichung der Geschichte von der Erwartung des Urchristentums und des Evangeliums „sittliche Gesetze erzeugt hat, die im Evangelium keine Sanktion haben"[93], und später hinzufügt, „Jesus hat mit Macht, Heer und Krieg nichts zu tun, aber nur ein Teil unserer Sittlichkeit wurzelt im Evangelium", es ist jedoch wünschenswert, „daß dieser Teil unserer Sittlichkeit sich in diesem Zeitalter immer weiter ausbreite"[94]. Wir pflichten selbstverständlich diesem Wunsche bei und schätzen die ritterliche Anerkennung dieses tüchtigen Neutestamentlers, daß Kriegsmoral, welcher Art auch, mit dem Geist des Evangeliums nichts gemein hat. Aber wir können der Anerkennung zweier verschiedener Moralitäten, einer christlichen und einer anderen, wo sie auch herkommen mögen, nicht zustimmen. Wir werden diese Doppelmoral, die auf lutherischem Boden gewachsen ist, später beleuchten. Wir möchten aber hier schon betonen, daß für

---

[93] Theologische Rundschau, 1915. S. 349.
[94] Theologische Rundschau 1916, S. 293. – In seinem letzten Buch: „Der Sinn der Bergpredigt" (1929) läßt WINDISCH diesen Standpunkt großenteils fahren. „Unannehmbar ist für uns eine scharfe Trennung zwischen persönlicher Moral … und Kultur- und Staatsmoral" (S. 153). Zwar fordert er auch in dieser Schrift Freiheit den konkreten Geboten des Evangeliums gegenüber, weil wir die Notwendigkeit des Rechtes, des Staates und der Kultur anerkennen, auf die das Evangelium nicht eingeht, denen wir jedoch ethischen Wert zugestehen. Der Gesinnung dieser Forderungen des Evangeliums jedoch müssen wir auch hier versuchen nachzuleben (S. 148). Wir kritisieren die Bergpredigt, das letzte Wort der Kritik jedoch gehört ihr (S. 156).

uns christlicher Glaube bedeutet: „Christus der Weg, die Wahrheit und das Leben und sein Evangelium das vollgültige Wort." Darum gibt es nach unserer Meinung für den Christen nur eine Sittlichkeit: die Gesinnung, die aus der Berührung mit Christus, aus dem Geist seines Evangeliums hervorgeht. Wo diese Gesinnung oder Tendenz im Leben oder in der Gesellschaft da ist, herrscht wahrhafte Sittlichkeit, nicht mehr, nicht weniger. Es gibt eine verwässerte Moral, eine angepaßte, eine gemischte, eine getrübte Moral, für den Christen jedoch nur einen Maßstab der Moral, der von Gott gegeben ist. „Alles Menschliche hängt zusammen, und es ist entscheidend, daß der Christ erkenne, daß alle Lebensbetätigungen ausnahmslos und ohne Abstriche an der e i n e n Gerechtigkeit gemessen werden und unter der e i n e n Wahrheit stehen[95]."

Damit wollen wir aber nun nicht behaupten, daß diese Moral in dieser Welt und in unseren Verhältnissen jederzeit und in jeder Hinsicht durchführbar sei. Leider ist das nicht der Fall. Eine der größten und unüberwindlichen Schwierigkeiten liegt in dem Verhältnis des Christentums zum Staat. Darüber im nächsten Kapitel.

Hier erinnern wir daran: es gehört zu den Schwierigkeiten, zur Trübsal und Tragik des christlichen Lebens, daß auch bei christlicher Gesinnung die persönliche Lebensführung, namentlich auf sozialem Gebiet, und in noch stärkerem Maße die kollektive Lebensführung, nicht immer vollkommen christlich und demnach auch nicht vollkommen sittlich sein kann. Und dennoch bleibt das göttliche Gebot unverändert bestehen. Wir können uns dem Kompromiß und dem Schuldbewußtsein nicht entziehen. Das einzig Mögliche für uns ist, dafür zu sorgen, daß die große Linie der christlichen Ethik, die zweifellos auf die großen Gebote der Gottes- und Nächstenliebe hinweist, so weit wie irgend möglich durchgeführt wird. Wo diese Linie endet, endet jede christliche Ethik. Unsere einzige Möglichkeit ist die Aufgabe, daß in dem Ausgleich zwischen dem Leben und der christlichen Ethik so viel wie irgend möglich von jenen christlichen Werten erhalten bleibt, damit die Schuld nicht größer werde, als es für unser Leben erträglich ist; nicht zu groß, als daß wir für sie um Vergebung bitten dürften.

---

[95] Prof. Dr. Max HUBER, Staatenpolitik und Evangelium. S. 6.

Zweites Kapitel
Christentum und Staat

I. Die alt-christliche und die katholische Synthese. Notwendige Synthese und notwendige Spannung zwischen zwei heterogenen Mächten. Paulus. Augustinus „zwei Staaten". Thomas von Aquino. Das „corpus christianum".

Die Lage der Christen hatte sich infolge der Versöhnung des Staates mit der Kirche im 4. Jahrhundert in mancher Beziehung geändert. Zum erstenmal besaßen sie ein Land, das ihnen nicht fremd und feindlich war, sondern das sie lieben konnten: ein Vaterland; zum erstenmal einen kirchenfreundlichen Staat, der für die Ordnung sorgte, die zum ruhigen Ausbau der Kirche nötig war. Und ihre Augen öffneten sich für die recht- und kulturfördernde Macht, die von einem geordneten Staat ausgehen kann. Übrigens ein wachsender und dauerhafter Kirchenorganismus konnte sich in Zukunft von der festen Umrahmung des Staates und seiner Rechtsorganisation, in der die ganze menschliche Gemeinschaft sich bewegte, nicht frei halten. Diese beiden Mächte mußten sich auf irgendeine Weise finden. Zwei Dinge sind ja sicher:

1. Keine Religion hält sich auf die Dauer ohne irgendeine Organisation, d. h. ohne Kirchenform. Als das Christentum begriff, daß diese Welt nicht so bald „vergehe", und daß es sich also mit ihr abfinden müsse, wurde die Bildung einer Kirche Lebensbedingung. Der Kirche verdankt das Christentum denn auch unendlich viel.
2. Keine geordnete menschliche Gemeinschaft ist in dieser Welt möglich ohne Geltendmachung des Rechts. Die Mächte der Selbstsucht, der niederen Leidenschaft und der Kurzsichtigkeit erfordern dies. Auch das Christentum kann sein Haus der Liebe und Barmherzigkeit nur auf den festen Boden des Rechts aufbauen. Darum hat es auch großes Interesse daran, daß das Recht gehandhabt wird, wenn es auch selbst mehr als Recht ist.

Infolgedessen suchte das Christentum im 4. Jahrhundert den Staat. Und der Staat, der die gute Gesinnung seiner Bürger nicht entbehren kann, suchte die Kirche. Konstantins Übertritt zum Christentum vollzog sich in gewissem Sinn zur rechten Zeit. Aber das schwierige Problem war von nun an das Verhältnis zwischen Christentum und Staat, und blieb es durch die Jahrhunderte hindurch. Es schien erst so einfach: der Staat schützte die Kirche und die Kirche lieferte dem Staat die geistigen Kräfte. Aber wir sahen schon, welch schweren Tribut das Christentum, weil es seine Stellung zum Krieg ändern mußte, dem Staat sofort zu zahlen hatte. Es waren zwei verschiedene Größen mit ganz verschiedenem Lebensgebiet, die da zusammengeführt wurden, um künftig eine Gemeinschaft zu bilden. Man kann die Unterschiede in folgende Punkte zusammenfassen:

a) Das Christentum ist seinem Wesen nach jenseitig, gerichtet auf das Ewige, das Reich Gottes. Es ist von Haus aus stark dualistisch (ein Dualismus, der nur seine Grenzen in Gottes Schöpfung und Allmacht fand) und es sah dieses Reich Gottes im Gegensatz zur Welt, die „im Argen" lag und „vorübergehe". Infolgedessen stand es – als die Feindschaft des Römischen Reiches aufhörte – den weltlichen Mächten und den diesseitigen Zielen des Staates und seiner Bestimmung fremd gegenüber. Als aber nach dem Zwiespalt der Kontakt gefunden wurde, traten die anderen hiermit zusammenhängenden Schwierigkeiten um so schärfer hervor.

b) Das Christentum ist Weltreligion und kennt keinen Vorzug der einen Nation vor der anderen, der Staat dient ausschließlich den Interessen der eigenen Nation.

c) Die Lebensluft des Christentums ist die Freiheit, die des Staates die Rechtsorganisation mit Befehl und Zwang.

d) Da das Christentum das Verhältnis zwischen Gott und der menschlichen Seele in den Vordergrund stellt, hat es dem Menschen einen absoluten Wert und eine selbständige Bedeutung gegenüber allem, was von der Welt ist, zuerkannt[1]. Dadurch (und durch das sub *b* Genannte) mußte die antike Staatsidee, die mit national-religiöser Autorität auftrat, und die in dem Menschen nur den Untertan sah, wegfallen. Die römischen Kaiser haben es in der Verfolgungs-

---

[1] Siehe Prof. Dr. H. KRABBE, De Idee der Persoonlykheid in de Staatsleer. Rede 1908.

zeit wohl gespürt, wie die Christen sich bewußt waren, daß sie mehr seien als Untertanen und, daß dieses Mehr ihr eigentliches Leben sei. Durch all diese Faktoren hatte der „christliche Staat" einen viel komplizierteren Charakter, eine viel schwierigere Existenz und eine viel schwerere Aufgabe als der heidnische.

Die christliche Theologie hatte nun die Aufgabe, die Gedankenwelt des Christentums und die des Staates miteinander zu verschmelzen. Die Kirchenlehre ist in dieser schwierigen Frage, über die das Evangelium keinen Aufschluß gibt, in der Richtung, die von Paulus Röm. 13, 1-5 gezeigt war, weiter gegangen: „Jedermann sei untertan der Obrigkeit, die Gewalt über ihn hat. Denn es ist keine Obrigkeit ohne von Gott. Wer sich nun der Obrigkeit widersetzt, der widerstrebt Gottes Ordnung. ... Tust du aber Böses, so fürchte dich, denn sie trägt das Schwert nicht umsonst: sie ist Gottes Dienerin, eine Rächerin zur Strafe über den, der Böses tut. Darum ist's not, untertan zu sein, nicht allein um der Strafe willen, sondern auch um des Gewissens willen." (Wir sahen, wie diese Wertschätzung der Obrigkeit in den ersten Jahrhunderten der Verfolgung ins Gegenteil umschlug.) Paulus gab die Richtung an, aber der Weg wurde von der stoischen Philosophie gebahnt, die zwischen dem vollkommenen, dem Menschen im goldenen Zeitalter angeborenen Sittengesetz und dem infolge des Niedergangs der Menschheit notwendigerweise vergröberten unterschied. Im goldenen Zeitalter herrschte das absolute Naturrecht, in der gegenwärtigen schlechten Zeit das relative. Die christliche Theologie hat die stoische Auffassung mit der Paradies- und Sündenfallgeschichte im Alten Testament verbunden; für diese gefallene Welt eignet sich nicht die vollkommene Moral des Evangeliums; diese kann nur in der Individualethik angewandt werden. Sie bleibe mit der übrigen Wahrheit des Evangeliums der Verkündigung in der Kirche überlassen. Für diese gefallene Welt verordnete Gott ein härteres Sittengesetz, die Einrichtung des Staates und die Staatsgebote; einerseits als Strafe für die Sünde, andrerseits als Heilmittel zu ihrer Bekämpfung: poena et remedium peccati. In dieses relative Naturrecht gehörte die Lehre von der von Gott eingesetzten Obrigkeit, der man gehorchen muß, hinein, weil ihre Autorität aus Gott ist. Dieser Gehorsam hat nur eine Grenze: wenn die Obrigkeit etwas fordert, was Gott verbietet. Da gilt das Apostelwort:

„Man muß Gott mehr gehorchen, denn den Menschen" (Apostelgeschichte 5,29)[2].

Augustin (354-430) war es, dessen Denken die christliche Theologie großenteils beherrscht hat; mit seinem mächtigen Werk „De civitate Dei" (Über den Gottesstaat) bestimmte er das Verhältnis zwischen Christentum und Staat im Anfangsstadium; auch nahm er, wie wir erwähnten, den Kriegsdienst in Schutz. Unter dem Eindruck der verheerenden Einfälle der Goten und Vandalen ist jenes Buch verfaßt worden. Die Stellung und der Wert des Staates, der das Recht handhabt und das Christentum schützt, mußten dargestellt werden. Auch wurde Augustin, wie gesagt, durch seinen Kampf gegen den Dualismus der Manichäer, die den Weltgott dem Vater Jesu Christi entgegensetzten, zum Schreiben veranlaßt. Dieser Kampf führte ihn zu einem stärkeren Monismus, als ihn das Urchristentum gekannt hatte. Nachdrücklich betont der große Theologe Gottes Regierung und Vorsehung. Das Römische Reich hatte nicht ohne Gottes Absicht so vielen Jahrhunderten getrotzt. „Der eine und wahre Gott, der mit seinem Gericht und seiner Hilfe nicht von der Seite der Menschheit weicht, verlieh den Römern die Herrschermacht zu der Zeit, da er wollte und in dem Umfang, den er wollte[3]." „So steht es auch mit den Kriegen; sie finden ein baldigeres oder späteres Ende, je nachdem es in seinem Willen, seinem gerechten Ratschluß und in seinem Erbarmen liegt, um das Menschengeschlecht zu züchtigen oder zu trösten[4]." „Kriege können auf Gottes Befehl geführt werden, wer sich daran beteiligt, sündigt nicht gegen das fünfte Gebot[5]." „Wenn irdische Herrschsucht und Ruhm das Ziel des römischen Imperiums gewesen sind, so sind damit doch noch größere Laster im Zaum gehalten worden[6]." Und mit dem hingebenden Dienst der Römer an den Staat hat Gott gleichfalls beabsichtigt, „daß die Bürger des ewigen Staates, des Gottesstaates, solange sie hier auf ihrer

---

[2] Siehe Ernst TROELTSCH in seinem unerreichten Meisterwerk, aus dem wir in diesem Kapitel wiederholt zitieren werden: „Die Soziallehren der christlichen Kirchen und Gruppen", Tübingen 1912. S. 157-168. Joh. WENDLAND, Sozial-Ethik. Tübingen 1916. S. 199-201.

[3] De civitate Dei V, 21.

[4] V, 22.

[5] I, 21.

[6] V, 13.

Pilgrimsreise sind, dieses Vorbild eifrig beachten und erkennen sollen, welche Liebe dem himmlischen Vaterland des ewigen Lebens wegen gebührt, wenn dem irdischen Staat des weltlichen Ruhmes wegen schon so viel Liebe geschenkt wird"[7]. „Glücklich ist der Staat, der von christlichen Kaisern regiert wird. Gott schenkt ihnen auch irdisches Wohlergehen, wie dem Kaiser Konstantin, der in allen Kriegen siegte und lange regierte[8]." „Auch der irdische Staat sucht den Frieden und der Gottesstaat, insofern er sich auf Erden befindet (die Kirche) bedient sich dieses Friedens, wie er sich auf das Recht und die Ordnung stützt, die vom irdischen Staat gewährleistet werden. In diesen irdischen Dingen herrscht also Eintracht zwischen beiden Staaten[9]."

Dennoch spürt man, wenn man dieses Buch Augustins durchliest, daß dieser große Kirchenvater, trotz des neuen Weges, den er betritt, das Band mit dem alten dualistischen Christentum nicht gelöst hat. Der Dualismus zwischen Christentum und Staat zieht sich durch das ganze Buch hindurch; zunächst in dem großartigen Aufbau: in der Geschichte des verschiedenen Werdegangs der zwei Staaten, der „civitas Dei" und der „civitas terrena", der himmlischen und der irdischen Gemeinschaft, namentlich aber auch in der Schilderung der Art und Herkunft jener. Da tritt immer wieder die dunkle Seite in den Vordergrund: Der erste Gründer war Kain, der Brudermörder. Auch Rom wurde von einem Brudermörder, Romulus, gegründet, wenn auch gemeinsam mit dem später gemordeten Remus[10]. Das Einzige, was dem irdischen Staat Wert geben kann, ist die Gerechtigkeit. „Was sind irdische Reiche, denen die Gerechtigkeit fehlt, anders, als große Räuberbanden?" Mit Recht antwortete ein gefangengenommener Seeräuber Alexander dem Großen, der ihn fragte, wie er dazu käme, die See unsicher zu machen: „Gerade so, wie Ihr dazu kommt, das Festland unsicher zu machen. Aber weil ich es mit einem armseligen Fahrzeug tue, nennt man mich einen Räuber, während man Euch einen Herrscher nennt, weil Ihr es mit einer großen Flotte tut[11]." „Die irdischen Reiche suchen Macht

---

[7] V, 16.
[8] V, 25.
[9] XIX, 17.
[10] XV, 5.
[11] IV, 4.

und Ruhm, und wenn Gott ihnen diese irdischen Güter schenkt, dann haben sie ebenso ihren Lohn empfangen, wie der Mensch, der seine guten Werke tut, um von den Menschen gelobt zu werden[12]." „Außerdem ist es ein Kennzeichen des weltlichen Staates, daß man Gott oder Götter verehrt, um mit ihrer Hilfe die Macht auszuüben, nicht aus liebevoller Fürsorge, aus Herrschsucht[13]." Nach Cicero ist der wahre Staat auf Recht gegründet. Recht ist jedoch nur da, wo Gerechtigkeit, d. h. der Wille wohnt, Jedem das Seine zu geben. Wenn jedoch der Staat diesen Willen dem einen wahren Gott gegenüber nicht hat und ihm sogar den Menschen, auf den Er doch Recht hat, vorenthält, dann herrscht in jenem Staat keine Gerechtigkeit und folglich auch kein Recht. Darum war Ciceros Staat kein wahrer Staat[14].

In scharfem Kontrast dazu rückt Augustin den himmlischen Staat in das volle Licht der Herrlichkeit Gottes. In den letzten Büchern seines Werkes identifiziert er es mit der Kirche, die in zweierlei Gestalt, einer irdischen und einer himmlischen, erscheint[15]. „Durch die Art, wie er die Kirche dem Staat entgegen gestellt hat", sagt Harnack, „hat Augustin, weit über seine eigene ausgesprochene Meinung hinaus, die Überzeugung erweckt, daß die empirisch-katholische Kirche sans phrase das Reich Gottes sei, der selbständige Staat aber das Reich des Teufels[16]."

Wer die Geschichte der sogenannten „christlichen Staaten" in ihrem imperialistischen Streben und die der Theokratie der katholischen Kirche kennt, fühlt, daß Augustin hier Gedanken von weittragender Bedeutung angeregt und ausgesprochen hat. Obgleich diese schwebende und dualistische Auffassung Augustins sich überall zur Geltung bringt, konnte sie auf die Dauer das Bedürfnis der katholischen Theologie, die immer mehr nach Einheit des Systems strebte, nicht befriedigen. Diese Einheit brachte im 13. Jahrhundert T h o m a s   v o n   A q u i n o. Hatte Augustin den Ursprung des Staates im Abfall, in der Sünde gesucht, die als Geburtsfehler der „civitas terrena" weiterhin anhaftete, so wußte Thomas von Aquino

---

[12] V, 15.
[13] XV, 7.
[14] XIX, 21.
[15] XX, 9.
[16] HARNACK, Dogmengeschichte. 3. Aufl. III, S. 141.

dieses Kennzeichen großenteils zu beseitigen, indem er den Staat als unentbehrliches, natürliches Fundament des Reiches der Gnade, der Kirche, betrachtete. Auch ohne Sündenfall wäre er als harmonische Ordnung des irdischen Lebens notwendig, sei es auch, daß die Sünde den Widerstand gegen diese Ordnung ins Leben rief. Der Staat findet in der Sünde seine Notwendigkeit, nicht aber seinen Ursprung. Thomas betont stark die Tatsache (die von Augustin nicht verneint wird), daß der Staat von Gott ist. Mit Hilfe der aristotelischen Entwicklungslehre schuf Thomas ein architektonisches Gebäude mit Stufen oder Rangordnungen des Lebens. Jede von ihnen hat ihr eigenes Ziel, führt jedoch zugleich zu einer höheren Ordnung. Die höchste, alles abschließende und alles beherrschende ist die Ordnung der Gnade, die Kirche. Indem Thomas so die Absicht des göttlichen Bauherrn darstellte, wurde er selbst der Begründer der Kirchenlehre und ihrer Theokratie, die weiterhin einen konservativen und patriarchalischen Charakter hatte (Beibehaltung der Stände und Bevormundung von oben)[17]. So erhielt der Staat einen bestimmten Platz und eine Funktion in dem großen Organismus der christlichen Gemeinschaft, im „corpus christianum", und dadurch einen positiven Wert, den er in der alten Kirche nicht gehabt hatte. Zugleich wurde das Ziel des Staates rein utilitaristisch in der Wohlfahrt und dem formalen gesetzlichen Recht gesucht, so daß theoretisch Konflikte mit der christlichen Idee vermieden werden konnten. Der Nationalismus war noch nicht erwacht. Und der Kapitalismus lag noch in den Windeln.

Durch diese Staatsauffassung nahm die Spannung, die das alte Christentum zwischen sich und dem Staat fühlte, allmählich ab. Sie lebte zwar immer wieder auf, am meisten in der Reformationszeit. Der Kampf des Mittelalters war mehr ein Machtkampf zwischen Kaiser und Papst als ein Kampf zwischen der Staatsidee und der christlichen Idee. Sowohl die mittelalterliche katholische Kirche als auch die Reformatoren betrachteten den Staat, die Kirche, das soziale, kulturelle und religiöse Leben als einen christlichen Organismus, als ein „corpus christianum". Zunächst war der Staat in diesem Bund der mächtigere, folglich der Führer. Die Kirche unterstand tatsächlich dem Staat; in der christlichen Gesinnung des Kaisers mußte

---

[17] TROELTSCH, Soziallehren. S. 252-258.

sie genügende Bürgschaft für den christlichen Charakter des Ganzen finden. So war es in der griechisch-katholischen Kirche, wo der Fürst sogar ihr Haupt wurde, bis zum Sturz der zaristischen Herrschaft. Im Westen hat die Kirche allmählich viel größere Macht entfaltet und das Papsttum hat schließlich, wenn auch vorübergehend, das theokratische Ideal der herrschenden Kirche verwirklicht (Gregor VII.). Die Kirche war inzwischen ein klerikal-sakramentales Rechts- und Machtinstitut geworden. An Stelle des christlichen Kaisers herrschte nun der weltliche Papst, der – wenn nötig – über das weltliche Schwert verfügte. Die Waldenser, die unter anderen evangelischen „Ketzereien" auch die Gewalt verwarfen, sind durch dieses Schwert in der Hand der Kirche fast ausgerottet worden. Die Kirche hatte die Welt „erobert"; in demselben Maß jedoch hatte die Welt in der Kirche und damit im Christentum Fuß gefaßt – der Kreuzritter, der im Heiligen Land in furchtbarer Weise hauste, ist dafür ein drastischer Beweis. Es kann jedoch nicht bestritten werden, daß der christliche Gedanke in mancher Weise auf Sitten und Gewohnheiten Einfluß erlangt hat. Durch ihre Versuche, Streitigkeiten zu schlichten und durch den „Gottesfrieden" (Waffenstillstand während bestimmter Tage) hat die Kirche wiederholt dem Frieden gedient.

Natürlich fühlten die frömmsten Christen, die nicht mit dem sakramentalen, sondern mit dem Christus der Evangelien lebten und dadurch das schärfste christliche Gewissen hatten, den Gegensatz und die Spannung zwischen dem Staatsbürger und dem Bürger des Reiches Gottes, zwischen dem verweltlichten und dem reinen Christentum. Für viele wurde die Spannung unerträglich. Nun wohl, ihnen erlaubte die katholische Kirche, sich von der Welt zurückzuziehen und im Kloster vollkommen die christliche Wahrheit in sich aufzunehmen und sich völlig Gott hinzugeben. Mit dieser Unterscheidung von zweierlei Christentum, dem vollkommenen und dem unvollkommenen, hat die katholische Kirche in großartiger Weise versucht, beide zu retten, sowohl das Staats-Christentum wie das Ideal des Evangeliums. Dies ist ihre Lösung der Schwierigkeit, die durch die Verbindung von Staat und Christentum entstanden war, eine Lösung, die wenigstens den Konflikt nicht verwischt, sondern klar hervorhebt.

II. Die lutherische Synthese. Luther und der Krieg.
Doppelte Moral der Person und des Amtes.
Luthers utopistisches Urteil über Staat und Krieg.

Es ist jedoch begreiflich, daß der Protestantismus mit dieser Einteilung in zweierlei Christentum nicht einverstanden war. Jeder wahrhafte Christ ist nach reformatorischer Auffassung ein geistlicher
Mensch und sein Platz ist in der Welt. Namentlich Luther hat intensiv das innerliche Glaubensleben und die rein geistliche Lebensführung nach der Bergpredigt als das wahre Leben für jeden Christen bezeichnet. Und als er genötigt war, ein Verhältnis zu dem Staat
zu finden, der seiner reformatorischen Bewegung so viel Schutz ge-
währte, griff er auf das mittelalterliche „corpus christianum" zurück,
erklärte aber, daß dieses aus zwei „Regimenten" bestände, einem
geistlichen und einem weltlichen: in dem einen macht Christus
durch den Heiligen Geist die Herzen fromm, in dem andern, das
„unter das Schwert gestellt ist", werden nach Gottes Ratschluß die
Bösen (die weitaus die Mehrheit bilden, „unter Tausend kaum ein
rechter Christ") bezwungen, werden Ordnung und äußerer Friede
aufrecht erhalten; in dem einen wird auf die freie Gesinnung gerechnet, in dem andern wird befohlen und (zur Not) Zwang ausgeübt[18].
Der römischen Kirche gegenüber vertrat Luther mit Nachdruck für
das erste Regiment die Freiheit im Geiste. Den Ausschreitungen des
aufgeregten Teils der Wiedertäufer gegenüber, die in der Freiheit
des Evangeliums leben wollten, sie jedoch nicht ertragen konnten,
wies er mit immer größerem Nachdruck auf den strengen Charakter
des zweiten hin. „Darum muß man diese beiden Regimente mit
Fleiß scheiden und beides bleiben lassen, eines, das fromm macht,
das andere, das äußerlich Frieden schaffe und bösen Werken wehrt;
keines ist ohne das andere genug in der Welt[19]."
  Diese beiden Gebiete stehen unter verschiedenen Bedingungen,
haben verschiedene Lebenssphären und deshalb fordert jedes eine
andere Moral: das erstere eine persönliche, die sich auf die Bergpredigt stützt, und das andere eine Staatsmoral. Nur erstere ist absolut
christlich. Die zweite, die Luther als relativ-christlich betrachtete,
leitete er aus dem stoischen Naturrecht her, das er in den zehn

---

[18] Von weltlicher Obrigkeit, 1523. Weimarer Ausgabe XI, S. 251.
[19] S. 252.

Geboten des Alten Testamentes wiederfand. Dadurch erhielt dieses „Gesetz des Herrn" im Protestantismus eine so große Bedeutung. An die Anwendung dieser Moral schloß sich die Ausübung des Rechts, welche ohne alttestamentliche Härte nicht auskam. Man weiß, daß Luther im Bauernkrieg die Fürsten mit den kräftigsten Worten zur Strenge ermahnte. Es muß Luther, der ein feines Gefühl für die Zartheit der Moral des Evangeliums hatte, und der in seinen ersten Reformationsjahren oft, wie wir es ausdrücken möchten, bereits in Tolstois Richtung ging, nicht leicht geworden sein, diese harten Maßregeln zuzulassen und zu empfehlen.

Wie soll nun aber der Christ, der in beiden Gebieten leben soll, mit dieser doppelten Moral fertig werden? Luthers Antwort lautet: Als Christ in seinem persönlichen Leben von Mensch zu Mensch hat er sich an die erste, die Ordnung der Gnade zu halten; als christlicher Staatsbürger in seinem Beruf an die zweite, die Ordnung der Schöpfung. Hier sind also die Gegensätze nicht, wie bei der katholischen Regelung, über zwei Stufen verteilt, sondern „ineinander geschoben zu einer Duplizität der Lebensstellung jedes Individuums. Der Kompromiß ist tiefer in das Innere hineinverlegt"[20]. Luther sucht den biblischen Beweis für diese dualistische Lebensstellung in Röm. 13,1-5 (Gehorsam gegen die von Gott eingesetzte Obrigkeit, die als Gottes Dienerin das Schwert führt) und Matth. 22,21: „Gebt dem Kaiser, was des Kaisers ist, und Gott, was Gottes ist". Aus diesem zweiten Text zieht Luther die bekannte, vom Evangelium nicht beabsichtigte, nach unserer Ansicht sicherlich falsche Folgerung: das ganze öffentliche Leben des Christen gehört dem Fürsten und seiner Auffassung des Willens Gottes. In seiner schon genannten Schrift: „Von weltlicher Obrigkeit und wie weit man ihr Gehorsam schuldig sei" (1523), erläutert er dies. Von dieser Schrift bezeugt er später selbst: „Denn ich mich schier rühmen möchte, daß seit der Apostel Zeit das weltliche Schwert und Obrigkeit nie so klärlich beschrieben und herrlich gepriesen ist, wie auch meine Feinde müssen bekennen, als durch mich[21]." „Die Christen sind nach dem Geiste niemand denn Christo unterworfen. Aber dennoch sind sie mit Leib

---

[20] Troeltsch, S. 505.
[21] Ob Kriegsleute auch in seligem Stande sein können. Luthers Werke, Weimarer Ausgabe XIX, S. 625.

und Gut der Obrigkeit unterworfen und schuldig gehorsam zu sein[22]."

Diese Ansicht ist im Protestantismus die herrschende geblieben, obgleich sie von der calvinistischen Auffassung abweicht, worüber nachher. Eigentlich darf das keine Lösung heißen, denn der Mensch ist nur eine Person und hat nur ein geistiges Leben; sein öffentliches Verhalten steht nicht losgelöst außerhalb desselben, ja es greift mitunter tief in das private Leben ein. „Die protestantische Lösung von Person und Amt", sagt Troeltsch mit Recht, „ist nicht eine Überwindung, sondern eine neue Formulierung des Problems[23]."

Daher wird auch das Kriegsproblem bei Luther nur scheinbar gelöst. Der Soldat ist Diener der von Gott eingesetzten Obrigkeit, die nach dem Ratschluß der Vorsehung regiert und ihm gleichsam ihr Schwert leiht, um ihre Befehle zu vollstrecken. Es kommt hinzu, daß Luther im Anschluß an Augustin das Kriegführen nur als Bestrafung von Verbrechern und als ein Werk des Friedens, ja sogar als ein Werk der Liebe betrachtet, wenn es auch nicht so aussieht. „Denn was ist Recht kriegen anders, denn Übeltäter bestrafen und Friede halten?[24]" Wie Augustin beruft sich auch Luther auf die Kriege Josuas, der Richter und des frommen Königs David, und auf Johannes den Täufer, der die Soldaten zwar ermahnte: „Tut niemand Gewalt und Unrecht und begnügt euch mit eurem Sold", den Krieg und den Soldatenstand jedoch nicht beanstandete. Auch weist Luther auf Jesu Antwort an Pilatus hin: „Mein Reich ist nicht von dieser Welt. Wenn mein Reich von dieser Welt wäre, würden meine Diener darum kämpfen", und leitet daraus ab, daß Jesus den gerechten Krieg billigen würde[25]. Wir sahen jedoch schon, daß diese und derartige Folgerungen aus den Tatsachen, die von Jesus konstatiert wurden, nicht erlaubt sind. Man kann das Evangelium, ohne es zu vergewaltigen, nicht zur Rechtfertigung des Krieges benutzen.

Luthers Ansicht über dieses Problem findet man hauptsächlich in seiner schon zitierten Schrift: „Ob Kriegsleute auch in seligem Stande sein können", die er 1526 verfaßte, als er noch unter dem Eindruck des Bauernkrieges vom vorhergehenden Jahr stand. Luther,

---

[22] Ob Kriegsleute usw., S. 629.
[23] Soziallehren. S. 509.
[24] Ob Kriegsleute usw., S. 625. 628.
[25] S. 627.

mit seiner Mißachtung der Masse, des dummen, sündigen Pöbels und mit seiner Ehrfurcht vor der Obrigkeit (er brachte es trotzdem fertig, Fürsten und Obrigkeiten tüchtig die Wahrheit zu sagen), war infolge dieses Bürgerkrieges in noch stärkerem Maß als vorher ein Verfechter der strengsten Autorität geworden. Auch infolge dieser Ereignisse betrachtet er den Krieg hauptsächlich als Aufruhr, zu dem niemand das Recht hat. Der Untertan gehorche dem Fürsten, der Fürst dem Kaiser und der Kaiser Gott. Auf diese Weise wird es Luther noch leichter, den Soldaten als Diener des Friedens und der Gerechtigkeit zu betrachten. Sein Amt ist, wenn es in rechter Weise ausgeübt wird, kein sündiges Amt, sondern „ein göttliches Amt", wie das des Richters und des Scharfrichters[26]. Das Kriegshandwerk ist wie die Arbeit des Chirurgen: das Bein wird abgenommen, damit der ganze Leib nicht vergehe; man soll nicht bloß das abgenommene Bein sehen. „Ein kleines Unglück, das einem großen Unglück wehrt[27]." Wie die Hand des Chirurgen von der Weisheit des Arztes gelenkt wird, so die Hand des Soldaten von der Weisheit Gottes, der die Regenten lenkt. Auf diesem Weg kommt Luther zu der Schluß-folgerung, die uns, wenn wir eben erst das Evangelium vernommen haben, sonderbar anmutet: „die Hand, die solch Schwert führt und würgt, ist auch alsdann nicht mehr Menschen Hand, sondern Gottes Hand, und nicht der Mensch, sondern Gott hängt, rädert, enthaup-tet, würgt und kriegt"[28].

So hat Luther die beunruhigten Gewissen der christlichen Solda-ten sicher gemacht. Kein Wunder, daß die Gewissen beunruhigt wa-ren! Hatte doch Luther den Unterschied zwischen Geistlichen und Laien aufgehoben, alle Christen waren Geistliche; durften sie das Kriegshandwerk ausüben? Man kann antworten, daß der Glaube al-lein selig macht, nicht die Werke; kann jedoch ein Mensch, ein Krie-ger, der diese Arbeit tut, in seligem Stande bleiben? Sicherlich, sagt Luther. „Denn es soll ja ein Kriegsmann mit sich und bei sich haben solch Gewissen und Trost, daß er es schuldig sei und müsse es tun, damit er gewiß sei, daß er Gott darinnen diene und könne sagen: Hier schlägt, sticht, würgt nicht ich, sondern Gott und mein

---

[26] S. 624. 656.
[27] S. 626. 656.
[28] S. 626.

Fürst, welcher Diener jetzt meine Hand und Leib ist. ... So sei ein Jeder frisch und unverzagt, und lasse sich nicht anders dünken, denn seine Faust sei Gottes Faust, sein Spieß sei Gottes Spieß, und schreie mit Herzen und Munde: ‚Hie Gott und Kaiser'[29]. Vor Gott soll er verzagt, furchtsam und demütig sein; wider die Menschen soll man keck, frei und trotzig sein, als die doch Unrecht haben, und also mit trotzigem, getrostem Gemüt sie schlagen[30]." Und dann legt Luther dem Soldaten, der in die Schlacht gehen soll, ein Gebet in den Mund, das das Vertrauen in seine gute Sache und in das allein erlösende Blut Jesu Christi zum Ausdruck bringt, und mit den Worten schließt: „Dabei bleibe ich, darauf lebe und sterbe ich, darauf streite und tue ich alles; erhalte, lieber Herr Gott Vater, und stärke mir solchen Glauben durch deinen Geist, Amen." „Willst du darauf den Glauben und ein Vater Unser sprechen, magst du es tun, und lasse damit genug sein. Und befiehl damit Leib und Seele in seine Hände, und zeuch dann vom Leder und schlage drein in Gottes Namen[31]."

Die Ermahnung, vor Beginn der Schlacht das Vater Unser zu beten, obgleich in diesem Treiben alle christlichen Werte dieses Gebetes mit Füßen getreten werden und man dafür eigentlich nur um Verzeihung bitten kann, zeigt, wie sogar der große Reformator Luther (in dieser Hinsicht kein Reformator) in den Sündenfall des Christentums mit hineingezogen worden ist. Wenn wir fragen, wie es kommt, daß auf lutherischem Boden jene Erscheinung der christlichen Eisenfresser auftaucht, die die Christen der ersten Jahrhunderte höchst seltsam und unglaubhaft angemutet hätte, aber orthodoxen protestantischen Kreisen ganz geläufig geworden ist und dort auch heute noch häufig genug auftritt, so finden wir hier die Lösung. Wir wissen nicht, worüber wir uns mehr wundern müssen: über die treuherzige Entschiedenheit, mit der Luther jeden Zweifel aus den Herzen der Christen vertreibt, oder über die Naivität (in weltlichen Dingen war Luther oft naiv), mit der er eine christliche Gemütsverfassung mitten im Kampf für möglich hält. Er entsetzt sich (wenn zwei glaubwürdige Männer es ihm nicht erzählt hätten, schreibt er, würde ich es nicht glauben), daß es Soldaten gibt, die

---

[29] S. 656. 658.
[30] S. 651.
[31] S. 661.

sich vor der Schlacht nicht von Gott, sondern von ihren Buhlen ermahnen und trösten lassen. Er beobachtet mit Entrüstung, „daß ein großer Teil des Kriegsvolks des Teufels Eigentum und Etliche des Teufels voll sind". Er gibt sich jedoch keine Rechenschaft, woher dies kommt und ob es auch irgendwie mit ihrem Handwerk zusammenhängt, das in der Regel nicht spurlos an dem Menschen vorübergeht. Und wenn er die Soldaten, ehe sie „stechen und hauen", ein Vater Unser beten läßt, dann muß man im Interesse ihres Feldherrn hoffen, daß sie die Gesinnung dieses erhabenen Gebetes so schnell wie möglich wieder los werden; sonst kommt bei dem, was man von ihnen erwartet, wenig heraus.

Abgesehen von den Fragen (zu denen wir uns heute etwas anders einstellen), ob der Krieg „ein kleines Unglück", „das einem großen Unglück wehrt", genannt werden darf, und ob der Feind dem Übeltäter gleich gestellt werden kann (siehe Kapitel I), behält doch Troeltsch auch infolge der Behandlung der Kriegsfrage durch Luther Recht, wenn er sagt: „die protestantische Lösung der Spannung in der doppelten Moral von Person und Amt ist nicht eine Überwindung, sondern eine neue Formulierung des Problems". Die Lösung ist, namentlich in bezug auf die Kriegsfrage, nichts anderes als ein Kompromiß zwischen Staat und Christentum, wobei der Staat stark im Vorteil ist, wenn auch dieser Vorteil sich hinter wirklich – und scheinbar – christlichen Gedanken zu verstecken sucht.

Kein Wunder, daß das Gewissen, das sein ursprüngliches christliches Ideal nicht vergessen konnte, gegen diesen Kompromiß rebellierte. Auch Luther konnte es nicht vergessen. Immer wieder setzt er sich zur Wehr gegen die zwar scharfsinnigen, aber unchristlichen Staatsmänner und Juristen („ein Jurist ein schlechter Christ"), gegen die ruchlosen Machthaber und Gewalttäter. In seiner Schrift über die Kriegsleute wettert er gegen solche, die in der Ausübung der Gewalt zu weit gehen und kein Mitleid kennen. Hier droht ein Riß zwischen Christentum und Staat. Bei vielen Anhängern der Reformation riß die Naht vollständig. Dann „bricht der tiefe Groll gegen die Welt der Sünde und des Teufels los, richtet sich die Hoffnung auf den jüngsten Tag und erscheint das Christenleben wesentlich als Leben unter dem Kreuz und als Hoffnung des seligen Jenseits"[32]. So

---

[32] TROELTSCH, S. 505. 506.

muß man die erste Bewegung der Wiedertäufer, die sich auf den jungen Luther beriefen, verstehen, so die anderen Sekten, die vorher und nachher entstanden, und die nach Troeltsch unentbehrlich waren als Ergänzung zum kirchlichen Christentum, um mit diesem zusammen das historische Christentum bilden zu können. Die Reformatoren haben sich schon gegen die Wiedertäufer gewandt, ehe einige von ihnen gewalttätige Ausschreitungen begingen. Da ergab sich eine merkwürdige Wechselwirkung: den Wiedertäufern gegenüber suchten Luther und Zwingli immer engeren Anschluß an die Staatsgewalt und Staatsautorität, während die Wiedertäufer sich gegen dieses Zusammengehen des Evangeliums mit der Welt immer heftiger wehrten.

Luthers vollkommene und demütige Ehrfurcht vor dem Staat beruhte teils auf Anerkennung seiner Notwendigkeit (der Staat ist notwendig als Ausgleich zwischen Ideal und Wirklichkeit), teils auf Dankbarkeit gegen den Staat als unentbehrliche Stütze der Reformation und der lutherischen Kirche; die Ehrfurcht fand jedoch zugleich ihre Rechtfertigung in Luthers Vertrauen auf den christlichen Staat, dessen christliche Regenten von der Vorsehung eingesetzt sind, und der aus Liebe und aus freiem Willen das Christentum fördert. Tut die Obrigkeit dies nicht, so wird Gottes Gerechtigkeit sie erwischen. Auf dieses Vertrauen baute Luther das theokratische Ideal, das keine starke Religion entbehren kann. Eine schwächere Grundlage hat dieses Ideal nie gehabt. „Man erkennt hier ohne weiteres", sagt Troeltsch mit Recht, „den hyperidealistischen, um nicht zu sagen christlich utopistischen Sinn dieses Staatsideals[33]."

In diesem utopistischen Vertrauen hat die lutherische Kirche weitergelebt und die deutschen Staatsmänner – von Friedrich dem Großen bis Bismarck und nach ihm – haben, wie wir sehen werden, an dieses Vertrauen, auch für die Erreichung ihrer imperialistischen Ziele, kräftig appelliert. Der Untertan hatte zu schweigen. Soweit er mit seinem „beschränkten Untertanenverstand" die Weisheit der Regierung beurteilen kann, hat er dieser Richtschnur zu folgen; bei Unsicherheit, ob die Regierung recht hat: zu gehorchen. „Die Liebe glaubt alles" und „sie rechnet das Böse nicht zu." Wenn man aber bestimmt weiß, daß die Regierung gegen Gottes Willen handelt,

---

[33] TROELTSCH, S. 567.

z. B. einen ungerechten Krieg führt, dann soll man seinem Gewissen folgen und wie die Apostel Gott mehr gehorchen, denn den Menschen; lieber sich strafen lassen, als gegen das Gewissen handeln[34]. In diesem einen Punkt (Reichstag von Worms) siegt doch die protestantische „Freiheit eines Christenmenschen" über die Moral der fast unbeschränkten Staatsautorität.

III. Die calvinistische Synthese. Monistisch, alttestamentlich, gesetzlich. Geringschätzung des Menschen.

Der Calvinismus, der sich großenteils auf Luthers Reformation stützt (man findet auch im Problem: Staat und Krieg häufig dieselben Argumente), ist geharnischt zur Welt gekommen. Er hat sich sofort in Kampf und Aufstand behaupten müssen. Entweder hierdurch oder durch die juristische Befähigung und den Werdegang seines Begründers, wahrscheinlich sowohl durch diese wie auch andere Ursachen, ist der Calvinismus frei von dem dualistischen Charakter der lutherischen Ethik und der Spannung zwischen persönlicher und Amtsmoral. Schärfer als Luther sah Calvin in der ganzen Schrift, ohne Unterschied, Gottes Wort, und dieses Wort war ihm, so weit es das Verhalten des Menschen bestimmte, ein Gebot. Der Calvinismus war genau so im Gesetz befangen, wie die Wiedertäufer. Der Unterschied war der: die Wiedertäufer sahen das Gesetz in der Bergpredigt, die Calvinisten in den Zehn Geboten. Den lutherischen Unterschied zwischen freier Gesinnungsmoral und gebundener Moral kennt der Calvinismus nicht. Dies macht ihn zwar stärker, schadet aber seiner Innerlichkeit. Gottes Liebe ist für Calvin an erster Stelle die Liebe des Souveräns, der selbstherrlich auserwählt, und ebenso selbstherrlich verwirft. Und die Liebe des Menschen liegt vor allem in dem Willen, Gott die Ehre zu geben, die ihm gebührt, indem man seine Gebote hält. So steht also der Calvinismus dem Alten Testament, in dessen Geboten er nicht eine relativ-, sondern eine absolut-christliche Moral sieht, näher als das Luthertum. Troeltsch, der eine starke Vorliebe für den Calvinismus hat, sieht den heutigen zum Teil mit den Augen Abraham Kuypers, zu der

---

[34] LUTHER, Ob Kriegsleute usw. S. 656f.

Zeit, als dieser seine Stone-Lectures schrieb, also zu modern, zu demokratisch und zu idealistisch; er sagt über die calvinistische Ethik: „Nichts tritt gegenüber dem Luthertum in seiner Ethik so charakteristisch hervor als die Abwesenheit des Bedürfnisses, die radikale Liebesethik der Bergpredigt gegenüber den Forderungen der Sozialethik des praktischen, politischen und gesellschaftlichen Lebens zu rechtfertigen und auszugleichen. Über seinem (Calvins) ganzen Briefwechsel, der unzählige ethische Fälle beurteilt, liegt auch nicht ein Hauch jener weltfeindlichen Personmoral und ihres Gegensatzes gegen eine doch zu akzeptierende Amtsmoral[35]."

So konnte Calvin das corpus christianum, das für ihn das Leben in seiner menschlichen Gemeinschaft umfaßte, als ungeteiltes Ganzes, als ein „Regiment" sehen. Staat und Kirche arbeiten zusammen in einer Pflichtverbundenheit für ein gemeinsames Ziel. Seine Theokratie ist weniger evangelisch, aber realer als die Luthers, seine Kirche besser und stärker organisiert und ausgerüstet für ihren Kampf gegen die Welt. Und in diesem Kampf sei der Staat der Bundesgenosse, wenn nötig der Diener der Kirche. Der Staat war für Calvin nicht nur Strafe und Gegengift gegen die Sünde, sondern auch vor allem heilige und gute Ordnung Gottes, ein nützliches Instrument, Seine Ehre in der Welt hochzuhalten. Die augustinische Auffassung des mit der Sünde verbundenen Charakters des Staates, die Luther in seiner ersten Periode hatte, war Calvin fremd. Er führte die Linie des Thomas von Aquino fort mit dem Unterschied, daß der Staat eine höhere Funktion erhielt und mit der Kirche zur Ehre Gottes arbeitete. Mit Calvin beginnt erst im vollsten Sinn der „christliche Staat". Den Ursprung des theokratischen Ideals bei Calvin muß man im Alten Testament suchen. „Vor allem beruft er sich immer wieder auf das Alte Testament, dem die Bergpredigt bei der Einheit der Bibel nicht widersprechen könne, auf die Reformen und die Politik der frommen Könige, auf den Dekalog und die spätjüdische Moral, auf David und die Psalmen[36]." Es geht um Gottes Ehre in dem gegenseitigen Verhältnis des Staates und der Kirche. Alles, was diese Ehre fördern kann, ist nicht nur erlaubt, sondern auch geboten und

[35] TROELTSCH, S. 636.
[36] TROELTSCH, S. 637.

braucht nicht auf dem Weg einer sogenannten „Amtsmoral" gerechtfertigt zu werden.

Der Calvinismus hat das Problem der christlichen Staatsmoral folgendermaßen gelöst: er stellte den Staat und seine Machtmittel (siehe Calvins Institutio, Kap. IV unter der Überschrift: „Über die äußeren Mittel der Seligkeit") unter ein „christliches" Gesetz, entnahm dieses Gesetz namentlich dem Alten Testament und stellte die Liebesgesinnung des Neuen Testaments hintenan[37].

Auch die Prädestinationslehre, obgleich paulinisch, führt den Calvinismus mitten in die alttestamentliche Gedankenwelt hinein. Der Gegenstand der Liebe Gottes ist nicht der Mensch, sondern das kleine, auserwählte Volk, das „kleine Häuflein", das „wie ein Öltropfen auf dem Leben der Völker schwimmt", „eine kleine Zahl, wie ein Blumenstrauß gepflückt und auserwählt". Die große Masse ist die „massa perditionis" und geht verloren. Im Menschen selbst sah Calvin nur die Kreatur, die durch den Sündenfall verderbt und der Verdammnis anheimgefallen ist. Sie entbehrt also nicht nur des Wertes, sondern bedeutet sogar einen Unwert. Nur die Auserwählung hebt sie empor. Neucalvinisten, wie Kuyper und Bavinck, steckten oft mit Calvins Lehre durch deren Härte in der Klemme und versuchten mit einer Lehre von der allgemeinen Gnade diese Verwerfung zu mildern und zu humanisieren[38]. Die Härte jedoch hat ihre Wirkung ausgeübt und übt sie noch aus u. a. in der Betrachtung vom Wesen des Menschen. „So bleibt dennoch meine Lehre bestehen", schreibt Calvin in seiner Institutio, „nämlich, daß Gott die Verworfenen haßt und zwar mit Recht, weil sie seines Geistes entkleidet sind, und nichts anderes hervorbringen können, als was Grund und Ursache der Verdammnis ist." Die Behauptung derer, die sagen: „Gott ist der Vater aller", ist nichts als Spott und Lästerung. Gewiß, über die ganze Erde erstreckt sich die sorgende Hand Gottes, aber Gott ist ebensowenig ein Vater der Nicht-Auserwählten wie „der Schweine und Hunde"[39]. So versteht man, wie Calvin Servet erbarmungslos verbrennen lassen, und wie sein Nachfolger Beza

---

[37] Siehe K. H. ROESSINGH, Christendom en Staat. Verzamelde Werken, deel IV, blz. 465.

[38] Siehe Dr. C. B. HYLKEMA, Oud en Nieuw Calvinisme. Haarlem 1911, blz. 207-212.

[39] Institutio III, 22, 6-7; 24, 17.

über die Todesstrafe der Ketzer schreiben konnte. „Die Hinrichtung Servets war eine Tat seiner Zeit", steht auf dem Monument expiatoire in Genf geschrieben. Dies ist nur teilweise richtig; teilweise ist sie auch die Folge der alttestamentlichen calvinistischen Geringschätzung des Individuums und seines Lebens.

Aus dem eben Gesagten ergibt sich, daß es Calvin nicht schwer wurde, den Krieg in die christliche Weltanschauung einzuordnen. Er nennt zwar die Erfüllung des fünften Gebotes ein hohes und schweres Problem. Die innerlichen Bedenken jedoch, die Luther anfänglich zu überwinden hatte, kannte er nicht, oder nur in geringerem Maß. Vielleicht ist die Tatsache, daß die schärfsten Ausdrücke zur Verteidigung des Krieges erst in der späteren Ausgabe der Institutio stehen, aus einer anfänglich noch bestehenden gewissen Scheu zu erklären. Dafür ging er aber auch einen Schritt weiter als Luther. Während dieser nur den Verteidigungskrieg gerecht nannte[40], billigte Calvin auch den Krieg, der dazu diente, „öffentliche Rache zu nehmen"[41].

Auch hier die alte Schwierigkeit: „Wer hat angefangen?" Den Einwand der Wiedertäufer, daß das Neue Testament nirgends lehrt, der Krieg sei den Christen erlaubt, beantwortet er, indem er sagt, daß das Reich Christi geistig sei, daß er nicht gekommen sei, der bürgerlichen Regierung eine andere Form zu geben, daß die Gründe, die in früheren Zeiten zum Krieg geführt hätten, noch beständen, und das Christus durch sein Kommen an diesen Dingen nichts geändert habe. Wie Augustin und Luther beruft er sich dafür auf Johannes den Täufer. Außerdem wurde es ihm nicht schwer, den Krieg zu sanktionieren, weil er ihn als Polizeigewalt und als nötig zur Erhaltung der Ordnung betrachtete. Deshalb glaubte er auch in Röm. 13,4 eine Beweisstelle für das Recht des Kriegführers zu finden. Wie Augustin von „Barbaren" sprach und Luther von Übeltätern, so nannte Calvin den Feind „bewaffnete Räuber", die „als solche gestraft" werden müssen[42]. Diese Auffassung des Krieges als Polizeigewalt war in den Tagen Augustins zwar nicht richtig, jedoch begreiflich; man denke an die Einfälle der Goten und Vandalen. In

---

[40] „Denn das will ich für allen Dingen zuvor gesagt haben: Wer Krieg anfähet, der ist unrecht." *Ob Kriegsleute* usw. S. 645.
[41] Institutio IV, 20, 11.
[42] Institutio IV, 20, 11, 12.

den Tagen der Reformation war sie jedoch nicht mehr haltbar, und im Lauf der nächsten Jahrhunderte sollte ihre Unzulänglichkeit sich immer mehr herausstellen.

Zum Krieg selbst hat Calvin übrigens genau so gestanden wie Luther, auf den er sich ja zum großen Teil stützte. Krieg ist eine Sache des Staates, der ihn für seine weltlichen Interessen anwenden darf, wenn das Ziel gerecht ist und die sittliche Zucht gehandhabt wird. Religiöse Belange dagegen müssen ohne Gewalt, durch Gottvertrauen, Leiden und Dulden verteidigt werden. Da jedoch Staat und Kirche bei Calvin so eng verbunden waren – er war sowohl Theologe als auch Staatsmann – wurde er von selbst zum bewaffneten Eingreifen getrieben. Während Luther nicht erlaubte, daß die protestantischen Fürsten in Deutschland ihren Glauben gegen den Kaiser mit dem Schwert verteidigten, war Calvin der Meinung, daß der katholische Feind mit den gleichen Waffen bekämpft werden müßte. Sein Nachfolger Beza hat dementsprechend die Frage nach dem Recht des Glaubenskrieges auf biblischer, geschichtlicher und dogmatischer Grundlage bejaht, wenn nur der gesetzliche Weg eingehalten wird. Mit dem Alten Testament in der Hand fällt diese Bejahung nicht schwer. Dieser Standpunkt ist nicht nur für das Verhalten der Calvinisten in verschiedenen Ländern von großer Bedeutung geworden; das reformierte Beispiel hat schließlich im Dreißigjährigen Krieg auch die Lutherischen beeinflußt. Cromwells „great rebellion" war für diese protestantische Politik das letzte Beispiel. Es schien, als ob die Bergpredigt und Matth. 26,52 vergessen, sogar nie geschrieben worden wären.

Es liegt uns völlig fern, die enorme Bedeutung Calvins und den großen religiösen Wert des Calvinismus, dem auch wir so viel verdanken, herabzusetzen[43], und wir wollen die Not und die Spannung jener Zeiten nicht übersehen. Auch die Tatsache, daß die Sitten und Ansichten roh und hart waren, gilt teilweise als Entschuldigung. Wohl aber muß in unserer Zeit mit Nachdruck auf diesen dem Evangelium widersprechenden Charakterzug des Calvinismus hinge-

---

[43] Siehe meine Abhandlung über: „Het godsdienstig Beginsel der Remonstranten tegenover dat der Calvinisten" in dem Gedenkbuch „De Remonstranten", Leiden 1919.

wiesen werden, durch den er allzu leicht den Kriegsgedanken in sich aufnimmt und ihm den christlichen Stempel aufdrückt.

IV. Der christliche Humanismus. Stoa und Christentum. Erasmus und der Krieg.

Wenn man in jenen Tagen bezüglich der Kriegsfrage die Sprache des Urchristentums vernehmen will, muß man zu den christlichen Humanisten gehen. Die christlich-humanistische Ethik hat sich sowohl aus der Stoa wie dem Evangelium genährt. Nicht nur auf dem Gebiet der Sozial-Ethik haben, wie wir sahen, Christentum und Stoa sich gefunden, sondern auch in der Wertschätzung des Menschen. Die vom Christentum aus der Genesis übernommene Auffassung: der Mensch Ebenbild Gottes – und die des Evangeliums: der Mensch Gegenstand der suchenden und rettenden Liebe Gottes (Luk. 15,1-10: Freude im Himmel über einen Sünder, der Buße tut), vereinigten sich mit der stoischen Auffassung der inneren Verwandtschaft zwischen Gott und dem Menschen. Paulus hat schon zu dieser Vereinigung in seiner Rede auf dem Areopag (Apostelgeschichte 17,28) den Anstoß gegeben. Er beruft sich dort auf einen Vers des Dichters Aratus, den auch der bekannte Stoiker Kleanthes in seinem Hymnus an Zeus anwendet: „Wir sind seines Geschlechts." Das Ewigkeitsprinzip im Menschen, wodurch er Gott sucht, und der Wert der menschlichen Seele („Was hülfe es dem Menschen, so er die ganze Welt gewönne und nähme doch Schaden an seiner Seele?" Matth. 16,26) bilden den Kitt der Vereinigung. Das Christentum ist unzweifelhaft unendlich größer und religiös tiefer als die Stoa (von Bekehrung und Gnade weiß die Stoa nichts); in der Wertschätzung des Menschen jedoch und der daraus hervorgehenden Ethik der Ehrfurcht, Liebe und Barmherzigkeit stimmen sie überein. Wenn der vornehme stoische Philosoph Seneca in seiner Bekämpfung der Gladiatorenspiele, die er als *„nefas"* (Sünde) bezeichnet, die schönen Worte schreibt: „Homo sacra res homini" (der Mensch sei dem Menschen heilig)[44], und wenn der Kirchenvater Lactantius in bezug auf das fünfte Gebot als seine Überzeugung äußert: „es ist immer Sünde

---

[44] Epist. 95, 33.

(*nefas*), den Menschen zu töten, Gott hat gewollt, daß er ein unantastbares Wesen sein solle"[45], atmen beider Worte ein und denselben Geist. Aus diesem Geist heraus ist der Humanitätsgedanke entstanden, der für einen christlichen Humanisten, wie Erasmus, ein so hohes Gut bedeutete.

Erasmus kommt über das Unmenschliche des Krieges nicht hinweg; er kommt noch weniger darüber hinweg, daß es Christen sind, die dieses Handwerk ausüben. Er hatte soviel Zeit, Kraft und Scharfsinn auf das Studium des Neuen Testamentes verwandt, daß er nicht verstehen kann, wie die Führer der Christen keine ernsten Bedenken laut werden lassen. Seine Klagen über den Krieg ziehen sich durch viele seiner Werke; die bitterste und tiefste Klage findet man in seiner *Querela Pacis,* seiner: „Christlichen notwendigen Klage des Friedens." Heftig wehrt er sich gegen die Bischöfe, die sich in Kriegsfürsten verwandeln („wie stimmen Bischofstab und Schwert überein?") und gegen die „Theologen" und „Prediger", die „den Krieg predigen mit demselben Mund, mit dem sie den Friedensstifter Jesus Christus verherrlichen". „Blast ihr auf derselben Trompete für Gott und den Teufel? Ratet ihr dem einfältigen Volk, zu schlagen und zu morden, dem Volk, das aus eurem Mund das heilige Evangelium zu hören erwartet?"[46] Es ist in dieser Welt der Geistlichen und Theologen „fast so weit gekommen, daß es als unsittlich und unchristlich betrachtet wird, wenn jemand den Mund gegen den Krieg auftut und nur dasjenige lobt und preist, was durch den Mund unseres Herrn Jesus Christus allein gelobt, gerühmt und gepriesen wird". Erasmus empfindet es als eine Schändung des Heiligen, wenn der Kriegsmann das Kreuz in seine Fahne stickt. „Das Kreuz ist ein Banner und eine Fahne Dessen, der nicht mit Kämpfen und Schlagen, sondern durch Sein Sterben und Seinen bitteren Tod überwunden und triumphiert hat." „Bringst du deinen Bruder mit dem Kreuz ums Leben, der doch durch das Kreuz sein Leben behalten sollte?" Es ist Erasmus ein Rätsel und ein Greuel, wenn solche, die in den Krieg ziehen, das „Unser Vater" zu beten wagen. Man weiß doch, was Krieg bedeutet und wie es dort hergeht!

---

[45] Divin. instit. VI, 20, 17.
[46] Zitiert nach der holländischen Ausgabe von Mathys BASTIAENSZ, Rotterdam 1616, blz. 100-103.

„O, du harter, unverschämter Mund, wie wagst du Ihn Vater zu nennen, während du deinem Bruder das Leben nimmst?

Geheiligt werde dein Name: wie kann der Name Gottes mehr entheiligt werden, als durch den Krieg?

Dein Reich komme: betest du also, während du vor nichts zurückscheust und kein Blutvergießen scheust?

Dein Wille geschehe also auch auf Erden wie im Himmel. Gott will den Frieden, und ihr führt Krieg.

Ihr bittet den, der euer aller Vater ist, um das tägliche Brot: und inzwischen verbrennt ihr den Roggen und das Korn eurer Brüder und ihr wollt lieber alles, was euch unter die Hände kommt, zerstören, als etwas davon eurem Bruder überlassen.

Müßt ihr euch nicht schämen zu sagen: Vergib uns unsere Schulden, wie auch wir vergeben unsren Schuldnern, während ihr nichts anderes begehrt, als eiligst hinauszuziehen, auf alle mögliche Weise zu töten, Leid zuzufügen, wie andere es euch tun.

Ihr bittet: nicht in Gefahr und Versuchung geführt zu werden, und ihr führt euren Bruder in jede Gefahr und Versuchung.

Ihr bittet: ‚erlöse uns von dem Bösen‘, und ihr fügt eurem Bruder das Allerschlimmste zu!"

„Ihr Christen", ruft Erasmus aus, „ihr verflucht die Türken als Gottlose, die dem Teufel opfern, aber ihr, indem ihr euch gegenseitig nach dem Leben trachtet, tut dasselbe". Denn „der Teufel kennt kein angenehmeres Opfer, als wenn ein Christ den andern um den Hals bringt".

Erasmus' Geist, der Geist des großen christlichen Humanisten, hat auf Katholiken und Protestanten, in Holland namentlich auf die Remonstranten, Einfluß ausgeübt. Aber das Alte Testament und die kirchliche, mit Augustin anhebende Auslegung des Neuen Testaments stehen fast allen kirchlichen Schriftstellern, wenn sie über das Recht zum Krieg sprechen, im Wege. Sogar ein Mann wie Hugo Grotius, der so sehr von Erasmus' Geist erfüllt war („Die Gewalt ist bestialisch, und dies zeigt sich am meisten im Krieg; deshalb muß sie gemäßigt werden, damit wir nicht, den wilden Tieren allzu ähnlich, unser Menschentum aufgeben"[47]), hält sich in seinem klassischen Werk: „Über das Recht des Krieges und des Friedens" an die ge-

---

[47] De jure belli ac pacis. Drittes Buch, Kap. 25.

bräuchliche Auslegung der Kirche: das Alte Testament kennt gerechte Kriege, die Propheten bekämpften sie nicht, sondern sie ermutigten dazu; folglich gibt es gerechte Kriege; Jesus ging mit Kriegsleuten um und Johannes der Täufer verbot den Soldaten nicht den Kriegsdienst; folglich billigten sie beides. Röm. 13 gibt der Obrigkeit das Recht, Verbrecher zu strafen, folglich auch, Krieg zu führen usw.[48].

Obgleich, wie wir in Kapitel I sahen, die Beweisführung nicht stichhaltig ist, hat sie doch das richtige Urteil Erasmus' über die Ethik des Evangeliums, welches auch das des Urchristentums ist, beiseite geschoben.

Der Einfluß Erasmus' hat jedoch allmählich zum Entstehen dieses christlichen Humanitätsbewußtseins beigetragen, und unter seiner Einwirkung hat man im letzten Jahrhundert in immer größeren Kreisen den Krieg als eine untragbare Barbarei empfunden. Schon früher trug jener Einfluß zur Milderung der Sitten bei. Huizinga schreibt in seinem schönen Buch über Erasmus, den er mit all seinen Licht- und Schattenseiten charakterisiert: „nirgends faßte jener Geist so leicht Wurzel, wie in dem Land, das Erasmus hervorgebracht hatte". Namentlich der Stand der Regenten hat von ihm die Abneigung gegen Religionshaß und unnötige Gewalt gelernt. Daß „in der Republik der sieben Provinzen die greulichen Hinrichtungen von Hexen und Zauberern mehr als ein Jahrhundert eher aufhörten als in allen anderen Ländern, war nicht das Verdienst der reformierten Pfarrer. Sie teilten den Volksglauben, der die Verfolgungen forderte. Es waren die Magistrate, deren Aufklärung schon seit dem Anfang des 17. Jahrhunderts diese Dinge nicht mehr erlaubte. Es ist Erasmus' Geist, der hieraus spricht. Die Kulturmenschheit hat Ursache, Erasmus' Namen hoch zu halten, allein schon deshalb, weil er der innige, aufrichtige Prediger jener versöhnlichen Gesinnung gewesen ist, deren die Welt so sehr bedarf"[49].

In diesem wohlverdienten Lob möchte ich anstatt der „versöhnlichen Gesinnung" lieber schreiben „christliche Liebe". Erasmus kannte nur einen wahrhaften christlichen Glauben: einen Glauben an den barmherzigen Gott, der durch die Liebe tätig ist (Gal. 5,6).

---

[48] Erstes Buch, Kap. 2, 5-8.
[49] HUIZINGA, Erasmus. Haarlem 1924, blz. 264f.

Denn dieser war es, der ihn gegen den Krieg und seine Praxis aufreizte. Mit diesem zahmeren Ausdruck jedoch hat Huizinga unwillkürlich einen Fehler bezeichnet, den sowohl wir wie dieser Schriftsteller an Erasmus bemerken: den Mangel an Heroismus. Vielleicht hängt dies mit dem Fehlen eines starken Gefühls der Gott-Ergriffenheit zusammen. Vielleicht hatte in seinem christlichen Humanismus der Humanismus die Überhand, anstatt, wie es sein soll, das humanistische Christentum. Wie dem auch sei, in heiligem Wagemut, in Glaubensheroismus waren die großen Calvinisten ihm über. Dieses Erbe Calvins möge dem Christentum unserer Tage erhalten bleiben, besser noch, ihm aufs neue zuteil werden. Wenn dieses Christentum jedoch die Aufgabe erfüllen will, die unsere Zeit immer dringender von ihm erwartet, wird es nicht jene wahrhafte Humanität entbehren können, die im Evangelium ihren Resonanzboden hat. Sie möge immer mehr dem ähneln, was Chantepie de la Saussaye Sen. einmal die Humanität des zukünftigen Jahrhunderts, die ewige, die göttliche, die durch Leiden in die Herrlichkeit eingehende, die Humanität des Menschen Jesus Christus genannt hat. Roessingh, der dieses Wort zitiert, gebraucht hierfür das Paradoxon: „die Humanität Gottes". Wie hoch jedoch diese göttliche Humanität an Gottes Wesen heranreichen mag, sie wird auch an Ehrfurcht vor dem Menschen als Träger eines heiligen Mysteriums, nämlich der Empfänglichkeit für die Kindschaft Gottes, reich sein müssen. Kein Mensch, er mag noch so gläubig sein, ist ohne diese Ehrfurcht vollkommen Mensch. Und niemand kann vollkommen Christ sein, ohne daß er vollkommen Mensch ist. Roessingh drückt es mit den Worten Vinets aus: *„Soyons hommes, afin de pouvoir devenir Chrétiens"*[50].

V. Christlicher Imperialismus und Pazifismus:
Cromwell und Fox. – Quäker und Mennoniten.

Die Theokratie, nach der jede starke Religion strebt und streben muß, nimmt, wie wir schon sahen, bei Calvin die Form des „christlichen Staates" an. Dieser Begriff enthält, wie das Problem „Christentum und Staat", eine Menge Schwierigkeiten und Widersprüche,

---

[50] Verzamelde Werken. Arnhem 1927, deel III, S. 45.

hier sind sie jedoch noch schärfer zugespitzt. Der Calvinismus hat hierfür durch seine alttestamentliche Orientierung eine merkwürdige Lösung gefunden: das auserwählte Volk.

In Israel war in der Tat die Nation, die dem Gesetz des Herrn unterworfen war, die Trägerin des theokratischen Gedankens. In dieser Theokratie war auch die Stellung Israels als auserwähltes Volk des Herrn mit einbegriffen, das einmal ein Banner unter den Heiden hissen und an ihrer Spitze stehen sollte. Der Calvinismus hat den Gedanken der Prädestination stärker als irgendeine andere christliche Richtung übernommen, anfänglich jedoch, dem Charakter des Christentums entsprechend, auf den einzelnen Menschen und auf die Gemeinschaft der Bekehrten, die Gemeinde, angewandt. Aber allmählich nahm dieser calvinistische Glaube die israelitische Form wieder an: das Volk Gegenstand der Erwählung. Und nun trat die Gefahr, die in diesem Glauben liegt, noch deutlicher hervor. Der Glaube an die persönliche Erwählung ist von tiefer religiöser Bedeutung: nicht ich habe Gott gefunden und Ihn erwählt als meinen Herrn, sondern Er hat mich gefunden und mich erwählt. Es ist ein Glaube, der im Leben dankbar und stark macht. In dem sündigen Menschen jedoch tritt er gar zu oft in der bekannten abstoßenden Form des Hochmuts auf, um so abstoßender, wenn er sich mit beschränktem Horizont und Mangel an Wertschätzung Anderer verbindet. Noch abstoßender und gefährlicher wird er, wenn er sich auf ein ganzes Volk ausdehnt, namentlich wenn es ein mächtiges, folglich auch ein gewalttätiges Volk ist.

Es war Cromwell, der calvinistische Puritaner und Independent, der in der zweiten Hälfte des 17. Jahrhunderts mit diesem Glauben das englische Imperium beseelte und die religiöse Grundlage für den Imperialismus schuf, wie er in Großbritannien und nach dessen Beispiel in anderen Ländern sich ausbreitete[51]. Cromwells Imperialismus begann mit seiner Person: Gott hatte ihn erwählt, um Seine Absichten mit England und danach mit der ganzen Welt zu verwirklichen, und endigte mit der protestantisch-imperialistischen Weltmission, für die er sein Volk bestimmt glaubte. Den israelitisch-theokratischen Gedanken des Reiches Gottes auf Erden, den Augustin

---

[51] Karl VÖLKER, Die religiösen Wurzeln des englischen Imperialismus. München 1924. (Zitiert nach der holländischen Übersetzung.)

in seinem Gottesstaat auf die Kirche angewandt hatte, verknüpfte Cromwell wiederum mit dem Volk, mit seinem Volk. Wenn Gerechtigkeit und Frieden die Kennzeichen des Reiches Gottes auf Erden sind, dann hat das auserwählte britische Volk die Aufgabe, Gerechtigkeit und Frieden auf der ganzen Erde zu schaffen; dazu aber muß es die Erde beherrschen. Hierzu war eine große Flotte zunächst erforderlich; mehr als die Hälfte des Staatseinkommens verausgabte Cromwell dafür. Sein Ideal fand später Ausdruck in dem Lied: „Britannia, rule the waves!" Dieses Streben mußte selbstverständlich mit zunehmender Kolonisation und der Vergrößerung der Macht und des Reichtums, die beide für das Ideal nötig waren, Hand in Hand gehen. Mit welcher Gewaltanwendung die Kolonisation hier wie anderswo sich durchsetzte, weiß ein jeder. Cromwell hat hier, wie auch im Bürgerkrieg mit der alttestamentlichen Härte des Calvinismus „die Mittel, die zum Zweck nötig waren", gutgeheißen. Man kennt sein Wort: „Vertraue auf Gott und halte das Pulver trocken." Er hat ebenso wie der niederländisch-indische General-Gouverneur Jan Pieterszoon Coen gewußt: „daß der Handel nicht ohne den Krieg, und der Krieg nicht ohne den Handel existieren kann". Man muß nun einmal durch viele Greuel hindurch, wenn man schließlich Gerechtigkeit und Frieden bringen will. Nahm übrigens jene Gerechtigkeit nicht schon einen Anfang mit der Verkündigung des Wortes Gottes in den unterworfenen Gebieten?

Sogar ein hochstehender und weitschauender Moralphilosoph wie Carlyle (Mitte des 19. Jahrhunderts), ein Verehrer Cromwells, war noch dermaßen in diesem christlichen Imperialismus befangen, daß er schreibt: „Wenn England auf seine Kolonien hinblickt, kann es sagen: Hier sind Länder und Werke …, ausgedehnter Raum vom Schöpfer geschaffen, geeignet für die Wiege mächtiger Nationen, für ihre Wissenschaften und heroischen Taten. … Mir ist die göttliche Aufgabe zuteil geworden, von all dem Besitz zu ergreifen." Und in einer anderen Schrift: „Wem Gott erlaubt, etwas an sich zu reißen, der ist in seinem Recht, und der Himmel gibt seinen Segen dazu[52]." Hier erkennen wir wieder einen calvinistischen Zug: die Unternehmungen der Erwählten gelingen, und dieses Gelingen ist an sich wieder ein Beweis für ihre Erwählung. Denselben Gedankengang,

---

[52] Zitiert von VÖLKER, S. 24, nach der holländischen Übersetzung.

in derselben Weise mit Gottes Vorsehung in der Geschichte verbunden, findet man auch im niederländischen Calvinismus: den religiös gefärbten Gedanken vom Recht des Eroberers. Dieser Glaube findet bei den kolonialen Interessenten ein offenes Ohr. Wenn sie nicht Calvinisten sind, weisen sie gewöhnlich mehr auf die den Kolonien gebrachte Wohlfahrt und Kultur hin, als auf die Mission. Auf den Abseitsstehenden wirkt das wie Heuchelei. Während des Krieges entstand in Deutschland die Redensart: „Der Engländer spricht von Christus und er denkt an Baumwolle." Völker, der dies mitteilt, fügt hinzu: „Heuchelei braucht es nicht zu sein, es ist die unbeschränkte Selbstbehauptung, verbunden mit der Überzeugung einer eigenen göttlichen Weltmission." An Völker, der sich in dieses imperialistische Christentum vertiefte, hat es einen Proselyten gewonnen. Er schließt mit den Worten: „Von dieser Überzeugung muß auch unser deutsches Volk durchdrungen sein, wenn es wieder hochkommen und seine Bestimmung erfüllen will." Wir antworten: wenn dies gelingt, kennen wir die Zukunft. Mehr als alles andere ist doch dieser religiös genährte Nationalismus und Imperialismus die Ursache des Weltkrieges gewesen. Hier wird nachträglich bewiesen, was wir am Anfang schon gesagt haben: daß dieser religiöse Nationalismus mit dem Evangelium nichts gemein hat.

Doch zurück zu Cromwell und den Puritanern! Dieser Puritanismus, der als innerliche Heiligungsbewegung angefangen hatte, drohte durch den Bürger- und Völkerkrieg, den Cromwell als streitbarer Held Jahwes führte, seine Innerlichkeit und Heiligkeit zu verlieren. Da erhob sich in England ein anderer calvinistischer Sektierer, dessen ganzes Auftreten gegen den unevangelischen, weltlichen und gewalttätigen Charakter, den das Christentum überall in der Welt angenommen hatte, gerichtet war: George Fox. „Es geschah in dieser Zeit", sagt der berühmte Prediger Spurgeon, „daß die puritanische Bewegung anfing, ihren Lebenssaft zu verlieren, die Independenten und Baptisten und andere Sekten, die eine Zeitlang ein starkes, inneres, geistiges Leben geführt hatten, fingen an weltlich zu werden und nach eitler politischer Ehre zu streben. Sie bekamen die Gelegenheit, in ihrem fleischlichen Sinn zum Schwert zu greifen, und machten davon Gebrauch, und von dem Augenblick an verloren viele von ihnen den geistlichen Charakter, durch den sie über andere hinausragten. Es drohte die Gefahr, daß die evangelischen

Sekten sich wieder in einer Staatskirche vereinigen würden. ... Da sandte Gott George Fox. ... Er stellte sich vor die Welt hin und sagte ihr: Nein, dies werdet ihr nicht tun. Ihr werdet euch nicht der Welt gleichstellen. Ihr werdet nicht in ein unheiliges Bündnis mit dem Staat treten. In eurer Mitte wird ein geistliches Volk sein, das unter Protest verkünden wird, daß das Königreich Christi nicht von dieser Welt ist und Religion nicht in Formen und Zeremonien besteht, sondern eine Angelegenheit des inneren Menschen und die Auswirkung des Geistes Gottes in den Herzen ist." Troeltsch fügt hinzu: „Das zeigt den ganzen Unterschied des Spiritualismus gegen die oben geschilderte täuferisch-hussitisch-hugenottisch-calvinistische Stimmung des Krieges für die Aufrichtung des Königreichs Christi." Der gleiche Unterschied in der Bemerkung Barclays: „Die christliche Gesinnung der Soldaten Cromwells beim Beginn unserer Bürgerkriege kann nicht angezweifelt werden; aber es ist wohl zweifelhaft, ob sie durch den Kampf gebessert wurde. Sie hatten jedoch soviel vom Krieg gesehen, daß sie empfängliche Jünger von Fox werden konnten. Manche von ihnen verkündigten das Evangelium des Friedens und der Menschen, die guten Willens sind[53]."

Troeltsch nennt die Täufer in einem Atem mit kriegerischen Christen. Er denkt dabei natürlich an die Wiedertäufer in Münster. Ein Teil der Täufer jedoch hat sich unter M e n n o   S i m o n s zur Pflege eines radikalen Friedens-Christentums zusammengeschlossen. Wie seinerzeit die Waldenser und die Mährischen Brüder, verweigerten auch die Mennoniten im 16. Jahrhundert entschieden den Kriegsdienst. Bei den holländischen Mennoniten ist im Lauf der folgenden Jahrhunderte dieser christliche Antimilitarismus abgeschwächt worden; von dieser Seite erhob sich bei der Einführung der allgemeinen Dienstpflicht kein nennenswerter Widerstand. Die russischen und die nach Amerika ausgewanderten Mennoniten standen treuer zu ihrem Prinzip und haben dafür, namentlich in Rußland, viel leiden müssen. In den letzten zehn Jahren lebt auch bei den niederländischen Mennoniten das alte Prinzip wieder auf, und die „Mennonitische Arbeitsgemeinschaft gegen den Kriegsdienst" gewinnt ständig an Einfluß. Die Sekte der Nazarener ist den Mennoniten nahe verwandt; viele von ihnen haben in Jugoslavien

---

[53] TROELTSCH, S. 911 (Fußnote).

die schwersten Gefängnisstrafen erlitten, weil ihr Glaube ihnen nicht erlaubte, Kriegsdienst zu leisten[54].

Die weitaus größte Bedeutung für den christlichen Pazifismus der letzten Zeit haben die Quäker. Diese Nachfolger von Fox ließen sich unter William Penn auch in Amerika nieder und haben dort sehr viel zur Abschaffung der Sklaverei beigetragen. Sie waren es, die mit Hilfe der Baptisten, Methodisten und Unitarier dem Calvinismus der angelsächsischen Länder den alttestamentlichen kriegerischen Charakter zum großen Teil genommen und ihm dafür pietistische Humanitätsmotive gegeben haben. Der internationale Charakter, der dem Calvinismus von Anfang an eigen war, hat sich dort in glücklicher Weise mit einem Humanitätschristentum verbunden. Infolgedessen sind in den letzten Jahrhunderten in den angelsächsischen Ländern die demokratisch-sozialen und pazifistischen Strömungen in viel stärkerem Maß von christlichen und kirchlichen Kreisen ausgegangen, als z. B. in Holland, von den deutschen Ländern nicht zu reden, wo die Kluft zwischen den genannten Strömungen und der protestantischen Kirche noch weiter ist als dort.

Der Pazifismus der Angelsachsen, der zwar immer noch nicht so sehr mächtig ist, erhält im Gegensatz zum niederländischen und deutschen von Christentum und Kirche viel mehr Unterstützung als Widerstand.

Die Quäker (Gesellschaft der Freunde) die aus Furcht vor dem staatlichen und formalen Charakter der Kirchen diese Form mieden, haben im letzten Krieg antimilitaristische Ideale hochgehalten. Der Glaube an die Notwendigkeit eines Verteidigungskrieges, namentlich an eine Art Kreuzzug gegen das militaristische Deutschland, und die Hoffnung, daß man auf diese Weise dem Krieg endgültig den Garaus machen könne, mag viele Quäker veranlaßt haben, in den Kriegsdienst einzutreten; die meisten blieben ihren Grundsätzen treu. Nach dem Krieg erklärten die Quäker in einem Manifest „an die christlichen Kirchen aller Länder": „Wir sind fest davon überzeugt, daß der Friede nur durch die Weigerung, sich an dem Krieg zu beteiligen, zustande kommen kann, und zwar aus dem

---

[54] Aus zuverlässiger Quelle, dem internationalen Sekretariat der INTERNATIONALEN FRAUENLIGA FÜR FRIEDEN UND FREIHEIT in Genf, erfahre ich, daß von den verhafteten Nazarenern 75 Mann, die das dienstpflichtige Alter überschritten haben, aus der Haft entlassen worden sind. (Die Übersetzerin.)

einfachen, maßgebenden Grund, weil der Krieg seinem ganzen Wesen nach der Botschaft, dem Geist, dem Leben und Sterben Jesu Christi widerspricht. … Der aus der Tiefe des Christentums geschöpfte Friedensgedanke fordert die entschiedenste Ablehnung des Krieges, unzweideutig und ohne Kompromiß. … Welche freudigere Botschaft des Wiederaufbaus könnte jetzt der Menschheit gebracht werden, als die Versicherung, daß alle, die den Namen Christi tragen, in allen Ländern sich feierlich entschlossen haben, an keinem Krieg, an keiner Vorbereitung zum Krieg mehr teilzunehmen? Soll die Fackel des geistigen Heldentums von der Kirche des lebendigen Christus vorangetragen werden, oder soll die Führerschaft in der strengsten Ablehnung des Krieges unseren Händen entgleiten, und von Anderen, die von einem tapferen und treueren Geist beseelt sind, übernommen werden?" Man könnte antworten: So weit sind wir noch nicht, wir müssen mit dem gegenwärtigen Zustand rechnen. Der Quäker ist auf diese Antwort vorbereitet und weist sie zurück. „Der Quäker handelt", heißt es in einem ihrer Programme, „im Namen eines noch ungeborenen Geschlechts, für dessen heilige Rechte er verantwortlich ist." „Wir glauben, daß das Reich Gottes ausschließlich dadurch zu uns kommen kann, daß sich ein Kern von Menschen bildet, die schon in dieser so außerordentlich schwierigen Welt ihren Glauben durch die Tat verwirklichen."

Dies haben sie in der Brandung des Krieges, der fast den ganzen christlichen Boden wie losen Sand umwühlte, getan. Tausende verweigerten den Kriegsdienst. Ein Teil trat in die Ambulanz ein, ein Teil verweigerte auch dies als indirekte Unterstützung des Krieges und wurde ins Gefängnis geschickt. 5596 Engländer, großenteils Quäker, haben für ihr Prinzip Gefängnisstrafe (viele zwei bis drei Jahre), einige auch arge Mißhandlung erlitten. Einer von ihnen schrieb aus dem Gefängnis: „Die Sündhaftigkeit des Krieges ist uns in so grauenhafter Weise zum Bewußtsein gekommen, daß wir gegen den Strom schwimmen; wir konnten uns darum auch nicht in das ruhige Wasser des alternativen Hilfsdienstes (Ambulanz) begeben." Ihr Leiden war der größte Anreiz für die Opferfreudigkeit Anderer. Die nicht-dienstpflichtigen Quäker, sowohl Männer wie Frauen, nahmen sich der „Feinde" an. Sie errichteten Heime für die in England befindlichen Deutschen, die nicht zurückkehren durften und den Feindseligkeiten der Kriegspsychose ausgesetzt waren; sie verschafften ihnen Nahrung, Arbeit und Zerstreuung. In einem Aufruf schrieben sie: „Wer auch in dieser Kriegszeit unsere Hilfe braucht, ist unser Nächster." 6800 vom Krieg ruinierte deutsche Familien wurden in London und den Nachbarorten von zirka 200 Quäkern versorgt. Auf ein Gesuch der französischen Regierung hin zogen die Quäker, wie einst 1870, schon 1914 in den zerstörten Teil Frankreichs, leisteten dort mit ihrer modern ausgerüsteten und geübten, praktischen Organisation (relief-work) große Hilfe. 1916 zogen sie nach dem verhungernden Rußland mit Nahrungsmitteln und Kleidung. Einige von ihnen sind dort an Typhus und Cholera gestorben. Und kaum war 1918 die Massenschlächterei vorbei, da machten sie sich auf, in den besiegten Ländern die Not zu lindern durch eine Hilfe, die Jahre lang anhielt und noch nicht überall zu Ende ist[55]. Der Dominikanerpater F. M. Stratmann, der in seinem Buch „Weltkirche und Weltfrieden" die vielen Hilfeleistungen der Quäker erwähnt, fügt in ehrfurchtsvoller Dankbarkeit hinzu: „Soviel Liebe, soviel Güte, soviel praktisches Christentum wird frei, wenn man seine Kräfte aus Liebe zu Christus dem kriegerischen Zerstörungswerk verweigert und sie in den Dienst des Lebens stellt[56]."

VI. Das Fehlen einer christlichen Soziologie für unsere Zeit.
Der Konservatismus, Militarismus und Monarchismus der Orthodoxie.

„Im Namen eines noch ungeborenen Geschlechts, für dessen heilige Rechte wir verantwortlich sind", schreibt das Quäkerprogramm. In der Tat, man hat mitunter keine andere Wahl: e n t w e d e r man arbeitet für die heutige Gesellschaftsform gegen die zukünftige, o d e r für die zukünftige gegen die heutige. Für den, der einen starken Glaubensblick auf Gottes Zukunft hat, weil er das Reich Gottes trotz seiner Jenseitigkeit dennoch auf diese Erde bezieht und es zunächst als ein Reich der Gerechtigkeit erkennt, ist es nicht zweifelhaft, wie die Wahl ausfallen wird. Doch gerade er wird als nachdenkender Christ in unserer Zeit eine christliche Soziologie und eine aner-

---

[55] Siehe die Schrift der Elizabeth Fox HOWARD über die Arbeit der Quäker während des Krieges: „The Friends Council for International Service".
[56] STRATMANN, Weltkirche und Weltfriede. Augsburg 1924, S. 169.

kannte soziale Ethik vermissen, die von starken christlichen Grundsätzen aus auf eine höhere christliche Zukunft hinweisen. Der man-
gelnde Einfluß des Christentums muß großenteils aus dem Fehlen
einer unserer Zeit entsprechenden Soziologie erklärt werden.

Die katholische Kirche hat einmal eine passende Soziologie gehabt und behauptet, sie noch immer zu haben. Es ist jedoch einfach
ihr Anpassungsvermögen, das sie in katholischen Ländern konservativ sein läßt und in demokratischen Ländern demokratisch macht.
Sie geht mit den Strömungen der Zeit, aber Stoßkraft geht nicht von
ihr aus. Sie läßt der Gesellschaft so ziemlich ihre ökonomischen Gesetze und versucht nur in patriarchalischer Weise einige Annäherung an ihre Forderungen zustande zu bringen. Obgleich eine internationale Kirche, läßt sie den nationalistischen Staat schalten und
walten, und sie hat offenbar keine Macht mehr über die internationalen Verhältnisse und Mißverhältnisse. Mehr als genug geht dies
hervor aus der bedenklichen Freundschaft des Papstes mit dem
heidnisch-römischen Diktator Italiens, dessen Gott der Staat, dessen
Kultus die Ordnung, die Macht und der Krieg sind. Der Statthalter
Christi war vollkommen machtlos gegen seine ihm unterstellten Na-
tionalkirchen, deren Glieder, ja sogar deren „Hirten" sich während
des Krieges gegenseitig die Bajonette in den Leib stießen. So sehen
nicht nur wir es an; auch die Katholiken selbst stimmen dem zu. Pater Stratmann gibt in seinem Werk: „Weltkirche und Weltfriede"
Max Scheler Recht, daß man von einem „Bankrott des Christentums" im Weltkrieg nicht reden kann, „weil diese Behauptung nur
dann zutreffe, wenn das Christentum noch die faktische und führende Geistesmacht Europas wäre". Es ist jedoch klar, „daß das
Christentum nicht mehr führend ist, sondern seine führende Rolle
an andere feindliche Geistesmächte hat abtreten müssen"[57]. Daß die
christliche Kirche, einschließlich der mächtigsten und am meisten
internationalen, der katholischen, keine geeignete und dadurch
wirksame Gesellschafts- und Staatslehre besitzt, davon ist das Fehlen jeder Orientierung sowohl Folge wie Ursache. Wo man sich der
Konsequenzen des christlichen Glaubens und seiner Moral für unsere Zeit nicht bewußt ist, kann man auch wenig Einfluß von ihnen
erwarten.

---

[57] S. 17.

Die lutherische Kirche hat diesen Einfluß auf den Staat und seine sozialen Einrichtungen niemals in starkem Maß besessen. Ihre Abhängigkeit vom Landesfürsten, ihr utopistisches Vertrauen auf sein Verhältnis zur Vorsehung und auf den christlichen Charakter des *corpus christianum*, dessen eine Hälfte, der Staat, unter dem Einfluß der Verkündigung des Evangeliums seine christliche Pflicht schon tun würde, gab ihr von Anfang an eine abwartende und schwache Position. Ihre soziale Ethik, die großenteils Familienverhältnissen entnommen war und die, wie die katholisch-mittelalterliche, einen feudal-patriarchalischen Charakter hatte, gehörte schon frühzeitig nicht mehr in die neuere Zeit mit ihren wachsenden merkantilen und industriellen Tendenzen hinein. Sie beschränkte sich mehr und mehr auf die Verkündigung, die Wohltätigkeit und die Mission und überließ „die Welt" der Obrigkeit, die die Kirche unter der Bedingung, daß sie eine religiöse Ehrfurcht vor dem Staat bei der Gemeinde großzog, unterstützte. In dem großkapitalistisch-militaristischen letzten Jahrhundert haben die Staatsmänner diese religiöse Autorität teils zur Behauptung der Rechte der bevorzugten Stände, teils zur Durchführung ihrer Macht- und ihrer Heer- und Flottenpolitik angewandt. Dieses konservative Luthertum „gab der Restauration den ideellen und ethischen Rückhalt ... und dem preußischen Militarismus die unentbehrlichen ethischen Tugenden des Gehorsams, der Pietät und des Autoritätsgefühls. So wurde Christentum und konservative Staatsgesinnung identisch, verschwisterten sich Gläubigkeit und realistischer Machtsinn, reine Lehre und Verherrlichung des Krieges und des Herrenstandpunktes. So wurden die kirchlichen Reformbestrebungen gleichzeitig mit der liberalen Ideenwelt unterdrückt, die Anhänger der modernen sozialen und geistigen Tendenzen in eine schroffe Kirchenfeindschaft hineingetrieben", eine Feindschaft, die bei den fortschrittlich gerichteten demokratischen Elementen einen „grenzenlosen Haß" erzeugte[58].

Anfänglich schien es, als ob der Calvinismus einen ganz anderen Weg einschlagen würde. War er doch aufgetreten als ein starker Organismus, der tief in das Staats- und soziale Leben eingriff. Er kannte nicht Luthers Geringschätzung der Masse, denn er hatte die Masse in seinem Widerstand gegen die herrschende Autorität viel

---

[58] TROELTSCH, S. 604. 605.

zu nötig gebraucht. Auch legte er die Ausübung der göttlichen Autorität nicht ausschließlich in die Hände der Obrigkeit, sondern auch in die des Volkes. Der „Appell an das Volk" durch die geistigen Führer, der nicht am wenigsten in Holland wiederholt angewandt wurde, zeugte davon. Durch seinen tatkräftigen und demokratischen Charakter konnte er sich den Verhältnissen besser anpassen. Mit seinem Unternehmungsgeist hat er sich des Handels und der Industrie befleißigt und ihnen die ethische Grundlage und Sanktion gegeben, nämlich rastlose Arbeit, Ehrlichkeit, Einfachheit und Sparsamkeit im eigenen Leben. Der Gewinn ist ein Beweis der Gnade Gottes und muß zur Wohlfahrt des von Gott befreiten Volkes und zur Unterstützung der Kirche angewandt werden, beides zur Ehre Gottes. Abraham Lincoln war noch ein lauterer Vertreter dieser calvinistischen Handelsmoral.

Troeltsch zeigt nach Max Weber und in Übereinstimmung mit englischen Sozialhistorikern (wie Cunningham), wie diese calvinistische Ethik dazu beigetragen hat, dem Kapitalismus einen solchen Aufschwung zu geben, daß er mit seiner eigenen Moral die calvinistische Ethik überflügelte. Es war schon bedenklich, daß die Kolonisation der calvinistischen Länder sich in keiner Weise von der anderer unterschied und in der harten Art Josuas mit den Eingeborenen umging, wenn diese ihnen in der Eroberung und Ausbeutung des „gelobten Landes" nicht zu Willen waren. Das Einzige, was an das Christentum erinnerte, waren die Prediger, die den Handelsschiffen zur Bekehrung der Heiden mitgegeben wurden. Und wenn diese Missionare ihr Völkchen lieb gewannen und Courage besaßen, klagten sie oft in allen Tonarten über die Arbeitsweise der Ostindischen Kompagnie[59]. Die christliche Schande im Osten hatte angefangen. Holland hat ihr seinen Tribut bezahlt. Der letzte große Tribut war das Auftreten des Generals van Heutsz, der in dem aufrührerischen Atjeh 20.511 „Böswillige" innerhalb zehn Jahren „umlegen" ließ. Wir beurteilen hier nicht die Person van Heutsz, sondern das System, dessen Repräsentant er ist.

Für die allgemeine soziale Haltung des Calvinismus war jedoch von noch größerer Bedeutung, daß er, wie Troeltsch es nennt, unter

---

[59] Man lese, was ein Sachverständiger wie Prof. Dr. C. Snouck HURGRONJE in seiner Schrift „Colyn over Indie" blz. 32-34 über die Kompagnie schreibt.

dem Einfluß des Kapitalismus „verbürgerlichte"[60]. Das Geld hat in unserer modernen Gesellschaft die Führung übernommen und geht seinen eigenen Weg. Jeder, der in der Geldsphäre steht – und das ist beim Handel der Fall – wird mitgerissen. Luther, Calvin und Beza mochten noch predigen und zürnen gegen Geldleiher und Wucherer, das Handels- und das Industrie-Kapital hat sich selbst, und damit auch die „freie" Gesellschaft, von aller ethischen Vormundschaft losgelöst. Der Staat, der die Macht suchte und aus dem Kapital Nutzen zog, folgte diesem Beispiel. Wie hätte nun eine christliche Menschengruppe in einer ziemlich amoralischen Gesellschaft, in der sie gezwungen war, mitzumachen, ihre ursprüngliche Sittenstrenge bewahren können? Die Moral zog sich notwendigerweise aus dem politischen und sozialen Leben zurück und beschränkte sich auf das persönliche Leben und seine Umgangsformen. Infolge seines puritanischen Charakters und seiner positiven Moral hat der Calvinismus diesen Rückzug vollziehen können, ohne daß es seinen Anhängern auffiel. Sonntagsheiligung, Tanz- und Fluchverbot, Einfachheit in der Kleidung und sittsames Betragen, dies alles streng durchgeführt, hat das calvinistische Volk, wenigstens in Holland, in dem Wahn gelassen, daß sich wenig geändert habe und daß die „christliche" Moral noch immer das Leben, wenigstens der „Gläubigen" beherrsche. Insofern jedoch dieses Leben ein Teil des großen Lebens ist, ist hiervon schon längst nicht mehr die Rede. Ende des vorigen Jahrhunderts schien es, als ob unter Dr. Kuypers Führung der Calvinismus seinen demokratischen, reformierenden Charakter wieder erlangen würde. („Es steckt ein Fehler in der Grundlage unserer heutigen Gesellschaft", sprach Kuyper 1890.) Das war jedoch nur ein Aufflackern, das vorüber ging. Unter der heutigen Führung eines Großindustriellen[61] ist er einem Konservativismus verfallen, der in seinem Wesen mit einem Liberalismus wetteifert, der Demokraten und soziale Idealisten aus seinen Reihen hat verschwinden lassen.

---

[60] TROELTSCH, S. 713.

[61] Man lese z. B. COLYNS Buch: „Koloniale vraagstukken van heden en morgen", Amsterdam 1928, worin er sich, nach Prof. Snouck HURGRONJES Urteil, weit von Kuypers Richtschnur in bezug auf unsere Kolonien entfernt und der Anwalt der geistigen Erben der Ost-indischen Kompagnie als der Wortführer einer kapitalistischen Ideologie wird.

Der Calvinismus, der früher infolge seines starken ethisch-gesetzlichen Einschlags eine Kirche mit fortschrittlich gerichtetem Typ war, hat diesen und damit seine Blickrichtung in die Zukunft verloren. Die „Kirche" im engeren Sinn schaut mehr in die Vergangenheit als in die Zukunft, nach der damals empfangenen Gnade, die jetzt verkündigt werden muß. Heilsgeschichte kennt sie nur in der Vergangenheit. Darum neigen streng-kirchliche Leute dazu, mehr eine christlich-konservierende als eine Erneuerung fordernde Haltung anzunehmen. Viele nennen sich christlich-historisch[62], nicht nur weil sie mit Recht als Christen das Wirken Gottes in der Geschichte dankbar festhalten wollen, sondern auch – zu Unrecht – weil sie nicht mehr an ein erneuerndes Wirken Gottes, an eine christlichere Geschichtsperiode glauben; ihr Verlangen danach ist auch nicht so groß, daß es einem auffällt. „So verfielen die Calvinisten einer Orthodoxie, die bei ihrer Beschränkung auf das Wort, die Lehre und die Glaubenserkenntnis viel enger und härter war als die katholische." Damit war dann aber zugleich ein immer stärkerer Anschluß an die weltliche Macht gegeben, die allein jene Herrschaft des rechten Glaubens wenigstens äußerlich schützen konnte. Dem Calvinismus ist jahrhundertelang dieser Schutz in der niederländischen Republik zuteil geworden; er fordert ihn jetzt noch katholischen Prozessionswünschen gegenüber; „dadurch wurde die Grenzbestimmung zwischen eigentlich christlicher Liebesmoral und naturgesetzlicher weltlicher Moral immer mehr verwischt und damit die Moral selbst verweltlicht. Das in Krieg, Macht, Gewalt, Recht liegende Problem ... wurde bald gar nicht mehr empfunden. Statt dessen wurde es umgekehrt als Vorzug der reinen reformatorischen Lehre gerühmt, daß sie für alle diese Dinge Raum und göttliches Recht habe, die von Möncherei und Schwärmerei mit der naturgemäßen Übereinstimmung aller Gegner Christi geleugnet würden[63]."

Troeltsch, der Kuypers Stone-lectures kennt, übt hier, ohne es ausdrücklich zu sagen, Kritik an der neucalvinistischen Lehre der „Souveränität im eigenen Kreis"[64]. Bei Calvin waren Gesellschaft

---

[62] Namen einer politischen Partei in Holland.

[63] TROELTSCH, S. 807. 808.

[64] Siehe Dr. A. KUYPER, Souvereiniteit in eigen Kring. Rede, Amsterdam, blz. 10-18 und Dr. C. B. HYLKEMA, Oud en Nieuw-Calvinisme. Haarlem 1911, blz. 273-278.

und Staat dem offenbarten souveränen Willen Gottes, der das ganze Leben umfaßt, unterworfen; der Neucalvinist nennt alle irdische Macht „abgeleitete Souveränität" und stellt dann fest, daß es Kreise im Volksleben gibt, die innerhalb ihres eigenen Ressorts eine eigene Souveränität besitzen: Staat, Gewerbe, Wissenschaft, Kunst usw. Jeder dieser Kreise hat seine eigene Autorität, die aber von „Gottes Gnaden" ausgeübt wird. Diese neucalvinistische Theorie stammt von Groen van Prinsterer und ist von Kuyper weiter ausgebildet worden. Sie war der ursprünglichen Absicht nach Abwehr der reformierten Kreise gegen die Staatsautorität, hat dann aber dazu beigetragen, daß außer der Gesellschaft auch dem Staat mehr Selbständigkeit gewährt wurde, so daß er unabhängig von der christlichen Ethik seinen eigenen Lebensgesetzen folgen konnte. Die Gefahr droht, daß dadurch die „Souveränität Gottes" zur bloßen Form wird und daß dieser großartige Gedanke, der der Ruhm und die Kraft des Calvinismus ist, nur pro memoria erwähnt wird, während man im Namen „der Souveränität im eigenen Lebensgebiet" Staat und Gesellschaft ihren mitunter recht unchristlichen Gang gehen läßt. Es droht sogar die noch schlimmere Gefahr, daß dieser Gang mit „der Autorität der Souveränität Gottes" gedeckt wird. Zwar wird verlangt, daß jedes Lebensgebiet sich vor einer „hohen Autorität im eigenen Busen" zu beugen hat – wer aber bürgt dafür, daß diese Autorität der christlichen Norm entspricht? Unzweifelhaft birgt diese „Souveränität im eigenen Lebensgebiet" Wirklichkeit und Wahrheit in sich; jede Lebensäußerung folgt ihrem eigenen Lebensgesetz. Wollen wir aber der Gefahr entgehen, unter christlicher Sanktion in eine „Anarchie der Werte" zu geraten, so müssen wir die rein christlichen Werte wieder schärfer ins Auge fassen und müssen „Gottes Souveränität" durch das große Fenster der Offenbarung Christi sehen und ihn also suchen und ihm dienen. Gott ist der Verborgene und das Leben ist geheimnisvoll, reich, voller Widersprüche und tragisch, aber Gott ist eben so sehr – das ist das christliche Bekenntnis – der in Christus offenbarte. Und was nützt uns diese Offenbarung, wenn wir nicht nur die Eigengesetzlichkeit der Gesellschaft und des Staates in ihrer großen und für den Christen doch relativen Wahrheit anerkennen, sondern uns ihr auch beugen? Ich sage nicht, daß der Neucalvinismus dieses Beugen, das vom christlichen Standpunkt aus Götzendienst ist, beabsichtigt. Er fördert es nur in einer deshalb so gefährlichen Weise, weil es in demselben Kreis verkündigt wird, in dem der altcalvinistische Glaube an den Staat als göttliches Institut und Regiment Geltung hat. In diesem Kreis wird die staatliche Autorität heutzutage höher gehalten als anderswo; dies alles zusammen ist gefährlich für die Regierung Christi, insofern dessen Regiment schon hier auf Erden kommen k a n n und folglich kommen m u ß.

Durch alle hier genannten Ursachen hat der Calvinismus seine erneuernde Kraft und den demokratischen Charakter verloren, ist er konservativ geworden und unempfindlich gegen die schmerzhaften Dissonanzen zwischen christlicher Moral und heidnischer Wirklichkeit. Man darf dabei nicht vergessen, daß die calvinistische Moral von Haus aus gesetzlich, und mehr an das Alte als an das Neue Testament gebunden war. Durch diesen Vorgang ist im Lauf des letzten Jahrhunderts der Calvinismus dem Luthertum in seiner sozialen und politischen Stellung näher gerückt, wenigstens in Holland, das sich auf verschiedenen Gebieten im letzten Jahrhundert hauptsächlich nach dem Osten orientiert hat. Diese Annäherung ist namentlich durch die Werke von F.J. Stahl gefördert worden. Er war (1832-1858) Professor für Rechtsphilosophie, Staatsrecht und Kirchenrecht in Erlangen und Berlin. Er war der juristisch-theologische Führer sowohl der preußischen politischen Reaktion, als auch des wieder auflebenden lutherischen Konfessionalismus. Seine Rechts- und Staatslehre „auf der Grundlage christlicher Weltanschauung", seine Werke über „Kirchenverfassung", „Das monarchische Prinzip" und „Der christliche Staat" wurden auch in Holland gelesen und hatten u. a. großen Einfluß auf Groen van Prinsterer und de Savornin Lohman[65].

Von da an ist kein großer Unterschied mehr zwischen der Haltung der lutherischen und der calvinistischen Konservativen. Bezeichnend für diese Haltung ist das Nebeneinander einer stark realistischen Macht- und Gewaltpolitik, die der Christ als Staatsbürger unterstützen soll und der Verbundenheit mit der christlichen Liebe, die aber im Fall eines Konfliktes beiseite zu treten hätte. So begreifen wir wenigstens mit unserem Verstand, wie die am meisten militaris-

---

[65] Siehe die Doktorarbeit von Dr. A.C. LEENDERTZ: „De Grond van het overheidsgezag in de Antirevolutionaire Staatsleer", Amsterdam 1911.

tische deutsche Vereinigung, der „Stahlhelm", der bereit wäre, für seinen Lieblingsgedanken, die Revanche, Ströme Bluts zu vergießen, seine militärisch gedrillte Tagung mit dem Choral beschloß: „Ich bete an die Macht der Liebe, die sich in Jesus offenbart." Der Geist, der hieraus spricht, ist den calvinistischen Kreisen absolut nicht fremd. Nur die Umstände sind anders.

Groen van Prinsterer fühlte sich zu der Staatslehre Stahls durch dessen scharfe Bekämpfung der Gedanken der französischen Revolution („anti-revolutionär") und durch die „Zuspitzung des irrationalen Naturrechts gerade auf die legitimistische Monarchie" angezogen[66]. Troeltsch bemerkt hierzu, daß man letzteres bei Luther nicht findet; er hätte hinzufügen können: ebensowenig bei Calvin. Sowohl bei Stahl, wie bei Groen van Prinsterer war diese Vergöttlichung der bestehenden Monarchie großenteils durch die Umstände bestimmt. Sie ist bis auf unsere Zeit das Erbe der konservativen protestantischen Orthodoxie sowohl in lutherischen wie in calvinistischen Ländern geblieben. Nicht nur die Demokraten protestieren gegen Kanonisierung des historisch Gewordenen, auch die Katholiken haben wenig dafür übrig. Mit einer ironischen Anspielung auf den historischen Charakter der Wiederherstellung unseres Fürstenhauses schrieb Professor Struycken: „Wir haben es nicht nötig, die gelungene Revolution von 1813, die Einsetzung Wilhelms I. zum Fürsten und König als ein Werk Gottes zu bezeichnen, wir wissen davon nichts, es sei denn, daß wir alles erfolgreiche menschliche Bemühen auf das Walten Gottes zurückführen wollen"[67].

Doch diese Vergöttlichung der bestehenden Monarchie brauchte Stahl zur Befestigung der Autorität der Obrigkeit, die Luther als die von Gott eingesetzte Macht, der man sich zu fügen hätte, betrachtete. „Aufruhr", sprach Luther, „ist des Todes schuldig als *crimen laesae majestatis* (Majestätsbeleidigung), als Sünde gegen die Obrigkeit"[68]. Stahl schrieb selbst: „Du sollst diesen Zusammenhang (mit der geschichtlich gewordenen Gewalt) nicht grundlos unterbrechen; du sollst Pietät haben vor dem, was durch Gottes Fügung oder Zulassung geworden ist; du sollst nicht bloß der Obrigkeit gehorchen,

---

[66] TROELTSCH, S. 536.
[67] Aus: „Ons Koningschap", zitiert von Dr. LEENDERTZ, blz. 260.
[68] *Ob Kriegsleute* usw., S. 531.

wo solche besteht, sondern du sollst der in der Geschichte wurzelnden Dynastie Treue und Anhänglichkeit zollen"[69].

Wir können die Treue und Anhänglichkeit an ein Fürstenhaus, dem das Volk viel verdankt, recht gut schätzen, namentlich wenn die fürstliche Würde von ihren Trägern hochgehalten wird. Wir haben jedoch gegen die vollständige Verchristlichung dieser Treue durch die Apotheose des Fürstenhauses Bedenken. Wie seinerzeit Deutschland unter den Hohenzollern (Gott, Preußen und Hohenzollern), sind die orthodoxen Niederlande (Gott, Niederland und Oranien) voll von einem Byzantinismus, über den unsere calvinistischen Vorfahren verächtlich die Achseln gezuckt haben würden.

Aus Obigem muß, nach meiner Meinung, hauptsächlich hervorgehen, wie der kirchliche Protestantismus und namentlich der weitaus größte, der orthodoxe Teil in sozialer und politischer Hinsicht zu einer stark reaktionären Macht, zu einer Stütze und einem Bundesgenossen des Kapitals und des Heeres geworden ist. Der Katholizismus ist zu elastisch, als daß er ein bestimmtes Gesicht haben könnte. Ob er reaktionär oder fortschrittlich ist, hängt von dem Land ab, in dem er sich befindet, und von der Stärke der Arbeiterbewegung in seinem eigenen kirchlichen Gebiet, und diese wieder hängt von der Arbeiterbewegung außerhalb dieses Gebietes ab. Der orthodoxe Protestantismus jedoch ist fast überall en bloc konservativ; hie und da gibt es einige Ausnahmen. Über den Zusammenhang mit seinem religiösen Konservatismus (hauptsächlich dem Fehlen des Glaubens an eine fortschreitende Offenbarung, und der altchristlichen Hoffnung auf Gottes Wiederherstellung dieser gefallenen Welt), der sicherlich besteht, spreche ich hier nicht, da es zu weit führen würde; auch nicht über die religiöse Tiefe und den Wert seines persönlichen Glaubenslebens. Dem stehe ich ehrfurchtsvoll gegenüber, denn ich weiß, daß hier große Schätze an Glaubenskraft verborgen liegen. Aber diese Kraft würde in der Welt soviel segensreicher wirken können, wenn sie nicht in den Fesseln politischer und sozialer Auffassungen läge, von denen die Zukunft wenig Gutes erwarten kann.

---

[69] Zitiert von TROELTSCH, S. 536. 537.

VII. Der christliche „Zusatz". Der christliche Zusatz zum heidnischen Staat. Friedrich Naumann. Christus das Licht der Welt?

Das Luthertum scheint in seiner Beziehung zum Staate erblich belastet zu sein. Die scharfe Spaltung der Moral in zwei Hälften: persönliche und Amtsmoral macht vom christlichen Standpunkt aus scheinbar eine selbständige, kritische Haltung unmöglich. Die national-soziale Bewegung, die Anfang dieses Jahrhunderts unter Führung F r i e d r i c h N a u m a n n s sich gegen den starren Konservatismus erhoben hat, ist ein schlagendes Beispiel dafür. Naumann war erst Pfarrer, später Mitglied des Reichstages und durch seine feine Feder und hochstehende Persönlichkeit ein einflußreicher Mann.

Auch weil, wie wir sahen, soviel lutherische Soziologie in Holland eingezogen ist und die Haltung vieler niederländischer Christen zum großen Teil bestimmt, scheint es mir lehrreich, den Gang dieser Bewegung so zu zeichnen, wie Naumann sie selbst schildert[70]. Die Bewegung war aus dem peinlichen Bewußtsein hervorgegangen, daß das Christentum in der modernen Welt immer machtloser wurde, daß „die Nächstenliebe inmitten der geldwirtschaftlichen, kapitalistischen Neuzeit an Wirkungskraft verlor, so daß es uns schwer wurde, mit einem guten Gewissen Weihnachten zu feiern" (S. 26. 27). Naumann hatte schon lange begriffen, was Harnack 1900 in einer letzten Vorlesung über „Das Wesen des Christentums" aussprach: „Durch den Gang, den die Geschichte genommen hat, hat sich ein weites Gebiet aufgetan, auf welchem sich der christliche Brudersinn noch ganz anders bewähren muß, als er es in den früheren Jahrhunderten erkannt und vermocht hat: das soziale. Hier liegt eine gewaltige Aufgabe"[71]. Naumann und die Seinen haben die Aufgabe begeistert angefaßt; es ist jedoch so ziemlich beim Reden geblieben. „Wie ferne, leichte Sehnsuchtswolken schwebten unsere Ideale über allem wirklichen Tun unserer Zeit." „Eine schmerzliche Erfahrung war es, daß man nicht imstande ist, die praktische Lebensauffassung Jesu direkt in die Gegenwart hinein zu übersetzen." Es nützt nichts, ob wir gegen den Mammon protestieren, der zu Jesu Zeiten noch nicht zum Wesen der Gesellschaft gehörte. „Wir leben

---

[70] Friedrich NAUMANN, Briefe über Religion. 7. Aufl. 1916. Kurz nach dem Krieg starb Naumann.

[71] A. HARNACK, Wesen des Christentums. 2. Aufl., Leipzig 1900, S. 188.

im Zeitalter des Kapitalismus und haben eine Religion, die vor diesem Zeitalter geboren wurde." „Wir leben alle mitten im Mammonismus, so wenig wir persönlich Mammonsknechte sein mögen." „In dieser Welt lebt das heutige Christentum wie ein Baum aus Asien, den wir an unser Klima gewöhnen wollen, und dem man doch die Sehnsucht nach seiner alten Luft an allen Blättern ansieht" (S. 57-63).

Wie hat der Christ Naumann sich mit diesem Zustand abfinden können? Leider muß die Antwort lauten: indem er ihn auf sich nahm. Der lutherische Protestantismus, sagt Naumann an anderer Stelle, ist der Protestantismus des Vertrauens zu Dem „der Wolken, Luft und Winden gibt Wege, Lauf und Bahn". Alles, was ist, ist durch Gottes Vorsehung. Mit Hilfe dieses unleugbaren Charismas, das aber, falls es nicht im prophetischen Beruf ein Gegengewicht findet, zu einem Quietismus führen kann, der alles Reformstreben lähmt, hat Naumann eine Lösung gefunden, mit der er ganz und gar in die alte lutherische Trennung von christlicher und weltlicher Moral zurückfällt. Und es war namentlich der Staat, der ihm diesen Platz anwies.

Die Wiege des Staates, sagt Naumann, ist nicht Nazareth, sondern Rom. „Der Staat ist ein Stück des Kampfes ums Dasein, ein Panzer, der in all seiner Härte die Vorbedingung der Kultur ist" (S. 69). „Das Leben braucht beides, die gepanzerte Faust und die Hand Jesu, Cäsar und Christus." „Erst auf dieser Grundlage können wir die höhere Sittlichkeit des Evangeliums verwirklichen, soweit es auf dieser Grundlage irgend möglich ist" (S. 74-75). Meine Überzeugung „klingt hart und schroff für jeden christlich erzogenen Menschen, scheint mir aber gut lutherisch zu sein" (S. 83). Hierin hat Naumann recht. Diese lutherische Auffassung, geistliche und weltliche Dinge scharf zu trennen, ist jedoch auch in nicht-lutherische Länder eingedrungen. Aber nun geht Naumann in seiner Ehrlichkeit einen Schritt weiter als die herrschende offizielle Moral und erklärt: diese Staatsmoral ist nicht halb- oder relativ-christlich, sondern rein heidnisch, aber doch notwendig und gut. „Der Staat ist ein Heide; seine Forderungen sind heidnisch, aber darum nicht unmoralisch. … Es ist eine andere Moral, ebenso unentbehrlich wie die christliche" (S. 75-77). Das Christentum darf weder versuchen, staatsbildend zu sein, noch kulturbeherrschend. Was Jesus bot, war ein Zusatz zur damals vorhandenen Kultur, und diesen Zusatz bietet er auch noch in unserer Zeit (S. 83). – So brachte der ernste und ehrliche Naumann es fertig, zugleich ein Christ und ein für die deutsche Seemacht eifernder „Flottenpatriot" zu sein. „Die Zukunft, insbesondere des Germanentums, hängt an der Erhaltung des militärischen Sinnes in der Bevölkerung" (S. 80-81). Von der preußisch-christlichen Auffassung jedoch, die den Staat mit all seinen Kanonen zu einem Bestandteil und Hilfsmittel des Reiches Gottes machen will, will er nichts wissen. „Laßt hier den Namen Christi weg. Könnt ihr auswärtige Politik, deren letztes Mittel immer Bajonette und Kanonen sind, im Namen Christi führen? Schämt euch, so etwas auch nur zu denken!" „Man muß dann die zartesten und feinsten Regungen der Seele Jesu brechen", dessen Reich doch nicht von dieser Welt ist (S. 69). Den Allmächtigen sehen wir Menschen in zwei Gestalten: „als den Weltgott, der die Sittlichkeit des Kampfes ums Dasein" schafft, und als den „Vater Jesu Christi, der die Sittlichkeit der Barmherzigkeit" will. „Es sind aber nicht zwei Götter, sondern einer." Diese Zwiespältigkeit in unserem Bewußtsein ist für den Christen ein Rätsel und ein Schmerz (S. 72).

Man sieht: Naumann ist kein oberflächlicher Beschöniger. Er hält das Christentum rein, und er kennt die Tiefe und den Zwiespalt des christlichen Lebens. Sein Irrtum liegt meines Erachtens darin, daß er den Zwiespalt vollkommen anerkennt, so daß kein Kampf und keine Spannung mehr bleibt, weil er glaubt, daß die „heidnische" Moral der kapitalistischen Gesellschaft und des militaristischen Staates schlankweg „gut" genannt werden muß, ja sogar eine „unentbehrliche Grundlage des Evangeliums".

Naumann hat diesen Irrtum nicht einsehen können. In der siebenten Ausgabe, 1916, mitten im Krieg, erklärt er in einem Nachwort: „Ich lese meine alten Sätze und halte sie fast ohne Ausnahme auch heute noch für richtig und durch den Krieg für bestätigt" (S. 112). Vollständig beruhigt ist er jedoch nicht. Er erkennt, daß der Ausbruch „der noch ungebändigten Gewalten" der schon in Friedenszeiten „mit einer raffiniert kalkulierenden Selbstsucht" am Werke war, uns die Frage aufdrängt, „ob denn überhaupt noch Christen vorhanden sind", und ob „die gesamte Gegenwartswirkung des Evangeliums" nicht für „eine geträumte Romantik" zu halten sei (S. 106). Auch ist er entsetzt, daß „die Gewalt der gegenseitigen Tötung der europäischen Völkerfamilie" alle Erinnerungen an 1870 übertrifft, und daß „unsere abendländischen christlichen Völker eine erschreckende Technik der Menschenvernichtung besitzen und täglich weiterbilden" (S. 112. 128). Aber er tröstet sich erstens mit der Einsicht, daß „das Töten an sich nicht ihr Zweck ist, sondern nur eine unvermeidliche Begleiterscheinung des letzten, ernsthaften Kampfes um Macht, Recht und Zukunft" (S. 128); zweitens mit dem Gedanken, daß „in allen sozialpolitischen Streitigkeiten, in der Organisierung des Maschinenvolkes der Glaube ein Zusatz von unzweifelhaftem Werte geblieben ist, denn er bändigt und lockert tausendfältig im stillen den Egoismus" (S. 106), ein Zusatz, der selbst im Krieg seine heilsame Wirkung nicht vollständig verloren hat. „Siehst du nicht", fragt er, „wie Jesus, der Überirdische, der Geglaubte, neben der Lampe der Wärterin steht?" (S. 129).

Wir glauben, daß dieser Trost keinen großen Wert hat. Während des Krieges konnte man glauben, daß der Weltkrieg der letzte sein würde, seitdem nicht mehr. Daß „das Töten an sich" nicht der Zweck ist, sondern nur eine Begleiterscheinung – Naumann zeigt sich hier als guter Schüler Schleiermachers[72] – kann man vielleicht sagen, wenn man überhaupt an den Krieg, nicht jedoch, wenn man an das Gefecht denkt. „Le but immédiat du combat", schreibt Oberstleutnant Montaigne in seinen *„Etudes sur la Guerre"*[73], „ce n'est pas la victoire, c'est tuer. Et l'on ne marche que pour tuer; et l'on ne tire que pour tuer, et l'on ne saute à la gorge de l'ennemi, que pour tuer. Aussi, la passion de la guerre par excellence, c'est la passion meurtrière par excellence, l'esprit de vengeance, la haine. ... Et tous les actes de la guerre doivent exhaler un caractère de violence, d'archarnement tel, que s'impose à l'adversaire l'impression terrifiante d'une haine toujours attachée à son objet et insatiable"[74].

---

[72] Siehe Kapitel III, § 4.

[73] Zitiert von Armand CHARPENTIER, La Guerre et la Patrie. Paris 1926, p. 59.

[74] Man marschiert nur, um zu töten, man schießt nur, um zu töten, man springt dem Feind nur an die Gurgel, um zu töten. So ist auch die mörderische Leidenschaft die Leidenschaft des Krieges im höchsten Sinn, der Geist der Rache, des Hasses. Und alle Taten des Krieges müssen einen derartigen Geist der Gewalt und der Verbitterung aushauchen, daß sie auf den Gegner den erschreckenden Eindruck des Hasses machen, der sich immer an sein Objekt hängt und unersättlich ist.

Naumann hätte den Verfall des Christentums, das sich dem kriegführenden Staat gebunden auslieferte und dadurch seinen Stolz und seine Unabhängigkeit verlor, nicht deutlicher zeigen können, als durch seinen Hinweis auf diesen christlichen Zusatz zu einer notwendigerweise unchristlichen Welt; einen Zusatz, der im Frieden schon klein, im Krieg bis zur Hilfe des Roten Kreuzes zusammenschrumpft, das im kleinen Maßstab zu heilen sucht, was im großen mutwillig zerstört ist. Es scheint oft, als ob das Christentum sein Gefühl absoluter Abhängigkeit ohne weiteres auf die doch von Gottes Vorsehung und von seiner Obrigkeit gelenkte (!) Welt, namentlich auf den Staat, übertrüge. So wird das Gefühl „schlechthinniger" Abhängigkeit (Schleiermacher) „schlechthin" verdorben. Hegel hat einmal gegen Schleiermachers Theologie angeführt: wenn das Abhängigkeitsgefühl die Grundlage der christlichen Religion ist, „so wäre der Hund der beste Christ"[75]. Ich habe dieses Wort nie leiden mögen, hier aber möchte ich es anwenden: Wie ein abgezehrter, verprügelter Hund noch dankbar einen von seinem Herrn hingeworfenen Knochen auffängt, so müßte das Christentum inmitten der schwärzesten Finsternis einer von Christus abgewandten Welt sich noch freuen über das Nachtlämpchen des Roten Kreuzes; dieses Nachtlämpchen, das einzige Überbleibsel des Lichtes, das das „Licht der Welt" sein sollte! Deutlicher als er selbst will, zeigt Naumann hier, worauf die Zusatzbetrachtung in bezug auf das Christentum hinausläuft.

Wir wollen jedoch nicht vergessen, daß diese Betrachtung nicht nur die Folge einer unangebrachten Bescheidenheit ist (deshalb unangebracht, weil es hier nicht um uns, sondern um Christus geht), sondern auch und zugleich die einer Spaltung der Moral in persönliche und weltliche, in christliche und heidnische, die beide „gut" sind und sich gegenseitig ergänzen. Der Krieg hat gezeigt, was es mit dieser „Güte" und mit dieser „Ergänzung" auf sich hat. Auch Naumann hat, als er die Folgen sah, sich mit dieser Spaltung nicht abfinden können. So wenigstens verstehe ich seine Worte, daß eine nachwachsende Generation „eine christliche Durchdringung des sozialen Lebens", wenn sie aus dem Krieg heimgekehrt sein wird, in

---

[75] HEGELS Werke, Ausg. Marheineke u. a., Berlin 1835. Band 19 (zu Hinrichs Religionsphilosophie), S. 295.

ihre Hände nehmen wird (S. 107). So verstehe ich seine Erwartung: „Es kommt eine Umwertung der Werte, und zwar eine solche, die mit der Religion etwas verwandt ist: Trachtet am ersten nach dem Reiche Gottes und seiner Gerechtigkeit, so wird euch das Andere alles zufallen!" (S. 123). „Nun treibt es uns heute noch weiter über den Stand der Reformation hinaus", sagt Rudolf Eucken schon 1911, „weil diese, namentlich in der lutherischen Fassung, die Aktivität zu sehr auf das Innere der Seele beschränkte und die schlechte Welt ihrem eigenen Lauf oder auch der göttlichen Fügung überließ, während wir Neueren auf einer kräftigeren Erweisung des Göttlichen in der Weltumgebung und auf einer vollen Durchdringung der Welt bestehen" ... „eine männlichere Gestaltung des Lebens"[76].

VIII. Der christliche Sozialismus.
Seine Haltung dem Staat und dem Krieg gegenüber.

„Über den Stand der Reformation hinaus." Ja, insofern eine neue christliche Soziologie uns bitter not tut. Der calvinistischen Reformation konnte sicherlich nicht vorgeworfen werden, daß sie „die Aktivität zu sehr auf das Innere der Seele beschränkte". Es ist folglich kein Wunder, daß nach den harten Lehren des Krieges gerade die sogenannte schweizerische „reformierte" Theologie aufkam, die, zum Teil mit Recht, der Theologie des 19. Jahrhunderts vorwarf, daß sie den christlichen Glauben in Religion hatte aufgehen lassen und diese zu einer Provinz des geistlichen Lebens erniedrigt hatte. Dieser Vorwurf gilt nicht nur den lutherischen Ländern, denn der Einfluß der deutschen Theologie war groß. Diese in der Hauptsache psychologisch orientierte Theologie hat in merkwürdiger Weise die politische und soziale Desinteressiertheit des Christentums im letzten Jahrhundert gestärkt. Je mehr die Religion sich auf das innere Leben beschränkte, „verinnerlichte", um so mehr veräußerlichte die ohne Steuer und Richtung gelassene Kultur.

Nach reformatorischem und besonders nach reformiertem Prinzip ist Christentum nicht in erster Linie Religion, sondern Glaube an die Wahrheit Gottes, und dieser umspannt das ganze Leben und die

---

[76] R. EUCKEN, Können wir noch Christen sein? Leipzig 1911, S. 153.

ganze Welt. Ob nun die schweizerische Theologie dazu beitragen wird, „die arge böse Welt keck zu erfassen", oder ob sie hierin durch ihren einseitig-jenseitigen Charakter (m. E. zum Teil eine Nachkriegserscheinung) gehindert wird, muß sich noch herausstellen. Die Warnung Hermann Kutters[77], daß die tiefsinnigste Theologie „ohne Erweisung des Geistes und der Kraft" (2. Kor. 2,4) auch auf sozialem Gebiet, keinen Wert hat, mögen sich die Schweizer sicherlich zu Herzen nehmen. Es ist kein Zufall, daß ihre Hauptführer Barth und Brunner, zur Verwunderung vieler niederländischer Reformierter, dem Sozialismus nahe stehen. Sie haben nicht umsonst in der Schweiz gewohnt, wo der christliche Sozialismus Kutters und Ragaz', Lejeunes und Matthieus jahrelang mit kräftiger Stimme dem offiziellen Christentum gezürnt hat, weil es alle reformatorische Kraft verloren und durch seinen religiösen Quietismus gegenüber dem „von Gott gewollten" Zustand, den Beschuldigungen Marx', die Religion sei „Opium für das Volk, der Heiligenschein des Jammertals" gar zu viel Nahrung gegeben hat.

Nicht nur in der Schweiz, auch in den Niederlanden, England und Amerika, nach dem Krieg auch in Deutschland, ist der christliche Sozialismus entstanden. Es sind nach Troeltsch die alten christlich-sozialen Elemente im Calvinismus, die bei der drohenden Erstickung der christlich-sozialen Idee durch den modernen Kapitalismus in „einen christlichen Sozialismus umschlagen". Troeltsch setzt auseinander, „wie ein solcher Sozialismus von Hause aus in der Genfer Idee der heiligen Gemeinde lag". „Er hat sich in den Gemeinden unterm Kreuz fortgesetzt, wo die religiöse Idee sich frei entfaltete." „Der heutige christliche Sozialismus der Engländer ist wesentlich calvinistischen Ursprungs[78]."

Wir glauben, daß auch andere Einflüsse sich hier geltend machen[79]. Wenn wir jedoch den Begriff „calvinistisch" weit fassen, wird Troeltsch schon großenteils Recht haben. Dem heutigen Calvinismus gegenüber, der auf sozialem Gebiet ins Stocken geraten ist, seine Stellung durch lutherischen Quietismus und lutherische Trennung von weltlichen und geistlichen Dingen zu sichern sucht, kann

---

[77] Hermann KUTTER, Wo ist Gott? Basel 1926.

[78] TROELTSCH, S. 721.

[79] Siehe The Background of the social Gospel in America, Proefschrift van Dr. W.A. VISSER 'T HOOFT, Haarlem 1928.

der christliche Sozialismus als eine Religion betrachtet werden, die in altcalvinistischer Weise die Souveränität Gottes und die Gleichwertigkeit der Menschen vor Gottes Angesicht wieder nachdrücklich in den Vordergrund rückt. Diese Religion weiß aber 1. mit der Prädestination nichts anzufangen; 2. zieht sie aus der religiösen Gleichwertigkeit auf sittlich-gesellschaftlichem Gebiet viel weitergehende Schlußfolgerungen, als Calvin es tat, und 3. ersetzt sie die in mancher Hinsicht alttestamentliche Grundlage der calvinistischen sozialen und politischen Moral durch eine Basis, die dem Evangelium, namentlich der Bergpredigt, und der Erwartung des kommenden Reiches Gottes[80] entnommen ist. Diese Züge sind jedoch von Alters her die Kennzeichen der christlichen Sekte, die, nach Troeltsch, mit der Kirche und mit der persönlichen Mystik die Erbin des Neuen Testamentes ist; zusammen bilden sie die Geschichte des Christentums. Aber gerade der Calvinismus ist – infolge seines gesetzlichen Charakters und seines Heiligungsideals – in seiner großen feurigen Zeit an die aggressive, Kirche und Welt erneuernde Sekte sehr nahe herangekommen. Wie der Calvinismus sich im 16. Jahrhundert zum Teil aus der Sekte der Wiedertäufer rekrutierte, so kann man sagen, daß in unserer Zeit die Sekte des christlichen Sozialismus aus jenen religiösen Kreisen, denen der rigoristische, ungestüme Erneuerungsgeist der alten Calvinisten noch im Blute lag, hervorgegangen ist, wenn auch die Begriffe sich in mancher Weise geändert hatten. Denn es versteht sich von selbst, daß der christliche Sozialismus ohne den Sozialismus selbst, ohne die Sozialdemokratie nicht da sein würde.

Wir geben hier keine Skizze der Sozialdemokratie, die in England ein ganz anderes Gesicht zeigt als in Deutschland. Auch beurteilen wir hier nicht ihr Auftreten und ihre Position in der Welt. Nur wollen wir zustimmend auf die religiöse Bedeutung hinweisen, die Troeltsch (sogar im marxistischen Deutschland) dieser Bewegung zuerkennt, Troeltsch, der selber kein Sozialist war und sowohl ethisch-religiöse wie soziologische Bedenken gegen sie hatte. Es war die Sozialdemokratie, schreibt er, die den Christen, die christliche Sozialisten wurden, „die Augen über die Folgerungen des Evangeli-

---

[80] Siehe über: Christelyk zondenbewustzyn en socialistische mentaliteit, den Artikel von A. NOORMAN in „De Smidse", Februar 1928.

ums geöffnet hat". Troeltsch sieht die Sozialdemokratie als die Fortsetzung der alten aggressiven Sekte, aber in der für unsere Zeit einzig möglichen Art und Weise: ökonomisch und politisch geschult. Denn nur so kann man diese Welt in ihrer Struktur antasten. Der Sozialismus hat erkannt, was der am meisten fortgeschrittene Calvinismus nicht gesehen hatte: wie sehr die Möglichkeit einer geistig-ethischen Entwicklung von dem Unterbau einer gesunden sozialen Gesamtverfassung abhängig, wie eng alles Geistige an physische und materielle Voraussetzungen gebunden ist. So hat auch der Sozialismus den Kampf gegen „das Evangelium vom Konkurrenzkampf und vom Rechte des Stärkeren" aufgenommen, und so zeigt er in veränderter Form „die Züge der aggressiven an eine wirkliche Weltreform glaubenden Sekte" wieder: das kompromißlose Christentum, die Diesseitigkeit des Gottesreiches (Heilsstaates), den unbesieglichen Glauben an den Sieg des Guten und an die Überwindung jeder bloß auf den Kampf ums Dasein begründeten Menschheitsverfassung, die christliche Revolution: „Es ist das alte große Sektenideal. Es ist nur der ins Menschliche und Verständige übersetzte chiliastische Glaube."

In diesen Worten hört man etwas von Troeltschs Kritik des christlichen Sozialismus, aber trotz aller Kritik fährt er fort, und ich kann nicht umhin, wiederum ein großes Stück dieses weit- und scharfblickenden Geistes wiederzugeben: „Dieser christliche Sozialismus erst hat die alten, seit der Patristik fortgeschleppten christlichen Gesellschaftstheorien, die – mit den geschilderten Veränderungen – in allen Konfessionen bis heute herrschen und mit einer rührenden Weltfremdheit trotz der inzwischen gänzlich veränderten praktischen Lage in den christlichen Ethiken bis heute fast durchgängig wiederholt werden, zerrissen und zu einem neuen Denken über die Sozialethik des Christentums und über ihr Verhältnis zu den tatsächlichen sozialen Wandlungen genötigt. Er hat die Wurmstichigkeit der bisherigen konventionellen christlichen Ethik geoffenbart, die im günstigsten Falle für die Individualethik und für die Familie etwas bot, dagegen in der Sozialethik nur die Beruhigung bei allen bestehenden Institutionen und Verhältnissen zu lehren wußte, sehr zur Befriedigung aller herrschenden Gewalten. Er hat der christlichen Ethik ihren utopischen und revolutionären Charakter zurückerobert und ihren Verkündern die Schmach Christi wieder zugezogen, die für allen Humanitätsdusel, alle ideologische Träumerei, alle frevelhafte Verkennung der Unüberwindlichkeit der Sünde und der Unentbehrlichkeit ihrer Unterdrückungsmittel bei Leviten und Landpflegern bereitliegt[81]."

Wenn man den Sozialismus so sieht: als ökonomisch-ethischen Unterbau, zu dem der christliche Sozialismus den ethisch-religiösen Oberbau gibt, begreift man, weshalb in mehreren kleineren Ländern (Dänemark, den Niederlanden, der Schweiz, Norwegen) gerade die sozialdemokratische Partei zuerst Entwaffnung in ihr Programm aufnahm. Wer dies nur schlauen Revolutionsabsichten, Opportunismus oder dem Einfluß unverantwortlicher Demagogie zuschreibt, weiß nicht, wie es in jenen Kreisen aussieht, und sein Kampf dagegen wird vergeblich sein. Sicherlich sind es die religiösen Sozialisten, die sich grundsätzlich auf ethischer Grundlage gegen Krieg und Kriegsrüstung wehren. Am nachdrücklichsten und am bündigsten haben dies die schweizerischen religiösen Sozialisten getan, namentlich Ragaz und die Seinen in ihrem Blatt „Neue Wege". Hauptsächlich aus den Jahrgängen dieses Blattes schöpft Dr. J. C. Wissing seine Schilderung des christlichen Sozialismus[82], auf die wir gerne hinweisen. Wissings Schilderung ist vollständiger und richtiger als seine Beurteilung. Mit Unrecht betrachtet er die Haltung der ersten Christen als veraltet, weil sie andere eschatologische Erwartungen hatten und den Staat anders einschätzten als wir; wir sahen am Schluß des ersten Kapitels, daß damit das Hauptmotiv der ersten Christen nicht berührt wird. Auch der Ansicht Ragaz' und der Seinen läßt Wissing kein Recht widerfahren. Diese Ansicht Ragaz' kann man vom christlichen Standpunkt aus besser verteidigen, als Wissing es tut. Man muß im Auge behalten, was wir zu zeigen versuchten: wie das Bündnis zwischen Christentum und Staat das christliche Prinzip immer mehr verzerrte und vergewaltigte; wie jede christliche Staatslehre zum Schutz der christlichen Wahrheit versagte, und wie dies in unserer Zeit mehr denn je dem Imperialismus und Militarismus den freien Lauf gelassen und ihm sogar die Möglichkeit, sich mit einer „christlichen" Aura zu umgeben, gebo-

---

[81] S. 845-846.

[82] Siehe seine schon genannte Dissertation: Het begrip van het Koninkryk Gods vooral betrekking tot de religieus-socialen in Zwitserland, blz. 135-178.

ten hat. Wer sieht, wie der Staat – namentlich im letzten Jahrhundert – die Kirche beherrschte, so daß im letzten Krieg sie mehr für als gegen den Krieg arbeitete, ja mit ihrer religiösen Inspiration des Nationalismus, mit ihrer Aufrechterhaltung der militärischen Moral, mit ihrer Segnung der Waffen und ihrem Flehen um den Sieg eigentlich direkt in die endlose Menschenschlächterei hineingezogen worden ist (was Ragaz alles vorhergesehen hat), der fühlt, daß das Nichtbeachten der Warnung des Evangeliums „Niemand kann zwei Herren dienen" und der Warnung der ältesten Kirchenväter, daß man nicht zu gleicher Zeit im Kriegslager des Herrn und im Kriegslager des Kaisers kämpfen kann, sich furchtbar gerächt hat. Wie man sich auch dazu stellen mag, ob diese Nichtbeachtung notwendig war oder nicht, als Christ, der seine Kraft aus dem Evangelium schöpft und mit dem Urchristentum vertraut ist, versteht man, daß Ragaz und die Seinen den Krieg als Frucht des antichristlichen Glaubens sehen: als den Glauben an die Gewalt an Cäsar, nicht an Christus, und daß sie radikal antimilitaristisch sind: „Gegen alle Heere des Tieres setzen sie das Lamm, das erschlagen worden ist[83]." Von diesem Standpunkt aus beurteilen sie den Staat. Sie billigen zwar die zwangsweise Aufrechterhaltung des Rechts als vorübergehende pädagogische Maßregel, wenden sich aber gegen den Staat als Gewaltinstitut. Der Staat, der das Recht handhaben muß, führt selbst zur Aufhebung alles Rechtes: zum Kriegs-„Recht". Weil der Staat kraft seines Wesens sich selbst unter allen Umständen, um jeden Preis und sämtlichen Anforderungen gegenüber behaupten will, hat er die unüberwindliche Tendenz, sich selbst zu verabsolutieren, und er kann darum kein Sittengesetz über sich anerkennen. Diese „Eigengesetzlichkeit" macht „christliche Politik" zu einem Widerspruch in sich selbst und dadurch zu einer Illusion und einem Selbstbetrug. Sie ist die sittliche Relativität, die sich gewaltsam des Absoluten im Reiche Gottes zu bemächtigen sucht. Ein Christ wird sich nur deshalb mit Politik beschäftigen, damit die Politik einmal aufgehoben werden kann. Denn der Staat ist etwas, was überwunden werden muß[84]. – So versteht man, daß der schweizerische christliche Sozialismus vom Staatssozialismus weit entfernt ist.

---

[83] WISSING, blz. 159-161.
[84] WISSING, blz. 161-166.

Insofern diese Anschauung der schweizerischen Religiös-Sozialen (der in Holland viele beipflichten) eine gläubige Zukunftserwartung enthält, können wir ihr zustimmen, wenn wir – mit Dr. Wissing – jene Zukunft in einer überzeitlichen Gnadenerweisung, auf die die heutige Gesellschaft sich so viel wie irgend möglich einstellen muß, erwarten dürfen. Soweit sie jedoch ein Urteil über den Staat enthält, der nach ihrer Meinung jetzt schon verschwinden sollte, stellt sie uns vor die Wahl: Staatsgesinnung oder christlicher Anarchismus. Für den Christen ist es manchmal schwer, staatstreu zu bleiben, wenn die Geschichte ihm den Zusammenhang zwischen Staat und Krieg zeigt, und man muß ernstlich fragen, ob er es bleiben darf, wenn man nachweisen könnte, daß Staatsmoral und Kriegsmoral unlöslich zusammengekoppelt sind, was, Gott sei Dank, noch nicht geschehen ist – und darum können wir unmöglich den christlichen Anarchismus wählen. Unser Glaube an den Menschen, an seine Fähigkeit (jetzt und später) ohne zwingendes Recht in dieser verworrenen und komplizierten Welt eine geordnete Gesellschaft zu bilden, ist dazu zu schwach; unser Eindruck von den Mächten der Selbstsucht und der Kurzsichtigkeit ist dafür zu stark. Wir wählen den Staat und die Staatsautorität, haben jedoch deshalb auch die Pflicht, zu prüfen, ob der Staat seinem Wesen nach mit dem Krieg untrennbar verflochten ist.

Denn, wenn wir auch den Staat wählen, deshalb erkennen wir nicht jeden Staat an. Wenn wir auch im Rechtsstaat einen notwendigen Ausgleich zwischen den Forderungen der christlichen Moral und denen der harten Wirklichkeit sehen: den Kriegsstaat und damit den Krieg anzuerkennen, verbietet uns – wie wir sahen und noch sehen werden – das christliche Prinzip selbst.

Drittes Kapitel
Staat und Krieg

I. Machtstaat und Rechtsstaat. Die zwei Gesichter des Staates.
Volk und Vaterland. Recht und Gerechtigkeit. Gesetzliche Autorität
und Autorität des Rechts.

Der Staat hat in zweierlei Gestalt seinen Eintritt in die Weltgeschichte vollzogen, sowohl als Macht- wie als Rechtsstaat.

Sowie eine Gruppe von Menschen sich zusammentat, entstand
das Bedürfnis nach Ordnung im Innern und nach Schutz gegen äußere Feinde. Durch diesen Schutz und die Ausdehnung nach außen
entstand der eigentliche Machtstaat; die Staaten verdanken dem
Krieg zwar nicht ihren Ursprung, wohl aber ihre Macht. Daher war
anfänglich der Machthaber, das Kriegsoberhaupt nicht nur der König, sondern auch der oberste Richter. Er war „die Obrigkeit", und
sein Wille war Gesetz. Dies ist Jahrhunderte lang so geblieben, bis
in der neueren Zeit das wachsende Selbstbewußtsein des Volkes die
monarchische, souveräne Obrigkeit nicht mehr duldete, und der
moderne Staat entstand, in dem das politisch organisierte Volk die
Führung übernimmt und seine verantwortliche Regierung ernennt:
der Staat, die Staatsregierung wird von nun an – zuerst dem Namen
nach, später auch in Wirklichkeit – die souveräne Obrigkeit, die die
Macht ausübt.

Aber das wachsende Selbstbewußtsein des Volkes hatte zugleich
das Rechtsbewußtsein gestärkt, wodurch nicht nur die Rechtsprechung sich ausbreitete und verschärfte, sondern auch das Recht eine
geistige Macht im Staat wurde. Durch den Einfluß des Christentums
und dessen Wertschätzung der Persönlichkeit erhielt diese geistige
Macht eine reichere und tiefere Bedeutung.

Von da an zeigte der Staat schärfer als früher seine zwei Gesichter: Macht und Recht. Das Verhältnis dieser zwei Größen zueinan-
der ist die große Staats- und Rechtsfrage dieser Zeit. Der Staat als
Machtinstitut hat in erster Linie einen naturhaften und historischen
Charakter; der Staat als Rechtskörper, wenn auch mit der Geschichte

groß geworden, ist vor allem auf sittliche Grundlage gegründet; dieser Grundlage der Gerechtigkeit entnimmt er seine sittliche Bedeutung. Lange Zeit gab das doppelte Prinzip des Staates, das ihm von seinem Ursprung her anhaftete, keinen Anlaß zu Konflikten, weil das Machtprinzip die unbeschränkte Führung hatte. In unserer Zeit tritt diese Doppelnatur, in der ein Widerspruch mitunter schmerzlich fühlbar wird, deutlicher zutage.

Es gibt eine Staatslehre – sie ist bis jetzt die vorherrschende gewesen – die diesen potentiellen Widerspruch nicht anerkennt, die zwischen Recht und Macht keinen Widerspruch sehen will, weil sie das Recht mit dem Staatswillen identisch erklärt. Selbstverständlich stimmt das, solange man das Recht nur als das positive Recht des Gesetzbuchs auffaßt; dann aber ist der Begriff Rechtsstaat ein Pleonasmus: Recht ist, was der Staat befiehlt und umgekehrt. In dieser Staatslehre zeigt der Staat sich als Erbe und Träger der alten souveränen Obrigkeitsautorität.

Außer dieser juristisch-beschränkten Auffassung hat das Recht jedoch noch einen anderen Sinn, nämlich den örtlich-zeitlichen Niederschlag der Gerechtigkeit. Das Recht wird dann als ein menschlicher Versuch angesehen, für eine bestimmte Zeit, die mit historischen und sozialen Gegebenheiten rechnet, das ideelle Prinzip, die Gerechtigkeit, zu erfassen, auszudrücken und festzulegen. Manche geben das zu, glauben aber im Charakter des Staates eine Bürgschaft für das Gelingen dieses Versuches zu sehen. So schrieb u. a. Professor de Louter: „Er (der Staat) allein ist befugt und fähig, die Stimme der Gerechtigkeit zu interpretieren. Leugnet man dies und gesteht man diese Befugnis dem Rechtsbewußtsein zu, dann öffnet man unendlich viel größerer Willkür und größerem Irrtum Tür und Tor, als von irgendeiner Staatsautorität zu fürchten ist"[1].

Dieser Ausspruch desselben Gelehrten, der unmittelbar vorher schrieb: „Gewiß, es gibt eine Gerechtigkeit, die hoch über dem positiven Recht erhaben ist ..."[2], ist unseres Erachtens nicht so sehr von Vernunft und Wirklichkeit, als wohl von der Furcht vor einem individuellen Urteil über die Staatsautorität eingegeben worden. „Was

---

[1] Prof. Dr. J. DE LOUTER, De Toekomst van het Volkenrecht, de Gids, Februar 1912, blz. 244.
[2] Ebenda.

er (der Staat) gebietet oder verbietet, muß geschehen und wird dem freien Urteil seiner Untertanen entzogen"[3]. Dies sieht dem Staatsabsolutismus, den Dr. de Louter anderswo zurückweist[4], (darüber später) bedenklich ähnlich. Das Recht des Staates ist nur ein menschlicher und deshalb mangelhafter Versuch, der Gerechtigkeit Geltung zu verschaffen. Es ist ein Ausgleich zwischen dem Ewigen und Zeitlichen, zwischen Ideal und Wirklichkeit. Mit Naturnotwendigkeit suchen Recht und Gerechtigkeit sich gegenseitig, und mit Naturnotwendigkeit gehen sie immer wieder auseinander. Auf diese Weise entsteht oft zwischen beiden ein kleinerer oder größerer Konflikt, mitunter eine quantité négligeable, mitunter aber wächst er aus zu dem: „Summum jus, summa injuria" (Das größte Recht kann das größte Unrecht sein). Es ist das sittliche Urteil, das dies fühlt, und das sittliche Urteil ist seinem Wesen nach persönlich; es kann allerdings ein kollektives Urteil daraus hervorgehen. Nur das persönliche Urteil, obschon es so leicht irren kann und wegen seines Mangels an Sachkenntnis um so mehr Besinnung, Kontrolle und Korrektur Anderer braucht, kennt die ungeschriebenen Gesetze, die die Gerechtigkeit bilden. „Das Ewige ist nur in Gott und in der menschlichen Seele, alles Andere ist vergänglich." (Prof. Dr. Max Huber.) Dieses persönliche Urteil muß Vernunftgründen zugänglich sein; es läßt sich jedoch nicht, und in der Zukunft immer weniger, die Befugnis absprechen, über die Gesetze und das Handeln des Staates zu urteilen. Die Ansicht Spinozas, daß der Staat nicht sündigen und folglich von seinen Bürgern nicht zur Verantwortung gezogen werden kann, ist nach Prof. Kranenburg „vom Rechtsleben in seiner Entwicklung vollständig lügengestraft worden"[5]. Schließlich beruhen die sittliche Geltung und die Autorität des positiven Rechtes auf jenem persönlichen Urteil. Das Rechtsbewußtsein des Volkes, das sich gleichfalls auf dieses Urteil stützt, kann und darf sich die Befugnis, den „inneren Wert des Gesetzes" zu würdigen, nicht nehmen lassen.

Dieser letzte Ausspruch rührt von Prof. Krabbe[6] her. Krabbe war in den Niederlanden jahrelang der vornehme und begeisterte Ver-

---

[3] DE LOUTER, Staat en Maatschappij. Utrecht 1899, blz. 27.

[4] Ebenda, blz. 15. 33 und 34.

[5] Prof. Dr. R. KRANENBURG, Positief Recht en Rechtsbewustzyn. 2de druk 1928, blz. 22.

[6] Titel seiner Rektoratsrede, den Haag 1924.

fechter der Auffassung, daß der Staat ausschließlich Rechtsstaat, Rechtsgemeinschaft ist, und daß das Recht aus eigenem Prinzip und eigener Autorität heraus gilt. Mit kraftvollen Argumenten hat er sich gegen die namentlich in Deutschland herrschende Ansicht gewandt, daß der Staat die Rechtsautorität schafft. Nein, sagt Krabbe, umgekehrt. Der Rechtsautorität ist die Staatsautorität entnommen; der Herrscher steht nicht über, sondern unter dem Recht; das Gesetz entnimmt seine innerlich bindende Autorität nicht dem Staatswillen, sondern dem Recht. Krabbe lehrt, „daß außerhalb des Rechtes niemand kraft der Krone, des Talars oder des Panzers herrschen kann und darf"[7]. Und dieses Recht wiederum findet seine einzige Autorität im Rechtsbewußtsein, das ausschließlich sittlich und die Quelle der Rechtsnormen ist[8]. Die Bestimmung des Staates „als Machterscheinung" will Krabbe darum nur „unter dieser einen Bedingung, daß diese Macht sich im Recht offenbart"[9] anerkennen. Stärker als je fordert in unseren Tagen das Recht die Autorität und die Souveränität. „Die Staatslehre hat hiervon keinen Akt genommen"[10], wenigstens nicht in genügendem Maße; aber sie wird schon dazu gezwungen werden. Denn „überall, auf jedem Gebiet des sozialen Lebens, drängt sich heute das Recht mit neuer Geltung hervor, in der Gewißheit, daß ihm einmal über die ganze Erde die volle und ungeteilte Herrschaft, die die Besten unseres Geschlechts zu jeder Zeit erwartet haben, zuteil werden wird"[11]. Dies ist nach Krabbe „die moderne Staatsidee", die aus der Praxis des Staatslebens zutage tritt und „die Schwierigkeiten der Staatslehre überwindet"[12].

Krabbes Überzeugung, daß der Staat nur dann eine Zukunft hat, wenn er sich immer mehr als Rechtsstaat entwickelt, teilen wir vollkommen. Nur meinen wir, daß die zu überwindenden Schwierigkeiten größer sind, als Krabbe sich vorstellt. Denn, wenn einmal das Rechtsbewußtsein, das dem sittlichen Urteil entspringt und mit ihm ständig Fühlung hat, die Befugnis erlangt hat, den Staat zu richten (in doppeltem Sinn), wird der Machtstaat in die Schranken gewie-

---

[7] Dr. H. KRABBE, De moderne Staatsidee. 's Hage 1915, blz. 147.
[8] Dr. H. KRABBE, Het Rechtsgezag. 's Hage 1917, blz. 17ff.
[9] Dr. H. KRABBE, De moderne Staatsidee, blz. 169.
[10] Ebenda blz. 9.
[11] Ebenda blz. 10.
[12] Ebenda blz. 2.

sen, und wir haben es bis jetzt noch nicht erlebt, daß ein Machtstaat sich nicht behauptet hätte.

Wie aber, fragt man uns, kann ein Staat sich ohne Macht als Rechtsinstitut behaupten? Wie kann also ein Rechtsstaat, der nicht zugleich Machtstaat ist, existieren? Braucht doch das Recht für seine Ausübung Vollstreckungsgewalt, folglich sind Machtstaat und Rechtsstaat im Grunde identisch. Gewiß, antworten wir, dieser Zwang ist unentbehrlich. Wenn auch zwischen Recht als geistigem Prinzip und Vollstreckungsgewalt als ungeistigem Mittel ein gewisser Mißton besteht, so müssen wir dies mit in den Kauf nehmen, denn in dieser sündigen, kurzsichtigen, verfinsterten Welt kann nur der starke Arm das Recht behaupten. Aber, und dies wird nicht genug beachtet, unter Machtstaat verstehen wir an erster Stelle jenen Staat, der Macht um ihrer selbst willen an sich reißt und ausübt, weil nur Macht ihn in den Stand setzt, sich in der Welt geltend zu machen und seine Existenz und seinen Besitz zu behaupten und eventuell zu erweitern. Theoretisch kann man sagen, daß auch jene Ausübung der Macht nach außen hin zur Aufrechterhaltung des Rechts dient. Warum sollte man das Recht wohl im Innern, aber nicht nach außen hin schützen dürfen? Aber nach außen hin fehlen vorläufig noch Richter und Rechtsprechung, und da besteht in der Praxis diese Wahrung des Rechts nur als ein Eintreten für die eigenen Interessen.

Nun wohl, sagt man, jene Interessen sind Existenzbedingungen für das Volk, das Vaterland; folglich ist es sittliches Recht und sittliche Pflicht, dafür einzutreten. Hier berührt man die eigentliche Ursache, die im Bewußtsein vieler Menschen Rechtsstaat und Machtstaat ineinander fließen läßt: Volk und Vaterland beanspruchen für sich das höchste Recht; die Staatsmacht dient dazu, dieses Recht zu schützen. Wir aber fragen: angenommen, daß der Staat „gesund", das heißt, der Organismus eines Volkes ist, angenommen ferner, daß nichts anderes als die Behauptung seiner Existenz, also Schutz des Vaterlandes, beabsichtigt ist, wird der sittliche Rechtsgrund schon damit dermaßen erwiesen, daß der Machtstaat in seiner Selbstbehauptung sich ohne weiteres Rechtsstaat nennen darf? Das hängt natürlich davon ab – und man vergißt in der Regel danach zu fragen – welchen sittlichen Wert man dem „Vaterland" zuerkennt.

Daß in normalen Fällen jeder natürliche Mensch an seinem Vaterland hängt, versteht sich von selbst. Ob diese Anhänglichkeit sittlichen Wert hat, hängt davon ab, was das Vaterland einem ist und aus welchem Grund man es liebt. Die Bedeutung des Vaterlandes und der Vaterlandsliebe wird von den Christen der letzten Jahrhunderte meist hoch gewertet. In vielen, namentlich rechtgläubigen protestantischen Kreisen, wird Vaterlandsliebe in die Reihe der christlichen Tugenden eingeordnet; sie hat sich (von der Regierung begreiflicherweise ermutigt) sogar immer stärker in den Vordergrund gedrängt. Man hat aber unterlassen, dieses Gefühl scharf zu analysieren und ihm seinen Platz in dem System der christlichen Werte anzuweisen. Man kann es doch keine Analyse nennen, wenn Joh. Wendland[13] kurzer Hand behauptet, daß Vaterlandsliebe drei Momente umfaßt: „Heimatliebe", „Liebe zum angestammten Volkstum" und ein „starkes Staatsgefühl", und danach alle drei: Heimat, Volkstum und Staat ohne Einschränkung als ethisch wertvolle Güter gelten läßt. Wie schwer es ist, vom christlichen Standpunkt aus den ethischen Wert des Staates zu bestimmen, sahen wir schon und werden es noch weiter sehen. Ich glaube nicht, daß in der Vaterlandsliebe der Masse viel Staatsgefühl steckt. „Staat" ist für die meisten ein zu abstrakter Begriff. Die „Heimat" ist an sich eine naturhafte Größe; ihr sittlicher Wert wird von dem Wert der ethischen Gefühle, die sich auf sie richten, bestimmt. Das „Volkstum" ist ebenfalls an sich eine naturhafte Größe, welche in ethischer Beziehung sehr verschiedene Elemente enthält. Die Überschätzung des eigenen Volkstums, an der alle Völker mehr oder weniger leiden, verteidigt Wendland mit Treitschkes Ausspruch: „Ohne Überschätzung kommt ein Volk überhaupt nicht zum Selbstbewußtsein" – und dies muß verhütet werden, „denn jedes Volk besitzt", sagt Treitschke[14], „einen Strahl des göttlichen Lichtes". Mit letzterem kann man einverstanden sein, da in jedem Volk ein eigenartiger und guter Zug steckt. Damit ist jedoch der Wert des „Volkstums" noch nicht wiedergegeben. Denn neben diesem eigenartigen und guten Zug steht in der Regel ein ebenso eigenartiger und häßlicher Zug; beim Durchschnittsholländer z. B. eine gewisse psychische Stumpfheit, beim Deutschen eine gewisse innere Grobheit, beim Russen eine gewisse Grausamkeit usw. Neben diesen eigenartigen Zügen stehen die

---

[13] Joh. WENDLAND, Handbuch der Sozialethik. Tübingen 1916, S. 217ff.
[14] Ebenda S. 224.

mehr allgemeinen, sowohl gute wie schlechte, ungleichmäßig verteilt. Und die Volksart ist das Ergebnis von allen. Außerdem richtet die Liebe zum eigenen Volk sich nur bei den innerlich Vornehmen auf das vornehme Element, bei weitaus den meisten richtet sie sich urteilslos auf das eigene Volk, wie man die eigene Familie bevorzugt.

Professor Chantepie de la Saussaye würde seine Gabe des Analysierens verleugnen, wenn er nicht schärfer zergliederte als Wendland. „Vaterlandsliebe", sagt er vorsichtig, „ist ein kompliziertes Empfinden. Es besteht aus: Anhänglichkeit an den Boden, die Natur, die Umgebung; aus Festhalten an der lebenden Tradition, ehrendem und dankbarem Gedenken der Vergangenheit; endlich, in Verbindung mit den anderen Faktoren, aus einem Gefühl nationaler Berufung[15]." Auch de la Saussaye übersieht die Liebe zum Eigenen. Man muß einmal die Begeisterung der Bürger einer Stadt beobachten, wenn der eigene Fußballklub gewinnt, das Delirium der Zuschauer, wenn Holland Belgien besiegt. Dieser Zug der Vaterlandsliebe schwebte Renan vor, als er schrieb: „Le patriotisme est aux nations ce que la vanité est aux individus, c'est à dire le parfait contentement de soimême[16]." Die Wahrheit liegt wohl in der Mitte zwischen de la Saussayes und Renans Auffassung. Gerade weil die Vaterlandsliebe ursprünglich ein Instinkt und jedem angeboren ist, sei man vorsichtig mit ihrer Wertschätzung, auch mit ihrem Lob, denn nicht alles, was aus der Tiefe kommt, hat hohen Wert. Viel von dem, was man Vaterlandsliebe, Patriotismus nennt, ist schon die Entartung in Nationalismus. Und wir wissen, wer daran appelliert, spielt mit Feuer. Nur weitherzige und innerlich vornehme Menschen haben einen solchen Patriotismus; gerade diese sind zurückhaltend im Hurrarufen und Fahnenschwenken.

Wir nehmen jetzt den Faden unserer Auseinandersetzung wieder auf! Unter der Voraussetzung, daß also das Vaterland von sittlichem Standpunkt aus ein Gut von sehr unterschiedlichem, auf alle Fälle relativem Wert ist und folglich nicht als höchstes Gut an die Spitze aller sittlichen Werte gestellt werden kann, wie manche es in naiver Weise tun, darf das sittliche Bewußtsein sich vorbehalten,

---

[15] Het Christelyk leven, II, 3e druk, Haarlem 1923, blz. 153-154.
[16] Zitiert von Friedrich CURTIUS, Hindernisse und Möglichkeit einer ethischen Politik. Leipzig 1918, S. 102.

über das Recht- oder Unrechtmäßige in der Ausübung der Staatsmacht, namentlich im Kriegsfall, zu urteilen. Denn hier ist nicht nur die Grundlage des Rechts vom sittlichen Standpunkt aus oft zweifelhaft, sondern es sind auch die Mittel zur Behauptung des vermeintlichen Rechts so ganz anderer Art, als die, welche der Staat gewöhnlich dazu anwendet, daß man fragen darf, ob der Staat im Krieg wohl noch als Rechtsinstitut gelten, ob der kriegführende und auch der im Frieden zum Krieg gerüstete Staat noch Rechtsstaat heißen darf.

Diese Frage, die Dr. Krabbe nicht genügend beachtet hat, ist um so brennender, als Krieg und Kriegsbereitschaft den Bürgern Pflichten auferlegen, die zwar mit der Autorität, die der Staat an sich gerissen hat, übereinstimmen, denen gegenüber jedoch immer mehr der Zweifel sich regt, ob sie sich mit der Autorität des Rechtsbewußtseins decken.

Gewiß, der Staat kann bestimmt diese Machtentfaltung auch gesetzlich regeln, z. B. für sich und seine Bürger ein Kriegsrecht mit allem, was dazu gehört, entwerfen. Hier arbeitet der Staat dann aber in eigener Machtvollkommenheit, um „Recht" zu schaffen, und zieht das sittliche Rechtsbewußtsein nur dann zu Rate, wenn er dies für nötig oder wünschenswert erachtet, z. B. bei der Verteilung der „Kriegspflichten". Hier entnimmt das Recht seine Autorität dem Staat und nicht umgekehrt. Und der Staat entnimmt es derselben Sphäre, in der der Mensch sagt: „ich lebe, folglich habe ich das Recht zu leben". Ein jeder fühlt: dies ist kein sittliches Recht, es ist überhaupt keines; es ist nur ein biologischer Naturdrang. Man kann auf die Volksinteressen hinweisen, denen die Staatsmacht dient, man kann versuchen, die Machtäußerung so viel wie möglich in eine sittlich erlaubte Form zu kleiden und so der Macht einen sittlichen Nimbus zu geben; die Macht an sich jedoch und ihre Ausübung um der eigenen Existenz willen (einerlei ob es sich um einen Menschen oder ein ganzes Volk handelt) sind nicht sittlich, sondern naturhaft. Diese Schlußfolgerung hat auch dann Geltung, wenn man den Kulturwert eines Volkes, der geschützt werden muß, ins Treffen führt. Zunächst noch ganz abgesehen von der Frage, ob ein Volk seinen eigenen Kulturwert richtig einzuschätzen weiß, ob dieser Kulturwert beim Verlust der nationalen Unabhängigkeit mit verloren geht und ob er durch Kriegführung wirklich geschützt und gefördert wird – davon später –, so ist doch zu sagen, daß sich kein einziges Volk seinen Kulturwerten zuliebe selbst behauptet. Das ist erst eine nachträgliche Rechtfertigung; jedes Volk handelt so um seiner bloßen Existenz willen. Die Autorität des Gesetzes, mit der ein Staat nach außen hin seine Macht ausübt, womit er im Innern seine Bürger aufruft, beruht nicht auf Recht in sittlichem Sinn, ist nicht das, was Krabbe unter Rechtsautorität versteht. Es ist eine Autorität, die mit der Macht steht und fällt, die mit ihr zum Gebiet des Naturhaften gehört. „Wenn man", sagt Krabbe[17], „mit einem Staatsbegriff operiert, der die Staatsautorität bloß auf einen naturhaften Ursprung begründet, so arbeitet man mit einer Fiktion, die dem wirklichen Wesen des Staates nicht gerecht wird." In der Tat – diese Fiktion wird aber im Krieg und im Frieden im Hinblick auf diesen mit aller Macht gehandhabt, denn der Machtstaat kämpft hier um sein Leben.

Darum setzt er alles daran, den Rechtsstaat sich untertan zu machen und dermaßen seinem Willen unterzuordnen, daß dieser in „das Recht" aufgenommen wird. Bei diesem Streben erhält er Hilfe aus der Vergangenheit und zwar von der alten Obrigkeitsautorität, an der viele noch festhalten, um sich im Kriegsfall Gehorsam zu sichern. Das Rechtsbewußtsein, sagt man, ist zu sehr dem Irrtum unterworfen und durch die Sünde getrübt, als daß es ein richtiger Führer sein könnte. Besser ist es, auf die Weisheit der Jahrhunderte zu hören; sie wird ja geschützt und gehandhabt durch die von der Vorsehung eingesetzte Obrigkeit des Staates. Die irrationale Obrigkeitsautorität, die nicht aus der Ethik hergeleitet werden kann und sich weigert, sich dem sittlichen Rechtsbewußtsein zu unterstellen, scheint für die Behauptung der Staatsmacht nach außen hin und für das, was zu diesem Zweck im Innern nötig ist, unentbehrlich. Aber sie entstammt keineswegs einer Forderung, die das sittliche Rechtsbewußtsein erhebt. Zur Erfüllung dieser Aufgabe bedarf es einer Obrigkeitsautorität, die sich nicht auf sittliches Rechtsbewußtsein, sondern auf Geschichte und Tradition gründet. Der Nachweis dürfte schwer fallen, daß die Obrigkeit, wenn sie mit allen ihr zur Verfügung stehenden Mitteln ihre Staatsmacht nach außen stärkt und die Existenz des Volkes nach innen sichert, ebenso sehr im

---

[17] Staat en Recht, afscheidscollege, de Gids, Juni 27.

Dienste der Justitia mit ihrem Suum cuique steht, wie bei der Rechtsprechung zwischen den Bürgern. Die unentbehrlichen Bedingungen für die Justitia: Unparteilichkeit und sittliche, sorgfältige Untersuchung der Mittel, fehlen hier.

Daß die Selbstbehauptung des Machtstaates an sich mit Ethik nichts zu tun hat, wird indirekt durch die Geschichte bewiesen. Nichts anderes in der Welt ist in seiner Auswirkung so sehr mit Gewalt, List und Unrecht verquickt gewesen, wie diese Selbstbehauptung. Wer daran denkt, denkt an Kriege, gewalttätige Kolonisationspraxis und gerissene Diplomatie[18]. Es ist kein Zufall – die Geschichte beweist es zur Genüge – daß die meisten Staaten ein Raubtier in ihrem Wappen führen. Daß die Ausübung der Macht nach außen hin nicht das Recht sucht, geht auch daraus hervor, daß ein Volk nie anders als scheinbar für die „Rechte" oder die Freiheit eines anderen Volkes eingetreten ist. (Finnland und Transvaal können es bezeugen.) Man tritt nur dann für diese Rechte ein, wenn eigene Lebensfragen auf dem Spiel stehen. Deshalb half dem überfallenen Belgien England wohl, Holland aber nicht. „Kämpfen kann man nur", sagt Wendland, „für die Lebensinteressen des eigenen Volkes. Bismarck hatte vollkommen Recht, wenn er sagte, daß die Knochen eines einzigen pommerschen Grenadiers ihm zu schade seien, als daß er sie für entfernte Ziele einer Balkanpolitik einzusetzen gewillt sei. Es wäre ein Verbrechen, wollte ein Staat das Blut seiner Untertanen vergießen, um einem fremden Volk die Freiheit zu erkämpfen[19]." Mit seinem Recht auf Selbstbehauptung gehört der Staat in das Reich des Naturhaften und nicht in das Gebiet des sittlichen Rechtsbewußtseins.

Ob die Obrigkeitsautorität in ihrer alten und veralteten Form (nämlich insofern sie sich über die sittliche Rechtsautorität erheben will) auf die Dauer genügen wird, um den Machtstaat zu stützen, ist fraglich. Die Tatsache, daß die Obrigkeitsautorität für viele, die ihr am stärksten huldigen, an Bedeutung einbüßt, sobald die politische Färbung der Regierung sich ändert, gibt zu denken. Die Autorität, der auch wir huldigen, wird schließlich nur noch im Rechtsbewußt-

---

[18] Über die Wolke von Ungerechtigkeit, die in der Regel die Diplomatie einhüllte, siehe Dr. J. J. BOLHUIS, Geheime Diplomatie, Amsterdam 1922. Daß die Wolke sich noch nicht verzogen hat, spüren wir täglich.
[19] WENDLAND, Sozialethik. S. 247.

sein des Volkes, vor allem jenes Volksteils, der auf Gottes Stimme und seinen Willen hört, eine feste Grundlage finden können. Dieses Rechtsbewußtsein mag nicht immer eine reine Quelle eines klaren Urteils sein (Besinnung und Prüfung sind notwendig), aber es ist und bleibt dennoch die einzige Quelle, die in direkter Verbindung mit dem lebendigen Willen Gottes steht. Denn aus dem persönlichen Gewissen bildet sich das Rechtsbewußtsein des Volkes.

Gerade deshalb sind die Fragen, die in diesem Kapitel im Mittelpunkt stehen, um so brennender. Wird sich bei der Kräftigung des sittlichen Rechtsbewußtseins der Machtstaat dem Rechtsstaat gegenüber halten können, der Gewalt und Zwang zwar voraussetzt, jedoch nur zur Aufrechterhaltung des wirklichen Rechtes? Wenn nicht, wird in dem auf das sittliche Recht gegründeten Staat mit seinem obsiegenden Rechtsbewußtsein, der Krieg als Ergebnis des Machtstaates noch geduldet werden können?

Bevor wir diese Frage prinzipiell beantworten und damit wir sie besser beantworten können, wollen wir zunächst auf die Geschichte und die Staatsphilosophen hören, deren Untersuchungen und Ansichten über das Wesen des Staates die unter uns herrschenden Meinungen mehr als andere hervorgerufen, bestimmt oder beeinflußt haben.

II. Die Staatsraison. Machiavelli. Das Buch von Meinecke.
Die römische Moral

In dem geschichtlichen Wesen des Staates liegt scheinbar die Unmöglichkeit, in jeder Beziehung der sittlichen Norm auch nur annähernd zu genügen. Nirgends habe ich dieses Wesen so klar und eindrucksvoll gezeichnet gefunden, als in dem Werk des Berliner Historikers und Geschichtsphilosophen Friedrich Meinecke: „Die Idee der Staatsraison"[20]. Unter Staatsraison versteht Meinecke: „die Maxime staatlichen Handelns", und das Bewegungsgesetz des Staates; seine Ansicht kann man ungefähr so zusammenfassen: Zum Wesen des Staates gehört die Macht, um das Recht und sich selbst zu behaupten. Die Macht ist an sich weder gut noch schlecht; sie ist

---

[20] Friedrich MEINECKE, Die Idee der Staatsraison. 2. Aufl. München 1925.

einfach naturhaft, das heißt indifferent gegen gut und böse. Sie empfängt ihre sittliche Qualität von dem Ziel, für das sie eingesetzt wird, und von den Mitteln, die sie anwendet. Wer die Macht in Händen hat, steht in andauernder, sittlicher Versuchung, sie zu mißbrauchen. Denn „das Streben nach Macht ist ein unmenschlicher, ja vielleicht animalischer Trieb, der blind um sich greift, bis er äußere Schranken findet". Dadurch hat der Staat ein dualistisches Wesen und lebt wie ein Amphibium in zwei Sphären, in einer sittlichen und in einer naturhaft-utilitarischen; dadurch ist „die Staatsraison eine Maxime des Handelns von höchster Duplizität und Gespaltenheit". Im Innern des Staates können Sitte, Recht und Macht harmonisch füreinander arbeiten, nicht aber in seinem Verhältnis zu anderen Staaten[21]. Aus „Staatsnotwendigkeit", das heißt um seiner Existenz willen, „muß der Staat oft Recht und Sitte verletzen". „Es gehört zum Wesen und Geiste der Staatsraison, daß sie sich immer wieder beschmutzen muß durch Verletzungen von Sitte und Recht, ja allein schon durch das ihr unentbehrlich scheinende Mittel des Krieges, der trotz aller rechtlichen Formen, in die man ihn kleiden mag, den Durchbruch des Naturzustandes durch die Normen der Kultur bedeutet." „Der Staat muß, so scheint es, sündigen. Die abstumpfende Gewohnheit und das mehr oder minder klare Gefühl, hier vor unübersteigbaren Schranken der Menschheit vielleicht zu stehen, machen diese Lage für die Mehrzahl der Menschen erträglich." Und „eine tiefe, bis in das Instinktive zurückreichende, durch die geschichtliche Erfahrung bestätigte, pessimistische Überzeugung von der Unverbesserlichkeit des staatlichen Lebewesens also ist es, die eine Reform anscheinend unmöglich macht"[22].

Kein Wunder, daß der menschliche Geist sich mit diesem Dualismus nicht hat abfinden können und nach einer befriedigenden Lösung gesucht hat. In seinem umfangreichen Buch stellt Meinecke es sich zur Aufgabe, die Lösungen jener Denker, die großen Einfluß ausgeübt haben, wiederzugeben und zu beurteilen. Wer die in unserer Zeit so akut gewordenen Konflikte zwischen Christentum und Staat verstehen will, lese dieses Buch. Man erlaube mir, eine kurze

---

[21] MEINECKE vergißt hier die Maßregeln, die ein Staat im Innern nehmen muß im Hinblick auf die Maßregeln nach außen.
[22] MEINECKE, S. 1-27.

Übersicht einiger Hauptpersonen und ihrer Ideen in diesem Geisteskampf zu geben; was die ersten betrifft, großenteils an der Hand von Meineckes gut dokumentiertem Buche.

Erst nach Machiavelli (Anfang des 16. Jahrhunderts), der mit seinem bekannten Buch *Il Principe* (der Fürst) den mittelalterlichen Wahn, daß Christentum und Staat ein harmonisches Ganzes, ein corpus christianum bilden könnten, zerstörte, wurde man sich schärfer des Konfliktes bewußt. „In Machiavelli", schreibt Meinecke, „erstand der antike Mensch, der in Italien nie ganz untergegangen war"[23], und der, vollkommen diesseitig und naturalistisch, wie Aristoteles, im Menschen wieder das „zoon politikon" sah, welches die Zelle zum Aufbau des Staates war. Die christliche Ethik, die katholische sowohl als die lutherische und reformierte (die beiden letzteren entstanden gleichzeitig mit Machiavellis Lehre und konnten ihr noch wenig Widerstand leisten), hat mit der weltlichen Politik einen Kompromiß geschlossen, das jedoch – eingedenk der Worte Augustins „Remota justitia, quid sunt regna nisi magna latrocinia?"[24] – auf dem Glauben beruhte, daß alle Politik die Ehre Gottes oder das Kommen seines Reiches fördern soll. Der Staat galt im Mittelalter theoretisch nicht als Souverän, obgleich er es tatsächlich wohl war, ohne sich um das corpus christianum viel zu kümmern. Machiavelli machte diese Praxis zur Theorie, zum System. Und da die christliche Lehre dieser Theorie im Weg war, bekämpfte er sie.

Das Christentum, lehrte er, „hat den Menschen demütig, unmännlich und schlaff gemacht"[25]. An seine Stelle wollte er eine Ethik, die sich mit der des Staates deckte, den er um jeden Preis groß und stark haben wollte, und in dessen Dienst sich auch die Religion zu stellen hatte. „Religion, Gesetz und Heerwesen" sind die drei Grundpfeiler des Staates; die wahre Tugend (virtù) ist hingebende Tapferkeit, die davon durchdrungen ist, daß der Mensch nichts und der Staat alles ist. Der Fürst muß diese Tugend in erster Linie besitzen, muß dann aber auch begreifen, daß die necessità (die Notwendigkeit, in der ein Staat sich befinden kann, ohne Zögern oder Vorbehalt sein eigenes Ziel zu verfolgen), fordern kann, sich unerschro-

---

[23] Auch heute noch nicht: MUSSOLINI !

[24] „Was sind die Staaten sonst, wenn die Gerechtigkeit entfernt wird, als große Räuberbanden?" *De civitate Dei* IV, 14.

[25] *Disc. über Livius* II, 2. MEINECKE, S. 39.

cken über moralische Bedenken hinwegzusetzen und in bewußtem Gegensatz zu herrschenden sittlichen Auffassungen sozusagen unsittlich zu handeln. Der Staat ist das höchste Gut und hat folglich auch das höchste Recht. Darum soll ein Fürst, der ehrlich und treu bleiben muß, so lange er kann, auch lernen – wenn nötig – nicht gut zu sein, und zu verstehen, „die Bestie wie den Menschen richtig zu gebrauchen[26]."

Diese geschlossene Lehre entstand in einer Zeit, als die sittlich-religiöse Einheit des mittelalterlichen christlichen Lebensideals zerfallen und das Christentum dadurch nicht imstande war, dem ein starkes, geschlossenes System gegenüberzustellen. Die Reformatoren haben zwar dagegen opponiert, und Rom hat 1552 Machiavellis Schriften auf den Index gesetzt; die Folgezeit hat jedoch erwiesen, daß die christlichen Kirchen zu sehr mit dem Staatswesen verquickt waren, und Machiavellis Lehre zu sehr mit der Praxis und der Wirklichkeit dieses Staatswesens identisch war, als daß sie von dem christlichen Geist hätte besiegt werden können. Machiavelli hatte den antichristlichen Charakter der allgemein üblichen Staatspraxis offenbart und hatte sie zugleich zu einer Theorie der Staatsnotwendigkeit, sogar zu einer der Staatstugend erhoben. Von dieser einflußreichen Theorie wurden auch diejenigen befallen, die sie bekämpften. Sie nistete sich nun in die christliche Gedankenwelt ein und forderte gebieterisch Gefolgschaft; eine Forderung, der diese, sei es auch mit abgewandtem Antlitz, gehorchen mußte. Meinecke sagt: „Der Teufel drang in Gottes Reich ein"[27].

Dieses Urteil deckt sich mit dem Fr. W. Foersters: „In den ersten Jahrhunderten des Christentums hat niemand daran gedacht, Politik und Christentum prinzipiell zu trennen … niemand hätte es damals gewagt, die ‚Macht' als Ziel der politischen Arbeit hinzustellen … Die religiöse und kirchliche Heiligung jener Oberhoheit der sittlichen Wahrheit ist nun seit der Renaissance (Machiavelli) in immer weiteren Kreisen verblaßt. … Infolgedessen haben in vielen Seelen heute die Staatszwecke wieder eine völlig heidnische Übermacht über die sittlichen Zwecke erhalten[28]." Es stimmt auch überein mit

---

[26] S. 48. 52.

[27] S. 49.

[28] Fr. W. FOERSTER, Politische Ethik und politische Pädagogik. München 1922, S. 173.

der von Fr. Curtius mitten im Krieg 1915 geäußerten Ansicht: „So schattenhaft auch das politische Weltbild des Mittelalters war, so unendlich der Abstand zwischen dem Ideal einer durch die zwei Schwerter gesicherten Friedensordnung und der kampferfüllten Wirklichkeit, es lag doch in dem bloßen Bestande dieses Ideals eine Beruhigung der Seele, eine Möglichkeit des Glaubens an eine göttliche Weltordnung … Seit dem Untergang dieses Ideals erscheint die Welt der Politik von Gott verlassen. Infolgedessen tritt die antik-heidnische Weltansicht wieder in Kraft[29]."

Meineckes Buch zeichnet nun weiter in großen Zügen den Kampf zwischen Machiavellismus und Anti-Machiavellismus vom 16. bis in das 19. Jahrhundert und zeigt, wie immer wieder in verschiedener Weise der Machiavellismus siegt. Rechtsphilosophische Vertreter der Humanität, wie Hugo Grotius, gehen großenteils daran vorüber, weil sie in ihrem Optimismus den Staat mehr schildern, wie er sein und werden müßte, als wie er ist. „Grotius", urteilt Meinecke, „konstruierte sein System des Völkerrechts, als ob es überhaupt keine Staatsraison gäbe, und hielt an der alten Illusion fest, daß es immer möglich sei, den gerechten Krieg von dem ungerechten und unerlaubten Kriege zu unterscheiden[30]."

Im 18. Jahrhundert ist es Friedrich der Große, der am eigenen Leibe den Dualismus von Ethik und Staatsopportunismus erfährt. Dieser philosophisch interessierte Fürst der Aufklärung, der als erster Diener des Staates das Heil seiner Bürger fördern wollte und den großen Anstoß zum Rechts- und Kulturstaat, den Machiavelli noch nicht kannte, gegeben hat, wurde durch „Staatsnotwendigkeit" immer wieder gezwungen, in dem Geleise des von ihm gehaßten Machiavelli zu laufen. Er rechtfertigte sein unvorhergesehenes, gewalttätiges Auftreten, ja sogar seinen Wortbruch mit einer Berufung auf die Staatsmacht, die nötig sei, um das Wohlergehen seines Volkes zu sichern; um dessentwillen mußte die Staatsmacht vergrößert werden. Daß das Wohlergehen des Volkes durch das unmoralische Handeln nach auswärts litt, entging ihm, weil er nach Art jener Zeit das Wohl des Volkes vor allem in Erweckung der

---

[29] Friedr. CURTIUS, Christliche Politik. Internationale Rundschau 1915. Zitiert von Fr. W. FOERSTER, S. 173.
[30] S. 261. 263.

Vernunft und in der Wohlfahrt seiner Untertanen erblickte. So brachte Friedrich der Große es zu einer ihn befriedigenden Synthese von Moral und Macht, in der letztere den Primat besaß. Wo es um die Macht ging, hörten die ethischen Bedenken auf. Mit welchen barbarischen Mitteln er sein Heer schuf und für den Kampf tauglich machte, ist bekannt. „In diesen dunklen Grund staatlicher Macht leuchtete er mit dem Lichte seiner Humanität nicht hinein"[31]. Da er vor allem die Macht suchte, hat Friedrich der Große zugleich den Übergang vom Volk (Bevölkerung) zur Nation und zum National-staat vorbereitet. Dies ist ein Unheil verkündender Übergang, den Meinecke nicht genügend beachtet. Die Liebe der Machthungrigen richtete sich dadurch mehr und mehr nicht auf das Volk (den leben-digen Plural), sondern auf die abstrakte Einheit, die Nation, den Staat, der immer mehr als eine abstrakte Person, an deren Ehre und Größe alles gelegen war, in den Vordergrund gerückt wurde. Fried-rich der Große hat hier einem Bismarck den Weg gebahnt, von dem einer seiner Verehrer bezeugte, daß seine Liebe nicht dem deutschen Volk, also nicht den Menschen, sondern dem deutschen Reich, dem deutschen Staat galt[32]. Es ist übrigens bekannt, wie gering-schätzig gerade feurige Nationalisten von dem Volk oder noch ver-ächtlicher von der Masse sprechen können!

Doch nicht nur hiermit, sondern mit seiner ganzen Auffassung des Staates, in der Moral und Macht unter Führung der letzteren ein Bündnis eingingen, hat Friedrich der Große das 19. Jahrhundert vor-bereitet. Bevor man jedoch in dieses Jahrhundert eintrat, hatte die französische Revolution an Stelle des beschränkten Söldnerheeres das große Volksheer geschaffen, das durch die Technik und den Ka-pitalismus des 19. Jahrhunderts über ungeahnte und unerschöpfli-che Machtmittel verfügen sollte. Hauptsache bleibt, daß Friedrich der Große eine Tradition geschaffen hat, bei der die christliche Mo-ral, die sich immer mehr mit der Humanitätsidee verbündete, einen Spielraum erhielt innerhalb des von Machiavelli geschaffenen Rahmens, eines Rahmens, der je nachdem die Staatsnotwendigkeit, die Staatsraison es mit sich brachte, sich erweiterte oder verengert wurde.

---

[31] S. 357.
[32] Siehe Prof. Mr. Paul SCHOLTEN, Recht en Liefde. Haarlem 1917, blz. 16.

III. Hegel und der souveräne Machtstaat. Machiavelli dringt in den Idealismus ein. Die höhere Sittlichkeit. Der Krieg als Gottesgericht.

Am Anfang des 19. Jahrhunderts steht der große Staatsphilosoph Hegel, dessen System die moderne Staatsidee bis in unsere Zeit beherrscht hat. Es war Friedrich dem Großen nicht gelungen, eine Brücke zwischen Machtpolitik und Ethik zu bauen. Er blieb mitten im Dualismus stecken und verstand nur, sich selbst zeitweise mit dem Gedanken an den günstigen Einfluß, den die Staatsmacht auf die Volkswohlfahrt ausüben kann, zufrieden zu stellen. Doch das Glück Vieler – vorausgesetzt, daß es erreicht werden kann – gibt ebensowenig eine sittliche Sanktion, wie das Glück des Einzelnen. Der deutsche Idealismus (die große geistige Strömung, die der Aufklärung folgte) konnte keinen Frieden mit dieser utilitarischen Rechtfertigung schließen. Der Konflikt zwischen der Macht und der sittlichen Idee hätte, wenn er unlösbar wäre, diese Strömung gezwungen, sich von der Macht abzuwenden. Jedoch das geschwächte und zersplitterte Deutschland, das mehr Objekt als Subjekt der Weltpolitik gewesen war, lechzte nach Macht. Hegel selbst, sagt Meinecke, war ein Machtmensch. Und sein gewaltiger Geist schuf die Philosophie der Macht, der Staatsmacht. Sein monistisches System, das die Einheit, die Identität des Denkens und Seins, der Vernunft und Wirklichkeit proklamierte – „was vernünftig ist, das ist wirklich; und was wirklich ist, das ist vernünftig"[33] – verschaffte die Basis. Alle Wirklichkeit hat ihren Platz in der Vernunft: Gegensätze sind nur die Hilfsmittel, mit denen die Dialektik des Geistes fortschreitet, um ihr Ziel zu erreichen. Auch das Böse wird durch eine „List der Vernunft" gleichsam Mittel zum Zweck und ist nicht absolut böse.

Als konservativer Denker und als treuer Diener der bestehenden Regierungen, die den Philosophen Gelegenheit geben, sich zu bilden und die sie honorieren, die aber für „ihr Vertrauen oft schlecht belohnt werden", wendet sich Hegel gegen alle Neuerer auf politischem Gebiet und gegen alle willkürlichen staatsphilosophischen Konstruktionen. Die echte Philosophie, sagt er, hat sich von ihnen abgewandt und ist in nähere Verbindung mit der Wirklichkeit getreten. Sie muß uns lehren, uns dadurch mit der Wirklichkeit auszu-

---

[33] Dieser bekannte Ausspruch steht gesperrt in HEGELS Vorwort seiner: Grundlinien der Philosophie des Rechts (1821).

söhnen, daß wir sie begreifen. Die Philosophie hat das Vernünftige, das mit der Idee gleichbedeutend ist, zu erforschen. Dies Vernünftige ist die innere und wahrhafte Wirklichkeit; diese tritt jedoch in der äußeren und gegenwärtigen Wirklichkeit in Erscheinung: deshalb kann man die Schlußfolgerung „Was vernünftig ist, ist wirklich und was wirklich ist, ist vernünftig" sowohl auf die innere als die äußere Wirklichkeit anwenden. Staatswissenschaft soll also nichts anderes sein, als der Versuch, den Staat als eine in sich vernünftige Größe zu begreifen und zu erklären. Nicht den Staat lehren, wie er sein muß, sondern vielmehr, wie er, das sittliche Universum, gekannt werden muß[34].

Der Kern der sichtbaren Wirklichkeit, also am innigsten verbunden mit der idealen Wirklichkeit, ist für Hegel der Staat. Nicht die Menschenseele, sondern der Staat hat die tiefsten Wurzeln in dem metaphysischen Untergrund aller Dinge. Mit der griechischen Denkart teilte er die Wertschätzung des Staates als höchsten Zieles auf Erden, in dessen Dienst der Mensch sich nolens volens zu stellen hat; tapfere, uneigennützige Hingabe an den Staat, ist des Menschen höchste Pflicht. In einer seiner Jugendschriften sagt Hegel: Das Christentum konnte nur angenommen werden von einer „verdorbenen Menschheit", die ihr Vaterland und ihren freien Staat verloren hatte und nun in ihrem Elend die Lehre von der Verdorbenheit der menschlichen Natur als Trost ergriff. „Sie brachte zu Ehren, was Schande ist, sie heiligte und verewigte jene Unfähigkeit, indem sie selbst das, an die Möglichkeit einer Kraft glauben zu können, zur Sünde macht[35]."

Der mächtige und infolgedessen freie Staat war Hegels Ideal. Nur in diesem Staat kann die Freiheit des Geistes und die wahre nationale Kultur herrschen. Wegen dieser Geistesgüter gilt für das irdische Streben und Handeln der Staat als höchstes Gut. Darum ist das erste Ziel des Staates: sich selbst zu erhalten und seine Macht zu vergrößern. Er darf und muß dies tun, denn er ist die vornehmste Offenbarung des überindividuellen, d. h. des objektiven Geistes.

---

[34] HEGEL, Grundlinien der Philosophie des Rechts. Neu herausgegeben von Georg Lasson. 2. Aufl. Leipzig 1921, S. 10-15.
[35] Aus HEGELS Theol. Jugendschriften, zitiert von MEINECKE, S. 438.

Der Machtstaat findet seine Rechtfertigung nicht nur in Hegels Identitätslehre (Vernunft = Wirklichkeit), sondern auch in dem damals (Herder) stark hervortretenden, auch von Hegel anerkannten Begriff der absoluten Eigenart und des absoluten Rechts der besonderen Lebensmächte (Individualitäten), die zusammen Natur und Geschichte ausmachen, und die ihre Einheit nur im Weltgrund finden.

Von diesen individuellen Lebensmächten ist der Staat für Hegel weitaus die wichtigste. Jeder Staat hat seine individuelle Eigenart, die dazu bestimmt ist, sich so vollkommen als möglich zu entfalten. Macht ist hierzu unentbehrlich. Kommen zwei Staaten in ihrer Machtentfaltung in Kollision, dann haben beide gleiche Rechte, das Recht ihrer Individualität. Der Krieg entscheidet dann – unter Leitung des Weltgeistes, in dessen Weltspiel die Völker nur Marionetten sind – welches Recht dem anderen weichen muß. Im Sieg offenbart sich die Gerechtigkeit der Geschichte. Meinecke nennt Hegels Beseitigung des Bösen durch die „List der Vernunft" und diesen Glauben an die Leitung Gottes im Krieg: „transzendentalen Optimismus"[36].

„Der Staat hat keine höhere Pflicht als sich selbst zu erhalten." „Es ist ein durchaus anerkannter und bekannter Grundsatz, daß dieses besondere Interesse (des Staates) die wichtigste Rücksicht ist[37]." Für den Staat, folglich auch für den Menschen. Das ganze Leben des Menschen muß auf den Staat gerichtet sein, das höchste Gut auf Erden, dem er seine eigene Bedeutung verdankt. „Allen Wert, den der Mensch hat, alle geistige Wirklichkeit, hat er allein durch den Staat[38]."

Das Kosmische sprach viel stärker zu Hegel als das Ethische. Hegel stand auch, wie man weiß, aufs stärkste unter dem Eindruck Napoleons und lehnte jedes Moralisieren gegenüber den großen Eroberernaturen der Weltgeschichte ab. In der Weltgeschichte (das Wirkliche ist ja das Vernünftige) vollzieht sich das Weltgericht, d. h. die wahre Sittlichkeit, an der das Staatswesen teil hat. Der Staat ist (sei es auch bloß zeitweilig) die Verwirklichung der sittlichen Idee,

---

[36] MEINECKE, S. 458.
[37] Über die Verfassung Deutschlands, bei MEINECKE, S. 444.
[38] Philosophie der Weltgeschichte, bei MEINECKE, S. 454.

der sichtbar gewordene Volksgeist, dem der individuelle Mensch zu dienen hat[39]. Diese dienende Haltung des Menschen dem Staat gegenüber nennt Hegel zum Unterschied von der Sittlichkeit des Staates „Moralität". Von einem sittlichen Konflikt zwischen persönlicher Moral und Staatsethik kann also nicht die Rede sein: 1. weil diese Staatsbürgermoralität die sicherste Richtlinie für das unsichere individuelle Denken und Handeln bietet, und 2. weil die Staatsethik die wahre Sittlichkeit ist. „In dem Staatswillen offenbart sich eine höhere Gerechtigkeit der Natur und der Wahrheit." Die Sittlichkeit des Staates ist nicht die moralische, die reflektierte, bei der die eigene Überzeugung waltet; diese ist mehr der modernen Welt zugänglich, während die wahre und antike darin wurzelt, daß jeder in seiner Pflicht steht[40]. Gegen alle Meinungen und Bedenken hat das Staatsinteresse das höchste Recht, das sich der Mittel bedienen muß, die die Notwendigkeit erfordert. „Hier kann von keiner Wahl der Mittel die Rede sein."

Dies ist in Kürze der Staatsgedanke Hegels. „So geschah", sagt Meinecke, „das Neue und Ungeheure": „daß der Machiavellismus in den Zusammenhang einer idealistischen Weltanschauung eingefügt wurde, die alle sittlichen Werte zugleich umfaßte und stützte, während er früher seine Existenz führen mußte neben der sittlichen Weltordnung, die der Mensch sich aufbaute. Was hier geschah, war beinahe die Legitimierung eines Bastards." „Der individuelle Staat mit seinen besonderen Macht- und Lebenstrieben, der in den Jahrhunderten zuvor nur ein zwar kräftiges, aber unheiliges Leben hatte führen können, empfing jetzt alle Weihen, die der neue Kultus der (Staats-)Individualität erteilen konnte[41]."

Hier liegen zwei große Gefahren, und Meinecke vergißt nicht darauf hinzuweisen, hätte aber auf die zweite nachdrücklicher und deutlicher hinweisen sollen.

1. Die Gefahr, daß „das moralische Gefühl abgestumpft und Exzesse der Machtpolitik auf die leichte Achsel genommen wurden"[42].

---

[39] Den Gedankengang HEGELS fortführend hat Richard ROTHE später die Forderung gestellt, daß die Aufgabe der Kirche allmählich ganz vom Staat übernommen werden müßte. Siehe Joh. WENDLAND, Sozialethik. Tübingen 1916. S. 189.
[40] Über die Philosophie der Weltgeschichte, bei MEINECKE, S. 449.
[41] S. 452.
[42] S. 459-460.

Eine laxere Behandlung des Problems der politischen Ethik war die Folge. „Was wirklich ist, ist vernünftig", hier liegt die philosophische Basis und Sanktion der späteren Realpolitik.

2. Die Gefahr einer „Staatsvergötterung", die den heiligen Gott vergessen ließ und sich also auch um seine Offenbarung in Christus nur zum Schein kümmerte. Gott war ja nur der große Unbekannte, der im Hintergrund blieb. Der Staat wurde die sichtbare konkrete Gottheit. Hegel spricht selbst von der „Idee des Staates, diesem wirklichen Gott". Hegel kannte wohl eine höhere Gottheit, die der absolute Geist und die ewige Wahrheit ist, er hat sie aber getrübt durch die Wahrheit, die in der Macht liegt. Für ihn war auch nicht der Staat an sich, sondern die nationale Kultur das eigentliche Ziel. Die Geschichte hat sich an diesem, dem christlichen Gewissen gegenüber gewalttätigen System Hegels dadurch gerächt, daß sein Einfluß hauptsächlich in der Losung „nationale Macht höchstes Ziel" weiterlebte[43].

Mit seiner Wertschätzung der höheren oder wahren Sittlichkeit, deren Grund nicht in unserem Gewissen liegt, hat Hegel einen verhängnisvollen Irrweg gewiesen. Meines Erachtens geht dieser Irrtum hauptsächlich daraus hervor, daß er die kosmische Wahrheit: „Aus dem Bösen läßt Gott das Gute hervorgehen" zu einer ethischen Wahrheit gemacht und sie damit dem Menschen zur Verfügung gestellt hat. Der Mensch ist keine Geschichte und keine Vorsehung und darf nicht als solche handeln. Der Anfangsfehler steckt in Hegels Überzeugung, daß die göttliche Vernunft in der menschlichen zum Bewußtsein kommt, steckt also in seinem intellektuellen Hochmut.

Hegel hat merkwürdigerweise in dieser großartigen, rein heidnischen Staatskonzeption, die die moderne Auffassung von Staat und Sittlichkeit und das christliche Denken sehr beeinflußt hat, und es noch tut, ein Stück der dualistischen christlichen Weltbetrachtung mit ihrer Anerkennung des Abstandes zwischen Gott und Welt, Norm und Wirklichkeit und damit ein Stück der wahren Moral bewahrt, indem er Machiavellis Billigung der gemeinsten Mittel eine gerechte Strafe für das verbrecherische Chaos jener Zeit nannte. „Im

---

[43] S. 457.

Kampfe der Staaten miteinander", gibt Hegel zu, „waren nicht alle Mittel erlaubt[44]."

Glückliche und bedeutungsvolle Inkonsequenz!

IV. Fichte und der souveräne Nationalstaat. Das Leben des Volkes, die „irdische Ewigkeit". Der Begriff des „wahrhaften Krieges". Optimistisches Urteil über das Kriegshandwerk. Schleiermacher.

Der zweite Philosoph, der Machiavelli zu Ehren gebracht hat, war J. G. Fichte. Hier ist Meinecke weniger ausführlich und weniger objektiv, als bei Hegel. Es gelingt ihm meines Erachtens nicht, Fichte so zu beurteilen, wie die christliche Anschauung es fordert. Dazu steht er Fichte zu nahe und dem christlichen Denken nicht nahe genug. Wir müssen hier Fichtes eigene Schriften zu Rate ziehen.

Neben Hegel war es Fichte, der dem modernen Staatsgedanken seine scharfe Prägung gegeben hat, in der sie am stärksten innerhalb, aber auch außerhalb Deutschlands durchgedrungen ist. Hat doch die deutsche Philosophie des 19. Jahrhunderts im großen Ganzen die europäische der letzten Zeit beherrscht.

Man kann sagen, daß Hegel dem modernen Staatsgedanken mehr die philosophische, Fichte mehr die ethische Basis gegeben hat. Hegels Ethik (seine Rechtsphilosophie) wurde dem Wert der Persönlichkeit nicht gerecht, und seine transzendental-optimistische Verteidigung des Wirklichen als des Vernünftigen, wie auch seine Lehre von der „List der Vernunft" (vom kosmischen Rechte des Bösen) hätte auf die Dauer Menschen mit einem scharfen Gewissen nicht überzeugt. Die höhere Sittlichkeit des Staates hatte keine genügende Grundlage, und der Staat selbst bleibt bei Hegel eine abstrakte Größe, für die man sich nicht begeistern konnte.

An diesen schwachen Stellen setzte Fichte mit seinen starken Kräften den Hebel an. Er war nicht wie Hegel der kosmisch-kontemplative, sondern der ethisch-voluntaristische Denker, Philosoph und Prophet zugleich. Seine Staatsidee wurde nicht in erster Linie von kosmischer Dialektik, sondern von Willenskraft und Begeisterung getragen. Die Zeitumstände haben zu einem großen Teil die

---

[44] S. 446.

Richtung seines Denkens bestimmt. Von Berlin aus hat Fichte Preußens Erniedrigung und Auferstehung mit erlebt und sich an letzterer namentlich durch seine begeisterten „Reden an die deutsche Nation" 1808 und seinen Vortrag „Über den Begriff des wahrhaften Krieges" (1813) beteiligt. Fichte war es, der dem Staat einen konkreten Inhalt dadurch gegeben hat, daß er ihn als Nationalstaat, als Lebensform des Volkes, als Volkstum, als Nation ansah. Er hat den deutschen Staaten zu Gemüte geführt, daß sie eine Nation sind und somit den deutschen Großstaat vorbereitet. Das Vaterland ist nicht das Stück Erdrinde, sondern der Boden des Volkstums; als solche bilden Volk und Vaterland ein Ganzes und verleihen sie dem Staat erst jenen hohen Wert, den er nicht in Eigentum, Wohlfahrt und Ausübung des Rechts finden kann. „Volk und Vaterland in dieser Bedeutung, als Träger und Unterpfand der irdischen Ewigkeit, und als dasjenige, was hienieden ewig sein kann, liegt weit hinaus über den Staat im gewöhnlichen Sinne des Wortes. Eben darum muß diese Vaterlandsliebe den Staat selbst regieren, als durchaus oberste, letzte und unabhängige Behörde …"[45].

In diesen Worten findet man kurz zusammengefaßt Fichtes Wertschätzung des Volkstums. „Der natürliche Trieb des Menschen ist der, den Himmel schon auf dieser Erde zu finden. Nur in Zeiten der Not und Unterdrückung, wie sie die ersten Christen erlebten, findet er genügend Trost in einem Himmel über sich. In sichtbarer Weise will er ewig Dauerndes verflößen in sein irdisches Tagewerk." „Der edel denkende Mensch" will auch auf Erden ein ewiges Leben. Nun wohl, das besitzt er in dem Volk, von welchem er abstammt und das von ihm abstammen wird. „Der Glaube des edlen Menschen an die ewige Fortdauer seiner Wirksamkeit auch auf dieser Erde gründet sich auf die Hoffnung der ewigen Fortdauer des Volkes, aus dem er selber sich entwickelt hat und der Eigentümlichkeit desselben. … Diese Eigentümlichkeit ist die Ewigkeit, dem er die Ewigkeit seiner selbst und seines Fortwirkens anvertraut, die ewige Ordnung der Dinge, in die er sein Ewiges legt. … Dies ist seine Liebe zu seinem Volke. … Es ist Göttliches in ihm erschienen. … Es wird darum auch ferner Göttliches aus ihm hervorbrechen. …

---

[45] J. G. FICHTE, Reden an die Deutsche Nation. Ausgabe: Deutsche Bibliothek (8. Rede), S. 138 ff.

Um die selbständige Fortdauer der Nation zu retten, muß er sogar sterben wollen, damit diese lebe, das einzige Leben, das er von je gemocht hat." „Er kämpft bis auf den letzten Blutstropfen, um den teuren Besitz ungeschmälert wiederum zu überliefern an die Folgezeit." Dies ist „nicht der Geist der ruhigen bürgerlichen Liebe der Verfassung und der Gesetze, sondern die verzehrende Flamme der höheren Vaterlandsliebe, die die Nation als Hülle des Ewigen umfaßt, für welche der Edle mit Freuden sich opfert". Wer sich der göttlichen Existenzberechtigung seines Volkes bewußt ist, der „fühlt mit tiefem Unwillen" die Forderung der Bergpredigt: „Ihr sollt nicht widerstreben dem Übel". Gerade sein „höherer Sinn", „die wahre allmächtige Vaterlandsliebe" verbietet ihm, dem Folge zu leisten[46].

Was uns bei dieser Betrachtung auffällt, die Fichte selbst merkwürdigerweise für gut christlich hält, ist, daß sie mit dem Christentum nichts zu tun hat, weil Fichte hier an das Ewige in christlichem Sinn nicht herankommt. Das Ewige ist hier nicht das Zeitlose, sondern das Endlos-Zeitliche. Eine „irdische Ewigkeit" gibt es nicht. Selbstverständlich kann wohl das Ewige in irdischer Form erscheinen, dann muß jedoch das Ewige näher angedeutet und zwischen Wesen und Erscheinung unterschieden werden. Weder das Eine, noch das Andere geschieht. Fichtes religiöser Patriotismus bleibt vollkommen diesseitig. Es ist auch kein Zufall, es liegt in der Natur der Sache, daß Fichte sich nicht auf das Beispiel großer Christen, sondern auf die Römer beruft. „Was begeisterte die edlen unter den Römern? ... Ihr fester Glaube war es an die ewige Fortdauer ihrer Roma, und ihre zuversichtliche Aussicht, in dieser Ewigkeit selber ewig mit fortzuleben im Strome der Zeit." Mit demselben Glauben haben Fichtes Vorfahren, die Germanen, sich den hereinbrechenden Römern widersetzt. Fichte ist das Geisteskind jener Germanen, nicht des evangelischen Christentums.

Die Theologie des 19. Jahrhunderts hat den religiösen Wert des deutschen Idealismus überschätzt. Sein religiöser Inhalt in christlichem Sinn ist geringer, als man glaubte. Eine der Ursachen sehen wir hier wie bei Hegel deutlich vor uns: nicht nur das typische Fehlen des Sünden- und Schuldbewußtseins (und dadurch des Bewußtseins der Gnade Gottes), sondern auch den Mangel eines lebendigen

---

[46] Reden, S. 136ff. 141. 150ff.

Bewußtseins der Realität des Jenseits, des Überweltlichen, des Anderen, und folglich auch der persönlichen Unsterblichkeit. Fichte hatte zu wenig Sinn für die christliche Auffassung des ewigen Wertes einer jeden Menschenseele, durch die die antike Anschauung, daß Staat und Vaterland der menschlichen Persönlichkeit vorgehen, umgewandelt worden ist. Es ist die Tragik in Fichtes Philosophie, deren zentraler Gedanke gerade die Idee der sittlichen Persönlichkeit war, daß er durch sein schwaches Bewußtsein des wirklich Ewigen, Kosmisch-Transzendentalen, der innerlichen und eigentlichen Bedeutung dieser Idee nicht völlig gerecht werden konnte. Darum weiß er der „sittlichen Persönlichkeit" schließlich keine andere Zukunft, keine andere Vollendung und Verklärung anzuweisen, als in dem ewigen Leben des Volkes. Auch Israel kannte keine andere Ewigkeit des Menschen, es pflegte aber auch nicht die Persönlichkeitsidee. Nicht der Name, sondern diese Idee ist eine heilige Erbschaft des Evangeliums mit seinem Glauben an die Kindschaft Gottes; doch mit dieser Erbschaft wußte Fichte schließlich nichts anzufangen, weil er den einzigen Weg, den Christus in seinem Leben und Sterben gezeigt hatte, nicht fand. Das Wiederaufleben der antiken Vergötterung des Volkes und Vaterlandes, das sich im letzten Jahrhundert, mit durch Fichtes starken Einfluß in Tausenden (in hohem Maße auch in christlichen Kreisen) vollzogen hat, ist meist, wie bei Fichte, verbunden mit einer Schwächung des christlichen Transzendenzbewußtseins und zugleich durch sie verursacht.

Wo das Ewige in den Hintergrund tritt und verblaßt, da tritt automatisch das Zeitliche und Irdische als das Wichtigste, ja als das Einzig-wirkliche in den Vordergrund. Der Patriotismus unserer Zeit wird bei vielen, wie bei Fichte, von einem Mangel an echtem christlichem Sinn genährt. Der überirdische, auferstandene Christus steht ihnen nicht mehr scharf vor Augen, wenigstens nicht als „der Weg, die Wahrheit und das Leben". Für das wahrhaft christliche Denken ist sein Reich das höchste Gut, nicht das Volk.

Wie bei Wendland, der sich übrigens größtenteils auf Fichte stützt, fällt es uns auf, daß Fichte anfänglich den Begriff „Volkstum" nicht näher untersucht, sondern ihn kategorisch als einen absoluten Wert hinstellt; dadurch erhält auch der Begriff „Vaterland" eine absolute Bedeutung. Wir sahen schon, daß dies nicht berechtigt ist, da Volk und Volksart an sich nur naturhafte, empirisch gegebene Größen sind, Mischungen von Gut und Böse, deren sittliche Bedeutung näher untersucht werden muß. Nur eine nicht idealistische, naturalistische Philosophie könnte in Volk und Vaterland die höchsten Werte erkennen. Daß es m e i n Volk ist, und daß i c h in meinem Volk die „irdische Ewigkeit" finde, ändert – das empfindet Fichte als Denker selbstverständlich auch – an der erwähnten sittlichen Verschwommenheit nichts. Und Fichte ist schließlich zu sehr sittlicher Denker, als daß – sogar in der Spannung der napoleonischen Tage – die nicht näher qualifizierten Begriffe „Volk und Vaterland" ihm auf die Dauer genügt hätten, seinen Patriotismus und seine feurige Staatsgesinnung zu motivieren. Ihre nähere Qualifikation ist im Anfang verschwommen. Der Wert eines Staates steckt in „der Kultur". In seinen „Grundzügen des gegenwärtigen Zeitalters" 1806 sagt Fichte: „Welches ist denn das Vaterland des wahrhaft christlichen ausgebildeten Europäers? Im allgemeinen ist es Europa, insbesondere ist es in jeder Zeitepoche d e r j e n i g e Staat in Europa, der auf der Höhe der Kultur steht." Welcher Kulturstaat steht am höchsten? Fichte bleibt formal: „Der kultivierteste Staat in der europäischen Völkerrepublik ist in jedem Zeitalter ohne Ausnahme der strebendste." Der Staat der von der Höhe der Kultur abgeleitet, ist für den vornehmen Weltbürger kein Vaterland mehr. „Mögen dann doch die Erdgeborenen in der Erdscholle ihr Vaterland anerkennen; der sonnenverwandte Geist wird unwiderstehlich angezogen werden und hin sich wenden, wo Licht ist und Recht[47]."

Hier spricht der vornehme Idealist, dessen eigentliches Vaterland das Reich der Ideen ist, weil die Idee nur die wahre Wirklichkeit und der absolute Wert ist. Hier könnte Fichte, wenn er den Inhalt und das Verhältnis der Ideen näher umschriebe, den Weg zum Evangelium finden. Der deutsche Idealismus aber ist in seinem Wesen Philosophie der Freiheit. Auch hier könnte die Brücke zum Christentum geschlagen werden, denn auch Paulus spricht von der „Freiheit, mit der Christus euch freigemacht hat". Und Luther legt auch den Nachdruck auf die „Freiheit eines Christenmenschen". Meinen Fichte und das Christentum dasselbe? Ja, insofern sie beide „die Freiheit des Geistes" im Auge haben. Nein, insofern Fichte un-

---

[47] FICHTE, Die Grundzüge des gegenwärtigen Zeitalters. Ausgabe Fritz Medicus. 14. Vorlesung. S. 220-222.

ter dem Druck der Verhältnisse uns eine Entwicklung des Freiheits-
begriffs vor Augen führt, die ebensowenig mit dem Christentum als
mit dem Idealismus übereinstimmt.

Das Resultat dieser Entwicklung findet man in Fichtes Vortrag:
„Über den Begriff des wahrhaften Krieges", den er 1813
zur Begeisterung für den Freiheitskrieg gegen Napoleon gehalten
hat. Hier unterscheidet er zwar zwischen innerer und äußerer Freiheit; die beiden schließen jedoch ein so enges Bündnis, daß die
Volksfreiheit als die natürliche Bedingung für die Entwicklung des
Volkes zum Reich der geistigen Freiheit betrachtet wird. In diesem
Zusammenhang sagt er: „Gott ist ein Gott der Freiheit." „Ohne Freiheit bleiben wir ohne Gott und im Nichts[48]."

Wenn wir auch den großen Einfluß des äußeren Lebens auf das
innere nicht unterschätzen wollen, so müssen wir doch feststellen,
daß das Christentum hierüber anders denkt. Paulus war in seinen
Banden ein freier Mann. Die großen von Gott erfüllten Christen findet man gerade in den Zeiten des Druckes und der Verfolgung. Und
Deutschland hatte seine größten Söhne nicht in den Tagen seiner
Macht und Freiheit.

Jetzt aber geht Fichte noch einen Schritt weiter: das Volk, das in
der Entwicklung der Menschheit, was Recht und Freiheit betrifft,
vorangeht, ist das deutsche; an der Freiheit dieses Volkes und seiner
freien Entfaltung ist folglich alles gelegen. Hier beginnt die Überschätzung des eigenen Volkes, die unvermeidlich mit der Unter-
schätzung des anderen Hand in Hand geht. Sogar hochstehende
Denker sind darin befangen, sowie sie vom Kriegsgedanken berührt
werden. Fichte hat von breiter Grundlage seinen Ausgang genommen, erfüllt von der Humanitätsidee und den Gedanken seines Leh-
rers Kant (von ihm später) über den ewigen Frieden. In seinen
„Grundzügen" 1806 sprach er noch – wie wir sahen – vom geistigen
Europa. Den kultiviertesten Staat (für ihn den strebsamsten) bezeichnete er als das wahre Vaterland des edlen Menschen. Doch
schon in seinen „Reden" 1808 zeigt sich die Schwenkung zu seiner
eigenen Nation. Da sagt er schon, daß das deutsche Volk mehr als
irgendein anderes das Menschengeschlecht in einem ewigen Fort-

---

[48] FICHTE, Die Staatslehre oder über das Verhältnis des Urstaats zum Vernunft-
reich. Ausgabe Fritz Medicus. 2. Aufl. S. 45ff.

schritt gesehen und alles auf den Fortschritt bezogen hat; daß dieses Volk sich für die Anregungen des Edleren, für tiefernste Lebensauffassung, für Wertschätzung anderer Völker empfänglich gezeigt hat; daß dieses Volk weniger Gefahr läuft „bei jeder neuen Erscheinung mit Erstaunen aufzujauchzen, und in jedem Jahrzehnt sich einen neuen Maßstab der Größe zu erzeugen und neue Götter zu schaffen, denen man sich im Ausland gar zu leicht hingibt; daß das deutsche Volk durch seine Geschichte, seine Lage und geistige Erziehung das Stammvolk der neuen Welt heißen darf" usw. Seinen letzten Vortrag endigt er mit den Worten: „Ist in dem, was in diesen Reden dargelegt worden, Wahrheit, so seid unter allen neueren Völkern ihr es, in denen der Keim der menschlichen Vervollkommnung am entschiedensten liegt, und denen der Vorschritt der Entwicklung derselben aufgetragen ist. Geht ihr in dieser eurer Wesenheit zugrunde, so geht mit euch zugleich alle Hoffnung des gesamten Menschengeschlechts auf Rettung aus der Tiefe seiner Übel zugrunde. Ein ähnliches Volk wie euch kennen wir nicht. Es ist daher kein Ausweg: wenn ihr versinkt, so versinkt die ganze Menschheit mit, ohne Hoffnung einer einstigen Wiederherstellung[49]."

Die besondere Bedeutung des deutschen Volkes wird dann 1813 – wo die volle Kraft des Gemütes und des Willens im Kampf gegen den Unterdrücker eingesetzt werden muß – dauernd in das hellste Licht gerückt. Die Vollendung des Menschengeschlechtes wird in seiner Rede: „Über den Begriff des wahrhaften Krieges" als ein Reich der Freiheit und des Rechts gesehen, dem Deutschland herrlich entgegenreift. Die französische Nation dagegen kann jenen Weg nicht finden, obgleich sie ihn gesucht hat, weil sie den Gedanken der sittlichen Persönlichkeit als erste Quelle der wahren Freiheit nicht kennt. Auch andere Völker können diesen Weg nicht zeigen: Spanien ist unterjocht, Italien und England besitzen nicht jene Einheit im Innern. Die wahre Einheit, Freiheit und Gleichheit kennen nur die Deutschen, die berufen sind, das Reich der Vernunft und Freiheit auf Erden zu bringen[50]. Die französische Nation wird geführt von einem Mann, der von der sittlichen Bestimmung des Menschen-

---

[49] Reden: S. 127. 150. 235. 237. 246-247. 264-268. – Hier fängt die Melodie an: „Einmal soll am deutschen Wesen noch die ganze Welt genesen."
[50] Die Staatslehre, S. 55-56.

geschlechtes nicht die leiseste Ahnung hat, der nach seiner Überzeugung alles und alle dem Heil seiner Nation und dem Ruhm seiner Heere opfert. Alles Gottfeindliche ist in ihm verkörpert. Darum muß seine Macht als das Reich des Teufels bekämpft werden.[51]

So hat Fichte die ethische Grundlage für seinen „Begriff des wahrhaften Krieges" gelegt. Mit Geringschätzung spricht er über den Staat, dessen Grundbegriff nur das Eigentum ist, und über den Krieg, der, um irdisches Leben und Besitz zu verteidigen, die beide ihr Ziel nicht in sich selbst haben, von Söldnern geführt wird. „Den Erleuchteten geht ein Staat, aufgebaut auf den Grundbegriff der Eigentumserhaltung, mit allem seinem Treiben im Krieg gar nichts an." Wenn ein Staat sich nur auf irdische Güter stützt, wenn die Mehrheit des Volkes für höhere Zwecke nicht zu haben ist, wenn ein Staat „sich so im Zustande der Verstockung befindet", drückt er öffentlich „das Siegel der Verwerfung sich selbst auf", und dann „rettet der Edle sein unsterbliches Leben, indem er ihn flieht". „Er hat (dann) kein Vaterland auf der Erde, sondern sein Bürgerrecht im Himmel, in der unsichtbaren geistigen Welt, worauf das Recht er dadurch sich verdient, daß er nach Vermögen das Saatkorn in die Gegenwart werfe, woraus einst nach ihm sich auf Erden ein Vaterland für die Vernünftigen entwickeln möge[52]."

Wenn man einen großen, vornehmen Denker, der durch den Krieg auf einen Irrweg der Gedanken geraten war, wieder in seiner vollen Reinheit sehen will, dann lese man aufmerksam diesen letzten Satz. Hier hat in der Tat der Mensch, der Bürger „jener unsichtbaren geistigen Welt" ist, das Wort.

Ich sprach von „einem Irrweg der Gedanken". Damit meine ich nicht seine Auflehnung gegen die französische Gewaltherrschaft, der sicherlich ethische Elemente enthält. Ich meine ebensowenig damit seinen „Begriff des wahrhaften Krieges", der also bedeutet: ein Krieg, den ein Volk nicht nur zur Wahrung seiner eigenen Entwicklung zum Reich der Freiheit, sondern auch zur Wahrung der Entwicklung der Menschheit unternimmt[53].

---

[51] S. 51. 57. 59-62.
[52] S. 47. 48.
[53] FICHTE hält es für ausgeschlossen, daß er sich in Gottes Weltplan irren kann: „Erkenne ich recht Gott und seinen Weltplan, wie ich festiglich glaube ..." S. 53.

In der Tat, mit dieser Darstellung ist ein reiner Begriff des wahrhaften Krieges gegeben. Wenn nun auch die Mittel, mit denen der Krieg geführt wird, diesen hohen sittlichen Forderungen genügen würden, dann wird damit ein Krieg so hoch und so erhaben in seinem Wesen und seinen Zielen vorgeführt, daß kein menschliches Wirken oder Streben darüber hinausgehen könnte. Leider ist jene Darstellung jedoch auf unrichtige Voraussetzung gegründet. Dieselbe fixe Idee, in der im letzten Weltkrieg so viele edle Denker befangen waren (hierüber im nächsten Kapitel), hat vor einem Jahrhundert Fichtes Denken irre geführt: es geht um das Recht gegen das Unrecht, um die Freiheit gegen die Unfreiheit, ja um das Reich Gottes gegen das Reich des Teufels, es geht um die Ehre Gottes. Wir kennen diese Gedankengänge, denen man während des Krieges auf allen Seiten begegnete, auch in Fichtes Zeit, wie er selbst in früheren, besonneneren Jahren zugegeben hat[54]. Ob es nun richtig ist oder nicht, ein Volk muß darauf vertrauen, wenn es in den Krieg ziehen will. In gewissem Sinn kann man sagen: ein glückliches Volk, dessen geistige Führer es glauben und mit diesem Glauben ihr Volk beseelen können, wie Fichte es tat. Dann kämpft es wenigstens mit einem guten Gewissen.

Hegel hat von einer „List der Vernunft" gesprochen, durch die man mittels des Bösen Gutes erreichen könne. Bei Fichte und seinesgleichen könnte man von einer List der Staatsraison sprechen. Durch sie könnte man mit edlen Menschen seine eigenen Machtziele verwirklichen und die dafür notwendigen, weniger edlen Mittel beschönigen. Auch wenn Preußen weniger gute Ziele als seine politische Freiheit gehabt, auch wenn es nur die Vergrößerung seiner Macht und seines Besitzes, Prestiges und seiner Einflußsphäre bezweckt hätte, dann hätte in der Spannung des drohenden und ausbrechenden Kampfes die Staatsraison sich schon eines Fichte oder eines anderen edlen Denkers bemächtigt und ihn gezwungen, die Dinge so zu sehen und sie so zu sagen, daß der Krieg vollkommen gerechtfertigt wäre. Was wir im letzten Krieg erlebt haben, berechtigt uns zu dieser Annahme.

---

[54] In seiner Schrift über MACHIAVELLI 1807, Ausgabe Hans Schulz. Leipzig 1918, S. 22-23.

Fichte, der strenge Ethiker der sittlichen Persönlichkeit, wurde durch seinen diesseitigen Ewigkeitsgedanken und die unwirkliche Vorstellung von Deutschlands Bedeutung und seiner Stellung mit Hegel dazu geführt, den Staat als Vertreter der Volksmacht, als National-Staat, in dem der Mensch erst zu seinem Recht kommt und seine wahre Freiheit findet, zu vergöttern. Diesem Staat hat der Mensch dann auch mit absoluter Hingabe zu dienen. Darum mußte Nationalerziehung (über die Fichte sich an vielen Stellen ausführlich äußerte), in platonischer Weise von Philosophen geleitet, die Bürger verstehen lehren: „daß der Staat als höchster Verweser der menschlichen Angelegenheiten und als der Gott und seinem Gewissen allein verantwortliche Vormund der Unmündigen das vollkommene Recht habe, die letzteren zu ihrem Heile auch zu zwingen", zum Beispiel auch zum Kriegsdienst. Für solche, deren nationale Erziehung vollendet ist, „wird der Zwang zum Kriegsdienste aufgehoben, indem die also Erzogenen alle gleich willig sind, die Waffen für das Vaterland zu führen"[55]. Übrigens auch schon in seinen „Grundzügen des gegenwärtigen Zeitalters" spricht Fichte von der „innigen Durchdringung des Bürgers vom Staate" als einer Forderung der Zeit. Denn: „die wahre Freiheit entsteht nur vermittelst des Durchganges durch die höchste Gesetzmäßigkeit"[56]. Fichtes Ideal ist: „Es soll im vollkommenen Staate durchaus kein gerechter individueller Zweck stattfinden, der nicht in die Berechnung des Ganzen eingegangen, und für dessen Erreichung durch das Ganze nicht gesorgt ist[57]." Professor Paul Scholten, der in einer seiner Schriften auf diese Äußerung hinweist, fügt mit Recht hinzu: „Kein Spartaner hätte den Bürger dem Staat vollständiger ausgeliefert[58]." In der Tat, was wird aus dem persönlichen Umgang mit Gott und dessen heiligen Rechten an den Menschen, die doch über die Rechte jeder irdischen Macht und Majestät erhaben sind. Hier rächt sich wieder der diesseitige Charakter der Fichteschen Religiosität. Aus der Herzensreligion des Menschen quillt auch das staatliche Leben.

Der Staat, der als irdische Gottheit anerkannt wurde, hat sowohl Fichte wie Hegel gezwungen, die Konsequenzen seines Gewaltwe-

---

[55] Reden (11. Rede) S. 196f.
[56] Grundzüge (14. Vorlesung) S. 220.
[57] Grundzüge (10. Vorlesung) S. 158.
[58] *Recht en Liefde*, blz. 12.

sens auf sich zu nehmen, d. h. sich zum Machiavellismus zu bekennen. Fichte hat dies in ausgesprochener Weise in seiner Rede über Machiavelli 1807, die als „Ehrenrettung eines braven Mannes"[59] gemeint war und einen dringenden Rat an das deutsche Volk enthielt, getan. Man mag, sagt er, Machiavelli einen Heiden nennen; das war er auch, aber durch dieses Heidentum war er imstande sich kühn in der Welt zu bewegen und das Leben zu ergreifen, was wir gut heißen, „da das Leben auf alle Fälle mehr Wert hat denn der Tod"[60]. Machiavelli hielt sich scharf und regelrecht an die Wirklichkeit, was man nicht von der Philosophie des letzten halben Jahrhunderts sagen kann. Fichte meint „die Aufklärung", die gar flach, kränklich und armselig geworden, und „als ihr höchstes Gut eine gewisse Humanität, Liberalität und Popularität" darbot[61]. Wir sollen wieder erkennen, daß die Grundfesten der Politik Machiavellis von „jeder Staatslehre, die sich selbst begreift" angenommen werden müssen. Sie kommen hierauf hinaus: man muß davon ausgehen, daß alle Menschen bösartig sind und daß sie, wenn man sie nicht daran hinderte, in einen Krieg aller gegen alle geraten würden (Hobbes). So muß der Staat auch die anderen Staaten betrachten: der Nachbar ist stets bereit, bei der ersten Gelegenheit, da er es mit Sicherheit können wird, sich auf deine Kosten zu vergrößern, aus Sucht nach Gewinn, und weil jede Nation das ihr eigentümlich Gute so weit verbreiten will, als sie irgend kann, weil es ihre Macht vergrößert. Es ist gar nicht hinreichend, daß du dein eigentliches Recht verteidigst; wer nicht zunimmt, nimmt ab; darum behalte die Augen offen und säume keinen Augenblick, wenn du darin etwas zu deinem Vorteile verändern kannst. Verlasse dich niemals auf das Wort eines Anderen, wenn du eine Garantie erzwingen kannst. Ein Regent darf nicht sagen: „Ich habe an Menschheit, ich habe an Treue und Redlichkeit geglaubt"; so mag der Privatmann sagen. Und dann zieht Fichte die letzten Konsequenzen: „An die allgemeinen Gesetze der Moral ist der Fürst in seinem Privatleben gebunden … in seinem Verhältnisse zu den anderen Staaten gibt es weder Gesetz noch Recht, außer dem Rechte der Stärkeren …" Wie Hegel gibt auch Fichte dieser Real-

---

[59] *Über Machiavelli* S. 57.
[60] S. 11.
[61] S. 28.

politik die ethische Weihe durch die Worte: Dieses Verhältnis … erhebt ihn über die Gebote der individuellen Moral in eine höhere sittliche Ordnung, deren materieller Inhalt enthalten ist in den Worten: „Salus et decus populi suprema lex esto"[62]. „Diese ernstere und kräftigere Ansicht der Regierungskunst, tut es nun unseres Erachtens not, bei unserem Zeitalter zu erneuern", schließt Fichte.

Es ist verwunderlich, wie einer der größten Vertreter der idealistischen Philosophie so die Idealität der Dinge ihrer Realität opfern kann. Bis zu einem gewissen Grad entschuldigt ihn einmal die Lage der Dinge, dann aber auch vor allem die verhängnisvolle Mentalität, die in Deutschland durch Luthers Trennung zwischen persönlicher und Amtsmoral großgezogen worden ist. Nichtsdestoweniger bleibt es eine Herabsetzung des idealistischen Denkens. Es ist hart, aber wahr, was Foerster schreibt: „Fichtes Beurteilung Machiavellis ist überhaupt bezeichnend für die ganze ethische Schwäche des deutschen philosophischen Idealismus gegenüber den Ansprüchen und Sophismen der Staatsraison[63]." Nicht ganz mit Unrecht spricht Foerster von der „unbewußten Sophistik unserer deutschen idealistischen Materialisten". Was ist die Lehre von der höheren Sittlichkeit anders, als eine große Sophistik, die auf Vergötterung einer irdischen Macht beruht und vollkommen irdische Mittel zu ihrer Selbstbehauptung anwendet? Irdische Mittel, denn die Staatsmacht, die um jeden Preis behauptet werden muß, ist Kriegsmacht. Konnte man diese Lehre der spekulativen, kosmischen Machtphilosophie bei Hegel noch einigermaßen begreifen, „für den subjektiven Idealismus Fichtes, der die Welt der freien sittlichen Persönlichkeit unterordnete", sagt Meinecke, „hätte der Machiavellismus eigentlich unverdaulich bleiben müssen …" „Es war mehr eine jähe Willenslösung, als eine gedankliche Lösung des Problems[64]." Aber gerade, weil es eine so bündige Beweisführung war, der ein großer Philosoph den Namen gab, hat sie auf jene Staatsmänner und Philosophen, die die Macht verherrlichten, großen Einfluß ausgeübt. Treitschke und Bernhardi haben sich auf Fichte berufen. Und wo die Macht verherrlicht wird, steht der Krieg in voller Glorie da. Wegen

---

[62] Das Heil und die Würde des Volkes sind das höchste Gesetz. S. 20-28.

[63] Fr. W. FOERSTER, Politische Ethik. S. 183.

[64] MEINECKE, Die Idee der Staatsraison. S. 464-465.

des großen Elementes bleibender Wahrheit, die er darin findet, druckt Fichte ein Kapitel aus Machiavelli ab, das mit den Worten anfängt: „Es habe der Fürst kein anderes Augenmerk, noch einen anderen Gedanken, noch halte irgendein anderes Ding für sein ihm ganz eigentümlich zukommendes Handwerk, außer dem Kriegswesen …[65].“ Nach wie vor weist Fichte auch auf das Erhebende eines „gerechten, wahrhaften Krieges“ hin. „Im Gegensatz zu allen Materialisten und Utopisten“, schreibt Wendland, „dürfen wir mit Fichte, Schleiermacher, Hegel und Moltke den Krieg als Erreger der sittlichen Kraft loben[66].“ Dies schrieb Wendland 1915. In den darauffolgenden Jahren und namentlich in denen nach dem Krieg, als die Demoralisierung und Immoralisierung auf fast jedem Gebiet herrschte (ein Prozeß, der noch immer fortdauert), hätte er vielleicht eingesehen, daß er die Utopisten auf der falschen Seite gesucht hat.

Fichtes Utopismus geht auch aus den Regeln hervor, die er in seinem „Völkerrecht“ zur Humanisierung des Krieges aufstellt, in denen er u. a. die Verwendung der Scharfschützen im Hinterhalt verurteilt. Hier, wie an so vielen Stellen, wo sein Gewissen deutlich spricht, zeigt er sich als Schüler Kants. Denn auch Kant hatte schon in seiner Rechtslehre (1797) betont: „Verteidigungsmittel aller Art sind dem bekriegten Staat erlaubt, nur nicht solche, deren Gebrauch die Untertanen desselben Staatsbürger zu sein unfähig machen würde; denn alsdann machte er sich selbst zugleich unfähig, im Staatsverhältnisse nach dem Völkerrechte für eine Person zu gelten (die gleicher Rechte mit Anderen teilhaftig wäre). Darunter gehört: seine eigenen Untertanen zu Spionen, diese, ja auch Auswärtige zu Meuchelmördern, Giftmischern (in welche Klasse wohl auch die sogenannten Scharfschützen, welche Einzelnen im Hinterhalte auflauern, gehören möchten) oder auch nur zur Verbreitung falscher Nachrichten zu gebrauchen, mit einem Worte, sich solcher heimtückischer Mittel zu bedienen, die das Vertrauen, welches zur künftigen Gründung eines dauerhaften Friedens erforderlich ist, vernichten würden[67].“

[65] *Über Machiavelli* S. 35.
[66] Joh. WENDLAND, Sozialethik. S. 294.
[67] Immanuel KANT, Zum ewigen Frieden. Ausgabe Karl Vorländer. Ergänzungen S. 66.

Wir wissen nicht, was uns in diesem vollständig zitierten Absatz Kants mehr auffällt: der Aufschrei seines Gewissens über die finstersten Seiten des Kriegshandwerks, oder sein kindlicher Glaube, daß diese Seite vermieden werden könnte. Selbst Giftmischer erscheinen in unserer Zeit sogar in großer Zahl auf dem Kriegsschauplatz, sei es auch in anderer und wirkungsvollerer Weise, als Kant es sich vorstellte. Namentlich das Verbot von Scharfschützen und Spionen ist prachtvoll! Es ist allerdings merkwürdig, daß die philosophische und religiöse Basis der „kriegsbereiten Realpolitik" von Denkern gelegt worden ist, die in ihrer deutschen Abstraktheit in mancher Hinsicht für die Realität so wenig Sinn besaßen. Übrigens ohne dieses Fehlen des Wirklichkeitssinnes wäre ihnen die Synthese dieser Politik mit der Ethik wahrscheinlich nicht gelungen.

Der große, vornehme Theologe Schleiermacher, der die Theologie des 19. Jahrhunderts zum größten Teil beherrscht hat und zwar nicht nur in Deutschland, gibt in dem Kapitel seiner Sittenlehre: „Die christliche Sitte", mit der Überschrift: „Das reinigende Handeln eines Staates auf den anderen" (1822)[68], das stärkste Beispiel dieses fehlenden Blicks für die Kriegswirklichkeit. Im Licht dieses Titels sieht er den Krieg, d. h. nicht den Angriffskrieg – den hat schon Luther verboten – sondern den Verteidigungskrieg. Seine Betrachtung lautet mit seinen eigenen Worten wie folgt: „Denen gegenüber, die dem Christen nicht zulassen wollen, die Waffe zu tragen, ist es von großer Bedeutung, die Gewissen über diesen Punkt aufzuklären. Das ist auch gar nicht schwer; aber freilich, man darf nicht alles auf den unbedingten Gehorsam, den man der Obrigkeit schuldig ist, zurückführen, wie das die gewöhnliche Praxis ist, sondern der einzig ausreichende Gesichtspunkt ist die Wahrheit, daß im Kriege von dem Einzelnen gar nicht verlangt wird, wissentlich und mit seinem Willen Menschenblut zu vergießen." „Kein auf sittliche Weise den Krieg führender Staat befiehlt seinen Untertanen, die des gegenüberstehenden Staates zu töten, wo immer sie angetroffen werden, er hat also auch niemals die Absicht, sie zu töten, sondern, was er eigentlich will, ist nichts als Schadenersatz und Sicher-

---

[68] SCHLEIERMACHERS sämtliche Werke. Band XII. Ausgabe L. Jonas, Berlin 1843. 2. Aufl. 1884. S. 280f. 282f.

heit für die Zukunft[69]. Freilich, sollen diese beiden Punkte durch physische Gewalt erreicht werden: so gibt es kein anderes Mittel dazu, als Schwächung des Gegners in dem Maße, daß ihm vernünftigerweise nichts übrig bleibt, als das Geforderte zu leisten. Aber nicht dadurch soll er geschwächt werden, daß seine Untertanen getötet werden, sondern dadurch, daß man in Besitz nimmt, was seine Kraft ausmacht, nämlich Land und Leute. Je weniger der Krieg so geführt wird, desto mehr ist er barbarisch und unsittlich; denn darf schon der eigene Untertan nicht mit dem Tode bestraft werden, so darf es noch viel weniger der fremde. Daß also Feinde den Tod finden, ist nicht Folge des bestimmten Willens, sie zu töten, und nicht Folge davon, daß man sich und sie in eine bestimmte Stellung zu setzen gewußt hat, sondern nur davon, daß sie willkürlich Widerstand leisten. Früher war das freilich ganz anders; aber es kann uns gar nicht zweifelhaft sein, welche Art Krieg zu führen, die sittlichere sei, die alte oder die jetzige. Allerdings entwickelte sich wohl größere persönliche Tapferkeit, als man bloß mit Schwert und Lanze focht. Aber weil dabei leichter ein Kampf auf Leben und Tod entstand, als bei der jetzt herrschenden Anwendung des Geschützes, die nur darauf ausgeht, den Gegner zu veranlassen, sich vor der Entwicklung einer bestimmten Masse von Naturkräften zurückzuziehen: so ist die heutige Kriegführung bei weitem edler. Unchristlich ist nur unser Vorpostenkrieg und die Verwendung von Scharfschützen, wobei es auf die Einzelnen abgesehen ist, womit aber auch gerade am wenigsten ausgerichtet wird[70]." – Wir sind zwar in der heutigen Zeit und auch in unserem Vaterland gewohnt, das Kriegshandwerk nach traditionellem Rezept von gutgläubigen Leuten beschönigen zu hören; es ist jedoch sehr zweckdienlich, zu wissen, von wie vornehmer, achtungswürdiger und christlicher Herkunft diese Betrachtungsweise ist. Schleiermacher versteht es allerdings gut, die Runzeln zu glätten. Sogar Wendland nennt diese Argumentation sophistisch. „Die Tötung oder Gefangennahme möglichst vieler Feinde", sagt er, „ist doch das wichtigste Mittel, dies Ziel zu erreichen, also nicht zufällig, sondern wesentlich. ... Der Christ muß, auch wenn ihm zuweilen ein Grauen ankommt, unschuldige Menschen

---

[69] In der Vorlage gesperrt.
[70] S. 280-283.

umbringen, Spione erschießen, Franktireure erbarmungslos bestrafen. Man wird vielmehr zugeben müssen, daß Strategie und Technik stets neue Mittel suchen werden, den Feind durch Tötung möglichst vieler Soldaten aus dem Felde zu schlagen[71]." Dieses Urteil Wendlands wird von dem bereits zitierten Ausspruch des Obersten Montaigne bestätigt: „Das unmittelbare Ziel des Gefechts ist nicht der Sieg, sondern das Töten[72]." Wendland unterläßt jedoch zu bemerken, daß Schleiermacher, wenn er mit Wendlands Augen die wirkliche Gestalt des Krieges betrachtet hätte, genötigt gewesen wäre, den Krieg „barbarisch und unsittlich" zu nennen, und daß er den „einzig ausreichenden Gesichtspunkt" verlieren würde, von wo aus man dem Staat das Recht einräumen kann, seine Untertanen in den Krieg zu schicken.

V. Staatsverherrlichung und Kriegsverherrlichung. Treitschke, Steinmetz. Das Christentum auf den Kopf gestellt.

Hegel legte die kosmisch-metaphysische, Fichte die ethisch-nationalistische Basis des Staatsabsolutismus des 19. Jahrhunderts. Aber dieser Staats-Absolutismus mit seiner Realpolitik ließ ihre ethischen Vorbehalte und Skrupeln, für die er nichts übrig hatte, und mit denen er nichts anfangen konnte, natürlich beiseite. Er benutzte den philosophischen Idealismus ebenso wie das folgsame und biegsame kirchliche Christentum: zur Sanktion und Unterstützung seines eigenen Strebens. Die Mittlerrolle versah der Historiker Treitschke, der nach dem deutsch-französischen Krieg zwanzig Jahre lang von seinem Berliner Katheder herunter vor einer gespannt lauschenden Zuhörerschaft den eisernen Kanzler unterstützte und seinen Geist verbreiten half. Der Machiavellismus hat durch Treitschke seine moderne Gestalt empfangen, nachdem Hegel und Fichte den Boden dazu bereitet haben. Das heißt, was Italien Anfang des 16. Jahrhunderts tat, das tat Deutschland im 19.: es gab der Praxis der Staaten eine Theorie. „Der deutsche Geist", sagt Meinecke ganz richtig, „mit seiner grüblerischen Neigung in Abgründe zu starren, hat die dunkle Kluft zwischen Ethik und Staatsraison erkannt und in sei-

---

[71] WENDLAND, Sozialethik. S. 284.
[72] Siehe oben Kapitel II.

nem Bedürfnis, sich derb auszudrücken, hat er die Dinge beim Namen genannt, zugleich aber hat sein philosophischer Trieb ihn veranlaßt, den Dualismus spekulativ zu überwinden[73]." So entstand die Lehre des Machtstaates, die (Meinecke vergißt dies hier zu bemerken), wie seinerzeit Machiavellis Theorie, der falschgerichteten Wirklichkeit neue Stoßkraft gab. Scheinbar gibt Treitschke eine Korrektur Machiavellis, in Wirklichkeit geht er mit ihm. Inmitten aller relativen Werte glaubte Treitschke fest an den Segen der preußischen militärischen Monarchie und verkündigte „daß das Wesen des Staates zum ersten Macht, zum zweiten Macht und zum dritten nochmals Macht ist"[74]. Da dem so sei, „so sei auch für seine Macht zu sorgen, die höchste Pflicht des Staates". „Sich selbst zu behaupten, das ist für ihn absolut sittlich[75]." Um zur Macht zu gelangen, darf der Staat – hierin gibt er Machiavelli vollkommen recht – ohne wählerisch zu sein, alle Mittel anwenden, aber danach muß er – und hier versagte Machiavelli – die Macht anwenden, um die höheren Güter der Menschen zu schützen und zu befördern[76]. In Darwinistisch-biologischer Weise (Kampf ums Dasein, natürliche Auslese, Überleben des Tüchtigsten, eine Seite, auf die schon Hegel hinwies), wurde diese Machttheorie von Treitschkes Anhängern und Schülern, u. a. von Bernhardi ausgearbeitet: „Recht hat in solchen Fällen, wer die Kraft hat, zu erhalten oder zu erobern. Die Kraft ist zugleich das höchste Recht und der Rechtsstreit wird entschieden durch den Kraftmesser, den Krieg, der zugleich immer biologisch gerecht entscheidet, da seine Entscheidungen aus dem Wesen der Dinge selbst hervorgehen[77]." Mit Bernhardi geht diese Staatsphilosophie schon in Kriegsphilosophie über, auf die sie übrigens hinauslaufen mußte.

Dieser Übergang wird auch von dem – deutsch verfaßten – gut dokumentierten Buch unseres Landsmannes Dr. Steinmetz vollzogen: „Die Philosophie des Krieges." Dem Idealismus aus dem Anfang des 19. Jahrhunderts folgte der Positivismus (wir sahen, daß eine gerade Linie von einem zum anderen läuft). Steinmetz ist einer der Epigonen dieses Positivismus, in einer Zeit, die ihn schon wie-

---

[73] MEINECKE, Die Idee der Staatsraison. S. 488-491.
[74] Zitiert von MEINECKE, S. 497.
[75] Zitiert von MEINECKE, S. 507.
[76] Zitiert von MEINECKE, S. 497-498.
[77] Zitiert von FOERSTER, Politische Ethik und politische Pädagogik. S. 250.

der bekämpfte, und in der die Metaphysik und damit die echte Philosophie schon wieder auflebte. Er bekennt sich zum sozialen, evolutionistischen Utilitarismus, der als höchstes Ziel das größtmögliche Glück eines Volkes und einer Rasse hinstellt[78]. Steinmetz, der als Positivist Hegels metaphysisch-mystische Hypostasierung des Staates zurückweist[79] – wir werden sehen, wie weit er es tut –, ist in jeder Beziehung ein, sei es auch darwinistisch beeinflußter, Schüler Hegels in seinem absoluten Vertrauen zu dem kosmischen Weltgericht, das sich im Krieg vollzieht[80], ein ebensolcher Schüler Fichtes in seiner Verherrlichung des Volkstums als unserer irdischen Größe und Ewigkeit[81].

Steinmetz weist die metaphysische Hypostasierung des Staates zurück. „Der Staat ist nichts Ideales", sagt er, „sondern etwas sehr Reales[82]." Dann aber beginnt die Verherrlichung und positive Hypostasierung: „Der Staat (klein oder groß) ist die weiteste, reelle und lebendige Organisation der Menschen, die existiert." „Seine tiefste Bedeutung liegt nicht in seinem praktischen Nutzen als Pfleger des Rechts." „Sein Kern ist etwas anderes. Er kann diese Pflichten erfüllen, weil er eine eigene Existenz führt und … die weiteste Expansion der Menschen mit dem intensivsten Leben vereint …" „Der ganz einzige Vorzug des Staates, der ihn schon über alle freien Vereine erhebt, besteht in dem Umstand, daß er allein ein vollständiger Zwangsverein ist, und daß er nicht spezialisiert ist in seinen Zwecken und es nie sein kann." Darum mußte die Kirche als Macht in der Staatsmacht untergehen. „Jede andere Gemeinschaft ist Spielerei neben ihm." „Sollen die Staaten als Kollektivwesen ein frisches, echtes intensives Dasein führen, so müssen sie eine eigene Kraft entwickeln können, so muß ihr Bestand gesichert werden. Dazu ist große Liebe und absolute Hingabe nötig. Liebe zum Staat ist viel eher möglich als Liebe zur Menschheit, weil die Menschheit keine gesonderte, sichtbare Existenz führt." „Wenn Lipps sagt, der Patriotismus muß sich zur Menschenliebe erweitern, so spricht er eine ebenso selbstverständliche wie leere Phrase aus." Wer kann die 1600

---

[78] Dr. Rudolf STEINMETZ, Die Philosophie des Krieges. Leipzig 1907, S. 7-8.
[79] S. 338.
[80] S. 184-204. 328ff.
[81] Siehe namentlich S. 8.
[82] S. 338.

Millionen Menschen lieben! „Die Menschheit muß leerer Schemen bleiben, wo das Vaterland, der eigene Staat heiße Liebe und Treue bis ans Grab erweckt." „Wer die höchste Steigerung des menschlichen Lebens als Ideal betrachtet, der muß die Vaterlandsliebe behalten wollen und natürlich auch ihre Voraussetzung: den kräftigen, seine Bürger mit leidenschaftlicher Liebe und Hingebung erfüllenden Staat[83]." „Das wirklich fromme Volk Japans, wo Patriotismus und Religion eng verbunden sind und wo die Studenten kein höheres Ideal kennen, als für den Mikado zu sterben, möge uns ein Beispiel sein[84]." So kommt Steinmetz zu dem, was ihm die heilige Dreieinigkeit ist: „Staat, Vaterland und Krieg sind nun einmal unersetzlich, darum dürfen sie ihre Opfer fordern[85]." Steinmetz, beseelt von dem liberalen Konkurrenzideal, sieht die Staaten als fortwährend konkurrierende Mächte in einem endlosen Prozeß sich gegenseitig überholen, besiegen und besiegt werden. Das ist die Weltgeschichte. Darum kann das statische und darum ungerechte Schiedsgericht niemals das dynamische und gerechte Gericht des Krieges ersetzen. Im Krieg, der einzigen wahrhaften Staatenkonkurrenz, strömen alle Kräfte eines Volkes, materielle und geistige, zusammen. Der Krieg ist der Wertmesser, der Sieg ist kein Zufall[86]. Die Kriege waren früher nötig, die Staaten zu erhalten: jetzt sind sie nötig, die Staaten lebendig zu erhalten, die ohne den Krieg erstarren und dahinsterben. Darum darf auch der Patriotismus, der das schönste Ziel aller modernen Erziehung ist, nicht aufhören, und wenn diese höchste Tugend nicht abnehmen soll, so sind Kriege nötig. „Früher mag der Patriotismus sich in den Kriegen offenbart haben, die Kriege müssen uns jetzt helfen, ihn zu einer ständigen Eigenschaft zu machen." „Dieses große Gefühl bereitet uns auch das größte Glück. Und wann wird dieses Glück höher steigen und unser Herz mehr erfüllen und schwellen lassen, als wenn das Vaterland um seine Existenz ringt? Darum ist der Mensch töricht, der diesem gewaltigen, die Millionen beseelenden und beseligenden Gefühl nur die im Krieg zerschosse-

---

[83] S. 190-199.
[84] S. 176. 182.
[85] S. 200.
[86] S. 184-188. 203f.

nen Glieder und die verschwundenen Milliarden gegenüberstellt ...[87]."

Bis hierher Steinmetz. Zum richtigen Verständnis seiner Worte sei gesagt, daß man unter den „großen Gefühlen", von denen er spricht, nicht an erster Stelle „Hochgefühle" verstehen muß. Ein konsequenter Utilitarist fragt nach der Quantität, nicht nach der Qualität des Glücks. Daher scheut sich auch Steinmetz nicht, in der Glücksbilanz des Krieges den Genuß der Grausamkeit dem durch Grausamkeit verursachten Leiden gegenüberzustellen[88]. Diese Seite zeigt den Tiefpunkt, auf den eine Staatsphilosophie, die nicht von der ethischen Norm, sondern vom Machtideal ausgeht, herabsinken kann.

Als der Weltkrieg ein Jahr gedauert hatte, bereitete es Dr. Leo Polak wenig Mühe, nachzuweisen[89], daß die Erwartung von Steinmetz: der moderne Krieg währe kürzer und würde dadurch nicht viel mehr Opfer kosten als die früheren, nicht erfüllt wurde. Von größerem und prinzipiellerem Interesse ist es, daß Polak den primären Rechtscharakter des Staates dem Machtcharakter, den Steinmetz ihm in erster Linie einräumt, gegenüberstellt. Gerade, daß der Krieg in erster Linie nicht eine Schlichtung von Streitigkeiten durch das Recht ist, sondern durch die Macht, ist das wichtigste Bedenken Polaks. „Der Krieg ignoriert das Recht, damit ist der Krieg sittlich verurteilt[90]." Deutlich zeigt auch Polak den Zusammenhang von Recht und Moral, nämlich, wo er Steinmetz' Ansicht bekämpft, daß der Einzelne deshalb nicht mehr alle Machtmittel den Gegnern gegenüber anwenden darf, weil er diese Befugnisse dem Staat übertragen hat, und der Staat sie jetzt für ihn anwendet. Nein, der Staat verhindert diese Art, sein Ziel zu erreichen in erster Linie, weil sie unmoralisch ist[91]. Die Hoheit des Staates liegt in seinem Rechtscharakter, und gerade dieser nimmt im Krieg unheilbaren Schaden.

Diese Geringschätzung der Hoheit des sittlichen Rechtsbewußtseins hängt unseres Erachtens mit einem anderen Vorgang zusammen, den man bei dieser Schule der Staatsphilosophen (auch schon

---

[87] S. 209f.

[88] S. 158.

[89] Dr. Leo POLAK, Oorlogsfilosofie. Amsterdam 1915.

[90] Urteil von Prof. Heymans, zitiert von POLAK, blz. 11. 12.

[91] STEINMETZ, S. 215. POLAK, blz. 54.

bei Hegel und Fichte) beobachten kann: nämlich mit der Geringschätzung des einzelnen Menschen. Es geht nicht um den Menschen, sondern um die Nation, um den Staat; das sind die Götter, für
die der Mensch sich mit Leib und Seele opfern soll. Dies steht vollkommen im Widerspruch mit dem Christentum, das den Menschen
in seinem persönlichen Verhältnis zu Gott, den Menschen mit seinem selbständigen Glauben und Gewissen, als höchsten Wert vor
Gott hier auf Erden in den Vordergrund stellt. „Wer kann für einen
so leeren Schemen wie die Menschheit etwas fühlen?" fragt Steinmetz. Aber das Evangelium spricht nicht von „der Menschheit",
sondern vom Menschen, dem „Nächsten", dem „Bruder", der bestimmt ist, ein Kind Gottes zu sein, die höchste Stufe, die ein Mensch
erreichen kann. Darum kann ein Christ nicht einfach wie über etwas
Nebensächliches sich darüber hinwegsetzen, wenn Steinmetz trotz
seiner Kriegsverherrlichung bemerkt: „Wir haben also vom Krieg
bei den direkt beteiligten Soldaten und Offizieren eine Zunahme
von Roheit, Grausamkeit, Mißachtung fremden Eigentums und Lebens, Selbstüberhebung, Mißachtung fremder, besonders weiblicher
Ehre und Persönlichkeit zu erwarten[92]." Es besteht ein innerer Zusammenhang zwischen feinem Rechtsgefühl und feinem moralischen Gefühl; letzteres hängt wieder mit der Achtung vor dem Menschen zusammen. Diese Wahrheit hat auch Kant bezeugt, als er äußerte, daß „die Würde des Menschen" es verbiete, den Menschen
nur als Mittel zu einem Zweck zu gebrauchen, der außer ihm liegt:
„Handle so, daß du die Menschheit, sowohl in deiner Person als in
der Person eines jeden Anderen, jederzeit zugleich als Zweck, niemals bloß als Mittel brauchst[93]." „Der Mensch", sagt Kant anderswo,
„ist zwar unheilig genug, aber die Menschheit in seiner Person muß
ihm heilig sein. In der ganzen Schöpfung kann alles, was man will,
und worüber man etwas vermag, auch bloß als Mittel gebraucht
werden; nur der Mensch, und mit ihm jedes vernünftige Geschöpf,
ist Zweck an sich selbst. Er ist nämlich das Subjekt des moralischen Gesetzes, welches heilig ist …[94]."

---

[92] *Kriegsphilosophie*, S. 113.
[93] *Grundlegung zur Metaphysik der Sitten*. Reclams Universalbibl. S. 65.
[94] *Kritik der praktischen Vernunft*. Reclams Universalbibl. S. 106.

Daher zürnte Kant gegen die bekannte „pharisäische Losung" in der Rechtssache gegen Jesus Joh. 11, 50: „Es ist uns besser, ein Mensch sterbe für das Volk, denn daß das ganze Volk verderbe." „Denn wenn die Gerechtigkeit untergeht", sagt Kant, „hat es keinen Wert mehr, daß Menschen auf Erden leben[95]."

VI. Kant: Rechtsstaat und Krieg. Politik und Moral.
Der moderne Krieg das Radikal-Böse.

Bei Kant stehen wir am Anfang der idealistischen Philosophie. Mit seiner scharfen Analyse hat er ihre Erkenntnistheorie begründet, mit seinem laut redenden Gewissen ihr eine ethische Basis gegeben. Wenn man Kant liest, kann man nicht umhin, zu denken: wie weit ist der Idealismus von dieser Basis abgewichen, daß er mit die Ursache einer Staatsphilosophie wie der von Steinmetz und Treitschke werden konnte! Es gibt für Kant nur eine sittliche Norm: die sich im Gewissen kund tut. Für Kant sind nur zwei Dinge wirklich groß und erhaben: „Zwei Dinge erfüllen das Gemüt mit immer neuer und zunehmender Bewunderung und Ehrfurcht, je öfter und anhaltender sich das Nachdenken damit beschäftigt: der bestirnte Himmel über mir und das moralische Gesetz in mir[96]." Als Kant dies sagte, lag seine monistische Periode schon hinter ihm. Die zwei Welten des Seins und des Sollens hatten sich vor ihn hingestellt, und er hatte die zweite gewählt. „Das Gewissen ist mehr denn Himmel und Erde." Darum nennt er die Unendlichkeit, in die „das moralische Gesetz" ihn schauen läßt, „die wahre Unendlichkeit". Nur wer aus diesem innerlichen Gesetz heraus handelt, handelt gut. „Es ist überall nichts in der Welt, ja überhaupt auch außer derselben zu denken möglich, was ohne Einschränkung für gut könnte gehalten werden, als allein ein guter Wille[97]." An dieses innerliche Gesetz, das mit dem kategorischen Imperativ an ihn herantritt, hat der Mensch sich zu halten: „Du sollst". Tut er das nicht, dann verfällt er in seine sinnlich böse Natur, die in ihrer Verstockung dem Sittengesetz gegenüber zum „Radikal-Bösen" wird.

---

[95] Zitiert von POLAK, blz. 11.
[96] Anfang des Schlusses seiner *Kritik der praktischen Vernunft*.
[97] *Grundlegung zur Metaphysik der Sitten*. Beginn des ersten Abschnitts.

Dies ist die straffe Linie, die Kant durch das Leben und die Fragen des Lebens zieht, eine Linie, die man auch klar in den rein ethischen Schriften bei Fichte wahrnehmen kann. Dies ist die Linie, die Kant auch in der Politik weiterführt. Auch für sie fordert Kant die Freiheit des sittlichen Handelns. „Wenn es keine Freiheit und darauf gegründetes moralisches Gesetz gibt, sondern alles, was geschieht oder geschehen kann, bloßer Mechanism[us] der Natur ist, so ist Politik ... und der Rechtsbegriff ein sachleerer Gedanke[98]." „Die Politik sagt: ‚Seid klug wie die Schlangen‘; die Moral setzt (als einschränkende Bedingung) hinzu: ‚und ohne Falsch wie die Tauben‘. Wenn beides nicht in e i n e m Gebot zusammen bestehen kann, so ist wirklich ein Streit der Politik mit der Moral. Doch dieser Streit entsteht erst, wenn man eine Politik führt, die nur auf Vorteil und Schlauheit gegründet ist, und der Gott bonus eventus der beste Rechtsvertreter ist[99]."

Kant kennt auch die „Antinomien zwischen Politik und Moral"; wenn aber diese nicht bloß auf den Wunsch eines baldigen Erfolges beruhen, dann verblassen sie – wie er im nächsten Kapitel sagt – sobald man seine politischen Absichten an die Öffentlichkeit bringt: „Der Moral widersprechende Politik kann das Licht der Öffentlichkeit nicht vertragen; dann kann sie nicht standhalten." Dagegen: „Alle Maximen, die der Publizität bedürfen (um ihren Zweck nicht zu verfehlen), stimmen mit Recht und Politik vereinigt zusammen[100]."

„Die politischen Maximen müssen nicht von der aus ihrer Befolgung zu erwartenden Wohlfahrt und Glückseligkeit eines jeden Staates ... also nicht von dem Wollen ..., sondern von dem reinen Begriff der Rechtspflicht, vom Sollen ausgehen, die physischen Folgen daraus mögen auch sein wie sie wollen." Der Spruch: „Fiat justitia, pereat mundus", das heißt zu deutsch: „Es herrsche Gerechtigkeit, die Schelme in der Welt mögen auch insgesamt darüber zugrunde gehen", ist ein wackerer, alle durch Arglist oder Gewalt vorgezeichneten krummen Wege abschneidender Rechtsgrundsatz. Pereat

---

[98] *Über die Mißhelligkeit zwischen Moral und der Politik.* Anhang von KANTS *Zum ewigen Frieden.* (Mit Ergänzungen aus Kants übrigen Schriften.) Ausgabe Karl Vorländer. 2. Aufl. S. 39.

[99] *Zum ewigen Frieden,* S. 37. 42. ‚Bonus eventus' = guter Erfolg.

[100] *Zum ewigen Frieden,* S. 49-55.

mundus. ... aber die Welt wird auf die Dauer eher durch das sittlich Schlechte untergehen als durch das sittlich Gute. „Denn das hat die Moral Eigentümliches an sich, daß, je weniger sie das Verhalten von dem vorgesetzten Zweck, dem beabsichtigten, abhängig macht, desto mehr sie dennoch den Menschen dient, während das moralisch Böse die von seiner Natur unabtrennliche Eigenschaft hat, daß es in seinen Absichten ... sich selbst zuwider und zerstörend ist." Es liegt auch praktische Weisheit in der Ermahnung: „Trachtet allererst nach dem Reiche der reinen praktischen Vernunft und nach seiner Gerechtigkeit, so wird euch euer Zweck (die Wohltat des ewigen Friedens) von selbst zufallen[101]." Und dann schließt Kant diese Verhandlung, die eigentlich durchgehend eine starke Bekämpfung Machiavellis ist, mit dem kräftigen Schluß:

Wir müssen „annehmen, daß die reinen Rechtsprinzipien objektive Realität haben, das heißt sie lassen sich ausführen; und danach müsse auch von seiten des Volkes im Staate und weiterhin von seiten der Staaten gegeneinander gehandelt werden; die empirische Politik mag dagegen einwenden, was sie wolle. Die wahre Politik kann also keinen Schritt tun, ohne vorher der Moral gehuldigt zu haben, und obzwar Politik für sich selbst eine schwere Kunst ist, so ist doch Vereinigung derselben mit der Moral gar keine Kunst; denn diese haut den Knoten entzwei, den jene nicht aufzulösen vermag, sobald beide einander widerstreiten. Das Recht der Menschen muß heilig gehalten werden, der herrschenden Gewalt mag es auch noch so große Aufopferung kosten. Man kann hier nicht halbieren und das Mittelding eines pragmatisch bedingten Rechts (zwischen Recht und Nutzen) aussinnen, sondern alle Politik muß ihre Knie vor dem ersteren beugen, kann aber dafür hoffen, zu der Stufe zu gelangen, wo sie beharrlich glänzen wird[102]."

Auf dieser streng moralischen Rechtsgrundlage fußt Kants Betrachtung über den „ewigen Frieden", in der er – fast in ganz moderner Weise – den Völkerfrieden auf die Forderung der Demokratie, auf republikanische Regierungsform, Staatenbündnis, internationale Rechtsordnung und Abschaffung der stehenden Heere aufbaut. Die Machtphilosophen, über die wir vorhin sprachen, werden

---

[101] Ebenda S. 45-47.
[102] *Zum ewigen Frieden*, S. 48-49.

Kants Hoffnung und Erwartung aus zu großem Optimismus und zu geringem Wirklichkeitssinn herleiten. Das erste mag wahr sein, aber an Stelle des zweiten sage man lieber: Sinn für eine andere Wirklichkeit. Die Wirklichkeit des Sein-Sollenden, der Moral und des darauf gebauten Rechtes war für Kant die alles beherrschende Realität, und sein Gottesglaube erkannte ihr den Endsieg zu. Weil unser Philosoph diese Wirklichkeit kannte, dachte er auch anders über den Krieg[103]. Der Krieg ist seiner Meinung nach dem Machtstaat inhärent, er steht im Widerspruch mit dem Rechtsstaat. Der Krieg steht unter dem Niveau der Moral und auf dem des Amoralischen. Bei Hobbes Ausspruch *„Status hominum naturalis est bellum omnium in omnes"* (der natürliche Zustand der Menschen ist der Krieg aller gegen alle) muß man den Nachdruck auf *naturalis* legen. In diesem Naturzustand befinden sich die Staaten; sie befinden sich in dem „ziellosen Zustand der Wilden" und besitzen „die barbarische Freiheit", sich gegenseitig zu bekriegen und dabei „Kriegstapferkeit, die höchste Tugend der Wilden, nach dieser Urteil"[104], zu zeigen.

Der Krieg, diese Geißel der Menschheit, der durch seine Verwüstungen und durch seine kraft- und kulturverzehrende Zurüstung die Entwicklung des Volkes zurückhält, ist auf der Stufe der Kultur, worauf das menschliche Geschlecht noch steht, ein unentbehrliches Mittel, die Völker zu größerer Verständigung zu nötigen (in diesem Sinne eine Kulturbedingung)[105]. Diese Verständigung muß in einem von einem Staatenbündnis anerkannten Recht festgelegt werden. Eine andere Grundlage für einen dauerhaften Frieden gibt es nicht. Die Versuche, durch die Beherrschung der Welt die Balance der Mächte oder andere Kunstgriffe den Frieden herbeizuführen, nennt Kant „Hirngespinste" und „Schlangenwendungen einer immoralischen Klugheitslehre, den Friedenszustand unter Menschen aus dem Kriegerischen des Naturzustandes herauszubringen"[106]. Kant erkennt also den Krieg, sei es auch vorläufig, als einen Faktor in der

---

[103] KANTS Gedanken über den Krieg findet man großenteils zusammengefaßt in den Ergänzungen, die Vorländer aus verschiedenen anderen Schriften Kants in seiner Ausgabe hinter den Traktat *„Zum ewigen Frieden"* stellt; andernteils in Paul NATORPS Schrift: Kant über Krieg und Frieden. Erlangen 1924.

[104] VORLÄNDERS Ergänzungen S. 57. 60. 61. 63.

[105] VORLÄNDERS Ergänzungen S. 57-59.

[106] S. 43-63.

Entwicklung der Völker an. Und gegen einen „ungerechten Feind" darf ein Staat sich verteidigen, obgleich – wie er sagt – der Ausdruck „eines ungerechten Feindes im Naturzustande pleonastisch ist, denn der Naturzustand ist selbst ein Zustand der Ungerechtigkeit"[107].

Zu dieser vorläufigen Anerkennung des Krieges kommt Kant durch seinen Glauben an die Möglichkeit, den Krieg innerhalb gewisser Schranken zu halten. Mit derselben Naivität wie Fichte und Schleiermacher spricht Kant von der Möglichkeit, den Krieg „mit Ordnung und Heiligachtung der bürgerlichen Rechte" und unter Vermeidung von Spionen und Scharfschützen usw. zu führen. „Ein solcher Krieg", urteilt Kant, „kann durch die Gefahren, die er mitbringt, die Denkungsart des Volkes um so erhabener machen, dahingegen ein langer Frieden den bloßen Handelsgeist, mit ihm aber den niedrigen Eigennutz, Feigheit und Weichlichkeit herrschend machen[108]." Kommen jedoch „die höllischen Künste" zur Anwendung, die Kant vermieden haben möchte, dann werden „sie sich nicht lange innerhalb des Krieges halten ..., sondern auch in den Friedenszustand übergehen"[109]. Kant ist sich wohl bewußt, daß man schwerlich etwas Gutes vom Kriege sagen kann. Bald nennt er den Krieg den „Zerstörer alles Guten", bald „das größte Hindernis des Moralischen", der „den Zweck einer idealen Jugendbildung immer wieder rückgängig macht" und „der mehr böse Leute macht, als er wegnimmt"[110]. Seine Hoffnung ist das Heilmittel, das David Hume genannt hat, und das Kant zitiert: „Wenn ich jetzt die Nationen gegeneinander im Krieg begriffen sehe, so ist es, als ob ich zwei besoffene Kerle sähe, die sich in einem Porzellanladen mit Prügeln herumschlagen. Denn nicht genug, daß sie an den Beulen, die sie sich gegenseitig geben, lange zu heilen haben, so müssen sie hinterher noch allen Schaden bezahlen, den sie anrichteten[111]." „So muß, was guter Wille hätte tun sollen, aber nicht tat, endlich die Ohnmacht bewirken[112]." Es ist fast unmöglich, daß Kant dem Krieg etwas nach-

---

107 S. 68f.

108 S. 59.

109 *Zum ewigen Frieden*, S. 8.

110 VORLÄNDERS Ergänzungen S. 30. 74.

111 S. 74.

112 Zitiert von NATORP, Kant über Krieg und Frieden. S. 31.

rühmen könnte, der doch nach seiner Meinung zum „Naturzustand" gehört, das heißt zum „Zustand der Ungerechtigkeit"[113]. Am stärksten geht das hervor aus der Geringschätzung des Menschen (man vergleiche, was wir vorhin über den Zusammenhang zwischen sittlichem Urteil und Menschenachtung sagten). Kant fühlte, was auch Schopenhauer gewußt hat[114]: „Die Natur freilich tut alles nur für die Gattung und nichts für das Individuum, weil ihr jene alles, dieses nichts ist. Allein, was wir hier als wirkend voraussetzen, wäre nicht die Natur, sondern das jenseit der Natur liegende Metaphysische, welches in jedem Individuo ganz und ungeteilt existiert, dem daher dies alles gilt."

Mit dieser Gleichgültigkeit der Natur vergleicht Kant die Geringschätzung des Menschen im Krieg. „Denn für die Allgewalt der Natur oder vielmehr ihrer uns unerreichbaren obersten Ursache ist der Mensch wiederum nur eine Kleinigkeit. Daß ihn aber auch die Herrscher von seiner eigenen Gattung dafür nehmen und als eine solche behandeln, indem sie ihn teils tierisch als bloßes Werkzeug ihrer Absichten belasten, teils in ihren Streitigkeiten gegeneinander aufstellen, um sich schlachten zu lassen – das ist keine Kleinigkeit, sondern Umkehrung des Endzweckes der Schöpfung selbst[115]."

„Welches Recht", fragt Kant, „hat der Staat gegen seine eigenen Untertanen, sie zum Kriege gegen andere Staaten zu brauchen, ihre Güter, ja ihr Leben dabei aufzuwenden oder aufs Spiel zu setzen?" Höhnend antwortet er: „das Recht, mit dem Seinen zu tun, was er will", wie man über seine Kartoffeln und Haustiere verfügen kann. Doch der Mensch ist nicht nur Mittel, sondern zugleich Selbstzweck. Es kann nur von Recht die Rede sein, wenn das Volk, in welcher Weise auch, seine Zustimmung gegeben hat. Glaubt Kant, daß mit der Zustimmung des Volkes (der Mehrheit?) das Unrecht beseitigt ist? Nach dem Obigen wissen wir: nur zum Teil. Auch wenn man der Mehrheit die Verfügung über das Leben (und das Gewissen?) der Minderheit zugestehen wollte, dann würde in jedem Krieg, nach Kant, dennoch die Unmoralität der natürlichen Mißachtung des

---

[113] VORLÄNDERS Ergänzungen S. 69.
[114] Arthur SCHOPENHAUER, Parerga und Paralipomena. Über die anscheinende Absichtlichkeit im Schicksale des Einzelnen. Sämtliche Werke, Ausg. Griesbach, Band IV, 2. Abdruck, S. 238.
[115] VORLÄNDERS Ergänzungen S. 73.

menschlichen Lebens bestehen bleiben, die mit dem „Naturzu-stand" des Krieges verknüpft ist. Darum „spricht die moralisch-praktische Vernunft in uns ihr unwiderrufliches V e t o aus: E s s o l l k e i n K r i e g s e i n... denn das ist nicht die Art, wie jedermann sein Recht suchen soll"[116].

Die Rechtsbetrachtung des Krieges ist bei Kant bei weitem die vorherrschende. Aber wir sahen, wie auch bei ihm die Rechtsfrage mit der rein-ethischen eng zusammenhängt und diese wieder mit dem Wert des Menschen. Daß Kant neben seiner scharfen Verurtei-lung des Krieges und dessen unmoralischen und rechtlosen Charak-ters noch Raum läßt für irgendwelche Wertschätzung, erklärt der eminente Kant-Kenner Paul Natorp aus der Zeit, in der die zitierten Schriften Kants entstanden sind (1795-1798) und aus dem Unter-schied der damaligen und jetzigen Kriegführung. Natorp hätte auch hier auf den von uns erwähnten naiven Glauben an die Möglichkeit eines Krieges, der nicht gar zu unmoralische Mittel anwendet, hin-weisen müssen, ein Glaube, der schon in seiner Zeit selbstverständ-lich beschämt wurde. Natorps Urteil lautet: „Das vergleichsweise noch günstige Urteil über den moralischen Wert des Krieges ist in der Zeit des nordamerikanischen Befreiungskampfes und der Revo-lutionskriege wohl begreiflich. Auch die ganze heraklitische Einstel-lung zum Kriege bei Hegel läßt sich noch verstehen. Ob aber beide Philosophen ebenso geurteilt hätten angesichts eines Krieges, wie wir ihn erlebten und gar wie unsere Kinder und Kindeskinder, wenn nicht der rasenden Unvernunft endlich Einhalt geschieht, ihn erleben werden, das ist doch sehr fraglich. An solchem Kriege hat die Erhabenheit der sittlichen Bestimmung der Menschen keinen Teil mehr. Kant dürfte ihn mit Recht einzig auf sein ‚radikales Böse' schieben[117]."

VII. Doppelte Moral? Max Huber: „Entweder Christus oder Caesar" das Dilemma unserer Zeit

Der Krieg, wenigstens der moderne Krieg, „das radikale Böse". So ist also mit diesem Urteil des Kant-Kenners Natorp die philosophi-

---

[116] VORLÄNDERS Ergänzungen S. 70.
[117] Paul NATORP, Kant über Krieg und Frieden. S. 34.

sche Behandlung des Problems Staat und Krieg nach langem Um-
herschweifen – die Abzweigung fing bei Hegel an – wieder bei Kant
und seinem rein sittlichen Bewußtsein angekommen. Das heißt also,
daß der philosophische Versuch, den Krieg zu rechtfertigen, als mißlungen betrachtet werden muß. Wir glauben
nach allem Vorhergehenden nicht anders urteilen zu dürfen. Wir sehen jetzt, welchen Wert wir der so oft gehörten Berufung auf „die
großen Philosophen, die alle an das Recht des Krieges geglaubt haben", beimessen müssen. Wir sahen, wie die imperialistische Staats-
klugheit des letzten Jahrhunderts sich die aus dem Druck der Zeiten
hervorgegangene Verirrung des philosophischen Denkens zunutze
gemacht hat. „Die ganze, so furchtbar gepreßte und oft verzweifelte
Lage des deutschen Volkes inmitten Europas", sagt Meinecke, „gehört immer dazu, um den deutschen Idealismus, der mit der Verkündigung des kategorischen Imperativs begonnen hatte, zum
Bündnis mit Machiavelli zu bewegen[118]."

Am Anfang seines Buches erkannte, wie wir sahen, Meinecke
unverhohlen, daß die sittliche Rechtfertigung der Staatsraison immer nach einer Seite hin mißlingen muß: nämlich, wo der Staat
seine Macht nicht zur Rechtserhaltung, sondern zur Selbsterhaltung
anwendet. Da herrscht der „urmenschliche, vielleicht animalische
Trieb, der blind um sich greift, bis er äußere Schranken findet". Die
Schranken liegen jedoch nie im Sittlichen, sondern immer nur im
Physischen. Durch ihren teils sittlichen, teils naturhaften Charakter
„ist die Staatsraison ein Maxime des Handelns von höchster Duplizität und Gespaltenheit". „Zum Wesen und Geiste der Staatsraison
aber gehört es gerade, daß sie sich immer wieder beschmutzen muß
durch Verletzungen von Sitte und Recht, ja allein schon durch das
ihr unentbehrlich erscheinende Mittel des Krieges, der trotz aller
rechtlichen Formen, in die man ihn kleiden mag, den Durchbruch
des Naturzustandes durch die Normen der Kultur bedeutet. Der
Staat muß, so scheint es, sündigen[119]." Dies schon einmal zitierte An-
fangsurteil Meineckes wiederholen wir hier, weil das Schlußurteil,
mit dem dieser Geschichtsphilosoph seinen Gang durch die Geschichte beschließt, sich dem vollkommen anpaßt.

---

[118] MEINECKE, Die Idee der Staatsraison. S. 468.
[119] MEINECKE, Die Idee der Staatsraison. S. 15.

„Wir sehen in der Geschichte nicht Gott, sondern ahnen ihn nur in der Wolke, die ihn umgibt. Nur zu viele Dinge aber gibt es, in denen Gott und Teufel zusammengewachsen sind. Zu ihnen gehört voran, wie Boccalini zuerst gesehen hat, die Staatsraison. Rätselhaft, führerisch und verführerisch schaut sie, seitdem sie den Menschen zu Beginn der neueren Geschichte wieder zum Bewußtsein gekommen ist, ins Leben. Die Kontemplation kann nicht müde werden, in ihr Sphinxantlitz zu blicken, und kommt ihr doch nie ganz auf den Grund. Dem handelnden Staatsmann aber darf sie nur zurufen, daß er Staat und Gott zugleich im Herzen tragen müsse, um den Dämon, den er doch nicht ganz abschütteln kann, nicht übermächtig werden zu lassen[120]."

Wir ehren diese Schlußbetrachtung einer ausführlichen Arbeit wegen der Art und Weise ihrer Begründung, wegen der Tiefe der Einsicht in das Problem, von der sie zeugt, und wegen der Ehrlichkeit, mit der sie schwarz nennt, was schwarz, und teuflisch, was teuflisch ist. Wir haben nur ein großes Bedenken: daß sie mit dem Dämon der Staatsraison, also mit der Sünde sich abzufinden sucht. Dies nun ist dem Christen nicht erlaubt. Sünde hat für den Christen keine Existenzberechtigung, denn Sünde kann vor Gottes heiligem Angesicht nicht bestehen. Meinecke hat dieses Buch von 1925 offenbar in einem Entwicklungsprozeß geschrieben, der noch nicht zu Ende ist. Denn 1917 stellte er sich noch mehr oder weniger neben Hegel, indem er erklärte, daß „das Sittliche überhaupt neben seiner universalen auch eine individuell bestimmte Seite hat, und daß von dieser Seite her auch die scheinbare Unmoral des staatlichen Machtegoismus gerechtfertigt werden kann. Denn unsittlich kann nichts sein, was aus der tiefsten, individuellsten Natur eines Wesens stammt"[121]. Seit dem Krieg hat Meinecke diesen Standpunkt offenbar als ethisch unhaltbar preisgegeben, was er zögernd zugibt[122] und zum Glück öffentlich zeigt. Aber was „der (oben genannte) handelnde Staatsmann" tun müßte, wenn in seinem Bewußtsein das Interesse des Volkes mit dem Interesse der Moral in Konflikt käme, diese Frage läßt Meinecke unentschieden. Ich fürchte, daß er es dem

---

[120] S. 542.

[121] *Weltbürgertum und Nationalstaat.* 4. Aufl. München 1917, S. 92.

[122] MEINECKE, Die Idee der Staatsraison. S. 468.

Staatsmann nicht übel nehmen würde, wenn dieser ersteres wählte und er würde ihn mit der Erklärung trösten, daß der Staat nun einmal ein Doppelwesen ist und daß man den Dämon doch nicht ganz von sich abschütteln kann; ein anderes Mal soll er dann wieder an Gott denken. Ich fürchte, daß Meinecke auch 1925, trotz seiner Bekehrung und als Rest seiner früheren Überzeugung, auch jetzt noch die Antwort geben würde, die er 1918 gab: „Und mit überwältigender Wucht lehrt die geschichtliche Erfahrung wie das eigene Gewissen, daß der Staatsmann in solchem Falle nur nach dem Satze handeln kann: ‚*Salus populi suprema lex esto*‘[123]!"

Fr. W. Foerster, der die beiden letzten Äußerungen zitiert, urteilt richtig: „In dieser Formulierung sitzt das peccatum originale (die Ursünde) des ganzen preußischen und neudeutschen politischen Denkens. Es kann nicht laut genug in das neudeutsche Gewissen gerufen werden: Nein, nicht euer salus, sondern der Gehorsam gegen die ewigen unverbrüchlichen sittlichen Gesetze, in deren Erfüllung allein auch das salus populi geborgen ist – dieser Gehorsam soll der oberste Gehorsam des Staatsmannes sein." Wie schwer es für den Staatsmann sein möge, dieser Richtschnur zu folgen – wenn er es nicht tut, wird er bald Anlaß dazu geben, daß man über ihn urteilt, wie sogar die „Kreuzzeitung" es einmal über Bismarck gewagt hat, nämlich: daß er „den Kompaß des Ewigen" verloren habe[124]. Meinecke und viele Historiker mit ihm bleiben das Opfer des „modernen Geistes", der, wie er ihn selbst zeichnet, „vielleicht schärfer und schmerzhafter als frühere Zeiten die Brechungen, Widersprüche und unlösbaren Probleme des Lebens empfindet, weil ihm der tröstende Glaube an die Eindeutigkeit und Absolutheit der menschlichen Ideale durch die relativierenden Wirkungen des Historismus und die skeptisch stimmenden Erfahrungen des modernen Geschichtsverlaufs verloren gegangen ist." Meinecke fühlt jedoch, daß dieser moderne Geist uns nicht aus dem Sumpf, in den wir geraten sind, herausholen wird. Ohne sich dessen bewußt zu sein, daß er in Widerspruch gerät mit seinem Schlußurteil, in dem er sich mit der Duplizität und Gespaltenheit der Staatsraison abfindet, sagt er kurz

---

[123] „Das Heil des Volkes sei das höchste Gesetz." *Preußen und Deutschland im 19. Jahrhundert*. München 1918, S. 493.
[124] Fr. W. FOERSTER. Politische Ethik. 3. Aufl. München 1918, S. 247. 248.

vorher: „Den Glauben aber, daß es ein Absolutes gibt, wiederzuge-
winnen, ist theoretisches wie praktisches Bedürfnis, denn die reine
Kontemplation würde ohne solchen Glauben in ein bloßes Spiel mit
den Dingen zerfließen, und das praktische Handeln rettungslos allen Naturgewalten des geschichtlichen Lebens ausgeliefert sein[125]."

Wenn irgend jemand von dieser Wahrheit durchdrungen sein
soll, ist es der Christ. „Wenn der Mensch nach seinem Verstande",
sagt Max Huber, „anfängt auszuscheiden und abzugrenzen, so ist
für ihn das Evangelium keine göttliche Offenbarung mehr, sondern
ein Komplex menschlicher Einsichten, aus dem sein Eklektizismus
wie aus beliebigen anderen Quellen nach Gutfinden schöpft oder
nicht schöpft. Das Evangelium muß angenommen werden in seiner
ganzen Schwere und seinem ganzen Ernst, oder es muß als solches
abgelehnt werden. ... Das Evangelium will und kann kein Kompromiß mit der Welt und ihren menschlichen Möglichkeiten sein. ... Die
Einsicht in die besondere Schwierigkeit, auf dem politischen Gebiet
Christus zu folgen, darf uns nicht abschrecken, sondern muß uns die
ganze Tiefe und den vollen Ernst der christlichen Forderungen zum
Bewußtsein bringen[126]."

Über diesen „vollen Ernst der christlichen Forderungen" dem
Staat und seinen Ansprüchen gegenüber hat Max Huber wahre und
schöne Dinge gesagt, von denen wir zum Schluß dieses Kapitels einiges mitteilen wollen. Etwas vom radikalen Urchristentum tritt in
diesem „Issu de Calvin" (Nachkomme Calvins), wie Professor Anema
ihn nennt, an den Tag. Daß seine Folgerungen in mancher Beziehung von diesem christlichen Radikalismus wenig an sich haben
(darüber im nächsten Kapitel), liegt unseres Erachtens an einem
Überbleibsel jenes naturalistischen Staatsabsolutismus, der vom Nationalismus genährt und von religiös-nationalistischer Philosophie
in seiner Entwicklung gefördert, sich im letzten Jahrhundert nun
einmal in den Köpfen der Besten, auch derer, die ihn bekämpfen,
festgesetzt hat und der Huber z. B. in naiver Weise sagen läßt: „Es

---

[125] MEINECKE, Die Idee der Staatsraison. S. 542.
[126] Prof. Dr. Max HUBER, ehemaliger Professor des Staats- und Völkerrechts, auch
Kirchenrechts in Zürich, später Mitglied und Präsident des Permanenten Internationalen Schiedsgerichts, in seiner Schrift „Staatenpolitik und Evangelium";
ursprünglich ein Referat für eine schweizerische Pfarrerkonferenz. Zürich 1923.
S. 21f.

liegt in der Naturordnung begründet, daß der Mensch zunächst für sich, dann für die zu sorgen hat, die ihm durch die Lebensgemeinschaft die Nächsten sind." In noch stärkerem Maß gilt dies für den Staat. „Der Staat will seinem ganzen Wesen nach etwas Selbständiges sein; darum hat er eine oberste Verfügungsmacht über alle Personen und Sachen in seinem Gebiete[127]." Daraus fordert Huber wieder das Recht der Selbstverteidigung und Dienstpflicht. Wir lassen dies vorläufig auf sich beruhen, stellen nur nebenbei fest, daß diese natürliche Moral mit den „Forderungen des Christentums" wenig zu tun hat. Dagegen deckt es sich mit diesen Forderungen, wenn Max Huber in deren Namen gegen die absolute Souveränität des Staates, gegen eine zwingende Staatsraison und gegen eine gesonderte, selbständige Staatsmoral auftritt[128]. Er sagt wie folgt:

Es herrscht auch in der christlichen Welt eine doppelte Moral, die verhängnisvoll für den christlichen Ernst ist. „Die zweideutige oder einen eigentlichen Verzicht bedeutende Stellung großer Kreise der Christenheit gegenüber Staat und Politik findet ihre Erklärung in der Stellung, die dem Staat eingeräumt wird." „Der Staat mit seiner ‚Moral', mit seinen naturhaften Lebensbedingungen und Forderungen tritt neben Gott und Gottesreich als eine Welt für sich auf. Was sich aber neben Gott stellt, will Gott sein. Dieses Nebeneinander von Staat und Gott – und würde der Staat nur einen Schlupfwinkel für sich als bedingungsloses Eigentum beanspruchen – muß dem christlichen Gewissen unerträglich sein. Es heißt: Aut Christus, aut Caesar[129]." – In keiner Zeit hat sich dieses „Dilemma gewaltiger und furchtbarer vor der Christenheit aufgerichtet als heute". In der inneren Politik möge diese unbeschränkte Staatsmacht durch die Forderungen der christlichen Moral eingeschränkt werden. „Bei der äußeren Politik und der ihr verwandten Politik gegenüber ethnischen und religiösen Minderheiten ist es vielfach ganz anders. Da wird nicht selten die Unmoral zur Moral, wenn sie dem National- und Staatsinteresse dient. Hier ist die bis jetzt unbezwungene Zitadelle, in der sich der Welt- und Machtgeist verschanzt hält."

---

[127] *Staatenpolitik und Evangelium.* S. 22.
[128] Siehe S. 48-49 und S. 87-90.
[129] Entweder Christus oder Caesar.

„Im Staat, der vom Einzelmenschen Opfer fordert und nach solcher Auffassung jedes Opfer fordern darf, ersteht dem modernen Menschen, der den wahren Gott verloren hat, ein neuer diesseitiger Gott. ... Aber im Grunde ist es doch nur eine Täuschung; nur ein sublimierter und zudem potenzierter Egoismus tritt uns hier entgegen. Im Staat liebt der Mensch sich selbst, sein gesteigertes Ich. ... Wie die antike Polis (der Stadtstaat der Alten) nimmt der moderne Staat den ganzen Menschen, auch dessen Seele in Anspruch." ... „Die Staatsidee übt wie eine religiöse Überzeugung eine Herrschaft über den Menschen aus. Vom Staat aus beginnt eine bewußte Umwertung aller Werte, eine Umwertung in einem Sinne, der gerade dem Geist entgegengesetzt ist, in dem das Evangelium alles erneuert hat." „Wenn für den Staat die Biologie den Vorrang vor der Ethik erhält, warum nicht auch im wirtschaftlichen Kampf, in den sexuellen Problemen, in der Hilfe für die Kranken? Daß ein sehr großer Teil der Christenheit die grundsätzliche Bedeutung dieser Frage nicht einsieht, das macht unsere Zeit so ernst; und daß so viele, die sich zu Christus bekennen wollen, in der Politik sich bewußt auf die Seite des Caesars statt des Christus stellen, das ist das große Heidentum unserer Tage." – „Wie weit die Kulturvölker gekommen sind, wird besonders deutlich gemacht durch die Kaltblütigkeit und Selbstverständlichkeit, mit der die Möglichkeiten der sogenannten chemischen Kriegführung erwogen werden, die an Wirkung und Schnelligkeit alle Greuel bisheriger Kriege und des revolutionären Terrors hinter sich lassen und den Menschen nur noch als Stoff gelten lassen wird." „Wenn das Christentum sich nicht gegen diese Sonderstellung des Staates im Sittlichen wehrt, so wird der Weltgeist bald genug aus seiner Festung des moralfreien Staatsabsolutismus hervorbrechen und nach und nach wieder alle Gebiete sich zurückerobern, die das christliche Gewissen ihm in zwei Jahrtausenden abgerungen hat[130]."

Wir konnten nicht umhin, diese Bruchstücke aus Max Hubers Schrift zu zitieren, sowohl wegen der autoritativen Persönlichkeit des Verfassers, als auch, weil sie genau das Ergebnis, zu dem unsere Prüfung der Beziehungen des Staates zum Krieg geführt hat, wiedergeben. Wir glauben, daß in Max Hubers Worten der Protest des

---

[130] *Staatenpolitik und Evangelium.* S. 9-13.

Christentums laut wird, das nach jahrhundertelangem Verfall und nach einem letzten Jahrhundert tiefer Demütigung, in dem der Staat die Gelegenheit hatte, sich als einen Gott auf Erden niederzulassen und in dem seine Pseudomoral auch von der Christenheit anerkannt wurde, sich mit einem Teil jener elementaren Gewalt erhebt, die dem Urchristentum eigen war und im Namen Christi den Kampf gegen den Geist der Welt aufnimmt, der sich dieser Staatsmoral bedient.

Man verstehe uns wohl. Wir können nicht wie die Christen der ersten Jahrhunderte die Erhaltung der Rechtsordnung Anderen überlassen. Das Bündnis, das das Christentum, als es für die Welt und ihren Lauf verantwortlich wurde, mit jener Rechtsordnung einging, wollen wir nicht ungeschehen machen. Aber mit größerer Kraft als je – denn sein Leben steht auf dem Spiel – fordert das Christentum in dieser Zeit, daß die wahre Rechtsordnung nicht in einer christusfeindlichen Staatsmoral untergehe, fordert es, daß der Staat sich in ein *corpus christianum* einfügen lerne. Das soll nicht heißen, daß der Staat ein Christ werde, denn das kann er nicht; wohl aber, daß der Staat sich mit dem Christentum so verbunden wisse, daß er es mit der Tat verehrt und sich hütet, es anzugreifen oder zu untergraben. Diese Forderung enthält also, daß der Staat aufhöre, sich als Machtstaat zu verhalten und um der Gerechtigkeit willen sich damit abfinde, reiner Rechtsstaat zu sein und die Macht nur zur Erhaltung des Rechtes anzuwenden und zwar nur mit den Mitteln, die das Recht für zulässig erachtet.

Wenn Huber noch tiefer und konsequenter die von Christus geforderte Haltung der Christen in unserer Zeit erkannt hätte, wäre er nicht bei dem eindringlichen Postulieren dieser hohen, unerbittlichen Forderungen stehen geblieben, sondern würde auch die unseres Erachtens unvermeidliche Folgerung gezogen haben: der brutalsten, verhängnisvollen Betätigung jener heidnischen Staatsallmacht ohne Moral, dem Krieg, muß das Christentum sich mit aller Kraft widersetzen; dazu darf es sich unter keiner Bedingung und unter keinen Umständen mehr hergeben. Diese Folgerungen zieht Huber nicht, sowohl aus Furcht vor Anarchie, als auch infolge eines bei ihm noch vorhandenen Restes der verurteilten Staatsmoral, den wir bei ihm konstatieren mußten, und infolge einer unseres Erachtens zu optimistischen und dadurch wirklichkeitsfremden Beurteilung des Krieges: „Die ungeheuren Leidenschaften, die der Krieg aufwühlt und die skrupellosen Methoden, die in solchen Zeiten angewendet werden, bilden immerhin eine Ausnahme[131]." Wer so den Krieg sieht, kann ihn nicht so bekämpfen, wie er vom christlichen Standpunkt aus bekämpft werden muß. Wir glauben, daß Paul Natorp mehr Wirklichkeitssinn zeigte, als er aussprach, daß Kant den modernen Krieg nur als das „radikal Böse" bezeichnen würde.

Wir werden im nächsten Kapitel näher zusehen, ob diese Verurteilung richtig ist. Dann wird auch die Frage nach den Beziehungen zwischen Rechtsstaat und Krieg vollständiger beantwortet werden.

---

[131] *Staatenpolitik und Evangelium.* S. 18.

Viertes Kapitel
Das sittliche Urteil über den Krieg

Wir versuchen nun vom christlichen Standpunkt aus, so vollständig und genau wie möglich uns ein sittliches Urteil über den Krieg zu bilden, und zwar über den modernen, um den es sich für uns handelt. Wir stellen zu diesem Zweck drei Fragen, auf die wir eine Antwort suchen:

A. Kann der Staat im Krieg und durch ihn seine sittliche Aufgabe erfüllen?

B. Ist das Mittel des Krieges, das Kriegshandwerk, sittlich erlaubt?

C. Welchen Wert haben die Argumente zur Verteidigung dieses Mittels?

A. Die Aufgabe des Staates

Der moderne Kulturstaat hat in bezug auf das Volksleben dreierlei Aufgaben: 1. die Handhabung des Rechts, 2. den Schutz der geistigen Güter des Volkes, 3. den Schutz von Land und Volk.

1. Die Handhabung des Rechts. Der Krieg führt zur Untergrabung des Rechtsbewußtseins.

Für jeden, der einigermaßen Rechtsgefühl hat, ist die Handhabung des Rechts die erste Pflicht. Ein Staat, der kein Rechtsstaat mehr wäre, hätte keine Existenzberechtigung. Was diese verworrene, sündige Welt, menschlicherweise gesprochen, noch einigermaßen erhält, ist außer dem gesunden Verstand, der persönlichen Liebe und dem persönlichen Pflichtgefühl, die Rechtsordnung. Wer dies einsieht, erhebt in erster Linie gegen den Krieg den Einwand, daß er die Streitigkeiten nicht durch das Recht, sondern durch die Gewalt schlichten will. Damit wankt die Grundlage unserer Kultur. „Was ist", fragt Professor Heymans, „der ganze Zweck unserer sittlichen Kultur anders, als die Herrschaft der Macht durch die Herrschaft des Rechts zu ersetzen? ... Der Krieg ignoriert das Recht. Damit ist der Krieg sittlich gerichtet[1]."

Diese Ausschaltung des Rechtes wird im allgemeinen von den kriegführenden Völkern nicht stark empfunden, weil sie sich alle einbilden, für das Recht zu kämpfen und nicht einsehen, daß, wo jedes sein Recht sucht, das Recht verloren gegangen ist. Wohl fühlt ein Volk, daß eine Rechtsgrundlage unentbehrlich ist; darum ist es die erste Aufgabe einer kriegführenden Regierung, ihrem Volk eine solche Grundlage um jeden Preis zu verschaffen; wenn der Rechtsgedanke zerbrochen wäre, würde das Volk nicht in den Krieg ziehen.

Die gewalttätige Ausschaltung des Rechts durch den Krieg kann jedem an den Folgen klar werden. Von der christlichen Theologie ist die Rechtsordnung des Staates als „poena et remedium peccati", als Strafe und Heilmittel der Sünde, wie sie früher die Aufgabe des Staates bezeichnete, anerkannt worden. Darum verbietet der Staat seinen Bürgern, den Kampf um die Existenz mit sittlich unerlaubten Mitteln zu führen. Und was geschieht nun im Krieg? Derselbe Staat wendet dieselben unerlaubten Mittel, nur intensiver und massenhafter an. „Ist es nicht moralisch absurd", fragte in der Kriegszeit Dr. Leo Polak, jetzt Professor der Philosophie, „ist es nicht ein sittlicher Greuel, wenn derselbe Staat, als Schützer des Rechts, jede ‚Konkurrenz' der Einzelnen mit noch so geringer Gewaltanwendung gegen Leben, Freiheit, Eigentum verbietet und rächt – selbst aber für jene Einzelnen in rechtsverletzender Gewaltanwendung ‚konkurriert', ja sie sogar organisiert und sie unter Umständen gegen ihr Gewissen zu einem solchen Wettkampf mit Hilfe der Menschenschlächterei, Freiheitsberaubung, Brandstiftung und Zerstörung, kurz zur Schändung und Verachtung der höchsten Rechtsgüter zwingt?[2]"

Durch Kriegführen huldigt der Staat einer Moral, die der im Frieden von seinen Bürgern geforderten widerspricht. Damit untergräbt

---

[1] HEYMANS, De Oorlog en de Vredesbeweging, blz. 7-8.
[2] Leo POLAK, Oorlogsphilosophie, blz. 55. 56.

er das Fundament seiner Existenzberechtigung: Hüter des Rechts und des Rechtsbewußtseins zu sein. Alle Instinkte und Leidenschaften, die das Recht im Zaum halten soll, werden im Krieg und durch ihn aufs höchste gesteigert und gereizt: der Stolz, der Haß, die Grausamkeit, der Blutdurst, die Geringschätzung des Nächsten und seines Lebens, die tierische Sinnlichkeit. Man lese Bücher wie das von Gustav Höft: „Fluch den Waffen" (Urteile großer Männer Frankreichs über den Krieg), von Andreas Latzko: „Menschen im Krieg", von Erich Maria Remarque: „Im Westen nichts Neues", oder von Henri Barbusse: „Le Feu"; durch letztgenanntes Buch empfing der calvinistische Professor Bavinck einen so starken Eindruck von der Wirklichkeit des Krieges, daß er in seiner Broschüre über „Christentum, Krieg, Völkerbund" (1920) erklärte: „Die Darstellung des Krieges, welche dem Volk in der Presse gegeben wird, entspricht nicht der Wirklichkeit." Wohl aber entsprechen die photographischen Momentaufnahmen von Soldaten in dem viersprachigen Werk: „Krieg dem Krieg"[3] der Wirklichkeit. Wenn man auch mit den Unterschriften nicht immer einverstanden ist, so versteht man doch, daß alle, die dies gesehen und durchgemacht haben, fortan nur hohnlachen können, wenn der Staat, der sie in den Krieg geschickt hat, der Schützer des Rechts, der Rächer und Bändiger der Sünde genannt wird. Man versteht auch, daß bei vielen dieser Leute, namentlich bei denen, die nach dem Instinkt leben, das Rechtsgefühl unheilbaren Schaden genommen hat. Kein Wunder, daß General von Schönaich in seinem Buch: „Vom vorigen zum nächsten Krieg"[4] feststellt, daß der Krieg, dieses sogenannte „Rechtsmittel", nach seiner Beendigung in der Gesellschaft u. a. diese Folgen hinterläßt: „Überall sittliche Verwilderung; alle guten Instinkte unterdrückt, alle schlechten aufgepeitscht." „Tausende von Ehen zerstört, Ehescheidungen stark zugenommen. Die Jugend ausschweifend. Geschlechtskrankheiten wüten in ungekannter Weise." „Wucherer, Einbrecher und Mörder gehen überall in schamloser Weise vor." Es ist eine verhängnisvolle Wechselwirkung, die der Krieg entfesselt: Die Verdrängung des Rechts durch brutale Gewalt hat die sittliche

---

[3] Herausgegeben von E. FRIEDRICH. Freie Jugend, Berlin C 2, Parochialstraße 29.
[4] Verlag der neuen Gesellschaft, Fichtenau bei Berlin 1924, S. 98. 112. Nach der holländischen Übersetzung zitiert.

Verwilderung zur Folge, und diese wieder zeitigt die Mißachtung des Rechts. „Das eben ist der Fluch der bösen Tat, daß sie fortzeugend Böses muß gebären."

„Das Recht hat darüber zu wachen", sagt Professor Scholten ganz richtig, „daß dem Menschen die Möglichkeit, eine Persönlichkeit zu werden, nicht genommen wird[5]." Wenn nun der Staat im Widerspruch mit dieser Pflicht seine jungen Bürger in den Krieg schickt, wo sie wie Maschinen gehorchen müssen, und wo obendrein die Bestie im Menschen entfesselt wird und viele als Persönlichkeit zugrunde gehen, da darf der Staat sich nicht beschweren, wenn nach dem Krieg die Ehrfurcht vor seiner Rechtsautorität sich als beträchtlich herabgesetzt herausstellt.

Wir leugnen nicht, daß der Staat auch nach außen hin die Rechtsgüter des Volkes schützen darf, und daß dies auch zu seiner Rechtsbefugnis gehört. Wir fragen nur, ob der Krieg ein Rechtsmittel sein kann, wenn er das Rechtsbewußtsein derer so untergräbt, die bei der Anwendung dieses Mittels aktiv oder passiv beteiligt sind. Die nächsten Seiten werden diese Fragen noch eingehender beleuchten[6].

2. Schutz der geistigen Güter? Der Krieg erzeugt Geringschätzung des Menschen, seines Lebens, seiner Seele und ihres geistigen Besitzes.

Wir nennen zuerst die geistigen Güter, weil in ihnen der Kulturwert eines Volkes liegt. Kein einziges Volk ist nur der materiellen Güter wegen, wie wichtig sie für das Volksleben auch sein mögen, existenzwürdig. Über diese Güter sprechen wir noch. Die Frage jedoch, inwiefern der kriegführende Staat die geistigen Güter eines Volkes schützt, ist zum Teil schon im Vorhergehenden beantwortet. Denn in dem Maß, wie das Rechtsbewußtsein vom geistigen Leben getragen wird, sinkt dieses auch, wo das Rechtsbewußtsein herabgedrückt wird. Unser geistiges Leben und geistiger Besitz sind eine so organische Einheit, daß, wo das Eine verletzt wird, auch das Andere Schaden nimmt. Gerade die sittlichen Güter, die den Kern der Volkskultur und das Wesentliche bei der Bedeutung eines Volkes

---

[5] Prof. Paul SCHOLTEN, Gedachten over Macht en Recht. Onze Euw, Dezember 1917, blz. 339.
[6] Über Völkerbund, Recht und Krieg siehe Kap. V.

ausmachen, leiden am meisten, wenn das Rechtsbewußtsein geschwächt wird. Die sittlichen Güter eines christlichen Volkes sind mit der Ehrfurcht vor dem Menschen als Ebenbild Gottes und als Gegenstand seiner Liebe aufs engste verflochten. Auch hierauf beruht das Recht. Zartes Rechtsgefühl, sagten wir schon vorhin, wurzelt in zartem moralischen Empfinden, und dies wieder in der Achtung vor dem Menschen. Daß zum Beispiel Professor Krabbe immer wieder für den hohen Wert des Rechtsbewußtseins und des Rechtsstaates eintritt, steht mit dem Wert, den er der menschlichen Persönlichkeit zugesteht, in innerem Zusammenhang. Und wenn das Altertum den modernen Begriff der Persönlichkeit auch noch nicht kennt, so hat doch Krabbe Recht, wenn er in seiner Antrittsrede „Die Idee der Persönlichkeit in der Staatslehre" (1908) den Wert der Persönlichkeit die erste und wichtigste Beisteuer des Christentums zur Staatslehre nennt, eine Beisteuer, die nie verloren gehen darf. Ebenso urteilt Professor Schölten: „Der Antike ist der Mensch vor allem Bürger seines Staates, ‚zoon politikon', erst Glied der Gemeinschaft und danach noch Persönlichkeit. Das Neue, das das Christentum der Rechts- und Staatslehre gebracht hat, war die Änderung dieser Reihenfolge[7]."

Wir aber fragen: Was wird aus diesem höchsten Gut der christlich-sittlichen Kultur im Krieg? Zeigt nicht der Krieg durch seine zwangsweise Aushebung und seinen modernen Charakter des Massenmordes mehr als je eine totale Mißachtung des Menschen, seiner Person, seines Lebens? Die militärische Dienstpflicht konnte nur in einem Jahrhundert eingeführt werden, in dem das Christentum unfähig war, seine geistigen Güter gegen den wachsenden Nationalismus und Staatsabsolutismus mit seinem Hunger nach immer größeren Heeren zu schützen. Napoleon gab das Beispiel, und fast der ganze Kontinent folgte nach. „Es ist eine von der Geschichte bestätigte Tatsache", schreibt der katholische Professor Prunner am großen Seminar in Eichstätt, „daß eine allgemeine Dienstpflicht nur dann entstand, wenn der Staat religiös gleichgültig oder antichristlich geworden war, und kein anderes Recht mehr anerkannte, als seine eigene Allmacht." Der katholische niederländische Moraltheologe Jos. Aertnys nennt mit Recht „die erzwungene Dienstpflicht

---

[7] Prof. Dr. Paul Scholten, Recht en Liefde. Synthese III, 4, blz. 18. 19.

die Sklaverei unseres Jahrhunderts, das von seiner Freiheit so viel Aufhebens macht". Der katholische Pastor Keulers, der beide Äußerungen zitiert, urteilt, „daß die, welche die Dienstpflicht einführten, den Völkern die schwerste, entehrendste Strafe auferlegten, die sie je getragen haben"[8]. Und in „De Nieuwe Eeuw" (das neue Jahrhundert) fügt er hinzu, daß „jedes Land verpflichtet ist, dieses Monstrum einer himmelschreienden Sklaverei und eines Handels mit ‚weißen Männern' auszurotten und abzuschaffen"[9].

Man mag den Ausdruck Sklaverei zu stark finden; aber dieses Wort kommt uns allen in den Sinn, wenn unsere Jungen in einem Alter, in dem ihr Charakter noch am meisten der Leitung bedarf, unter vollkommener Geringschätzung ihrer Person und persönlichen Empfindung eingezogen und auf das Töten des Gegners gedrillt werden[10]. Im Widerspruch mit ihrer christlichen Erziehung und mit der kurz vorher erfolgten Konfirmation werden sie durch die Praxis von obenher belehrt, daß das Leben ihres Nächsten in anderer Uniform wertlos ist. Und wenn nachher diese Übung im Krieg in die Praxis umgesetzt wird, dann wird jener Unwert des Menschen – nach Max Huber ein zu zerstörendes Material – in deutlichster Weise demonstriert. Während der gläubige Christ in Übereinstimmung mit seinem christlichen Prinzip seine Kräfte anspannt, um nur ein Menschenleben zu retten und der Arzt sich die größte Mühe gibt, auch das schwächste und armseligste Menschenleben zu erhalten – jedenfalls nicht im Widerspruch mit dem Christentum –, werden „draußen" Hunderte junger Menschen wie Ratten ertränkt und vergiftet, und der Kugelregen der Maschinengewehre und die Granaten fegen die lebende Masse wie eine tote Materie hinweg. Kein Wunder, daß Barbusse seine Erinnerungen an das Schlachtfeld und die Stimmung seiner Kriegskameraden folgendermaßen wiedergibt: „Des héros, des espèces de gens extraordinaires, des idoles? Allons donc! On a été des bourreaux. ... Oui de durs et infatigables bourreaux, voilà ce qu'on été[11]." (Helden, eine außerordentliche Gattung Menschen, Götzen? Ach was! Henker sind wir gewesen. ... Ja, harte und un-

---

[8] J.M. KEULERS. Oplossing van het militaire vraagstuk. Leiden 1920, blz. 35-42.

[9] De Nieuwe Eeuw, 24. Februar 1927.

[10] Man lese bloß in den „Aanwyzingen by de opleiding der infanterie", blz. 32 über den Bajonettkampf nach.

[11] BARBUSSE, Le Feu, p. 347.

ermüdliche Henker, das ist es, was wir gewesen sind.) Viele mögen nicht immer so empfinden, weil das große Gemetzel nicht mit der Hand, sondern mit Maschinen bewerkstelligt wird. Die, welche nachdenken, werden dies um so dämonischer finden. Außerdem ist das Handgemenge, der wüste Kampf auf Tod und Leben, in dem man unmöglich Mensch bleiben kann, unvermeidlich. Wozu hätte man sich sonst mit Handgranaten und Bajonetten geübt?

Der mitfühlende Mensch denkt in der Regel nur an die Opfer und beklagt ihr Los. Der Christ denkt vor allem an die Urheber und fragt: Was wird aus ihnen? Nicht das Leid, wie furchtbar es sein mag, sondern die Sünde ist für den Christen das schlimmste Übel. Durch Leid brauchen die geistigen Güter, die der Staat zu schützen hat, keinen Schaden zu nehmen (oft allerdings geschieht dies wohl); durch Leid, auch namenloses Leid, können der Charakter und die geistigen Werte des Einzelnen und des Volkes geläutert und vergrößert werden. Aber das sittlich Böse greift Charakter und moralisches Wesen an; damit darf ein Christ sich niemals abfinden. Pater Stratmann, der tüchtige, mutige Dominikaner in seinem ausführlichen, auf ausgezeichneten Dokumenten beruhenden Werk: „Weltkirche und Weltfrieden"[12] wird am heftigsten, wenn er den demoralisierenden Einfluß des Krieges schildert. „Da werden Männer zu Hyänen, nicht weil sie selber eine Hyänennatur mitbrächten, sondern weil jene furchtbare Macht, der sie dienen müssen, Menschen in die unmenschlichsten Handlungen wie Handgranaten- und Bajonettkämpfe mit der Macht einer Maschine oder eines Dämons hineinstößt. Wie unvergleichlich erträglicher ist dann der Schlachthof der Tiere als das Schlachtfeld der Menschen! Übertreibungen bei seiner Schilderung sind gar nicht möglich[13]."

Max Scheler hatte 1914 geschrieben, der Krieg zerstöre nur die Produkte der Zivilisation, aber nicht die Zivilisation selbst. Pater Stratmann antwortet 1924, nach allem, was er während des Krieges und nachher vernommen und beobachtet hat: Nein, auch die Seele der Zivilisation; diese Seele ist Mars ein Dorn im Auge; wo er regiert, wird sie zertreten. Der größte Kummer Pater Stratmanns ist außer

---

[12] STRATMANN, Katholische Gedanken zum Kriegs- und Friedensproblem. Augsburg 1924 (mit kirchlichem Imprimatur).
[13] S. 40.

der Zerrüttung der christlichen und katholischen Gemeinschaft die Zerstörung sittlicher Werte. Nichts kann die zunehmende Demoralisation des durchgehaltenen Krieges aufwiegen: nicht die feierliche, oft gehobene Stimmung der ersten Kriegswochen, die man von oben her anfeuerte und die, gemischt mit einer großen Selbstüberhebung auf Kosten des Gegners, ebenso rasch wieder verflog („drei Wochen Rausch, drei Jahre Katzenjammer"); nicht die Opferbereitschaft, die wirklich vorhanden war, deren Wert aber wieder getrübt wird durch die Entschlossenheit, womöglich den Andern zu opfern, um sich selbst am Leben zu erhalten; nicht die oft eingebildete Ritterlichkeit, bei der man auf gut Glück auf den unsichtbaren Feind feuert und mit Maschinengewehrsalven die Schützengräben überstreut oder mit gleichmäßig vordringenden Giftgasen die Menschen regimenterweise hinmordet – nichts hilft gegen die Demoralisation. Der Krieg erzeugt Todesverachtung, weil er Lebensverachtung aufnötigt. Wer kann ein solches Leben auf die Dauer schätzen? Tapferkeit findet oft hier ihren Ursprung.

Ist es nicht auch für den nachdenkenden Soldaten demoralisierend, wenn er weiß, daß all diese Mord- und Zerstörungsarbeit im Frieden von geachteten und tüchtigen Menschen ausgedacht und vorbereitet worden ist? Ist es nicht im höchsten Maße demoralisierend, wenn er hinterher beobachtet, daß er systematisch mit falschen Nachrichten und Darstellungen bearbeitet worden ist, damit er ja durchhalten sollte? Ohne Unwahrheit kann kein einziger Krieg geführt und sicherlich nicht durchgehalten werden, da sie eine der unentbehrlichsten Waffen ist. Man lese Hellmut von Gerlach: „Die große Zeit der Lüge"[14], namentlich das Kapitel: „Die Lügenzentrale". „Wie sind wir", schrieb Professor Martin Rade, „seit der ersten Marneschlacht belogen worden! Das Volk vom August 1914 hatte das nicht verdient[15]." In anderen Ländern war es, wenn es kritisch wurde, nicht anders. Und wenn die Lüge wenigstens nur den Kriegschancen gegolten hätte! Aber nein! „Der Feind", sprach der englische Jesuit Keating, „muß als der Urheber jeder erdenklichen Grausamkeit hingestellt werden, als einer, der jedes menschliche Recht verletzt hat, als ein menschliches Ungeheuer; denn sonst wird

---

[14] CHARLOTTENBURG 1926.

[15] *Christentum und Frieden.* Tübingen 1922, S. 9.

das gehässige Handwerk des Tötens und Sichtötenlassens von gutmütigen Menschenwesen nicht unternommen[16]." Wer erinnert sich bei diesen Worten nicht an das Märchen von der „Kadaververwertungsanstalt", das mehrere Jahre in der alliierten Presse kursierte! Solche und andere Erdichtungen der Presse sind in einer gut abgefaßten Schrift von Arthur Ponsonby: „Falsehood in War-Time"[17] (Unwahrheit im Krieg) gesammelt.

Diese Verbreitung der Lüge mag meist absichtlich geschehen sein; oft entsteht sie zum Teil oder vollständig aus der Beschränkung des Horizontes, die in jedem kriegführenden Volk vor sich geht. „Objektivität", schrieb Kautsky im ersten Herbst, „wird fast unmöglich, ja gilt manchem als Verbrechen." Und auf der anderen Seite schrieb der Alt-Communard Albert Goulé: „Wenn die jungen Männer meines Landes gegen die eines anderen Landes kämpfen, kann und will ich nicht unparteiisch sein. Die Unseren sind Helden; die sie töten wollen, sind Banditen." Hier lebt wenigstens noch etwas von dem Bewußtsein, daß nicht alles in Ordnung ist; in der Regel aber fehlt es ganz. Der deutsche Griechenkenner von Wilamowitz-Möllendorf urteilte: „Ja, der Krieg ist deshalb etwas Großes, weil er die Herzen wägt; er bringt ans Licht, was in jedem Herzen ist." So hat er im deutschen Volk Tapferkeit, Eintracht und Treue bis in den Tod offenbart. ... „Und seht, was der Krieg bei den Anderen enthüllt! Was ist aus der belgischen Seele zum Vorschein gekommen? Wie hat sie sich als eine Seele der Feigheit, des Meuchelmordes offenbart!" Auf der gegnerischen Seite schrieb Wilfrid Ward: „Die Deutschen führen eine Kampagne von systematischer Grausamkeit." „Ritterlichkeit, Ehrgefühl und Menschlichkeit scheinen so ziemlich aus dem deutschen Heer verschwunden zu sein." Und Annie Besant nannte es „einen Krieg der ‚weißen' gegen die ‚schwarzen' Kräfte, des Rechtes gegen die Macht, des Gesetzes gegen die Gewalt, der Freiheit gegen die Sklaverei, der Brüderlichkeit gegen die Tyrannei". Dr. Polak, der diese Aussprüche mitteilt (1915), sagt mit Recht: „Die großen Namen fallen am meisten auf; aber in allen Schichten wütet die Krankheit[18]."

---

[16] Zitiert von STRATMANN, S. 60.
[17] London, 4. Druck 1928.
[18] L. POLAK, Oorlogsfilosofie, blz. 72-78.

Wurde im Krieg schon der Geist der Zuschauer und damit zugleich ihre Religion durch Haß, Rachsucht und Vergötterung des eigenen Volkes vergiftet und auf das Niveau der heidnischen Nationalreligion herabgedrückt (man lese die Kriegspredigten): die Kämpfer selbst werden sittlich stumpf – in gewissem Sinn ein Glück, denn sonst könnten sie die „Arbeit" nicht aushalten. Ausbruch des Wahnsinns, namentlich wenn die Soldaten auf Urlaub waren und die Bilder des Schlachtfeldes nicht los werden konnten, ist nicht selten[19]. Die meisten werden jedoch durch Abstumpfung vor diesem Schicksal bewahrt. „Die erste Nacht", erzählte mir ein preußischer Offizier, der den Feldzug in Rußland mitgemacht hatte und von einem Dorf zum andern gezogen war, „ließen wir die Menschen im Haus und schliefen im Stall; die zweite Nacht schickten wir sie zum Haus hinaus und schliefen in ihren Betten, aber wir wurden durch das Heulen der Frauen und Kinder draußen in der Kälte gestört; in der dritten Nacht lachten wir darüber; was ein Anderer fühlt, geht einen nichts mehr an." Die Verwundeten und Toten um ihn herum waren ihm auch gleichgültig; wenn man nur schläft, sein Essen und seine Zigarette bekommt!

Es versteht sich von selbst, bei einer solchen Existenz vom religiös-sittlichen Leben nicht viel übrig bleibt. Dr. Raimund Dreiling, der als geistlicher Pfleger den Krieg mitmachte, teilt mit: „Auch gläubige Soldaten zogen später ohne religiöse Vorbereitung in die Schlacht und sagten unseren Geistlichen offen: Es ist uns alles einerlei. Man ist gegen alles abgestumpft und fragt nicht mehr danach. Man kommt um allen Glauben und alle Moral, und Wahnsinn nimmt kein Ende." Gegen Ende der Somme-Schlacht ließ eine bayrische Formation ihrem Rittmeister kurz und bündig erklären, „daß sie nicht mehr zum Gottesdienst und zur Beichte gingen; wenn aber der Schwindel vorüber sei, wollten sie es wieder tun." „Vor Verdun", so erzählte mir im Sommer 1916 ein Verwundeter, „haben wir noch gebetet; aber jetzt an der Somme, da wird nicht mehr gebetet, da wird geflucht …[20]." Wie im Heer, so ging es auch im Volk, das daheimblieb, sogar bei den Neutralen. Unter dem Eindruck der erschütternden Ereignisse schien erst eine religiöse Erweckung zu

---

[19] G.F. NICOLAI, Biologie des Krieges. 2. Aufl. Zürich 1919, S. 96.
[20] Zitiert von STRATMANN, S. 50f.

kommen. Aber schon im November 1914 mußte Professor Bavinck feststellen: „Sehr tief geht diese Bekehrung im allgemeinen nicht; nach einigen Wochen zeigt sie bereits eine merkliche Erschlaffung[21]." Und nach dem Krieg schrieb derselbe Professor: „Tausende und Abertausende sind durch diesen Krieg und sein mannigfaches Elend in Skeptizismus, Materialismus und Atheismus verfallen[22]." Kehren wir aber zu den Kriegführenden zurück.

„Daß Venus und Mars unzertrennliche Gefährten sind", sagt Stratmann, „ist eine uralte Erfahrung. Wer zählt das Mehr an Ehebrüchen und widernatürlichen Unzuchtsünden gegenüber den Friedenszeiten, das dem Krieg auf die Rechnung zu setzen ist. Zu verstehen sind diese Exzesse allerdings. Wer so von jeder natürlichen Freude, jeder kulturellen und familiären Anregung abgeschnitten ist, wie die Frontkämpfer, wer so wie sie wochen- und monatelang einer Hölle für alle Sinne und Nerven ausgesetzt ist – man überdenke einmal, was ihre Augen sehen, ihre Ohren hören, ihr Geruch riechen, ihr Geschmack schmecken, ihr Tastsinn fühlen muß –, der kann, wenn er zum ersten Male wieder unter Menschen ist, die nicht in Waffen starren, sondern ihn zum Ausruhen und Genießen locken, leicht jede Besinnung und Beherrschung verlieren. Die gleiche Wirkung erzeugt auch der umgekehrte Prozeß; das sich Losreißenmüssen von der Lebensfreude und das Hineinmüssen in das Blutbad des Schlachtfeldes." Ein katholischer Feldprediger erzählte Dr. Dreiling von seiner Division, die – ehe sie in die Feuerlinie ging – der heiligen Messe beiwohnte, und in der Nacht darauf die Bordelle der Stadt förmlich stürmte. „Sie probieren das Stürmen schon", bemerkte zynisch ein Soldat. „Dabei wußte jedermann, daß der Formation eine selten gefährliche Aufgabe harrte. Die Zügellosigkeit des Einzelnen ist aber immer noch nicht das Schlimmste auf diesem dunklen Gebiete. Das Schlimmste ist wieder das System. ... Für das moderne Bewußtsein gehören Soldatenbordelle vielleicht nicht weniger zum notwendigen Kriegsinventar als etwa Badeanstalten und Lazarette[23]." In der genannten Sammlung von Kriegsphotographien „Krieg dem Krieg" wird als „Kulturdokument" eine militärische Verord-

[21] Dr. H. BAVINCK, Het Probleem van den Oorlog. Kampen 1914, blz. 28.
[22] DERSELBE: Christendom, Oorlog, Volkenbond. Utrecht 1920, blz. 31.
[23] STRATMANN, S. 58 f.

nung über das Bordell in M[ö]nchen-Gladbach abgedruckt: Die Frauen „sind nicht imstande, die zahlreichen Besucher zu befriedigen, die ihr Haus (vor dem fortwährend große Gruppen ausgehungerter Kunden stehen) überschwemmen". Darum hat die militärische Autorität angeordnet: „Jede Frau empfängt jeden Tag (außer Sonntags) zehn Männer." „Für einen Aufenthalt von einer Viertelstunde 5 Mark." „Einteilung: Montag: 1. Bataillon des 164. Regiments, Dienstag: 1. Bataillon des 169. Regiments, Mittwoch: 2. Bataillon des 164. Regiments" usw. Beim Sergeant-Major sind Eintrittskarten zu haben.

Man wird uns entgegnen: diese offizielle Schweinerei braucht man nicht mitzumachen. Gewiß, die moralisch sehr Starken werden sich auf sexuellem Gebiet auch im Krieg rein erhalten; wenn sie aber, wie die Soldaten an der Somme, das Beten noch nicht verlernt haben, dann mögen sie wohl beten: „Führe uns nicht in Versuchung." Es gibt solche, die in dieser Beziehung standhaft bleiben. Auch in anderer Beziehung? Werden die vornehmen und feinen Geister von der Demoralisierung des Krieges nicht berührt? Sie entgehen dem blutigen Handwerk nicht, sie müssen sich aktiv beteiligen; schrecken sie zurück, so steht der Offizier mit dem Revolver hinter ihnen. Sie zaudern, nicht aus Furcht, sondern aus moralischem Widerwillen, aus sittlichem Ekel, aber sie müssen vorwärts, die Bajonette auf dem Gewehr, die Granate in der Hand. Die Allerbesten werden nicht abgestumpft, Gott hat ihre Seele zu schön geschaffen – aber was sie leiden. … Wenn etwas einem Christen einen Fluch auf die Lippen drängen kann, dann ist es der Gedanke an dieses erzwungene moralische Leiden der Besten. „Nicht nur furchtbare und entsetzliche Dinge", schrieb ein österreichischer Soldat, Georg Leinhos (im Herbst 1914 seinen Eltern)[24], „haben wir hier in Flandern erleben müssen, sondern unsagbare, unmenschliche Dinge, so daß man die Augen schließt und vergißt, daß man ein Christ ist." Und später, als Weihnachten herankam: „Wie kann ich Christus hier empfangen, wo alle Dämonen der Hölle entfesselt sind?" Und er klagt, daß er Gottes Stimme nicht mehr hört. Gottlob fiel dieser fromme junge Mann schon vor Weihnachten 1914 bei Dixmuiden. Sein Gewissen wurde nicht länger befleckt. Er hatte sich tapfer gehalten, genug

---

[24] *Brief*, im Krieg von Pfarrer de Buy veröffentlicht.

Todesverachtung bewiesen; er hatte das Eiserne Kreuz; wie weit jedoch fühlte er sich von dem andern Kreuz entfernt, nach dem seine Seele verlangte, das er aber wegen der „Arbeit", die er zu tun gezwungen war, nicht erreichen konnte. Das Schlimmste ist nicht, daß man getötet wird, sondern daß man töten muß. Es ist graue Theorie, zu behaupten: „Der Staat übernimmt die Verantwortung." Der gefolterte Mensch antwortet: „Ja, aber i c h t u e e s." Ein jeder Christ kann sich wohl vollkommen in die Lage jenes Vaters versetzen, der, als er an die Möglichkeit dachte, daß seine eigenen Jungen in den Krieg geschickt werden könnten, die Bitte niederschrieb: „Gott, wenn dies über die Jungen kommt, gib ihnen dann die Gnade sterben zu dürfen, ohne daß ihre Hand den Nächsten hat treffen können[25]."

Gegen Weihnachten 1924 veröffentlichte ein reformierter Bund in Leiden ein Weihnachtsmanifest gegen die Abrüstung. Der Inhalt war, daß Weihnachten nichts mit Abrüstung zu tun habe, daß der Völkerbund uns nicht irreführen dürfe, daß es immer Kriege geben werde, daß man deshalb doch Weihnachten feiern könne, denn das Christuskind sei ja doch geboren worden. Nun kann ich dieses Manifest ganz gut verstehen als Protest gegen jene oberflächliche Weihnachtsbetrachtung, die dieses Fest nicht als ein Fest der Dankbarkeit gegen die göttliche Liebe sieht, sondern als eines zu Ehren der menschlichen Liebe (wie klein wäre das!); als einen Protest gegen die Auffassung, die im „Frieden auf Erden" nur die Mahnung hört, nicht Krieg zu führen. Nein, aus der Finsternis der Welt steigt dennoch das Weihnachtslicht empor, strahlend wie Gottes Gnade. Aber – und hier liegt das Grobe und Unwahre jenes kirchlichen Manifestes – wir können das Licht nicht ertragen, wenn wir wissen, daß unsere Söhne oder die unserer Nächsten dort im Schützengraben dazu v e r d a m m t sind, unsagbare Dinge zu tun und zu erleben, so daß sie, wie jener österreichische Soldat, sich von Gottes Gnade getrennt und unfähig fühlen, seine Stimme zu hören und Christus zu empfangen.

Hiermit schließe ich die Beantwortung der Frage ab, inwiefern der Staat im Krieg seine Aufgabe erfüllt, die geistigen Güter eines Volkes zu schützen. Wir glauben, daß die Antwort, die die Wirklich-

---

[25] Kerk en Vrede, December 1927.

keit von verschiedenen Seiten her gegeben hat, eine große Anklage ist. Und am schärfsten wird diese Anklage, wenn man, wie die christliche Überzeugung es gebietet, die geistigen Güter eines Volkes in der menschlichen Persönlichkeit, in jenen geistigen Gütern, um derentwillen Christus auf Erden kam, verkörpert sieht. Wo durch die Einrichtung des Kriegsstaates und seine unvermeidlichen Folgen das Kind Gottes in seinem Wachstum aufgehalten, in seinen Anlagen mißhandelt, wo es vom Reich Gottes weggedrängt wird, da wird nicht nur die Aufgabe des Staates, die geistigen Güter des Volkes zu schützen, vernachlässigt, sondern da werden auch diese Güter von Staats wegen angegriffen, verletzt und vernichtet.

3. Schutz von Land und Volk. Im zukünftigen Krieg kann von Schutz nicht die Rede sein.

Aus dem Gesagten geht hervor, daß „Schutz des Volkes" durch den Krieg nur im materiellen Sinne aufgefaßt werden kann. Wenn man von Schutz oder Verteidigung der Existenz des Volkes spricht, dürfen wir also nicht an den geistigen Charakter dieser Existenz denken; diesem schadet der Krieg viel mehr, als er ihm nützt. Wir denken nur an die biologische Existenz in dem Lande, in dem es lebt. Absichtlich spreche ich hier nicht vom „Vaterland", weil mit diesem Begriff in unserem Bewußtsein eine Menge geistiger Güter verbunden ist, die gerade im Krieg erschüttert werden. Man kann von dieser materiellen Existenz wieder geistige Werte erwarten, wenn das Volk von seiner Kriegsdemoralisierung geheilt ist, seine früheren Tugenden wieder pflegt, und dadurch wieder zum Kulturwert der Menschheit beiträgt. Wir lassen die Frage vorläufig unerörtert, ob das Volk nicht in anderer Weise, zum Beispiel durch Verweigerung des Krieges aus sittlichen Gründen, viel mehr zu jenem Kulturwert beitragen könnte, und stellen hier nur das Problem, ob in diesem materiellen Sinn Land und Volk durch Kriegsbereitschaft geschützt werden können, sei es zur Handhabung der Neutralität (vorausgesetzt, daß diese für ein an Genf angeschlossenes Volk noch besteht), sei es zur Verteidigung, eventuell zum Auffangen des ersten Stoßes, ehe die Völkerbundsarmee herannaht.

Obgleich dies gewiß nicht unsere wichtigsten Gründe gegen den

Krieg sind, und wir genau so von unserer Sache überzeugt wären, auch wenn wir uns hier gänzlich irren sollten, so halten wir es doch für der Mühe wert, hierüber etwas zu sagen, wäre es auch nur, um zu zeigen, daß der Vorwurf des Utopismus, den die „Realpolitiker" so oft gegen uns erheben, sich gegen sie selber kehrt. Da wir auf diesem Gebiet keine Sachverständigen sind, hören wir auf solche, die es wohl sind, und wir versuchen, diese Dinge mit unserem gesunden Menschenverstand zu verarbeiten.

Die Frage, ob unsere Bewaffnung die Großmächte davon abgehalten hat, unser Gebiet zu betreten, wird verschieden beantwortet; ein jeder wird aber wohl zugeben müssen, 1. daß, wenn Deutschland genau so viel Interesse an einem Durchzug durch unser Gebiet gehabt hätte, wie es glaubte an den Einmarsch in Belgien zu haben, es nicht gezögert hätte, unsere Wehrmacht genau so rasch und kräftig zu schlagen, wie die belgische; und 2. daß wir in einer zukünftigen Weltkatastrophe gewiß nicht auf die Wiederholung eines solchen Glücksfalles, wie im vorigen Krieg, rechnen dürfen. Die Großmächte machten zwar mit unseren Gewässern und unseren Handelsschiffen, was sie wollten, zu neun Zehnteln blieben wir jedoch außer Schußweite. Darauf dürfen wir (abgesehen von unseren Völkerbunds-„Verpflichtungen") nicht mehr rechnen. Wir werden höchstwahrscheinlich, wenn wir kriegsbereit sind, aktiv in den Krieg hineingezogen. Und dann werden, wenn unser Land angegriffen wird, unsere Heeresautoritäten schon sehr bald bereit sein, die Außenprovinzen aufzugeben und sich auf die „Festung Holland" zurückzuziehen. Vom Schutz des Landes wird auch bei erfolgreichem Widerstand nur in sehr beschränktem Maße die Rede sein. Die Kriegstaktik jedoch kann verlangen, daß die aufgegebenen Provinzen systematisch von unserem eigenen Heer verwüstet werden.

Wenn ich den Sachverständigen glauben darf, die ich zu Rate zog, wird unser Widerstand keinen Erfolg haben. Sie versichern alle um die Wette, daß der nächste Krieg großenteils in und von der Luft aus mit Giftgasen geführt werden wird. Aber über diesen Gaskrieg schreibt der englische Sachverständige W. H. Livens, der im letzten Krieg durch die Erfindung seines Gasprojektors die deutschen Gasangriffe schließlich übertrumpfte, daß der Sieg im kommenden Krieg hauptsächlich von zwei Faktoren abhängen wird: 1. davon, wer das unbekannte Gas erfunden hat, mit dem er unerwartet angreifen und wogegen der Feind sich nicht schützen kann; 2. davon, wer schon im Frieden die größtmögliche chemische Industrie entwickeln kann. „Nur die Staaten, die in dieser Beziehung aufs höchste organisiert sind, können in moderner Weise Krieg führen[26]." Also von der Frage noch abgesehen, ob unsere übrige Bewaffnung genügend ist, ist schon vom Standpunkt der Gasindustrie für uns ein moderner Krieg undurchführbar. „Ich stelle mir den kommenden Krieg so vor", erzählte mir einmal ein General a. D., „wenn zum Beispiel Frankreich unser Gegner wird, dann rechnet es in der ersten Nacht mit uns ab; es erscheint ein Luftgeschwader, das der Grenzwache spottet, über unserem Land, bricht durch unsere kleinere Luftmacht mit Verlust einiger Maschinen hindurch, setzt seinen Flug fort und am nächsten Tag existieren Rotterdam, Haag und Amsterdam nicht mehr." Dies stimmt mit dem Urteil von Professor Wester an der niederländischen Kriegsschule überein, der 1924 dringend empfahl, daß wir unseren chemischen Dienst organisieren sollten (es wird seitdem daran gearbeitet; niederländische Giftgasoffiziere werden ausgebildet); denn wir dürfen wohl voraussetzen, „daß von einigen dann schon gebauten großen Flugzeugen aus ein paar große Chemikalien-Bomben mit sehr wirksamem Inhalt ausgeschüttet werden und zum Beispiel einen weiten Landstrich (Stadt) innerhalb einiger Minuten ‚erledigen'[27]."

Als Professor Wester dies schrieb, waren diese großen Maschinen und Bomben schon hergestellt. John Bakeless, der, wie man aus dem Vorwort seines Buches „The origin of the next war" schließt, vorzüglich informiert ist, teilt mit, daß vom 8.-11. November 1918 zwei Super-Handley-Pages, getrieben von vier Motoren, jeder von 275 PS. Tag und Nacht bereitstanden, um Berlin anzugreifen. (Ein halbes Dutzend dieses Typs wurde gebaut.) An die Stelle der kleinen Bomben aus dem Anfang des Krieges, nicht größer als ein Tannenzapfen, waren allmählich immer größere getreten, und diese Handley-Pages sollten Ungetüme von einer halben Tonne und größer als ein Mann mitnehmen. Von Deutschland erwarteten die Alliierten einen Vorstoß nach Paris mit einer Luftflotte, die Tonnen brennenden Phos-

[26] W.H. LIVENS, Gas in the next war. The Graphic, 25. Juni 1927, p. 538. 539.
[27] Alg. Handelsblad, 22. Januar 1924.

phors über diese Stadt ausleeren würden, „deren Flammen man nicht löschen könnte und wogegen alle bekannten Methoden des Feuergefechts vollkommen nutzlos wären". „Die Alliierten waren buchstäblich dabei, Tausende von Flugzeugen, die Tod und Verderben über Deutschland in seiner ganzen Länge und Breite gebracht hätten, zu bauen. Gegen das neue Giftgas konnte nur eine geheim gehaltene Gasmaske, die die Deutschen nicht besaßen und nicht herstellen konnten, einigen Schutz bieten. Zehntausend neue Tanks und 7500 Frachtautos von einem neuen Typ wurden hergestellt, um die nachfolgende Infanterie regelmäßig Tag und Nacht über jedes Terrain mit einer Schnelligkeit von 10-15 Meilen pro Stunde, vorwärts zu bringen[28]."

Durch den Waffenstillstand und den darauffolgenden „Frieden" sind diese Überraschungen unterblieben. Sie werden in anderer Form für den kommenden Krieg aufgespart. „Wir wollen nicht vergessen", warnt Bakeless mit Recht, „daß der nächste Krieg dort anfängt, wo der vorige aufgehört hat, ja noch darüber hinaus, denn die Kriegsindustrie steht nicht still. Schon 1927 meldeten die Blätter, daß der englische Luftfahrtminister dreißig Riesen-Bombenflugzeuge, jedes mit zirka 1000 PS., mit einer Einrichtung, sich in eine Rauchwolke zu hüllen, bauen lassen würde[29]." Und jeder Monat meldet uns neue Versprechungen für die Zukunft, zu Land, zur See und in der Luft. „Wir können", schreibt Bakeless, „natürlich nichts umfassend und haarscharf vorhersagen; aber die schlimmste Prophezeiung hat wenigstens den Nutzen, daß sie dem Glauben an die gefährliche Torheit vorbeugt, der nächste große Krieg könnte nicht schlimmer verlaufen als der vergangene."

In wie großem Maßstab die Mächte sich die künftigen Gasangriffe denken, ergibt sich aus den riesenhaften Vorbereitungen, die sie treffen. Die Vorsteherin des Laboratoriums für physikalisch-chemische Biologie in Bern, die das chemische Arsenal in Edgewood (Amerika), wo regelmäßig wissenschaftliche Experimente für militärische Zwecke stattfinden, besichtigt hat, teilt mit, daß es 400 ha umfaßt und allein für die Herstellung des Chlors eine Kapazität von

---

[28] John BAKELESS, The origin of the next war. London 1925, p. 253-255. Holland hat jetzt auch einen Tank!

[29] Nieuwe Rotterdamer Courant, 8. Januari 27. Avondblad D.

fünfzig Tonnen pro Tag besitzt[30]. Wie sehr wird auch der geistige Wert der Wissenschaft durch den Krieg geschändet!

Was will nun ein kleines, ungenügend bewaffnetes und auf chemischem Gebiet schwach organisiertes Land gegen einen übermächtigen Gasangriff aus der Luft machen? Hierauf werden zwei Verlegenheitsantworten gegeben. Die erste lautet: die ganze Bevölkerung ist mit Gasmasken zu versehen, oder wenn sich dies als ungenügend herausstellt, läßt man die Bewohner der angegriffenen Stadt sofort in extra dazu erbaute große Keller verschwinden. Wer sich in die Sachlage hineindenkt, weiß nicht, ob er über diese Lösung lachen oder weinen soll. Die zweite Antwort lautet: „Holland wird nicht allein stehen, sondern, wie Belgien im vorigen Krieg, mächtige Bundesgenossen haben." Es fällt uns immer wieder auf, wie wenig solche, die diese Antwort geben, die Demütigung für ein selbstbewußtes Volk empfinden, das in diesem Fall seinen Bundesgenossen nicht wählt, sondern es wird ihm bei der ersten Grenzverletzung automatisch vielleicht der am wenigsten wünschenswerte Bundesgenosse aufgedrängt, und danach wird es vor dessen großen Kriegswagen gespannt. Der nationale und militärische Stolz, mit dem diese Leute sich so groß tun, scheint auf einmal verloren gegangen zu sein. Der moderne Krieg eignet sich offenbar sehr gut dazu, ein Volk dieser Eigenschaften zu berauben.

Aber auch die Hilfe eines großen Bundesgenossen wird nichts nützen. Denn immer mehr wird es deutlich, daß auch sie ihre Städte nicht schützen können. Der englische Brigadegeneral P.R.C. Groves, der 1918 an der Spitze der britischen Luftmacht stand, meldete 1922 in einem Völkerbundrapport, daß die ganze Londoner Luftverteidigung, die aus dreihundert Flugzeugen bestand und von einigen hundert Abwehrkanonen mit Scheinwerfern unterstützt wurde, nicht hätte verhindern können, daß London bombardiert wurde, obgleich die größte Zahl deutscher Flugzeuge bei jedem Angriff nur sechsunddreißig war. „Es ist deutlich", schreibt er, „daß es unmöglich wäre, wenn ein Staat sich für jede Stadt und jedes Zentrum eine Verteidigung in so großem Maßstabe leisten wollte. Gesetzt aber, dies wäre möglich, dann wäre es doch bei einem Luftangriff von Tausenden oder auch nur Hunderten von Flugzeugen zwecklos."

---

[30] Dr. Gertrud WOKER, Der kommende Giftgaskrieg. Leipzig 1925, S. 29. 36.

Die Luftmanöver im August 1928 über London haben diesen Ausspruch vollkommen bestätigt. Die englischen Blätter gaben zu, daß im Ernstfall London „erledigt" gewesen wäre, trotz der Tatsache, daß eine starke und bereite Abwehr den Ort und die Stunde des Angriffs wußte. Verteidigung ist nicht mehr möglich, aber keine einzige Regierung wagt dies auszusprechen. Über die Gaswolken, die sich aus den herabgeworfenen Bomben bilden, und die, da sie schwerer sind als die Luft, in die Keller und Schlupfwinkel der Bevölkerung dringen, schreibt derselbe General Groves in einem Völkerbundrapport 1923: „Alle Gassachverständigen sind darin einig, daß es unmöglich ist, Mittel zum Schutz der Zivilbevölkerung gegen diese Form des Angriffs zu ersinnen." – Aus diesen Erwägungen zieht der Luftmarschall Sir Hugh Trenchard die Folgerung, daß der einzige Schutz in Gegenangriffen auf die Städte des Feindes besteht. „Obgleich es notwendig sein wird", sprach er April 1925, „einige Verteidigungsmittel zu haben, um den Mut unserer eigenen Bevölkerung hoch zu halten, ist es noch viel notwendiger, den Mut der feindlichen Bevölkerung herabzusetzen, denn kein anderes Mittel kann den Krieg beendigen." Der norwegische Generalsekretär der interparlamentarischen Union, Dr. Chr. Lange, sah 1926 die Lage folgendermaßen: „Die jüngste Entwicklung der Zerstörungsmittel macht den eigentlichen Begriff Verteidigung mehr und mehr illusorisch. Ein neuer Krieg würde … vielmehr aus einer Reihe von Angriffen bestehen, bald aus dem einen, bald aus dem anderen Lager, ohne gegenseitige Verbindung. Es wird ein Repressalienkrieg werden."

Dies ist die Unterstützung, die Holland von seinem eventuellen großen Bundesgenossen im kommenden Krieg erhalten, und dies das Los, das unser Volk dann treffen wird. Eine Verteidigung der Volksexistenz unter der Losung: Zerstört und werdet zerstört, beides en masse! Auch seine dritte Aufgabe: „Schutz von Land und Volk" kann ein Staat im Krieg und durch ihn nicht mehr lösen, selbst nicht, wenn wir den Schutz nur materiell auffassen; der niederländische Staat am allerwenigsten.

Wir sahen 1. daß der Krieg zur Untergrabung des Rechtsbewußtseins und zur Geringschätzung des Rechtes führt; 2. daß er die geistigen Güter zu schützen nicht imstande ist, sondern sie zerstört;
3. daß der moderne Krieg Land und Volk nicht schützt, sondern der
Verwüstung und Zerstörung aussetzt, und zwar in stärkerem Maße
ein kleines Land und ein kleines Volk. In allen drei Punkten versagt
der kriegführende Staat in der Erfüllung seiner Aufgabe. Insofern
diese drei Folgerungen sich auf sittliche Werte bezogen haben, ist
darin schon ein sittliches Urteil enthalten, das bei der Behandlung
nicht verborgen bleiben konnte. Aber nun möchten wir, abgesehen
von der technischen Seite des Kriegsproblems, abgesehen von der
Frage, ob bewaffnete Verteidigung für uns möglich ist, das ganze
Kriegshandwerk ausschließlich vom sittlichen Gesichtspunkt aus
betrachten und fragen, ob es sittlich erlaubt ist. Natürlich gehen
wir dabei von der christlichen Ethik aus, die im Evangelium wurzelt
und die von jedem, der ein christliches Leben führen will, geübt, ja
von jedem ernsten Menschen in christlichen Ländern anerkannt
wird.

1. Staatsmoral und christliches Prinzip. Staatsmoral ein Kompromiß
zwischen dem christlichen Prinzip und der Staatsnotwendigkeit.
Der Krieg kein Kompromiß mit dem christlichen Prinzip,
sondern dessen Zerstörung.

Nach allem, was wir im zweiten und dritten Kapitel gesagt haben,
erübrigt es sich zu erörtern, daß, wenn wir auch keine doppelte Moral anerkennen, wir ebensowenig die Staatsmoral in gerader Linie
aus dem Evangelium herleiten wollen. Selbst wenn wir vollkommen
wären, könnten wir in dieser unvollkommenen Welt nicht immer
vollkommen handeln. Wie viel weniger der Staat, der von sehr verschiedenen, in der Regel sehr unvollkommenen Menschen gebildet
und getragen wird. Wenn der Staat für sich selbst, d. h. für die Gemeinschaft sorgt, braucht er damit noch nicht immer selbstsüchtig
zu handeln. Der Staat hat ganz andere Verpflichtungen als der Einzelne, darum können an das Verhalten der Gesamtheit nicht immer

dieselben sittlichen Anforderungen gestellt werden wie an das persönliche. Wir müssen zwar damit rechnen, daß es Personen sind, die dieses kollektive Verhalten auszuführen haben. Das Handeln des Staates, das über den Leidenschaften stehen soll, aber an das feiner organisierte Leben der Seele jedoch nicht heranreichen kann, hat als kollektives Verhalten viel öfter und stärker als das persönliche – auch wenn beide ihre Pflicht zu erfüllen suchen – den Charakter eines Kompromisses. Weil es so stark diesen Charakter trägt, ist manchmal die Meinung entstanden: hier gilt eine andere Moral. Aber es gibt nur eine Moral, nur einen Maßstab, nur eine Norm des Guten. Auch das beste Handeln des Staates ist in der Regel ein unumgänglicher Kompromiß zwischen den Notwendigkeiten, die eine sündige und verworrene Welt in sich trägt und den Forderungen, die das sittliche Bewußtsein stellt. Diese Notwendigkeiten sind aber nicht immer dieselben, ebensowenig wie das sittliche Bewußtsein in allen Zeiten gleich rein ist. In bezug auf jene ist Wandlung, in bezug auf dieses Sinken und Steigen möglich. Infolgedessen ist der Kompromiß nicht immer inhaltlich derselbe und nicht immer auf derselben Höhe.

Ein Kompromiß auf sittlichem Gebiet wird von einem ernsten Menschen, der sich Rechenschaft gibt, immer als eine Abweichung von der reinen Moral erkannt und bedauert. Darum verbirgt sich in einem ernsten Kompromiß immer eine gewisse Spannung, die, sowie die Gelegenheit sich bietet, den Kompromiß auf ein höheres Niveau hinauftreibt und verhindert, daß man dabei einschläft, wodurch er auf ein tieferes Niveau sinken würde.

Auf einem solchen Kompromiß beruht die Staatsmoral einer christlichen Nation. Sicherlich muß auch dies ernst genommen werden. Der verantwortliche Bürger verlangt, daß so viel wie möglich von der christlichen Moral erhalten, so wenig wie möglich von ihr geopfert wird. Hieraus geht hervor, daß nicht jeder Kompromiß von einem Christen anerkannt werden kann. Es wird um so bedenklicher, je weniger es von der Moral des Evangeliums enthält, je mehr es von ihr zerstört. Jeder Christ fühlt: es gibt Grenzen auch für den Staat. Aber es ist schwer zu bestimmen, wo sie liegen. Man kann zu einem gegenseitigen Einverständnis kommen, es kann sich eine Kollektivmeinung bilden, und daraus kann eine Regel für das Verhalten abgeleitet werden. Doch das persönliche Gewissensurteil ist hier der

entscheidende Faktor und wahrt den sittlichen Charakter der getroffenen Entscheidung. Dennoch können einzelne Richtlinien angegeben werden. Absichtlich erteile ich hier ein paar hochstehenden
Juristen das Wort:

Professor Dr. Paul Scholten: „Wer das Staatsinteresse über alles
erhebt, kann, was die Liebe fordert, nicht aufrecht erhalten, er muß
es opfern. Aber mit der Liebe opfert er merkwürdigerweise auch das
Recht. Denn das Recht wird auf die Weise von dem tiefsten Lebensgrund, den es in unserem inneren Leben hat und haben soll, losgelöst. Recht wird synonym mit dem Willen des Staates." Wenn aber
„das Recht der Wille des Staates ist, wie kann dann der Staat an das
Recht gebunden sein? ... Die Liebe wird dem Recht geopfert ... das
Recht seinerseits dem Staat"[31]. Damit werden also sowohl Recht wie
Staat ihres sittlichen Wertes beraubt. Derselbe Jurist äußert sich in
einer anderen Schrift: „Die Macht muß sich auf das Recht stützen.
Das Recht organisiert die Macht, bindet auch ihre Ausübung an
Rechtsgesetze. In dieser Richtung müssen wir arbeiten, insofern und
weil die Ausübung der Macht von der Idee der Persönlichkeit und
der Ehrfurcht vor dem anderen ausgeht. ... Das: ‚Liebe deinen
Nächsten' ist kein Rechtsgebot; das: ‚Ehre deinen Nächsten' kann
sein Schattenbild im Recht sein[32]."

Professor Dr. Max Huber richtet sich nach der praktischen Anwendung, die das Evangelium von dem „großen Gebot" gibt
(Matth. 22,36-40; Luk. 10,27): „Darum alles, was ihr wollt, daß euch
die Menschen tun sollen, das tut auch ihr ihnen" (Luk. 6,31; Matth.
7,12) und sagt dann: „Dieser Satz, den man wohl inhaltlich als die
Vorwegnahme des kategorischen Imperativs bei Kant betrachten
kann, reicht aus, um eine ganze soziale Gerechtigkeit darauf aufzubauen. Es ist ein Schriftwort von zentraler Bedeutung. Daß diese Gerechtigkeit nur zwischen Einzelmenschen, nicht aber zwischen den
Verbänden der Menschen, also auch den Völkern gelte, ist eine Behauptung, die steht und fällt mit der Annahme von der absoluten,
jenseits der sittlichen Weltordnung stehenden Natur des Staates. ...
Auch wenn das Liebesgebot wegen seines auf die Seele des Einzel-

---

[31] Prof. Dr. Paul SCHOLTEN, Recht en Liefde. Synthese III, 4, blz. 19. 20.
[32] DERSELBE, Gedachten over Macht en Recht. Onze Eeuw, Dezember 1917, blz.
345.

nen gerichteten Wesens als jenseits der Sphäre des menschlichen Verbandslebens und damit der Politik liegend betrachtet werden sollte, so darf doch behauptet werden, daß die Gerechtigkeit der christlichen Ethik in keinem Falle sich als absoluten Gegensatz zur Liebe und Brüderlichkeit darstellen kann[33]."

Wir bejahen diese Aussprüche vollkommen. In einem Punkte sollen alle Christen einig sein: wo die christliche Moral bis zum Nullpunkt gesunken ist, wo sie der sogenannten „ehernen Notwendigkeit" vollständig geopfert wird, wo jede Spannung aus dem Kompromiß verschwunden ist, weil von den zwei Komponenten, die ihn im Gleichgewicht halten müssen, die eine, die christliche Moral, der andern vollständig unterlegen ist, wo der Kompromiß nur noch scheinbar wie eine Kulisse besteht, hinter der die antichristliche Moral ihren Lauf nimmt, da ist es dem Christen nicht mehr erlaubt, dieses Verhalten zu billigen; da sieht er, wie das christliche Prinzip verachtet und zertreten wird, da ist für ihn nur noch eine Haltung möglich: sich widersetzen; sich widersetzen im Namen der christlichen Grundsätze, im Namen Christi.

Dieser Protest nun ist heute erwacht gegen den Krieg, gegen jeden Krieg, gegen das Kriegshandwerk an sich. Eine öffentliche Meinung – wie sich schon deutlich feststellen läßt –, die den Krieg als sittlich unerlaubt unbedingt verwirft, beginnt sich zu bilden. Wer das Neue Testament und das Urchristentum kennt (Kap. I), wundert sich darüber nicht. Wundern kann es ihn nur, daß dieser Protest so lange ausblieb. Gewiß, man kann auf die starken Versuche christlicher Sekten wie der Waldenser, der ersten Täufer und der Quäker, und auch auf die energischen Proteste von Christen wie Erasmus, Fox, Tolstoi, die alle Schüler gehabt haben, hinweisen; jetzt aber bildet sich in allen zivilisierten Ländern und Klassen, die nicht so sehr nationalistisch und militaristisch verseucht sind, eine öffentliche, radikale Meinung gegen den Krieg – und das ist etwas Neues. Schon die Tatsache einer öffentlichen Meinung ist jung und hängt mit der demokratischen Entwicklung der Völker zusammen. Daß diese öffentliche Meinung sich gegen den Gedanken wendet, der Staat könnte das Recht haben, Krieg zu führen und seine Bürger dazu zu zwingen, stammt erst aus den letzten Jahren. Wer die Ursachen die-

---

[33] Max HUBER, Staatenpolitik und Evangelium. S. 19.

ses geistigen Prozesses begreifen will, soll natürlich zunächst an das christliche Prinzip selbst denken, das trotz allem in den Herzen lebt und an die furchtbare Lektion des Weltkrieges, die der Verherrlichung des Staates und der Macht solch einen harten Schlag versetzt und der daran schuldigen Staatsphilosophie so ein unwiderlegbares Dementi auferlegt hat. Ferner aber richte man sein Augenmerk auf zwei Entwicklungslinien, die sich gekreuzt haben: 1. auf die Linie des christlichen Humanitätsgedankens und des damit verbundenen Rechtsbewußtseins; 2. auf die Linie des Charakters des Krieges. Über beide wollen wir noch etwas sagen.

2. Entwicklung des christlichen Humanitätsgedankens. Früher gehörte der Krieg in den Rahmen der Zivilisation; jetzt nicht mehr.

Nach den ersten heldenhaften Jahrhunderten des Christentums, in denen die Christen losgelöst von der Welt lebten und ihr Vaterland im Himmel hatten, schien es lange Zeit, als ob die christliche Wertschätzung des Menschen, die von der stoischen Moral indirekt gestützt wurde, keinen Eingang mehr in die christlichen Völker finden könnte. Die Zeiten waren zu chaotisch und zu roh. Die Völker führten trotz ihres gemeinsamen Glaubens eine isolierte Existenz für sich. Außerhalb der Grenzen war das Land des Feindes, vor dem man, auch im Frieden, auf der Hut sein mußte. Grundsätze der Brüderlichkeit wurden, so bald man über die Grenzen hinaussah, zu blassen Abstraktionen. Die Völker fühlten sich stets in ihrer Existenz nicht nur gegenseitig, sondern auch durch Naturkatastrophen bedroht, denen sie hilflos gegenüberstanden: Pest, Feuer, Mißwachs usw. Sie lebten inmitten von allerlei Schrecknissen, die sie als zum unbegreiflich harten Weltlauf gehörig, in einem fatalistischen Glauben auf sich nahmen. An der Regierung hatten sie keinen Teil; sie beugten sich unter den Kriegswillen wie unter einem zerstörenden Sturm. In diesem harten, rauhen Leben blieb der Volkscharakter roh (man erinnere sich, wie sogar Männer wie Luther und Calvin in der gröbsten Weise ihren ernsten Gegnern entgegentraten und sie beschimpften) und die Volksgesinnung eng-national auch in der Religion. In dieser Sphäre konnten die Gedanken der Humanität und des Völkerrechts – beide sind unzertrennlich verbunden – keine

Kraft erlangen. Die gesunden nationalen Gefühle und der Freiheitsdrang konnten sich meist in keiner anderen Weise äußern als in Kriegsgewalt. So wurde der Krieg der Schauplatz der nationalen Hingabe und Tapferkeit, die auch wir, wenn wir sie in der Umrahmung jener Zeit sehen, bis zu einem gewissen Grad ehren können.

In dieser Zeit wurde der Krieg noch nicht so schmerzlich empfunden; er gehörte noch mehr oder weniger zum Volksleben. Als Ketzergerichte noch an der Tagesordnung waren, mitunter auch unter Protestanten, und das menschliche Gefühl sich noch nicht gegen die Folter der Angeklagten und Verurteilten empörte, als ein aufrichtiger Christ wie Cromwell sagen konnte: „Vertrau auf Gott und halte das Pulver trocken", ohne daß man es als brutal empfunden hätte, da konnte man Christentum und Krieg noch ohne viel Mühe in Einklang bringen und Christus noch auf dem Schlachtfeld sehen. Als jedoch andere Zeiten kamen, größere Perioden der Ruhe und Besinnung zwischen den Kriegen, als es größere Sicherheit gegen Naturereignisse gab, und auch unter dem Einfluß des internationalen Verkehrs der Gemeinschaftsgedanke stärker wurde, da hat sich die Humanitätsidee, die sowohl die Grundlage für das Recht[34] als für die universelle Moral bildet („Welt-Ethos", Rudolf Otto), mit großer Kraft entwickelt. Das Humanitätsprinzip, das – wie wir Kap. II § 4 sahen – seinen tiefsten Grund im christlichen Prinzip findet, hat im letzten Jahrhundert größere Entwicklungsmöglichkeit gehabt. „Im allgemeinen", sagt Bavinck mit Recht, „sind die Sitten milder geworden, Sklaverei und Leibeigenschaft sind aus unserer Gesellschaft verschwunden; Blutrache, Gottesurteile kommen nicht mehr vor, Scheiterhaufen, Schafotte, Folterwerkzeuge sind abgeschafft[35]." Wir rühmen uns nicht gerne des Fortschritts, wir wissen, daß neben der Entwicklung die Degeneration arbeitet und daß die Menschheit beständig Gefahr läuft, aus der einen Hand zu verlieren, was sie mit der anderen gewinnt. Daß jedoch in dieser Beziehung die evangelische Ethik der Barmherzigkeit und der Ehrfurcht vor der menschlichen Seele stärker ans Licht trat und reiner erkannt wurde, steht meines Erachtens außer Frage. Man lese nur das Buch

[34] Albert SCHWEITZER: „Das Fundament des Rechts ist Humanität". Kultur und Ethik. München 1923, S. XIX.

[35] Prof. H. BAVINCK, Christendom, Oorlog, Volkenbond. Utrecht 1920, blz. 70.

„Onkel Toms Hütte" von Harriet Beecher Stowe (1853), das einen so kräftigen Anstoß zur Aufhebung der Sklaverei gab. Lange Jahre hatte man, wie wir schon hörten, diesen Mißbrauch zu rechtfertigen versucht; man berief sich sogar auf die Bibel, in der Hams Geschlecht verflucht wurde; sogar das Neue Testament griff die Sklaverei nicht an, „billigte" sie demnach. Endlich aber vertrug das wachsende Humanitätsbewußtsein die Sklaverei nicht länger und verurteilte sie und zwar mit Recht auf Grund des christlichen Prinzips. Der Geist des Evangeliums war auch hier in die verstockten Herzen der Menschen eingedrungen.

Derselbe Protest, aus demselben Geist hervorgegangen, erhebt sich jetzt gegen den Krieg. Er gehört nicht mehr in den Rahmen des Lebens der Völker hinein, er sprengt die Zivilisation, er s c h m e r z t wie eine unerträgliche offene Wunde in dem Gewissen. Nach den kurzen Kriegen 1866 und 1870 schrieb Bertha von Suttner ihr ergreifendes Buch: „Die Waffen nieder", und wenn auch die führenden Kreise es nicht so sehr beachteten – es gab in dieser Hinsicht noch keine öffentliche Meinung – so wirkte doch das Buch wie die normale Reaktion des menschlichen Gewissens gegen den unmenschlichen Krieg. Was barbarisch war und es immer gewesen ist, wurde jetzt – und das war der Fortschritt – als barbarisch empfunden und erkannt.

Für Bertha von Suttners Gedanken aber war – im Gegensatz zu Beecher Stowes Ansichten – die Zeit noch nicht reif. Die Kriege, deren Elend sie zur Feder hatte greifen lassen, hatten zu gleicher Zeit den Nationalismus und Imperialismus gestärkt. Der wachsende Interessenkampf, die heftige Konkurrenz auf jedem Gebiet, am schlimmsten auf dem der Rüstung, trugen kräftig dazu bei, den Kriegsgeist, der von Philosophen und Dichtern gepriesen und besungen wurde, wach zu halten und die Kriegsgefahr zu vergrößern. Staatsverherrlichung und die Mechanisierung der Arbeit vereinigten sich, den Wert des Menschen herabzusetzen[36] und die I n h u m a - n i t ä t – gegen den aus einer höheren Region drängenden Strom – zu vergrößern. Die Entwicklungslinie des Humanitätsbewußtseins und damit auch die des Rechtsbewußtseins schien abgebrochen. „Deutschland über alles", „Right or wrong – my country", „sacro egois-

---

[36] Siehe G. J. HEERING, De Tyden roepen. Rotterdam 1924.

mo" wurden die Losungen. So schwoll der Strom der Inhumanität an; so mußte 1914 die Explosion kommen. „Als der Krieg kam", schrieb Albert Schweitzer, „erhielt die Inhumanität, die in uns war, freien Lauf[37]." Aber gerade diese Apotheose der Unmenschlichkeit hat endlich – trotz der lange nachwirkenden Kriegspsychose – das Bewußtsein der Menschlichkeit und des Rechts mit elementarer Kraft auferstehen lassen und dementsprechend das sittliche Urteil umgestaltet, so daß es nicht mehr erträgt, was es früher duldete: Kriegführen. Zu dieser Wandlung, von der man in der offiziellen Christenheit leider wenig, außerhalb derselben aber um so mehr spürte, hat das Christentum kräftig beigetragen, ja es war dabei die offenbare oder verborgene Stoßkraft und darf daher diese Entwicklung als Sieg buchen.

Es war die höchste Zeit! Das Prinzip drohte von dem Kompromiß, auf dem der Krieg beruht, zertreten zu werden. Aber Christus lebt, und darum lebt das Prinzip wieder auf und weigert sich, vor den Widerständen noch weiter zu kapitulieren.

3. Entwicklung der Art der Kriegführung. Der Intellekt des Krieges kennt keine Grenzen, nach keiner Richtung hin; dadurch wird der Krieg stets raffinierter, stets gemeiner. Das Urteil der christlichen Führer verzerrt.

Auch diese Entwicklung hat zur Bildung des obengenannten Urteils beigetragen. Während alle anderen Kompromisse, die der Staat der christlichen Moral machen mußte, immer, wie beim Strafrecht, Gefängniswesen usw. Verbesserung, Humanisierung brachten und noch bringen werden, hat der Krieg sich kraft seines Wesens fortwährend in entgegengesetzter Richtung entwickelt und wird das auch künftig noch tun. Oft kann man den Vergleich hören: „Man kann ebenso gut versuchen, einen Tiger zu humanisieren als den Krieg." Dies stimmt mit dem Vorbehalt, daß ein Tiger immer derselbe bleibt, während der Krieg immer schlimmer wird. Das niedrige Menschlichkeitsniveau im Krieg sinkt immer noch genau so schnell, wie das technische steigt. Und kein Rotes Kreuz oder einschränkende Bestimmungen zur „Moralisierung" des Krieges, vor-

---

[37] Albert SCHWEITZER, Verfall und Wiederaufbau der Kultur. München 1923, S. 15.

ausgesetzt, daß man sich daran kehrt, können diese Tatsache vertuschen. Sie wecken vielmehr den trügerischen Schein, daß es um den Krieg nicht gar so schlimm steht. Die allgemeine Dienstpflicht läßt das ganze Volk an dem teilhaben, was früher die Arbeit und das Los der Söldner war, und beide sind furchtbarer geworden. Ein um alle Ethik unbekümmerter menschlicher Scharfsinn hat über die Kriegführenden eine dämonische Überraschung nach der anderen ausgeschüttet; eine Steigerung ist darin unverkennbar, und man hat die Kriegführenden gezwungen, mitzumachen. Wer nicht mitmacht, bleibt auf der Strecke und verliert.

Das Laterankonzilium von 1139 tat den neu erfundenen Kreuzbogen in Acht und Bann; dieser Bogen aber hatte Erfolg und so blieb er in Gebrauch. Als zum erstenmal Kanonen benutzt wurden, gab es Entrüstung bei den ritterlichen Kämpfern; Shakespeare protestiert in seinem Heinrich IV. gegen „these vile guns" (diese gemeinen Kanonen)[38]. Doch die Kanonen und Gewehre hatten größere Wirkung als die alten Waffen, folglich blieben sie. Die Kanonenkugeln verwandelten sich in Brisanzgranaten, die Gewehre in Maschinengewehre. Unser bekannter Landsmann Simon Gorter, Chefredakteur von „Het Nieuws van den Dag", schrieb während des deutschfranzösischen Krieges im Juli 1870 in seinem Blatt: „Von Ihrem Sohn, über den Ihnen nur gemeldet wurde, er sei in dieser oder jener Schlacht gefallen[39], erzählen seine Kameraden, er sei mit einer Anzahl anderer von einem heransausenden Stück Eisen, das in großer Entfernung aus einer unsichtbaren Maschine abgeschossen wurde, zerrissen und gevierteilt worden." Und im August, als Gorter von der Arbeit der neu eingeführten Mitrailleusen hört, schreibt er einen entrüsteten Artikel: „Dieses Schlachten ist kein Kämpfen!" „Zwanzig Minuten entfernt fällt der Held unserer Turnvereine, der Achilles unserer Knabenspiele, zugleich mit hundert Bauernlümmeln durch einen Schrotregen, den ein anderer feindlicher Lümmel durch das Drehen eines Rades dorthin geschleudert hat. ... Pfui!![40]."

---

[38] An beide Tatsachen erinnert John BAKELESS in seinem schon genannten Buch: The next war, p. 276.

[39] 1914 erfand man den „Heldentod". Je widerwärtiger der Tod wurde, um so mehr brauchte er einen schönen Namen.

[40] *„Een jaar leven voor de dagbladpers"*, keur van hoofdartikelen uit het „Nieuws van den Dag", verzameld door H. DE VEER. Amsterdam 1872, blz. 118. 131.

Doch der technische Kriegsintellekt kennt weder Ritterlichkeit noch irgendeine andere Moral; er fragt nur nach der Größe der Zerstörungs- und Angstwirkung und läßt sich in seinem Lauf nicht aufhalten. Er geht immer weiter, denn seine Erfindungsgabe ist unerschöpflich und schreckt vor nichts zurück. 1914 schwebten die ersten Flugzeuge über den feindlichen Heeren und warfen ihre Bomben aus unerreichbarer Höhe. Ein entrüsteter russischer General, erzählt uns Bakeless[41], schwor, daß er die deutschen Flieger, die sein Hauptquartier bombardierten, hängen lassen würde, wenn sie ihm in die Hände fielen. Das sei kein Kriegführen! Aber die Zahl fliegender Bombenwerfer verzehnfachte sich in kurzer Zeit. Es geht noch weiter. Im Winter 1914-15 führte das Tauchboot U 9 den ersten erfolgreichen Torpedoangriff aus und innerhalb weniger Minuten sanken drei englische Kreuzer und ertranken 2500 junge Menschen, ohne daß sie den Feind gesehen hatten. Man empfand es als eine unerhörte Schande und befleißigte sich, dem Beispiel zu folgen.

Die Wunder der Technik machen es immer mehr unmöglich, sich auf die feindlichen Angriffe vorzubereiten. Die einzige Verteidigung wird, wie wir schon sagten, immer mehr in unvermuteten Angriffen und im Erfinden neuer Waffen bestehen. Die belgischen Forts waren auf das Geschütz berechnet, das man kannte. Als jedoch die schweren deutschen Mörser, wie man sie noch nicht kannte, zur Stelle waren, war es um Lüttich bald geschehen. Und mit einem einzigen Schuß brach das Fort Loncin zusammen und verschüttete 800 Mann, die alle zugleich „in tapferem Kampf" ihr Grab fanden.

Drei Monate nach dem Ausbruch des Krieges nahm Deutschland, zuerst an der Ostfront, seine Zuflucht zu Stickgas. Die Haager Konvention hatte 1899 die „Anwendung von Projektilen, die die Verbreitung erstickender oder verletzender Gase bezwecken", verboten. Ob Deutschland vielleicht erst die Ausrede ersann, daß es (zunächst) keine Projektile waren, oder ob es die Bestimmung mit einer Geste beiseite schob, tut nichts zur Sache. Der Engländer Livens sagt mit Recht: Kein einziges Volk, das um seine Existenz kämpft, wird, aus welchem Grunde es auch sei, ein Mittel scheuen, das Erfolg verspricht. „Die Wirkung auf die überraschten russischen Truppen war eine entsetzliche. ... Mit blauen, gedunsenen Gesich-

---

41 *The next war*, p. 262.

tern, mit blutigem Schaum vor Mund und Nase" starben zirka 90 Prozent der unglückseligen Opfer einen langsamen Erstickungstod, der Tage, mitunter Wochen, dauerte[42]. Verzweifelt über den Stillstand im Stellungskrieg wandte Deutschland im Frühjahr 1915 das Gas auch an der Westfront in der Schlacht bei Ypern an. Dieser erste Gasangriff kostete den Engländern das Leben von 5000 Soldaten. Der deutsche Ordonnanzoffizier Rudolf Binding[43], der in seinem äußerst zurückhaltenden Tagebuch fast kein Wort über die Greuel des Schlachtfeldes fallen läßt (und darum machen die wenigen Worte um so mehr Eindruck), konnte nicht umhin, zu bemerken: „Vyfwege, den 24. April 1915. Die Wirkungen des geglückten Gasangriffs sind grauenhaft. Menschen zu vergiften – ich weiß nicht. Freilich, man wird erst darüber wüten in der ganzen Welt und es uns dann nachmachen. Die Toten liegen alle mit geballten Fäusten auf dem Rücken. Das ganze Feld ist gelb ..." Binding behielt Recht. Ein Entrüstungsschrei ging durch Europa, und man beeilte sich zur „Gegenwehr", und am Schluß des Krieges konnten die Engländer sich rühmen, mit amerikanischer Hilfe dem Gegner „über" zu sein.

Deutschland unterlag und hatte dies schon an der Hungerblockade gespürt, die Tausenden von Kindern den Tod oder die Tuberkulose brachte.

In schier unzerstörbaren und unaufhaltbaren Tanks und in den mit Giftgasen bewaffneten Flugzeugen liegt die Zukunftsmusik des „kommenden", des dreidimensionalen Krieges. Namentlich auf dem Gebiet des Giftgaskrieges öffnen sich weite Perspektiven. Nur kindliche Geister können annehmen, daß es gelingen werde, dieses Mittel zu verbieten. Für diese Leute ist es vielleicht nicht überflüssig, daß Professor Wester schreibt: „Ich kann Ihnen versichern, daß die umfangreiche Lektüre mich davon überzeugt hat, daß die meisten Länder (folglich jedes Land, das ,parat' sein will! H.) dieses Kampfmittel nicht mehr preisgeben werden, es sei denn ... daß wirksameres gefunden wird[44]." Das Genfer Protokoll, das das Verbot des Gaskrieges bezweckte und von 38 Staaten unterzeichnet, jedoch nicht

---

[42] Dr. Gertrud WOKER, Der kommende Giftgaskrieg. S. 73.

[43] Rudolf G. BINDING, Aus dem Kriege. Frankfurt a. M. 1925, S. 89.

[44] Prof. Dr. D. H. WESTER, Giftgassen en bescherming der burgerbevolking. „N.R.C.", 18. Januari 1928 Avondblad. Es ist betrübend, daß auch Genf (April 1929) die Komödie der Humanisierung des Krieges mitmacht.

von allen ratifiziert wurde, wird beim ersten Windstoß des Krieges wie eine Seifenblase zerplatzen. Wie wir sagten: der Kriegsscharfsinn kennt keinen anderen Maßstab als den Erfolg. Nun erklären wir nachdrücklich, daß wir nicht zu denen gehören, die das Giftgas brauchen, um von der sittlichen Verwerflichkeit des Krieges überzeugt zu sein. Auch ohne dieses Kampfmittel und ohne daß wir an die alles übertreffenden Schrecknisse des Krieges, die jetzt vorbereitet werden, denken, steht unser Urteil fest. Wir haben vom vorigen Krieg mehr als genug. Auch wissen wir nicht, ob diese Form des Krieges unmoralischer und grausamer ist, als andere Formen; eine Brisanzgranate in einem Schiffsraum, oder ein wüstes Bajonettgefecht scheint uns genau so schlimm. Und die Tatsache, daß der größte Henker der Inquisition, Torquemada, in den fünfzehn Jahren seiner Tätigkeit bloß 9000 Menschen getötet hat, und ein Unterbefehlshaber jetzt dieselbe Leistung in einem Tag verrichtet[45], wird durch die Erwägung nicht weniger entsetzlich, daß diese Zahlen höchstwahrscheinlich gegen die künftigen Massenmordzahlen in nichts versinken werden. Mord bleibt derselbe, auch wenn er massenhaft wird. Und doch finden wir es psychologisch begreiflich, daß der wachsende Protest gegen den Krieg sich namentlich gegen das Giftgas wendet. Nicht nur, weil dieses Mittel so stark auf die Phantasie wirkt, sondern auch, weil es den Krieg in ganz besonderer Weise brandmarkt. Der Tod durch Ersticken, Hängen und Ertrinken ist immer als unehrenvoll betrachtet worden. Es war der Tod, mit dem man die Verachtung gegenüber dem Missetäter kundgab. Die Verachtung des Menschen und seines Lebens, die zum Wesen des Krieges gehören, ja die Verachtung des ganzen Volkes, das uns gegenübersteht, tritt damit deutlicher als bisher an den Tag. In dem gehässigen Wort „Stickgas" hört das Volk die Verachtung. Insofern ist dieses neue Mittel ein Gewinn, als der wirkliche Charakter des Krieges wiederum um zehn Prozent mehr enthüllt wird. Dieser Enthüllungsprozeß wird mit beschleunigtem Tempo fortschreiten, wenn die Völker wissen werden, was in den Kriegslaboratorien präpariert wird. Dies aber bleibt eine Überraschung.

Doch gerade bei diesem Enthüllungsprozeß, der die Leute, die bis jetzt auf dem Weg der Tradition mitliefen, kopfscheu macht,

---

[45] NICOLAI, Die Biologie des Krieges. S. 105.

fängt die Schwierigkeit für solche an, die erstens die Gaswaffe behalten wollen oder recht gut wissen, daß sie nicht verschwinden wird und man sich folglich darin üben muß, und zweitens um jeden Preis verhindern wollen, daß das von dem Krieg verachtete Volk nun auch den Krieg und damit den ganzen Militarismus verachten lernt. Darum hatte es die niederländische Regierung absolut nicht eilig, als sie der Mahnung der Völkerbundsversammlung folgen sollte, „die vollständige Veröffentlichung" des Protokolls der Sachverständigenkommission über die chemische Kriegführung, das überall einen so gewaltigen Eindruck machte, „eiligst zu bewerkstelligen". Darum begnügte sich unsere Regierung schließlich mit einer verkürzten Ausgabe von nur 800 Exemplaren in französischer Sprache! Die Veröffentlichung war gefährlich, nicht nur in bezug auf Parteipropaganda.

„Diese Gefahr zu beschwören", sagt Gertrud Woker, „erfindet man die Mär von der Humanität der Gaswaffe, die ausdrücklich für Fälle angegeben wird, wo es gelungen ist, die Truppen durch Masken und andere Gasabwehrmittel wirksam zu schützen[46]." Dementsprechend schreibt Professor Wester in dem bereits zitierten Artikel: „Die Statistiken lehren, daß die Anzahl der Toten und sogar der Verwundeten bei einem Gasangriff stets gering waren, wenn man über gute Masken verfügte und sie rechtzeitig anlegte." In dem Wörtchen „wenn" liegt die Schwierigkeit, die Westers Auseinandersetzung wertlos macht; nicht nur die technische Schwierigkeit, die er selbst als unlösbar bezeichnet, Heer und Bevölkerung rechtzeitig mit zur Abwehr geeigneten Masken zu versehen, sondern auch folgende Schwierigkeiten, die er zu nennen unterläßt: 1. wie schützt man sich gegen unbekannte überraschende Gase, von denen, wie Livens sagt, großenteils der Sieg abhängen wird, und 2. wie schützt man sich gegen diejenigen Gase, die – „wie das Lewisitgas, das die Amerikaner zu Ende des Weltkrieges ausgebildet hatten" – auf der Haut Blasen ziehen und so in den Körper eindringen? „Je zarter die Haut, desto ernster die Schädigung"; unter Kindern wird es also die meisten Opfer fordern[47]. Die moralische Sanktion der Gaswaffe ist zu absicht-

[46] *Der kommende Giftgaskrieg*, S. 18.
[47] Dr. Gertrud WOKER, S. 26. 80. Die Konferenz der Internationalen Frauenliga für Frieden und Freiheit zum Studium der modernen Kriegsmethoden und des Schutzes der Zivilbevölkerung, die vom 5.-7. Januar 1929 in Frankfurt a. M. tagte,

lich, hat zu viele Lücken, übergeht zu sehr die größten Schwierigkeiten, als daß man ihr glauben könnte. Schon das Wort „human" oder „humaner", das man immer wieder hört, zeigt die Absicht und auch eine Mentalität, die das Volk nicht anerkennen kann. General Snyders hat an dem Diskussionsabend mit Professor van Embden (September 1924) mit keinem Wort das Publikum so gereizt wie mit diesem. Wenn er „weniger teuflisch" gesagt hätte, würde man ihn verstanden haben.

Doch die Gaswaffe hat den Krieg noch mit einem anderen Odium belastet: sie hebt nämlich die klassische Trennung zwischen Soldaten und Zivilbevölkerung, die im letzten Krieg schon so schwer durchzuführen war und immer wieder verletzt wurde, radikal auf. Mag auch unser Altminister van Dyk in der Zweiten Kammer (März 1927) versichern, daß wir unsere Stickgase nur gegen das „aktive Heer des Feindes" richten werden, so versichern uns doch alle Sachverständigen, daß dies nicht möglich ist und niemand glaubt noch daran. Es ist genau so ein Geschwätz, wie die Behauptung der Regierung, daß unsere chemischen Waffen nur zur Abwehr dienen würden. Hier zeigt sich uns wieder eine der wunden Stellen in der Rechtfertigung der Gaswaffe. Wozu sonst immer wieder dieses Drängen der Sachverständigen auf Anschaffung von Gasmasken für die Zivilbevölkerung und das Üben im Anlegen dieses Instrumentes! Die Gaswolken ziehen, wie der Wind sie treibt; man überlege aber außerdem: nicht die Front – darüber fliegt man hinweg – sondern die Industriezentren werden im künftigen Krieg zuerst getroffen werden. „The dividing line", schreibt Bakeless, „between soldiers and civilians, wich wore perilously thin in the last war, will vanish alltogether in the next great war[48]." (Die Trennungslinie zwischen Soldaten und Zivilbevölkerung, die im letzten Krieg gefährlich schwach war, wird im nächsten großen Krieg vollständig verschwinden.)

Durch die Luftwaffe hat man die Möglichkeit, über die Front hinweg zu fliegen und das feindliche Volk ins Herz zu treffen. „Das alte

---

ist nach Entgegennahme von unwiderleglichen Zeugnissen von Sachverständigen, Wissenschaftlern und Technikern zur Gewißheit gelangt, daß es keine wirksamen Schutzmaßnahmen gibt, und empfindet es als ihre Pflicht, die Massen vor der Täuschung zu warnen, daß ein sicherer Schutz möglich sei.

[48] *The next war*, p. 261.

Gesetz der Strategie", schreibt Major Endres, „verlangt mit Übermacht dort aufzutreten, wo die Entscheidung gesucht wird." „Die Entscheidung liegt in der Heimat (Industriezentren usw.) und deshalb tritt die Strategie hier mit Überlegenheit an Flugzeugen, an Gas- und Brisanzbomben auf." Außerdem, wer die Heimat also trifft, lähmt den Feind. „Wenn der Wille des Feindes der Kernpunkt ist, so folgert daraus, daß wir diesen Willen auf dem schnellsten und direktesten Wege unterwerfen." „Das Objekt der dreidimensionalen Kriegführung ist der Nicht-Kämpfer." Man kann sich dem Eindruck nicht entziehen, daß „der Soldat der Zukunft ein Henker und ein Massenmörder werden muß, um vorzüglich zu sein"[49]. Zu derselben Schlußfolgerung kommt ‚Le Monde Nouveau' (April-Mai 1927, S. 188). „Die Führer der nationalen Verteidigung werden künftig bei den Verbrechern in die Lehre gehen müssen."

Die frühere Trennung zwischen Kombattanten und Nichtkombattanten hatte zwar schon großenteils ihre Bedeutung verloren, weil unsere ausgehobenen Soldaten doch nicht aus freien Stücken in den Krieg ziehen, und sie auch jetzt ziemlich wehrlos niedergemacht und mit ihrer Verwundung oder ihrem Tod ihre Angehörigen doch genau so hart oder noch härter getroffen werden. Aber, wenn wir auch die große Bedeutung dieser bis jetzt mehr oder weniger durchgeführten Trennung nicht völlig fassen, so begreifen wir doch, wie manche durch diese letzte Phase im Offenbarungsprozeß des Kriegswesens zu der Einsicht seiner vollständigen Unsittlichkeit gekommen sind. So z. B. Pater Stratmann, der den modernen Krieg namentlich deshalb „verbrecherisch" nennt[50].

Wir müssen also feststellen, daß die Entwicklung des Charakters des Kriegs eine Steigerung zeigt: technisch in die Höhe, sittlich dementsprechend in die Tiefe. Aber der Krieg hat seinen Gipfel noch nicht erreicht; eine unbegrenzte Perspektive eröffnet sich noch; denn, wie wir sagten, der menschliche Scharfsinn ist fast unerschöpflich und schreckt vor nichts zurück. Vielleicht wird die nächste Stufe der Bakterien-Krieg sein. „Unmöglich!" rief General Snyders in der genannten Debatte aus, denn „dies wäre eine teufli-

---

[49] Franz Carl ENDRES, Giftgaskrieg, die große Gefahr. Zürich 1928, S. 63. 68. 69. 77.
[50] *Weltkirche und Weltfriede*, S. 98.

sche Methode und außerdem gefährlich für den, der sie anwendet". Letzteres könnte ein Bedenken sein, ersteres nicht. Es spricht für das Gefühl unseres ehemaligen Oberbefehlshabers, wenn er meint, auch im Kriege gäbe es Grenzen; er sieht die Grenzen offenbar da, wo die schon angewandten Methoden aufhören und die noch nicht angewandten anfangen. Doch diese Ansicht ist genau so naiv wie jene, daß der Krieg Grenzen duldet. Ob Krankheitsbakterien angewandt werden, wird einzig und allein – trotz aller Übereinkommen – davon abhängen, ob die Anwendung unter Vermeidung eigenen Schadens Erfolg verspricht. Wir müssen, sagt Bakeless, mit „der Möglichkeit der Kriegführung mit Bakterien rechnen … es besteht nicht der geringste Grund – außer humanitären Erwägungen, die in Wirklichkeit nicht gelten – weshalb nicht kleine Tuben mit Krankheitskeimen (eine Art sich selbst fortpflanzende Munition) von Flugzeugen, oder wenn möglich, von einigen hundert aktiven, sich opfernden Schlauen in die Flüsse, Reservoirs, Nahrungsvorräte des Feindes gestreut werden könnten. … Die meisten dieser Krankheitskeime, die so ausgestreut wären, würden wahrscheinlich absterben. Es würden jedoch genug am Leben bleiben, um Epidemien hervorzurufen, die einen bestimmten militärischen Wert haben könnten"[51].

Man wendet sich unwillkürlich mit Abscheu von einem solchen Zukunftsbild ab und sagt: Das kann nicht sein, das ist zu arg! Aber wer nachdenkt und sich die letzten Realitäten des Krieges ins Gedächtnis ruft, weiß, daß diese Worte aller Gründe entblößt sind. Wir können es uns nicht klar genug machen: der Scharfsinn kehrt sich an keine Moral, er fragt nur nach der Wirkung und schreitet weiter, immer weiter. Er stellt uns unentrinnbar vor die Frage: „Müssen wir nach den Möglichkeiten handeln, die ein von jeder moralischen Basis losgelöster Intellekt uns bietet? Dies und nichts anderes ist die große Frage, vor der wir stehen[52]."

In der Tat, dies ist die große Frage, die namentlich der moderne Krieg uns stellt. Es gibt gerade unter den christlichen Führern und anderen Intellektuellen wenige, die sich von traditionellen Begriffen so loslösen, daß sie die zentrale Frage so sehen und stellen können.

---

[51] *The next war*, p. 276. 288.

[52] Prof. Dr. Ph. KOHNSTAMM, Nationale ontwapening als gewetenseisch en als offer. Onze Eeuw, October 1924, blz. 21.

Sie fühlen allerdings, ausgenommen die Verstockten, daß sich etwas geändert hat, und daß man den Krieg nicht mehr ohne weiteres gutheißen kann. Professor Bavinck, der in seiner Broschüre „Das Problem des Krieges" das Recht des Krieges verteidigt, muß November 1914 doch zugeben: „Wahrlich, in seinem Studierzimmer kann man leicht über den Krieg philosophieren; wer ihn aber mitmacht, spricht mit Abscheu von ihm. Der moderne Krieg ist kein Krieg von Menschen, sondern von Maschinen, das Schlachtfeld ist ein Schlachthaus geworden[53]." 1920 urteilt Bavinck noch schärfer: „Der Krieg verwandelt sich immer mehr in einen Massenmord, weil er seine Waffen aus Laboratorien empfängt, mit chemischen und mechanischen Mitteln geführt wird, und sich dementsprechend – der letzte Krieg hat es ausgiebig gezeigt – aller Reglementierung und Humanisierung entzieht." „Trotz aller schönen Losungen haben die kriegführenden Völker in größerem oder geringerem Maß die hohen Grundsätze der christlichen Moral mit Füßen getreten und kein Mittel gescheut, wenn es darum ging, den Gegner zu vernichten, und um jeden Preis zu siegen[54]."

„Die hohen Grundsätze der christlichen Moral mit Füßen getreten." Aber die Folgerung: Kriegführen steht im Widerspruch mit dem Christentum, zieht Bavinck nicht. Wohl aber Pater Stratmann, wenn er auch, als guter Katholik, das entscheidende Anathema über den Krieg der Kirche überläßt ... die noch nicht gesprochen hat.

Was sollen wir sagen, fragt Stratmann, wenn Soldaten aus dem Krieg uns erzählen, „daß es eine Torheit ist, Gott in irgendeine Beziehung zum Krieg zu bringen" und daß „dieser Wahnsinn, ein Hohn auf alles ist, was wir bisher von Gott und Christus gehört haben"? Er antwortet: „Will man Gott und das Christentum vor diesen zum größten Teil äußerst treffenden Bemerkungen der Soldaten und der vox populi in Schutz nehmen, so gibt es nur eine Möglichkeit: zuzugeben, daß ihre Anklagen, wenn auch mit dieser und jener Einschränkung, voll berechtigt sind, daß die Christenheit sich aufs tiefste schämen muß, so unendlich weit von ihren Idealen abgewichen zu sein." „Und wenn die Heiden, unter denen wir Mission treiben, wie die asiatischen Buddhisten und Brahmanen auf dem reli-

---

[53] *Het Probleem van den Oorlog*, blz. 26.
[54] *Christendom, Oorlog, Volkenbond*, blz. 33. 68.

giösen Weltkongreß in Chicago uns vorwerfen: ‚Wir verneinen den Wert eurer Religion durchaus nicht, aber … wir sehen, daß euer ganzes Leben den Forderungen eures Glaubens zuwiderläuft und daß euch nicht der Geist der Wahrheit und der Liebe leitet, den euer Gott euch gesandt hat, sondern der Geist des äußeren Nutzens und der Gewalt, der in allen bösen Menschen lebt', gibt es gegen diese tödliche Beschämung und das furchtbare Ärgernis, das die Christenwelt der heidnischen durch den Krieg bereitet, eine Rettung?" Stratmann antwortet: „Ja, aber nur eine: daß man jeden Versuch unterläßt, den Geist des Krieges mit dem Geist des Christentums in Einklang zu bringen und die runde Erklärung abgibt: der Geist des Christentums und der Geist des Krieges vertragen sich wie Feuer und Wasser[55]."

Man fühlt es, hier wird der Krieg anders gewertet, als wir es in unseren Geschichtsbüchern in den Schulen gelernt haben. Bei den ernsten, nachdenklichen Christen und Menschen hat sich im Urteil etwas geändert. Außer dem Schlag, den der Krieg der Staatsvergötterung versetzt hat, schrieben wir diese Änderung der Reinheit des Evangeliums zu, für die Christus in diesen Tagen Vieler Augen öffnet; ferner der Tatsache, daß zwei Entwicklungslinien sich gekreuzt haben: die Entwicklung der christlichen Humanität und die Entwicklung des Charakters der Kriegführung. Die aufwärts- und abwärtssteigende Linie haben sich im Geiste Tausender wie die Diagonale eines Vierecks gekreuzt, ob sie sich dessen bewußt sind oder nicht. Der Schnittpunkt bedeutet für sie die Grenze des sittlich Zulässigen und Tragbaren; die Grenze ist erreicht, ja sogar schon weit überschritten. Darum können sie den Krieg als Mittel zu keinem einzigen Zweck mehr anerkennen. Darum müssen sie ihn bedingungslos verurteilen.

---

[55] *Weltkirche und Weltfriede*, S. 51 f. 67.

C. Die Verteidigungsargumente

Hier stoßen wir jedoch auf Widerstand, nicht nur von Militaristen, Nationalisten und gedankenlosen Nachbetern der Tradition, sondern auch von weitherzigen und sittlich hochstehenden Menschen, von nachdenkenden Christen. Wenn man ihren Widerstand formuliert, dann beruht er hauptsächlich auf folgender Begründung:

1. Das Land, das Gott uns zugewiesen, und der Besitz, den er uns im Lauf der Geschichte geschenkt hat, müssen jetzt ebenso von uns, wie früher von unseren Vätern verteidigt werden.
2. Die verwerflichen Verbrechen gegen die Sittlichkeit sind Exzesse des Krieges, die durch das Völkerrecht, dem wir uns zu fügen haben, verhindert werden müssen und können.
3. Die Kriegsmittel bleiben zwar grausam; doch dies ist eine Sache des Gefühls, kein sittliches Problem; dieses besteht allein in der Frage, ob der Krieg gerecht ist.
4. Wenn auch Gewaltanwendung immer bedauerlich ist, so übt doch auch die Polizei Gewalt aus; Polizeigewalt und Kriegsgewalt liegen in einer Linie, sie sind nur dem Grade nach verschieden.
5. Kriegsdienstverweigerung ist Verleugnung der Liebe gegen die Seinen und der Solidarität mit seinem Volk.
6. Warum darf ein Mensch sich selbst oder die Seinen aus Notwehr wohl verteidigen, aber einem angegriffenen Volk würde es nicht erlaubt sein?
7. Der Krieg hängt außerdem mit der Natur der Dinge zusammen; er ist eine naturhafte Form des Kampfes ums Dasein, oder religiös gefaßt: der Krieg geht aus dem sündigen Zustand der Welt hervor, das Merkmal der Sünde haftet ihm an.

Wir wollen diese Argumente Punkt für Punkt betrachten und untersuchen, ob sie stichhaltig sind.

1. „Gottes Führung; das Erbteil und Vorbild unserer Väter."

Die Frage, ob Land und Gut im Krieg zu schützen sind, wurde vorhin schon beantwortet. Die Frage, wie ein Volk zu seinem Land und wie es zu seinem Besitz kommt, lassen wir hier ruhen, wenn wir auch darauf hinweisen, daß es sicherlich nicht dem christlichen Glauben entspricht, alles, was in der Geschichte vorgeht, Gottes Leitung und seiner sorgenden Hand zuzuschreiben. Es gibt ein „Zulassen Gottes", für das nicht er die Verantwortung trägt, sondern der Mensch. Es bleibt übrig: der Appell an unsere Pflicht, unser Erbteil zu schützen, und der an das Vorbild unserer Väter. Die sittliche Bedeutung des ersten Appells hat bei all seiner Schönheit doch an der Frage seine Begrenzung, ob der geforderte Schutz möglich ist. Wird das Gegenteil erreicht, so steht die Sache anders, und erst recht, wenn die Frage aufgeworfen wird: Mit welchen Mitteln willst du dieses Ziel erreichen? Könnte es jemals Gottes Wille sein, daß wir ein „heiliges Erbteil" mit den allerunheiligsten Mitteln schützten?

Den zweiten Appell können wir, wie den ersten, zunächst verstehen. Er ist mehr als ein konservatives Nachahmen der Väter, er ist ein Hinweis auf die Leitung Gottes in der Geschichte, die sich schon im Auszug aus Ägypten, im Kampf der ruhmvollen Könige Israels, im Befreiungskrieg gegen Spanien zeigte. „Wenn derselbe Gott uns ferner leiten will, warum sollte er uns mit einemmal verbieten, was David und Prinz Moritz wohl durften?" Die so fragen, vergessen zweierlei: 1. daß Gottes Offenbarung nicht nur statisch, sondern auch dynamisch ist, und daß es eine fortschreitende Offenbarung des Geistes gibt, der uns in alle Wahrheit leitet. Schon im Buch der Chronika, das später geschrieben ist, als das der Könige, spricht (wie wir schon hörten) der Herr zu David: „Du sollst meinem Namen nicht ein Haus bauen, weil du soviel Blut auf der Erde vergossen hast vor mir" (1 Chron. 22,8). Spricht nicht Jesus im Evangelium immer wieder: „Ihr habt gehört, daß zu den Alten gesagt ist … ich aber sage euch …"? Ist nicht die Offenbarung des Evangeliums selbst in ethischer Beziehung wie eine Rose, die sich immer weiter entfaltet, so daß der Mensch ihr immer besser ins Herz sehen kann? Wenn unsere Vorfahren glaubten, sich Leibeigene halten und Gefangene foltern zu dürfen, so ist uns dies doch nicht mehr erlaubt. Zweitens vergesse man nicht, daß die Geschichte nicht nur eine

Führung Gottes zeigt, sondern auch in dieser Führung ein Gericht. War nicht die furchtbare Katastrophe 1914-1918 ein großes Gottesgericht (nur so sehen wir einen Zusammenhang des Krieges mit Gott), ein Gericht, das uns zuruft: „Dies ist das Resultat deiner Arbeit, o Mensch; du verfällst damit meinem Gericht; bekehre dich und wisse, daß es nur zwei Wege gibt: den Weg zum Verderben und den Weg, den Christus dir weist; einen dritten gibt es nicht!" Sehen wir nicht eine entgegengestreckte Hand, die uns gebietet: Verlaßt den alten Weg, den neuen zeige ich euch! Gott ist nicht nur ein Gott der Vergangenheit, sondern auch der Zukunft, und er will, daß wir an einer christlicheren Zukunft mitarbeiten.

Wer immer nach der Vergangenheit zurückblickt, läuft Gefahr, entweder die Zukunft zu vergessen oder sich das Heute und Morgen dem Gestern ähnlich zu denken. Daher sehen namentlich christlich-nationale Eiferer die Gegenwart und den modernen Krieg immer wieder unter einem falschen Gesichtswinkel. Wir werden stets auf den Befreiungskrieg gegen Spanien (1568-1648) hingewiesen. Wie aber steht es um den Schauplatz des modernen Krieges, um den es für uns geht, den Bavinck ein „Schlachthaus", einen „Massenmord" nennt, und den wir vorhin in seinen technisch-zynischen Schrecknissen schilderten? Wer kann sich vorstellen, daß nach einer modernen Schlacht, nach den Zerstörungen, die Tanks, Maschinengewehre, Brisanzgranaten, Gasbomben angerichtet haben, jemand wie nach der Schlacht bei Leuthen den Choral anstimmen würde: „Nun danket alle Gott"? Wir glauben nicht, daß ein solcher Barbar existiert. Wer von uns könnte auf einen modernen Cromwell hören, der verkündigt: „Vertraue auf Gott, halte das U-Boot bereit und laß die Giftfabriken rauchen"? Es würde uns, selbst wenn es ernsthaft gemeint wäre, wie ein gotteslästerlicher Fluch in die Ohren gellen. Nein, es geht nicht an, den Krieg in Schutz zu nehmen, weder mit einem Hinweis auf Gottes Leitung in der Geschichte, noch mit einer Berufung auf das Vorbild unserer Väter.

2. „Es sind Exzesse"!

Über diesen Punkt können wir kurz sein. Wir sahen ja schon, daß der Kriegsscharfsinn keine andere Moral kennt als die des Erfolgs, und daß kein einziges Volk, das um seine Existenz ringt, irgendeinen Vertrag halten wird oder halten kann. Außerdem ruft das Kriegshandwerk alle schlechten Instinkte wach und läßt alle Dämonen los. Wer von „Exzessen" spricht, träumt noch von der Humanisierung des Krieges.

3. „Eine Gefühlssache, kein sittliches Problem"

Diese Ansicht ist von Professor Slotemaker de Bruine in seiner Broschüre: „Ontwapening en Beginsel"[56] ausführlich verteidigt worden. „Wenn man über das Furchtbare des Krieges spricht", sagt er, „fängt man von der falschen Seite an." „Ich untersuche, was die Quelle und das Wesen des Krieges ist", weil dies „die einzig richtige Methode ist". „Wer nach der Quelle fragt, stößt sofort auf allerlei Konflikte zwischen Völkern und Volksgruppen, ökonomische und politische; auf Konflikte der nationalen Ehre und des nationalen Stolzes." Wie furchtbar der Krieg auch ist, „ich bin überzeugt, daß, wenn man nach dem Prinzip urteilt, es etwas furchtbareres gibt, das nicht unser Gefühl betrifft, sondern unser Gewissen", nämlich daß der Krieg ein „Versuch" ist; „durch Gewalt einen Konflikt zu beseitigen", „durch Messen der Kräfte über das Recht zu entscheiden" (blz. 16. 17).

Nun wird niemand leugnen, daß hier ein Kernpunkt berührt wird, über den wir noch sprechen werden. Aber sofort muß ich bestreiten, 1. daß die prinzipielle Behandlung des Kriegsproblems hiermit erschöpft ist; 2. daß die Art der Kriegführung nur unser Gefühl berührt, nicht unser Gewissen, folglich kein sittliches Problem ist. Im Gegenteil, es ist bestimmt grundsätzlich ein sittliches Problem ersten Ranges, da es das Wesen des Krieges berührt. Man könnte dies verneinen, wenn man beweisen könnte: 1. daß ein sittliches Ziel jedes Mittel heiligt; 2. daß die Frage, ob die Humanität zertreten oder in Ehren gehalten wird, nichts mit Ethik zu tun hat. Jeder, der ohne Vorurteil nachdenkt, wird zugeben, daß diese Behauptung unhaltbar ist. Das Gegenteil ist wahr. Christliche Humanität ist so sehr die Grundlage unserer Ethik, daß Albert Schweitzer

---

[56] *Ontwapening en Beginsel*. Uitgave Hoofdbestuur der chr. Hist. Unie. 1924.

vollkommen Recht hat, wenn er sagt: „Wo die Humanität aufhört, beginnt die Pseudoethik[57]."

Aus Furcht vor Gleichstellung des Christentums mit dem Humanismus, namentlich aus Furcht vor einer Betrachtung des Menschen als Maßstab und Ziel aller Dinge, die ein Christ natürlich als Götzendienst verwirft, sind heute viele rechtgläubige Christen geneigt, einen Trennungsstrich zwischen humanitären und christlichen Beweggründen zu ziehen. (So lange des Menschen Sohn in seiner Menschlichkeit erkannt wird, kann dies nur teilweise gelingen!) So versuchte auch Professor Bavinck zwischen der humanitären und der christlichen Betrachtungsweise zu unterscheiden. Nach der humanitären ist j e d e r Krieg ein Verbrechen und nur die Strafexpedition erlaubt. (Nach Ansicht vieler humanitärer Pazifisten ist auch dies, so gut wie alle anderen Kriege ein Verbrechen.) „Die christliche Moral", sagt Bavinck, „nimmt jedoch diesen Standpunkt nicht ein; sie ist nicht durchaus antimilitaristisch und betrachtet Verteidigung des Vaterlandes, zur Not mit Waffengewalt, als eine heilige Pflicht." „Sie erkennt also auch an, daß es, wenn auch selten, gerechte, pflichtmäßige Kriege geben kann. … Der Krieg hat also seine Existenzberechtigung und seinen Wert, wie übrigens die ganze Geschichte lehrt[58]." „Gerechte Kriege", gibt jedoch Bavinck zu, „sind selten". „Von großen Prinzipien und idealen Gütern ist in den zahllosen Kriegen zwischen den Völkern nur ausnahmsweise die Rede gewesen; bei weitaus den meisten spielten Machtgier und die Sucht zu siegen die Hauptrolle[59]." Wir fragen beiläufig: muß das Volk, das erst hinterher die eigentlichen Triebfedern erfährt, trotzdem immer willig in den Krieg ziehen? In dem Zusammenhang aber, der uns jetzt beschäftigt, fragen wir nachdrücklich: Angenommen, wir hätten mit solch einem seltenen Fall zu tun, und es ginge wirklich um „große Prinzipien und ideale Güter"; angenommen, daß Schutz dieser Güter möglich wäre, beeinträchtigen nicht die M i t t e l, mit denen man dieses Ziel zu erreichen sucht, seinen Wert? Wenn die Mittel sich als sittlich sehr tiefstehend herausstellen sollten, kann dann der moralische Wert des Sieges groß sein? Es würde meines Erach-

---

[57] *Kultur und Ethik.* S. 257.
[58] *Christendom, Oorlog, Volkenbond,* blz. 66. 67.
[59] Blz. 19.

tens von einem Mangel an innerlichem Verständnis für das Wesen geistiger Werte und mithin von schwacher Psychologie zeugen, wenn man diesen lebendigen Zusammenhang zwischen Zweck und Mittel verkennen wollte.

Bavinck fühlt dies auch. Er weiß recht gut, daß Slotemaker fehl geht, wenn er die Auswahl der Mittel nur eine Gefühlssache nennt. Er weiß wohl, daß die Frage, was ist ein gerechter Krieg? von der Frage nach den Kriegsmitteln nicht getrennt werden kann. „Ambrosius, Augustin, Thomas, Calvin usw. ... sie alle behaupten das Recht des Krieges", aber „sie verteidigen nur den gerechten Krieg und stellen dafür folgende Regeln auf: Der Krieg muß 1. von der rechtmäßigen Obrigkeit ausgehen, 2. er muß wegen einer gerechten Sache, 3. in reiner Absicht (d. h. nicht, um den Feind so viel wie möglich Abbruch zu tun), 4. in gerechter Weise (‚*modus belli gerendi rectus*‘) geführt werden."

Wenn wir auch nicht glauben, daß man im Krieg jemals der dritten Bedingung genügen kann oder genügt hat, so lenken wir hier die Aufmerksamkeit auf die vierte Bedingung. Was muß unter „modus rectus" (die rechte Art und Weise) verstanden werden? Bavinck weist auf die „Rechte der Menschlichkeit hin, die respektiert werden sollen". Nebenbei fragen wir: Ist dies eine humanitäre oder christliche Forderung? Wir geben jedoch Bavinck wieder das Wort, der fortfährt: „Calvin nennt unerlaubt: Verwüstung, Erpressung, unnötiges Blutvergießen und allerlei Grausamkeiten und Greuel." „Dabei erörtert die christliche Ethik noch allerlei Fragen, ob List, Hinterhalte, Notlügen usw. erlaubt sind, ob Privateigentum angegriffen, Äcker verwüstet, heidnische Truppen zu Hilfe gerufen, Nichtkombattanten angegriffen werden dürfen[60]." Es wird dem Leser gehen wie uns: beim Aufzählen all dieser Schändungen, die im gerechten Krieg nicht stattfinden dürfen, ist es, als ob speziell der moderne Krieg nach dem Leben gezeichnet würde. Sie haben alle stattgefunden und werden alle in jedem Krieg, der noch kommen wird, stattfinden. Bavinck bestreitet es auch nicht. „In Wirklichkeit", seufzt er, „hat es an der Anerkennung und der Verwirklichung, jener Prinzipien gar zu sehr gemangelt[61]." Und wir hörten schon seine bitteren

---

[60] Blz. 12. 13.
[61] Blz. 14.

Worte: „die hohen Prinzipien der christlichen Ethik mit Füßen getreten", „kein Mittel gescheut", der Krieg „entzieht sich aller Reglementierung und Humanisierung"; „die Soldaten betrachten sich selbst als Henker, unermüdliche Henker"; „das Kriegführen verwandelt sich mehr und mehr in einen Massenmord"[62].

Bavinck ist zu ehrlich und zu sehr auf die Wirklichkeit eingestellt, als daß er sie nicht sehen und nicht öffentlich anerkennen sollte. Er hat jedoch den Schritt von der traditionellen christlichen Betrachtung des Krieges zu jener, die die Wirklichkeit von einem Christen fordert, nicht machen können. Wenn er sich dazu aufgerafft hätte, die Frage ernsthaft zu betrachten: Sind alle diese Schändungen der Rechte der Menschlichkeit Zufälligkeiten, Exzesse, oder haften sie dem Charakter des wirklichen Krieges an? dann hätte er meines Erachtens nicht umhin gekonnt, den Krieg absolut zu verurteilen. Denn die Frage, kann ein gerechter Krieg in rechter Weise geführt werden, hätte er nur mit „nein" beantworten können. Bavinck hat nicht lange genug gelebt, um diesen Fragen auf den Grund zu gehen. Seine beiden Schriften über den Krieg zeigen sehr deutlich die starken Schwankungen eines Geistes, der in den Problemen, mit denen er ringt, die feste Richtung noch nicht gefunden hat.

Pater Stratmann hat in seiner Behandlung des „gerechten Krieges" dem Problem besser auf den Grund gehen können. Er stellt dieselben vier Bedingungen (die ersten drei entnimmt er Thomas, die letzte Suarez und Bellarmin). Er geht aber schon auf die zweite „gerechte Ursache" (justa causa) viel tiefer ein. Erstens weist er auf die große Schwierigkeit hin, beim Ausbrechen eines Konfliktes nachzuweisen, wer die Schuld hat und wie groß die Schuld ist (man gibt sich ja immer gegenseitig die Schuld). Ist es immer eine moralische Schuld, die Strafe verdient? Der unparteiische Richter fehlt. Der Staat, der sich selbst zum Richter und Rächer einsetzt, lädt schon dadurch Schuld auf sich und führt keinen gerechten Krieg mehr. Und selbst, wenn wir einen Augenblick voraussetzen, daß man von der moralischen Schuld des Staates überzeugt sein darf, ist dann das Volk – dies ist die schwerwiegende Frage, die Stratmann stellt, und an der man fast immer vorübergeht – auch schuldig, das Volk, das die Schläge bekommt, und das doch in der Regel von den wahren

---

[62] Blz. 31. 33. 68.

Beweggründen des Staates nichts weiß? Und wenn das Volk schuldig wäre, steht dann die Strafe, die dem Volk auferlegt wird, als Sühne für das Unrecht im Verhältnis zur Schuld? „Die Sühne des Unrechts bestände darin, daß Millionen Unschuldige hingerichtet, andere Millionen lebenslänglich zu Krüppeln, Frauen und Kinder zu Witwen und Waisen gemacht, und unübersehbar viel andere Güter vernichtet worden wären. Das Ganze würde man nicht einen gerechten Strafkrieg, sondern nur eine Verletzung alles menschlichen Rechtsempfindens zu nennen haben[63]."

Natürlich ist dieses Mißverhältnis zwischen mutmaßlicher Schuld und Bestrafung durch die modernen Kriegsmittel viel gewaltiger und dadurch auffallender geworden. Und so kommt Stratmann von selbst zu der vierten Bedingung, über die auch der Soldat, der die Gründe des Krieges nicht kennt, urteilen kann: „die gute Art" (debitus modus). Die katholische Moraltheologie versteht u. a. darunter: Unbewaffnete nicht töten, es sei denn „per accidens". Nie darf es „per se" geschehen, absichtlich. Aber „der heute schon vorbereitete Giftgaskrieg richtet sich direkt (per se) gegen die Zivilbevölkerung. Dadurch ist seine Ungerechtigkeit, sein verbrecherischer Mordcharakter evident"[64]. „Wir müssen den Unterschied", sagt Stratmann, „zwischen dem Recht zur Verteidigung und dem Recht zum modernen Krieg, zwischen Theorie und Praxis, richtig erfassen." „Was in der Gegenwart erschüttert ist und erschüttert werden mußte, das ist nicht der Glaube an die Berechtigung des Verteidigungskrieges an sich, sondern an die heute noch vorhandene Realisierbarkeit seiner Idee als eines Mittels zur Wahrung der sittlichen Ordnung[65]." In derselben Weise hat die Tagung des „Friedensbundes deutscher Katholiken" 1924 sich geäußert: „In der Idee besteht zwar ein gerechter Krieg, aber in Wirklichkeit fehlen beim heutigen Stand der Kultur und Technik die Voraussetzungen, die die katholische Sittenlehre an den erlaubten Krieg stellt[66]."

Wie gesagt, auch ohne die bereits fiktiv gewordene frühere Trennung zwischen Kämpfern und Nichtkämpfern, zwischen Schuldigen und Unschuldigen wäre für uns der verbrecherische und darum

---

[63] *Weltkirche und Weltfriede*, S. 83-90.
[64] S. 96-98.
[65] S. 180.
[66] Die Friedenswarte. Februar 1927, S. 54.

verwerfliche Charakter des Krieges klar. Wenn man, wie es christliche und kirchliche Ethik gebietet, nur einen mit gerechten Mitteln geführten Krieg für erlaubt hält, dann ist es – jetzt mehr als je – durchaus unmöglich, einen gerechten Krieg zu führen, dann enthält der Begriff „gerechter Krieg" einen unlösbaren Widerspruch in sich selbst, dann ist er ein undenkbarer Begriff.

4. Gewalt ist Gewalt; Auftreten der Polizei ist dem Krieg gleich.

Es gibt Theoretiker, die behaupten: ein gradueller Unterschied kann nicht eine prinzipiell andere Würdigung hervorrufen; wer Polizeigewalt nicht prinzipiell mißbilligt, darf auch die Kriegsgewalt nicht unbedingt zurückweisen; denn sie stehen auf einer Linie. Nun bemerken wir zunächst, daß die Gewalt der Polizei schon dadurch einen anderen Charakter hat als der Krieg, weil hinter ihr die Justiz und das Recht vorausgesetzt werden dürfen, während sie in der Kriegführung eines Volkes, das sein Recht sucht, fehlen. Aber auch die Gewalt selbst ist anderer Art. Zum Wesen des Rechtes, das ethisch begründet ist, gehört es, so wenig wie möglich Zwang auszuüben, und da, wo dies leider unvermeidlich ist, sparsam damit umzugehen, und am allersparsamsten mit Waffengewalt. Eine ganz andere Betrachtungsweise und Taktik herrscht im Krieg. „Was ist das doch für eine von aller Vernunft und Moral verlassene Beweisführung", fragt der Baseler Pfarrer Dr. R. Liechtenhan, „wenn behauptet wird, weil die Gesamtheit dem einzelnen Rechtsbrecher gegenüber das Gewaltmittel des Gummischlauches in der Hand des Polizisten und der Freiheitsberaubung nicht ganz entbehren kann, so sei auch die Anwendung aller der modernen Kriegsmittel in ihrer scheußlichen Raffiniertheit und mit ihren Millionenschlächtereien gerechtfertigt[67]." Wer in so abstrakter Weise Folgerungen zieht, vergißt die Wahrheit, die Hegel in seiner Logik äußert: daß alle Dinge ihr Maß haben, und daß – wenn durch quantitative Veränderung

---

[67] Rudolf LIECHTENHAN, Ist Abrüstung Christenpflicht? Bern 1927, S. 67.

das Maß überschritten wird, „die Dinge aufhören, das zu sein, was sie waren"[68].

Man wird uns auf die Straßenkämpfe der Polizei hinweisen und fragen: wird nicht auch hier das Maß überschritten? Wir geben zu, daß hier und da Überschreitungen vorkommen, wodurch der Unterschied zwischen Polizei- und Kriegsgewalt aufgehoben zu sein scheint. Dies ist aber nur Schein; wenn dem so wäre, so könnte eine derartige Überschreitung doch nicht beweisen, daß der Unterschied nicht da ist. Wenn nun aber die Kämpfe in einen regelrechten Bürgerkrieg ausarten, dann, das Wort deutet es schon an, herrscht nicht mehr die Polizei, sondern die Kriegsmethoden. Meist ist ein solcher Bürgerkrieg die Fortsetzung eines Völkerkrieges mit den dort angewandten Mitteln und Methoden. Jedoch das kurze und so viel wie möglich schonende Auftreten der Polizei kann man nicht der schrankenlos tötenden und zerstörenden Kriegsmacht gleichstellen: „Gewalt ist Gewalt", das ist unsinnig und wird nur von doktrinären Tolstoianern und Militaristen behauptet, die sich gegenseitig prinzipielle und konsequente Gegner nennen, mit denen letztere leicht fertig werden können.

Das Prinzip, auf dem die Staatsgewalt beruht, sagten wir Anfang dieses Kapitels, ist ein Kompromiß zwischen den sittlichen Forderungen des christlichen Gewissens und denen dieser Welt. Aber, fügten wir hinzu, auch dieses Zugeständnis hat seine Grenzen. Für uns liegt die Grenze – und sie ist für den ernstlich nachdenkenden Menschen wahrlich keine willkürliche – zwischen dem Auftreten der Polizei und dem Krieg. Krieg ist kein Kompromiß mehr, sondern die radikale Verachtung und Zertretung der sittlichen Forderungen des Christentums.

5. „Verweigerung des Militärdienstes ist Verleugnung der Liebe und der Solidarität."

„Dienstverweigerung und Aufreizung dazu", schreibt Professor Dr. S. Greydanus[69], „und die Forderung einer einseitigen nationalen

---

[68] HEGELS kleine Logik, mit einem Kommentar herausgegeben von G. J. P. J. Bolland. Erster Band. Leiden 1899, S. 126 Zusatz.
[69] Geref. Theol. Tydschrift, August 1928.

Entwaffnung können sich als Pflichtverletzung und als im Widerspruch mit den Forderungen der christlichen Liebe herausstellen."
... Und anderswo: dies ist „gerade Verleugnung der Liebe und Verweigerung pflichtmäßiger Liebesbezeugung und darum ethisch verwerflich".

Nun teile ich nur dann Dr. Greydanus Ansicht, wenn er den Nachdruck auf das von mir unterstrichene Wort können legt. In der Tat, ein Mensch oder eine Gruppe von Menschen, die sich dem Kampf entziehen, weil sie in egoistischer Weise an eigene Lebensgefahr denken, sind ethisch schuldig. Ich schätze den tapferen Soldaten, in welchem Wahn er auch befangen sein möge, höher ein als den Egoisten und Feigling. Aber wir sprechen hier ausschließlich über die sittliche Verurteilung des Kriegshandwerks. Und könnte diese zur Verleugnung der Liebe führen? Dann übersieht man zwei Tatsachen: 1. daß die Landesverteidigung nicht mit dem persönlichen Schutz angegriffener Menschen zu vergleichen ist (dies wird nachher besprochen), und 2. daß der sogenannte Schutz von Haus und Herd und Volk, die im künftigen Krieg weniger als je geschützt sein werden, aus einem Handwerk besteht, das die schlimmste Zertretung des Liebesprinzips enthält. Er besteht aus einem mechanisch-dämonischen Zerstörungssystem, in das man seine eigenen jungen Leute hineintreibt, und worin man den „Feind" (die jungen Leute der anderen Seite) zu vernichten hofft. Wo der sittliche Verfall in der Welt, daß Frauen zum Heeresdienst herangezogen werden und im Krieg mitmachen, noch nicht eingetreten ist, da haben sie die Aufgabe, den Männern zuzurufen: „Wir wollen nicht, wir dürfen uns nicht auf diese Weise verteidigen lassen. Wir wollen, daß ihr Ritter seid und nicht Henker!"

Wo zum Schutz des eigenen Volkes die allgemein menschlichen und christlichen Prinzipien „mit Füßen getreten werden" (Bavinck), da muß meines Erachtens die Solidarität mit der Menschheit und mit den gläubigen Christen höher gestellt werden als die mit den eigenen Volksgenossen, denn diese letztere Solidarität läuft praktisch auf ein gemeinsames Vernichtetwerden hinaus, entsprechend dem Bestreben, die Anderen zu vernichten.

6. „Notwehr ist erlaubt"

„Wenn unser Volk angegriffen wird", hält man uns entgegen, „handelt es aus Notwehr, wie jeder Mensch, wenn er angegriffen wird und seine Frau und Kinder verteidigen muß; dann hört jede Auseinandersetzung auf, man kämpft für sein Leben und das der Seinen."
Es fragt sich, ob diese Schlußfolgerung richtig ist. Jeder Vergleich hinkt, dieser aber hinkt gar zu sehr. Erstens ist es bei einem Überfall ehrbarer Spaziergänger durch Banditen leicht zu entscheiden, wer der Angreifer und wer der Verteidiger ist. Aber im Krieg, dem soviele diplomatische Verhandlungen und Manöver, soviele Provokationen und Zwischenfälle vorangegangen sind, ist in der Regel kein Rätsel schwieriger zu lösen, als dieses. Im vorigen Krieg haben alle Völker „sich verteidigt" und das werden sie im nächsten wieder tun. Einen zweiten Mangel zeigt der Vergleich im Gebrauch des Wortes „Notwehr". Notwehr setzt eine unüberlegte, instinktive Handlung zum Schutz des eigenen und des Lebens anderer voraus. Aber die Notwehr der Staaten ist lange vorher überlegt und vorbereitet worden, und so entsteht das Monstrum der gegenseitigen „absichtlichen Notwehr", die im günstigsten Fall (d. h. bei Ausschluß jeder aggressiven und offensiven, also widerrechtlichen Absicht) nur dazu dient, den Notfall und seine Abwehr zu schaffen[70]. In der Tat, wenn man an dem Vergleich mit persönlicher Notwehr festhalten will, frage man sich – und hier hinkt der Vergleich nicht – was aus der Sicherheit werden würde, wenn alle Menschen auf der Straße sich für den Fall der Notwehr schwer bewaffnen wollten? Sie würden die abzuwendende Not erst recht schaffen!

Ein dritter Fehler des Vergleichs ist die Nichtbeachtung des großen Unterschieds zwischen der Abwehr eines Verbrechers auf der e i n e n Seite und organisierter Massenvernichtung unschuldiger Menschen auf der a n d e r e n Seite, die genau wie unsere Menschen gezwungen werden, die Rolle von Banditen zu spielen. Nichts hat die von unserer Staatskommission verhörten Dienstverweigerer so aufsässig gemacht, wie die immer wiederkehrende Frage: „Wenn Sie selbst angegriffen würden ... wenn Ihre Mutter überfallen würde ... Würden Sie Ihr Leben, Ihre Mutter nicht verteidigen?" Unter

---

[70] Dr. Leo POLAK, Oorlogsphilosophie, blz. 56.

diesen jungen Leuten waren solche, die in so ernster Weise, wie es einem erwachsenen Menschen möglich ist, mit dem Problem der Dienstpflicht gerungen hatten. Sie fühlten offenbar besser als ihre Richter, daß in diesem Vergleich ein Fehler steckte. Wenn sie aber sagten, es sei ein großer Unterschied zwischen persönlicher Abwehr eines Verbrechers, den man sich vom Leibe hält ohne die Absicht, ihn zu töten, und einem organisierten Massenmord wie dem Krieg, dann antwortete man ihnen: „Das ist nur ein gradueller Unterschied, Sie sind nicht konsequent" usw.[71]. Und dennoch zerrt man diesen schiefen Vergleich immer wieder ans Licht und wendet ihn immer wieder an als einen der wichtigen Argumente, die Kriegsgewalt als sittlich erlaubt hinzustellen. Dr. de Visser sagte im Parlament: „Wenn jemand in mein Haus eindringt, Frau und Kinder und meinen Besitz bedroht, und ich nehme einen Revolver usw. ... Zwischen der Pistole in meiner Hand und den Kriegsmitteln in den Händen des Soldaten ist nur ein Unterschied des Grades ...[72]." Diese Führer sollten wissen, wieviele ihrer früheren Anhänger gerade durch diese Beweisführung die Schwäche des jetzt von ihnen verlassenen Standpunktes gespürt haben.

Die Schwäche tritt noch deutlicher ans Licht, wenn man nicht nur an das Massengemetzel des Krieges, sondern auch an seinen raffinierten Charakter denkt; hier will ich noch einmal den Vergleich mit persönlicher Notwehr festhalten und nachdrücklich betonen: Schon wenn ich mich gegen den Mord an meinem Kind nur so wehren kann, daß ich den Sohn eines Anderen morde, schrecke ich davor zurück. Ich hoffe, daß ich nicht dazu imstande sein werde, denn ich fühle, daß ich es nicht darf. Und wenn ich mich gegen Folterung nur so verteidigen kann, daß ich mir auch Folterwerkzeuge zulege, sie verfeinere und sie nachher bewußt anwende, dann fühle ich wieder, daß ich das nicht darf. Alles andere lieber als das! „Es gibt Dinge", sagt Kohnstamm in bezug auf den modernen Krieg, „von denen ich hoffe, daß das niederländische Volk sie niemals wollen

---

[71] Mitgeteilt aus ihren eigenen Briefen. Siehe G. J. HEERING, Dienstplicht en gewetensbezwaren. Haagsch Maandblad, December 1925.

[72] Aus den Verhandlungen der Zweiten Kammer am 4. März 1927. Auch Prof. EERDMANS wußte bei unserer Diskussion in der Versammlung liberaler Theologen (April 1929) auf die prinzipielle Frage nach dem sittlichen Recht des Krieges keine andere Antwort zu geben.

wird, auch dann nicht, wenn es durch die Unterlassung zugrunde gehen würde[73]."

7. „Der Krieg ist eine Naturerscheinung" oder: „Der Krieg geht aus der Sünde hervor."

Die letzte Verteidigungsposition unserer Gegner (abgesehen von den sog. Forderungen des Völkerbundes, worüber nachher) ist in der Regel diese: „Es mag wahr sein, daß der Krieg vom sittlichen Standpunkt aus nicht zu rechtfertigen ist, was soll man dagegen tun? Er hängt mit der Natur der Dinge, mit dem Kampf ums Dasein zusammen."

Wer die Welt in Gottes Licht sieht, spricht von der Sünde, in der die Welt liegt. „Aus der Sünde geht der Krieg hervor, und er wird mit ihr bis ans Ende der Welt bleiben." Diese Ansichten haben viele zu einem verhängnisvollen Fatalismus mit oder ohne religiöse Färbung geführt. Doch in beiden Gruppen gibt es auch Menschen, die diesen Fatalismus abschütteln und sagen: „auch wenn der Krieg bleiben würde, so müssen wir doch dagegen kämpfen, sonst wird er über uns Herr. Aber dann muß man beim richtigen Ende anfangen." Ja, wo denn? Kann man die Natur der Dinge ändern? Die biologische Betrachtungsweise gibt hierauf keine Antwort. Wenn sie sagt: „Bessere deine eigene Gesinnung und die der Welt", so gibt sie zu, daß der Krieg auch noch mit etwas anderem zusammenhängt, als nur mit der Natur der Dinge. Die religiöse Weltanschauung antwortet: „Fange bei der Sünde und nicht bei ihren Folgen an; die Sünde ruht zwar nie, ein Christ darf aber auch nicht ruhen, sondern muß unaufhörlich mit Gott an seiner eigenen Heiligung und der Bekehrung der Welt mitarbeiten."

Was den naturhaften Charakter des Krieges betrifft, so bestreiten wir, daß der Krieg zur Natur gehört. Die Natur zeigt nirgends einen Vernichtungskampf zwischen Artgenossen, den findet man nur beim „homo sapiens", der außerdem mit seinem mißbrauchten Verstand die natürlichen Kampfmittel in höllische Maschinen umzuwandeln weiß. Der Kampf ums Dasein wird nicht verschwinden,

---

[73] *Nationale ontwapening als gewetenseisch en als offer.* Onze Eeuw, October 1924.

wird aber, wenn die Menschenrasse erhalten bleiben soll, mit anderen Mitteln als dem Krieg geführt werden müssen; diese unedle, vernichtende Form des Kampfes muß aufhören. Sie ist nicht natürlich und braucht folglich auch nicht von der Natur – vom naturhaften Standpunkt aus – geführt zu werden. Daß der Krieg immer gewesen ist, ist kein Beweis dafür, daß er immer bleiben wird. Die Sklaverei war auch immer, mit vielen anderen menschlichen Gewohnheiten, und ist trotzdem mit diesen verschwunden. Die Zukunft baut sich aus der Vergangenheit und aus unbekannten Kräften auf und ist mehr als eine Wiederholung.

Die Vorstellung vom Krieg als Sünde geht tiefer, da nach ihr das Menschenreich über und unter die Natur hinaus reicht. Engel und Satan wohnen nicht in der Natur, wohl aber im Menschen. Des Menschen Natur wird von beiden umgestaltet. Mit „dem Satan", der arglistigen Selbstsucht, mit der Sünde hängt der Krieg zusammen. Ja, er geht daraus hervor. So spricht man. Wir aber halten dies für eine halbe Wahrheit, die andere Hälfte der Wahrheit ist, daß der Krieg eine sündige P r a x i s ist, die die Sünde den Menschen einhämmert, sie verdoppelt, verzehnfacht. Dies hat Dr. Liechtenhan dazu gebracht, seinen zäh festgehaltenen Standpunkt nach dem Krieg fahren zu lassen. Dieser von vielen ernsten Christen vertretene Standpunkt war: „solidarisch die Schuld der Menschheit mittragen, mit blutender und revoltierender Seele" seinen Anteil an dem Krieg auf sich nehmen. „Aber", sagt er, „wie leicht wird dieser Kompromiß mit der traurigen Wirklichkeit zum Verzicht auf ihre Überwindung. Wenn alle so denken, so wird es beim Alten bleiben. Solange man sich der Kriegsgewalt der Völker, zunächst des eigenen Volkes nicht prinzipiell widersetzt, trägt man an jener Gesamtschuld nicht nur passiv mit, sondern man ist an ihrer Vergrößerung aktiv beteiligt." Darum, brach Dr. Liechtenhan nicht mit der Sünde, – das steht nicht in unserer Macht –, sondern mit der allersündigsten Einrichtung im Völkerleben, mit dem Krieg, dieser riesenhaften Gelegenheit zum Sündigen und trat so in den Kampf gegen das Mittel, dessen sich diese sündige Einrichtung bedient, die militärische Rüstung seines Landes[74]. Er glaubt nicht, daß er sich damit der Kollektivschuld der Menschheit entzogen hat, aber er sagt mit Recht: „das solidarische

---

[74] Rudolf LIECHTENHAN, Ist Abrüstung Christenpflicht? S. 28. 45–48.

Mittragen der Schuld ist nur dann innerlich wahr und berechtigt, wenn es mit allerstärkstem Widerstand gegen das Unrecht, das als Schuld empfunden und getragen wird, verbunden ist." Auch wird er, wenn er seinem bewaffneten Volk bei einem eventuellen Krieg den Dienst verweigert, schon spüren, daß dann auch ein nicht wegzuleugnendes Schuldgefühl sich seiner bemächtigt – wir kommen hier nie aus der Schuld heraus – aber für diese wird er um Verzeihung bitten können, weil er die unendlich viel schwerere Schuld, das Festhalten an kriegerischem Tun und die Solidarität mit dem Krieg, von sich gewiesen hat.

„Die Kriege werden dauern bis ans Ende der Welt." Dann traut man dieser Welt kein langes Bestehen mehr zu. Denn wenn die Welt ihren alten Weg wie bis jetzt weiter geht, dann wird der Krieg bald in einer Form wiederkehren, die der Kultur und der geistigen, vielleicht auch der irdischen Existenz der Menschheit ein Ende bereitet. Es zeugt wieder von Blindheit für die Wirklichkeit des Krieges und seine moderne Entwicklung, wenn man künftig noch wie in der Vergangenheit einen Krieg dem anderen folgen sieht, unterbrochen und abgelöst von Zeiten der Ruhe, Wohlfahrt und Kultur. Ich glaube, daß Dr. Gertrud Woker, die den chemischen Krieg und seine Perspektive besser kennt, als die meisten Menschen, der Wahrheit näher ist, wenn sie schreibt: „… der nächste Krieg, der wissenschaftliche Krieg, … wird der letzte Krieg sein; wir wissen es alle. Die Weltgeschichte ist dann zu Ende[75]." Wer dieses Wort für übertrieben oder zu entschieden hält, den erinnern wir an die Worte, die der General von Deimling bei der Ehrung des Nobelpreisträgers, Professor Quidde, in Freiburg gesprochen hat: „In Freiburg wurde das Pulver erfunden. Dies war das Ende der Ritterzeit. Jetzt haben Mechaniker und die Chemie die Oberhand. Das bedeutet das Ende des Krieges. Denn Krieg bedeutet künftig nicht mehr Vernichtung des Heeres, sondern Vernichtung der Nation[76]." Und auch an die Warnung des österreichischen Staatsmannes und Rechtsgelehrten, Professor Lammasch, sei erinnert, daß er als Resultat des nächsten Krieges erwartet: „Verwüstung und Entvölkerung Europas, Verwilderung der

---

[75] *Der kommende Giftgaskrieg*, S. 8.
[76] Nieuwe Rotterdamsche Courant, 13. Maart 1928 Avondblad. (Nach der holländischen Übersetzung zitiert.)

Nationen, Untergang der europäischen Kultur." Er war der Überzeugung, „daß ein neuer Krieg, der mit den Mitteln der unheimlich fortschreitenden Zerstörungstechnik geführt würde, wenigstens ganz Europa, vielleicht den ganzen Erdkreis, in einen Zustand der schlimmsten physischen und moralischen Barbarei zurückwerfen würde ... mit Ausschluß jeder Möglichkeit der Wiederaufrichtung des in diesem Krieg Zerstörten"[77].

Aber schwerer als die entsetzlichen Folgen, schwerer auch als das endlose Leid, wiegt für uns die Schuld, das Unrecht, das mit Überlegung vorbereitet und wissentlich verübt wird. Das Elend ist nur ein Exponent der Schuld. „Das Leben ist der Güter höchstes nicht, der Übel größtes aber ist die Schuld." Und die größte Schuld auf Erden ist der Krieg, der große Generator und Akkumulator aller denkbaren Sünde. „Wahrlich", sagt Dr. Liechtenhan, „wir bekämpfen den Krieg nicht allein deshalb, weil er ein namenloses Unglück, sondern auch (namentlich, sagen wir) weil er ein schreiendes Unrecht ist, weil er alle moralischen Begriffe auflöst, weil er die Herrschaft des Hasses und aller bösen Dämonen über die Leiber und über die Seelen aufrichtet, weil er alle menschlichen Beziehungen vergiftet, weil er Wort- und Treubruch zur politischen Notwendigkeit, weil er Grausamkeit zum Heldentum macht, weil er den Menschen im Menschen erstickt und die Bestie in ihm entfesselt"[78].

SCHLUSSBETRACHTUNG

Den Krieg kann man in keiner Weise rechtfertigen.
Ein „gerechter Krieg" unmöglich.

Wir sahen, daß infolge des Krieges, die Pflichterfüllung des Staates versagt (A); daß er dem christlich-sittlichen Bewußtsein Vieler untragbar geworden ist (B), und daß die Versuche, den Krieg zu rechtfertigen, dem sittlichen und vernünftigen Urteil nicht standhalten (C).

Der Krieg, von jeher barbarisch, ist in der Tat das radikal Böse geworden – und wird dies künftig immer mehr, wie der Marburger

---

[77] Dr. Heinrich LAMMASCH, Völkermord oder Völkerbund. Haag 1920, S. 8. 119.
[78] Rudolf LIECHTENHAN, Ist Abrüstung Christenpflicht? S. 27.

Philosoph, Paul Natorp, uns am Schluß des vorigen Kapitels sagte. Der moderne Krieg ist das radikale Ende der Gerechtigkeit, es sei denn daß man sagen will, der Menschheit, die systematisch Zerstörung übt, widerfahre nur Gerechtigkeit, wenn sie selbst systematisch zerstört wird. Doch, „wenn die Gerechtigkeit untergeht, hat es keinen Wert mehr, daß Menschen auf Erden leben" (Kant).

Das Urchristentum hat intuitiv richtig empfunden: Krieg widerspricht vollkommen der Lebenswahrheit des Evangeliums, dem Geist Christi, kurz gesagt, dem christlichen Prinzip. Nach langen Jahrhunderten (in denen man heldenhafte Versuche gemacht hat, den alten Gegensatz wieder herzustellen), nach viel Schaden und Schande, fängt das Christentum, wachgerüttelt durch die Entwicklung der Kriegstechnik in unseren Tagen an, zu spüren, daß sein zwar notwendiges, aber zu enges Bündnis mit dem Staat und dem daraus hervorgehenden Kompromiß mit dem Krieg, Christentum, Staat und Volk auf den Weg zum Verderben geführt hat. Das Christentum fängt an, einzusehen, daß der Krieg alle jene Dämonen entfesselt, zu deren Bekämpfung Christus gekommen ist, daß das Reich Gottes für sein Kommen auf Erden kein größeres Hindernis findet als den Krieg, und daß der Mensch, der sich am Kriegshandwerk beteiligt, in einen Zustand versetzt wird, in dem er unmöglich das Unser Vater beten kann. Das Christentum unserer Tage fängt an zu begreifen – es ist zwar ein schwacher Anfang – daß es dazu berufen ist, mit Einsetzung seiner ganzen Glaubenskraft, den Krieg durch unbedingte Verurteilung sowohl der Kriegführung wie der Kriegsrüstung zu bekämpfen.

Welche Wege es dazu einschlagen muß, wollen wir im nächsten Kapitel untersuchen[79].

---

[79] Daß diese Wege nicht ganz die des D. Otto DIBELIUS sein können, die er in seinem unlängst erschienenen Buch „Friede auf Erden?" (Berlin 1930) weist, ist aus dem Vorhergehenden ersichtlich. Dieses Werk des bekannten Generalsuperintendenten der Mark Brandenburg kam mir während der Korrektur in die Hände und ich habe es großenteils freudig begrüßt. Ich schätze seine Äußerung: „Krieg soll nicht sein, weil Gott den Krieg nicht will"; ich schätze sein Eintreten für Völkerbund und Schiedsgericht und namentlich sein tapferes Zeugnis, daß die Kirche den gewissenhaften Dienstverweigerer in Schutz nehmen soll. Ich verstehe auch, daß DIBELIUS als Deutscher manches anders sieht als ich; auch, daß man mitunter die Sprache eines gequälten Menschen heraushört, der mit und in seinem Vaterland leidet, wenn ich auch fürchte, daß gerade der Schmerz ihn zuwei-

len daran hindert, klar zu sehen. Ist es z. B. richtig, daß Deutschland, wenn es nicht zum Kämpfen bereit ist, das Saargebiet, den Rhein und die Ruhr verlieren würde (S. 207)? Ist nicht gerade in dieser Zeit Deutschlands fehlende Kriegsmacht eine starke Waffe? Hat nicht gerade der ungefährliche Charakter der holländischen und schweizerischen Wehrmacht diese Länder besser geschützt als ein mächtiges Heer es gekonnt hätte? Und beachtet DIBELIUS wohl den Unterschied zwischen einem Land, das nicht Kriegführen will oder kann und einem besiegten Land? Das *„vae victis"* wird immer in seiner a-moralischen Wahrheit gelten. Glaubt DIBELIUS wirklich, daß, nach allem, was wir erlebt haben, der Krieg jemals die schiefen Verhältnisse der Welt ins Lot bringen wird? – Mein wichtigstes Bedenken ist jedoch prinzipieller Natur. Es berührt direkt die christlichen Grundsätze und richtet sich gegen die Tatsache, daß DIBELIUS – trotz seiner sittlichen Abneigung gegen den Krieg – im voraus dem Staat, der einen „rechtmäßigen" Krieg führt, wiederum die Unterstützung der Kirche verspricht und als Kirchenmann dazu auffordert (S. 202-211). Ich lasse unerörtert, ob die Kirche imstande sein und die Zeit haben wird, die „Rechtmäßigkeit" zu beurteilen. Meiner Meinung nach beruht diese Einstellung auf einem unrichtigen Gedankengang. Ich kann ihn hier nur kurz andeuten und besprechen und weise im übrigen auf mein Buch hin. – 1. DIBELIUS steht dem nationalen Gedanken unkritisch gegenüber; er überschätzt infolgedessen seine Bedeutung. Er bekämpft zwar Fichte, dieser läßt ihn jedoch nicht los. „Von allen irdischen Gütern der Menschen ist die Nation das heiligste und das größte" (S. 203). Dieses irdische Gut wird jedoch bei Dibelius sofort zum geistlichen und christlichen höchsten Gut „promoviert", denn „sie ist der höchsten Opfer wert" (S. 204). „Die Nation ist das Ziel der Geschichte" (hat die Geschichte nur irdische Ziele?) und „für seine Nation soll der Mensch leben, für sie soll er wirken, für sie soll er opfern. Und kein Opfer, das von ihm gefordert wird, soll zu groß sein" (S. 204. 205). Das nun ist mehr heidnisch als christlich gedacht. Nur wenn es sich um das Reich Gottes handelt, darf ein Christ diese Sprache führen. I 2. Infolge der Übertreibung des nationalen Gedankens wird der internationale herabgedrückt (S. 203). Hinter der politischen Formel „international" liegen große menschliche und christliche Ideen und Werte. Ist es wahr, „daß im letzten Grunde nur das Volk eine Gemeinschaft bildet" (S. 204)? I 3. Unkritisch ist auch die Einstellung dem historischen Bündnis zwischen Christentum und Staat, zwischen Staat und Kirche gegenüber. Die Kirche „wird den Gehorsam gegen die Obrigkeit, der zu den Fundamenten des Christentums gehört, nicht aus dem Auge lassen" (S. 199). Ob dieser Gehorsam wirklich zu den Fundamenten des Christentums gehört, bezweifle ich. I 4. Der Charakter des Kriegshandwerks, namentlich des modernen Krieges, wird nicht der Wirklichkeit entsprechend und nicht kritisch genug ins Auge gefaßt. Darum bleibt DIBELIUS im Wahn Augustins und Luthers befangen, ein Christ könne Krieg führen und zugleich „die Ideale festhalten, die das Evangelium verkündigt" (S. 139), er sei imstande, das Kriegshandwerk „frei von Haß und Roheit zu üben" (S. 160). Der Kriegspfad „darf nicht abführen von den Forderungen des Evangeliums" (S. 210). Dies ist reine Utopie! DIBELIUS sieht dies an anderer Stelle auch ein: „Krieg ist die Stunde der Finsternis. ... Da gibt es nur einen Gedanken: ... wie ringe ich den Gegner nieder? Da wird alles dem Dienst der Waffen untergeordnet. ... Was zum Siege hilft, ist gut" (S. 231). „Nur einen Gedanken!" Und das ist nicht der christliche. I 5. Das Paradoxon „Um der Liebe willen geht der Christ, der für das Vaterland die Waffe zur Hand nimmt, in eine Welt hinein, die Gott nicht will ... er tut das in Gottes Namen und nach Gottes Willen" (S. 208-209) wird nicht annehmbar gemacht. Warum will Gott den Krieg nicht? Weil die Liebe nie und nirgends so mit Füßen getreten und Gottes Name nie und nirgends so geschändet wird – als im Krieg und durch das Kriegshandwerk. Und gerade jene Liebe und jener Name sollten uns zum Kriegführen nötigen? Mit Recht nennt Dibelius das Kriegshandwerk: „ein Leben, in dem die menschliche Sünde sich auswirkt". Und das Eintreten in ein so intensiv sündhaftes Leben sollte von Gott geboten sein? Der Verfasser beweist es nicht und kann es auch nicht beweisen. Der Vergleich mit dem Austrag eines Prozesses, der sich doch auch nicht gerade in der Atmosphäre von Gottes Wohlgefallen vollzieht, ist schwach. Prozeß und Krieg stehen nicht unter demselben Urteil Christi, nicht unter demselben Fluch Gottes. I 6. DIBELIUS' Beurteilung der Dienstverweigerung aus Gewissensbedenken ist veraltet. „Der Weg des radikalen Nein! Es ist der Weg derer, die unbekümmert um das, was daraus wird, das Gottesreich vorwegnehmen. Die handeln, als gäbe es keine Probleme, keine Konflikte der Pflichten ..." (S. 198). Sie wollen nur „ihren Glauben rein und ihre Hände unbefleckt halten" (S. 201). Die meisten christlichen Dienstverweigerer unserer Zeit werden in dieser Schilderung sich selbst nicht wieder erkennen. Sie kennen den Konflikt und leiden darunter, aber sie kennen schließlich auch das größere und das größte Gebot. Sie wollen, wie auch die Quäker, mehr, als nur ihre Hände rein halten; sie wollen aus Verantwortungsgefühl für die Menschheit und ihre Zukunft vor allem tatkräftig und mit ihrer ganzen Persönlichkeit gegen das Gott und Menschen schändende Kriegshandwerk protestieren und zugleich die Kräfte des geistlichen Widerstandes auf den Plan rufen, ohne die alle Friedensinstrumente, auf die Otto DIBELIUS hinweist (Völkerbund usw.), sich als machtlos herausstellen werden. Sie haben sich durch das alte Problem, das in unserer Zeit so viel schwerer wiegt als früher: „Christ oder Soldat", zur Klarheit durchgerungen. (Kennt DIBELIUS die Schwere des Problems?) Ihr radikales „Nein" ist das heilige „Nein!" Mit Christus vor Augen können sie nicht anders. Sie wollen Ernst, heiligen Ernst machen mit der Wahrheit: „Gott will den Krieg nicht." I 7. Darum ist es nicht richtig, wie DIBELIUS es tut, die Dienstverweigerer zur Sekte zu rechnen. In den Kirchen vieler Länder, wie DIBELIUS es zugibt, befinden sich jetzt Christen, die entschlossen sind, den Krieg nie wieder zu unterstützen. Soll man nun zu diesen Leuten sagen: „Hinweg aus der Kirche, ihr Sektierer!" Ich glaube, daß Christus sagen würde: „In Gottes Namen bleibt! Ihr seid das Salz, die Hoffnung der Kirche. Wehe der Kirche, wenn sie sich noch einmal mit dem Krieg solidarisch erklärt!"

Fünftes Kapitel
Die Aufgabe des Christentums in dieser Zeit

Eine grundsätzliche Haltung tut not

Wenn es um das Verhältnis zwischen Christentum, Staat und Krieg so steht, wie in den ersten drei Kapiteln dargelegt ist, wenn das Christentum kraft seines sittlichen Prinzips den Krieg, namentlich den modernen Krieg, so radikal verurteilen muß, wie das vorige Kapitel nachwies, dann geht daraus hervor, daß das erwachte Christentum eine grundsätzliche Stellung zur Kriegsfrage einnehmen muß. Das empirische Christentum (die Christen, die christlichen Kirchen, ihre Verkündigung und ihre Theologie) haben dies wenig oder gar nicht getan. Daß der Protest und der Widerstand von dieser Seite her auch jetzt noch nicht stark ist, führen wir zurück auf:

1. das zu enge Bündnis mit dem Staat;
2. die Übermacht der Staatsraison und des nationalen Gedankens;
3. die Verdrängung urchristlicher Werte und die damit verbundene unrichtige Auslegung des Neuen Testaments;
4. das Fehlen einer christlichen Soziologie in unserer Zeit, die kritisch und erneuernd wirken könnte;
5. die Macht uralter Tradition, die auf natürliche und künstliche Weise gepflegt wurde[1].

Durch all diese Ursachen haben die christlichen Kirchen (wenigstens in Europa, in der neuen Welt ist es infolge von größerer Einigkeit und besserer Zusammenarbeit anders) seit langer Zeit verlernt, ihre Stimme im Weltgeschehen hören zu lassen, es sei denn, „um im

---

[1] „Warum", fragte der französische General PERCIN (einer der vielen Generale, die zu wirklichen Pazifisten bekehrt wurden; wir erwähnen außerdem: VERRAUX, V. SCHOENAICH, V. DEIMLING, KOOLEMANS BEYNEN u. a.), „warum nennt man die bestialische Gewalt Barbarei, wenn Einzelne sie ausüben; und man nennt sie Ehre und Ruhm, wenn Völker sich deren schuldig machen? Weil die Tradition eine tyrannische Herrschaft über die Geister führt."

hohen Ton zu singen, was die Staaten wollen bringen". Ihr Blick ist ausschließlich nach innen gerichtet, die Ordnung der weltlichen Angelegenheiten überlassen sie ausschließlich „der Politik", zum Teil der ihrer eigenen mehr oder weniger kirchlichen Parteien, bei denen man jedoch von großzügiger christlicher Politik wenig verspürt. Welches sind die Forderungen der heutigen christlichen Politik? fragte und antwortete der Führer unserer Antirevolutionären Partei: finanzielle Loslösung der Kirche vom Staat, Befreiung vom Impfzwang; Loslösung der theologischen Fakultät von der Reichsuniversität; Sonntagsruhe, Abschaffung der Staatslotterie, Einführung der Todesstrafe. Nun gebe ich zu, daß es unter diesen sechs Punkten einzelne gibt, die mit dem Evangelium im Zusammenhang stehen könnten – andere haben wenig oder gar nichts damit zu schaffen – großzügige christliche Politik bedeuten sie jedenfalls nicht. Die unchristliche Struktur unserer Gesellschaft, wo Einer sich auf Kosten des Anderen bereichert, wo der größte Luxus gefühllos neben dem größten Mangel einhergeht, wird ebensowenig berührt, wie der Krieg, der alle christlichen Werte vernichtet. Es ist eine Politik, die zu der „christlichen Aktion" für Sonntagsheiligung und Fluchverbot gehört; in mancher Beziehung eine lobenswerte Aktion, wenn sie nicht den allergrößten Fluch, der auf Erden in Wort und Tat sich auswirken kann und der die Namen Gottes und Christi tausendmal mehr entheiligt als alle Sabbatschändung auf der Welt, unbeachtet ließe: nämlich Krieg und Kriegsrüstung. Von dieser Politik wird die Nachwelt zeugen: sie war groß im Kleinen und klein im Großen.

Dieser sozialen und politischen Zurückhaltung und Unmündigkeit der Kirche wurde im 19. Jahrhundert von einem Liberalismus noch Vorschub geleistet, der, infolge eines stark pronzierten Individualismus und aus alter Furcht vor unerquicklicher Vermischung von Religion und Politik, das religiöse Leben scharf von den großen Fragen der Gemeinschaft zu trennen bestrebt war. In diesen Fragen hat allein der Staat und der Staatsmann das Wort und nicht die Kirche. Ihr Gebiet war die Religion, aufgefaßt als Frömmigkeit und Philanthropie. „Keine Politik auf der Kanzel" war das Schlagwort, mit dem man die Kirche von den sozialen und den politischen Fragen zu trennen suchte. Diese liberale Art der Religiosität, die in ihrer „Verinnerlichung" nun erst die Veräußerlichung der steuerlos gelassenen Kultur ermöglichte, dabei aber selbst zusammenschrumpfte und verarmte und in der Gesellschaft als quantité négligeable betrachtet wurde, diese liberale Religiosität hat, wenn sie auch in vielen freisinnigen Gemeinden, namentlich in deren Kirchenvorständen eine zwar behinderte, aber doch hartnäckige Existenz führt, ihre besten Tage gehabt. Aber schon lange spüren die sozial fühlenden Elemente aus diesen Kreisen die Unhaltbarkeit dieses Gegensatzes und stimmen auch dem Urteil Roessinghs zu: „Die Ansicht, daß das Christentum und die christliche Kirche einerseits und die politischen und sozialen Fragen anderseits getrennt werden müssen, ist in der ganzen Weltgeschichte nur von den liberalistischen Strömungen des 19. und 20. Jahrhunderts vertreten worden[2]." Daß die Kirche, gerade durch ihr geistiges Leben und durch ihre freiere Stellung zwischen allen Gruppen mit geistigen Zielen, die Pflicht hat, als das Gewissen der menschlichen Gemeinschaft zu wirken und unerschrocken die große Richtung zu zeigen, in der die Sachkundigen die Wege suchen und bahnen müssen, wird in freisinnig religiösen Kreisen mehr und mehr erkannt.

Das Alarmsignal des großen Krieges hat Viele aufgeweckt. Auch die aus ihrem sozialen Schlaf erwachten Kirchen blickten um sich und fingen an zu begreifen, daß die Welt noch viel heidnischer war als sie dachten, und daß, wenn es dem Christentum nicht gelänge, das Zusammenleben der Menschen und Völker von innen heraus nach außen in christlichem Sinn umzubilden, es der Welt gelingen würde, das empirische Christentum von außen nach innen vollkommen heidnisch zu machen. Der Mensch hat nur ein Leben und ist nicht imstande, in seinem Innern christlich und nach außen hin heidnisch zu leben. Und es nützt nicht viel, wenn man in kleinen Kreisen der Kirche und Familie die christlichen Grundsätze heranbildet, und die großen Kreise verlieren sie, und ziehen nachher die Schlinge zu, so daß Kirche, Familie und Persönlichkeit ihnen wie z. B. im Krieg auf Gedeih und Verderb ausgeliefert sind.

Gleichwie die Staaten erkennten – obschon nur wenige diese Einsicht festhalten konnten –, daß tatsächlich die Realpolitik den Interessen der Völker gar nicht gedient hatte, und nun deshalb den Völkerbund gründeten, um dem vollständigen Untergang zu entgehen, so sind die christlichen Kirchen (wenigstens die protestantischen

---

[2] Verzamelde Werken von Dr. K. H. Roessingh, Arnhem 1926/27 IV, blz. 485.

und die orientalischen) aus einem neuerwachten Verantwortlichkeitsgefühl heraus und zur Rettung ihres schon wankend gewordenen Kredits in der Welt, 1925 nach Stockholm gezogen. Sie erkannten, daß die brennenden sozialen Fragen und die Spannung zwischen den Nationen zeigen, wie ernst, dringend und notwendig es für uns Christen und die christliche Gemeinde als solche ist, Klarheit über die Pflicht der Kirche im Volksleben und im Leben der Völker zu schaffen. „Industrie und Eigentum", „Christentum und Krieg", „die Behandlung des Verbrechens", „internationale Beziehungen" wurden ausdrücklich als brennende Fragen genannt. Namentlich in bezug auf die Frage: „Christentum und Krieg" fühlten jedenfalls viele, daß man sich in einer Krise befand. Der Kompromiß zwischen dem christlichen Prinzip und dem des Staates hatte im Krieg zu einer vollendeten Niederlage des ersteren geführt. Diese Zeit nach dem Krieg ist ein Wendepunkt, an dem die Christenheit genötigt wird, umzulernen, sowohl betreffs der Staatssouveränität, als der ethischen Tragbarkeit des Krieges. Vor den Augen vieler erhob sich als Gegensatz zum heutigen das Urchristentum, das gewaltlose, das kriegsfeindliche, das ursprüngliche, in dem Christus unendlich viel lebendiger war.

In Stockholm stellte sich bald heraus, daß die Kirche, deren heilige Aufgabe es ist, die ewige Wahrheit zu erhalten, durch diese pflichtmäßige Stellung einen konservativen Charakter angenommen hat, auch in bezug auf Dinge, die verändert werden müssen, und daß sie das Wort „vorwärts" kaum noch buchstabieren kann. Ihre Weltfremdheit und der ursprüngliche Gegensatz der christlichen Religion zur Welt tragen auch das Ihre dazu bei. Der Stockholmer Kongreß kam trotz starkem Erleben christlicher Einigkeit nicht zu bedeutungsvollen Kundgebungen, und die Fortsetzungen des Kongresses in kleinerem Format ebensowenig. Sicherlich, die Probleme sind zahlreich und schwer, und der Generalnenner für radikale und konservative Elemente wird selten weiter vorwärts führen. Aus diesen Gründen hat bis heute weder Stockholm, noch der sogenannte Weltbund der Kirchen, wie sehr sie auch beide gute Arbeit leisten, den Militarismus in seinem Wesen anzugreifen und zu verurteilen gewagt. Und doch: auf e i n e n Ausspruch der Kirche Christi wartet die Welt, auf den p r i n z i p i e l l e n Ausspruch, von dem der Kredit der Kirche auf die Dauer (vielleicht ist die Entscheidung schon nah) abhängen wird, einen Ausspruch, der vom christlichen Prinzip diktiert, und von der Geschichte in ihrem Lauf bestätigt wird: daß Krieg ein Verbrechen gegen die Menschen und Sünde gegen Gott ist.

Gott sei Dank, daß Christus größer, unendlich viel größer ist als alle christlichen Kirchen zusammen und sich auch in dieser Hinsicht innerhalb und außerhalb der Kirchen Zutritt zu den Herzen verschafft. In bezug auf die sittliche Untragbarkeit des Krieges – wie auch in anderer sittlich-sozialer Hinsicht – werden in unserer Zeit die Kirchen von außerkirchlichen Strömungen und Bewegungen oft beschämt. Glücklicherweise empfangen sie dadurch zugleich einen Anreiz, in den Bemühungen nicht hintanzustehen, die die Welt immer mehr zu einer Wohnung gestalten möchten, in der Christen, sowohl die einzelnen als ihre Gemeinschaft, sich heimisch fühlen können. Das wird freilich nur ausnahmsweise gelingen; die Welt bleibt für den Christen eine Herberge. Es kann sich nur darum handeln, die Verhältnisse so zu gestalten, daß sie zu dem Besten, was uns Gott geschenkt hat, nicht in allzu schreiendem Widerspruch stehen. Trotz der weniger geeigneten Elemente in außerkirchlichen Kreisen, deren Protest gegen den Krieg im Wachsen ist, ist dort heute von jener sittlichen Empörung gegen den Krieg, die bewußt oder unbewußt aus christlicher Erkenntnis hervorgeht, mehr lebendig als im kirchlichen Christentum. Dies müssen wir wahrheitsgemäß anerkennen. Es tut dringend not, daß dies sich ändere, sei es auch nur, damit die Kirche dem wachsenden Widerstand gegen den Militarismus eine prinzipiell-ethische Basis geben und dazu beitragen könnte, diesen Widerstand innerhalb gewaltloser Bahnen zu halten und die geistige Führung zu übernehmen; dann wird die Regierung eher auf uns hören. Es steht aber noch mehr auf dem Spiel.

Sowohl in seiner kirchlichen Form als auch in seiner persönlichen Lebensführung hat das Christentum unserer Tage – hinsichtlich der Kriegsfrage – eine erhabene, unabweisbare Aufgabe zu erfüllen.

Über die persönliche Lebensführung im allgemeinen später (B). Erst die Frage (A): Was soll das kirchliche Christentum, von dem immer noch ein gewaltiger Einfluß ausgeht, in dieser Sache tun? Absichtlich sprechen wir vom „kirchlichen Christentum" und nicht von der christlichen Kirche (obgleich wir überall sonst auch diesen

Ausdruck gebrauchen), 1. um alle Organisationen und Vereine, die in näherem oder weiterem Zusammenhang mit der Kirche stehen, mit einzubeziehen, und 2. um dem Mißverständnis vorzubeugen, daß kirchliche Personen, Gemeinden und Vereine warten müssen, bis die Kirche als Ganzes gesprochen hat. Aber darauf kann man lange warten und wird so die Stunde, in der Gott ruft, versäumen.

A. DAS KIRCHLICHE CHRISTENTUM

I. In erster Linie soll das kirchliche Christentum gegen jeden Krieg und alle Vorbereitungen dazu, weil sie im vollkommenen Widerspruch mit den christlichen Grundsätzen stehen, prinzipiell protestieren.

„Als der große Krieg ausbrach", schreibt der bekannte New Yorker Prediger Harry Emerson Fosdick[3] durchaus in unserem Sinne, „waren die Kirchen nicht auf eine bewußt christliche Haltung vorbereitet. Auch wir waren vom Nationalismus hypnotisiert. ... Wir waren ein integrierender Teil des gesellschaftlichen Zustandes, von dem wir uns nicht ohne Schuldgefühl loslösen konnten. ... Was mich betrifft – mich wird man nicht wieder in dieser Weise überrumpeln, und ich hoffe, daß auch die Kirchen sich nicht mehr in dieser Weise werden fangen lassen. Aber wenn die nächste Krise kommt, und wir zu unserem Recht stehen wollen, müssen wir es uns von heute an zu erobern suchen. Von heute an müssen wir unzweideutig gegen den Krieg, gegen die Rüstung und gegen die Mentalität, die die Rüstung rechtfertigt, Stellung nehmen." „Der Krieg ist durchaus radikal antichristlich." ... „Die Kriegspraxis ist eine laute Verleugnung der christlichen Lehre über Gott und den Menschen, ein grimmigerer Atheismus als der des schlimmsten Gottesleugners. Ich behaupte, daß die Streitigkeiten zwischen der High-church und Low-church nur die Minze, Dill und Kümmel (Matth. 23,23) sind, wenn die Kirche das große sittliche Problem unserer Zeit vernachlässigt: Christus gegen den Krieg."

---

[3] FOSDICK in seiner Einleitung zu Kirby PAGES Buch über: „Der Krieg, seine Ursachen, seine Folgen und die Mittel, ihn verschwinden zu lassen." Ich las das Buch in der französischen Ausgabe: „La Guerre etc.", Genève 1924.

Die Kirche ist die menschliche, mangelhafte Organisation des religiösen Gemeinschaftslebens in Christus; aber sie will doch ein Werkzeug Seines Willens, Seines Wortes, kurz, der irdische Mund Christi sein. Was soll aus der Welt werden, wenn dieser Mund schweigt? Und er schweigt jetzt, schweigt in allen Sprachen, wo er sprechen müßte, auch da, wo am allernötigsten gesprochen werden müßte, und vergißt das Wort Christi: „Ich sage euch: Wo diese schweigen werden, werden Steine schreien" (Luk. 19,40). Es scheint, als ob die Zeit für die Steine wirklich angebrochen ist. Zu dem schlimmsten Geschehen im Krieg, zu der schlimmsten Vorbereitung auf den Krieg schweigen die Kirchen. Oder sie sprechen so, wie Professor Slotemaker in der Debatte mit dem Verfasser in Assen 1924, als er sagte: „Ich verfluche den Krieg und habe das stets getan", dann aber fortfuhr, daß, wenn man gegen uns Krieg führen würde, wir dies natürlich auch tun müßten. Solch eine Verfluchung bedeutet genau so viel, als wenn man zu einem Jungen sagt: „Stehlen ist gemein, verflucht gemein" und dann fortfährt: „außer, wenn du selbst bestohlen wirst, dann ist es deine heilige Pflicht, auch zu stehlen, sonst bist du der Hereingefallene." Dann geht der Junge hin mit dem Gedanken: „Stehlen ist doch nicht so sehr gemein" und morgen nimmt er die Gelegenheit wahr. Das eine Wort entkräftet das andere.

Die christlichen Kirchen sollten sich überlegen, daß man auch durch Abseitsstehen und Schweigen genau so sündigen kann, wie durch Handeln und Sprechen. „In den Regierungen", schreibt Max Huber, „in den Parlamenten und in der Presse wird die christliche Stimme vielleicht nur schwach, jedenfalls meist nur mittelbar vernehmbar sein; heute scheint sie fast völlig verstummt zu sein[4]." Es scheint vor allem, als habe das Christentum das heilige „Nein" verlernt, das das alte Christentum in seiner ersten großen Zeit wiederholt gegen alle Formen des Heidentums und Götzendienstes ausgesprochen und mit seinem Leiden besiegelt hat. Es mag sich an das Wort erinnern, das Rudolf Eucken, der Jenaer Philosoph, einmal in unserem Land sprach: „Es gibt kein heiliges Ja, außer nach einem heiligen Nein." Man vergesse dabei nicht, daß dieses Nein wiederum aus dem Ja, aus der positiven Überzeugung hervorgeht.

---

[4] SLOTEMAKER, Staatenpolitik und Evangelium. S. 36.

Und wo die Kirche als Ganzes im Schweigen beharrt, was sie in bezug auf den Krieg wohl noch lange tun wird, da müssen diejenigen Glieder der Kirche sprechen, deren Augen für das Sittlich-Unterträgbare und für die Sünde des Krieges geöffnet worden sind. Die Stoßkraft geht immer von dem persönlichen Gewissen aus. Aus ihm vor allem bildet Gott das Kollektiv-Bewußtsein, das der Kirche und der öffentlichen Meinung. Die erweckten Führer haben die heilige Pflicht, Zeugnis abzulegen, und wenn sie dies nicht in ungeschickter Weise tun und die nötige Selbstbeherrschung üben sowie den Hauptinhalt des Evangeliums für diese große und wichtigste Anwendung seiner sittlichen Zielsetzung nicht vergessen, hat niemand das Recht, ihnen etwas vorzuwerfen. Der Vorwurf wäre erst angebracht, wenn sie Gottes Urteil wüßten, und dennoch schwiegen. Der Ruhm der christlichen protestantischen Kirche ist die „freie Weissagung" im neutestamentlichen Sinn; diese ist die unmittelbarste Berührung der Kirche mit dem lebendigen Gott. Calvin und Beza gestanden den Predigern das Recht zu, sowohl das Volk der Obrigkeit gegenüber zu verteidigen, wenn diese vom Volk forderte, was Gott nicht erlaubt, als auch einen Appell an das Volk zu richten („le cri au peuple"), wenn die Obrigkeit gegen Gottes Willen handelte.

Man verlangt von denen, die den Krieg als Verbrechen gegen die Menschen, als Sünde gegen Gott empfinden, daß sie sich mäßigen und keine „großen Worte" gebrauchen wie „Verbrechen" und „Sünde". Wenn aber diese Worte genau ausdrücken, was der Sprecher meint und was sein religiös-sittliches Urteil ihm unwiderstehlich diktiert, wo bleibt dann das Recht zu einem Vorwurf? Dann geht aus dem Vorwurf nur hervor, daß es Menschen gibt, die anders urteilen und die gerne möchten, daß jeder urteilte wie sie, was man alles sehr gut versteht; wo aber bleibt dann die Berechtigung zum Vorwurf? Und die Bitte, „sich zu mäßigen", erinnert uns an die Antwort, die der leidenschaftliche Bekämpfer der Sklaverei, William Lloyd Garrison, auf eine derartige Bitte gab, und die in unserer Zeit wörtlich auf den Kampf gegen den Krieg angewandt werden könnte: „Ich werde so frech sein wie die Wahrheit und so unbeugsam wie die Gerechtigkeit. Ich kann nicht daran denken, mich über einen derartigen Gegenstand in meinem Denken, Sprechen und Schreiben zu mäßigen. Nein! Nein! Sage dem, dessen Haus brennt, er solle mit Mäßigung Alarm schlagen; dem, dessen Frau in die Hände eines

Bösewichts, oder einer Mutter, deren Kind ins Feuer gefallen ist, sich in der Hilfeleistung zu mäßigen; mir aber komme man in einem Fall wie diesem nicht mit einer Bitte um Mäßigung. Ich bin in diesem Augenblick vollkommen ernst; ich wünsche keine Zweideutigkeit und keine Entschuldigung. Ich weiche keinen Finger breit von meiner Stellung. Ich will, daß man mich hört, und man wird mich hören. In der Unbewegtheit dieses Volkes ist etwas, was die Statuen von ihren Sockeln herunterspringen und die Toten aus den Gräbern auferstehen läßt[5]."

II. Das kirchliche Christentum unterstütze den Völkerbund, überlege jedoch, worin die richtige Unterstützung besteht.

Viele Christen sind der Ansicht, daß es genügt, wenn die Kirche den Völkerbund dem Interesse ihrer Glieder und der öffentlichen Meinung empfiehlt. Nun ist es sicherlich für manche kirchlichen Kreise schon eine Selbstüberwindung, wenn sie ihre geschichtlich-militärische Verehrung des Herrn Zebaoth, der sich in kritischen Zeiten als der Gott der Niederlande offenbart, durch den modernen Hinweis auf eine so menschlich und gesund-vernünftige Macht, wie den Völkerbund, einschränken. Aber damit fördern sie die Sache des Friedens nur wenig und haben ihrer Christenpflicht noch lange nicht genügt. Gewiß, der Völkerbund hat auf mancherlei Gebiet Nützliches geschaffen; wenn wir aber bedenken, daß die Ächtung des Krieges sein Hauptziel ist, daß die Abrüstung dazu eine unentbehrliche Bedingung und die Herabsetzung der Rüstung nur ein sehr kleiner Schritt heißen darf, hat man trotzdem allen Grund, den Völkerbund mißtrauisch zu betrachten. Denn, wenn man beobachtet, mit wie großem Eifer die Mächte sich auf den kommenden Krieg rüsten, dann behält der ungarische Staatsmann, Graf Apponyi, Recht: „Es wäre besser, daß man, anstatt scheinbar die Rüstung herabzusetzen und in Wirklichkeit umgekehrt zu handeln, ehrlich zugibt, daß die Lösung des Problems bis zu einer besseren Gelegenheit aufgeschoben wird[6]." Wir fügen hinzu: bis die bessere Gelegenheit eine Gelegenheit findet, zu kommen. Denn mit Recht sagte am 8.

---

[5] Zitiert von Kirby PAGE, La Guerre etc. p. 101-102.
[6] *Rede*, den 6. April 1927, in Haag gehalten.

Dezember 1928 Mussolini (das enfant terrible unter den Regierenden, weil er spricht, was alle anderen machen) in der italienischen Kammer: „Während die ganze Welt über den Frieden spricht, rüsten alle Völker bis zum äußersten. Wenn man eine Zeitung nimmt, liest man von neuen U-Booten, neuen Kreuzern und anderen Waffen." Und Lloyd George fügte am nächsten Tag in Manchester ebenso mit Recht hinzu: „Wie jetzt die Dinge liegen, bewegt sich die internationale Welt direkt in der Richtung auf einen neuen Krieg."

Eine Abrüstungskonferenz nach der anderen mißlingt oder hat sehr wenig Erfolg, und die Kriegsrüstung schreitet ungestört fort. Wer glaubt, daß auf diesem Weg der Völkerbund schließlich sein Ziel erreichen wird, wird unseres Erachtens betrogen werden. Der Krieg wird auf diesem Weg den Völkerbund überholen, ihn von der Erde wegfegen, und zeigen, daß der vorsichtigste Weg oft der allergefährlichste ist. So wird der Völkerbund eine Gefahr für den Frieden, weil er die Menschen in den Wahn wiegt: „Für den Frieden wird gesorgt." Es wird unendlich viel besser für den Krieg gesorgt, unendlich viel mehr gearbeitet und dafür ausgegeben, als für den Frieden. Erzählte doch der Chef der Abrüstungssektion des Völkerbundes, Herr Madariaga, auf dem Frauenkongreß für den Frieden im Herbst 1927 in Amsterdam, daß jetzt ein Kreuzertyp besteht, dessen Unterhaltungskosten genau so viel betragen, wie die des Völkerbundes und des Haager Internationalen Gerichtshofs zusammen. Und man bekam einen klaren Eindruck von dem, was jetzt für die Herstellung von Munition ausgegeben werden muß, als der englische Feldmarschall Sir William Robertson unlängst mitteilte, daß die Artillerie-Bombardements vor den Infanterieangriffen bei Arras, Meessen und Ypern je 156, 210 und 265 Millionen Gulden kosteten. Das haben die Regierungen für den Krieg übrig. Man versuche, den zehnten Teil für den Frieden locker zu machen. Und wenn dies nicht gelingt, dann versuche man zu glauben, daß infolge des Völkerbundes und seiner Arbeit das Signal für den Frieden auf „Sicher" steht!

Warum rüsten die Völker, die dem Völkerbund angeschlossen sind, unaufhaltsam weiter? Weil sie mehr Zutrauen zu ihren eigenen Heeren und Flotten haben, als zum Völkerbund. Und warum bleibt der Völkerbund machtlos? Weil die Nationen ihm nicht trauen, weil sie mehr an den Krieg und ihre eigene Kriegsmacht als an den Frieden und die Macht des Völkerbundes glauben. Und infolge dieses verhängnisvollen Kreislaufes und der fehlgeschlagenen Konferenzen droht der Bund spiralartig in den Abgrund zu rutschen, der seiner wartet. Es sei denn – und dies ist nach unserer Meinung die einzig mögliche Rettung – daß die Völker aufstehen und ihren Regierungen klar machen, daß sie einen anderen Willen haben. Schon 1916, mitten im Krieg, erklärte unser liberaler Staatsmann De Beaufort, daß man auf „die Zerstörung jedes Militarismus" nur durch einen kräftigen Aufschwung der Völker hoffen könne. Nach der fehlgeschlagenen Konferenz in Genua richteten Lloyd George und der japanische Minister, beide nach ihrer Heimkehr, einen Appell an die Völker und besonders an ihre Kirchen, die Friedensarbeit zu unterstützen, da sonst die Arbeit des Bundes vergeblich sei. Und um die Wette wiederholen es jetzt zahlreiche Staatsmänner: So lange die Völker dem kaltblütig zuschauen, was in Genf geschieht, wird nichts geschehen. Die Stoßkraft muß von unten her kommen; ohne sie werden die Volksvertreter in Genf großenteils die alten Diplomaten bleiben und werden auch die besseren wenig nützen können. Dann erst, wenn die Völker aufstehen und ihren Regierungen das sagen, wozu das Christentum aus eigenen Motiven heraus antreiben muß: „Rechnet nicht auf uns, wenn ihr in den Krieg zieht, wir machen nicht mehr mit!" dann erst – und nicht eher – werden die Regierungen opferbereit und gefügig sein, dann erst – und nicht eher – werden sie sich beeilen, durchgreifende Maßregeln zur Erhaltung des Friedens zu treffen, dann erst – und nicht eher – wird der Völkerbund imstande sein, seinen Beruf zu erfüllen. Dies ist die Unterstützung, deren der Völkerbund am meisten bedarf.

III. Das kirchliche Christentum unterstütze den Völkerbund nicht ohne Kritik. Keine militärischen Sanktionen.

Wenn wir sprechen wie vorhin, so entgegnet man uns sofort: Wenn ihr die Kriegführung so scharf verurteilt, dann arbeitet ihr gegen den Völkerbund, der doch durch eine internationale Kriegsmacht seine Autorität, wenn sie einmal fest begründet ist, wird behaupten müssen, und ihr vergeßt die Verpflichtung der angeschlossenen Staaten, ihr Kontingent zu liefern. Was letzteres betrifft, so spricht der diesbezügliche Art. XVI des Paktes zwar von der Verpflichtung aller angeschlossenen Staaten zur Teilnahme an ökonomischen Zwangsmaßregeln gegen den verbrecherischen Staat, erkennt danach auch das Prinzip der militärischen Sanktionen an, stellt jedoch nicht fest, daß jedes Volk verpflichtet ist, sich daran zu beteiligen (Absatz 5). Man kann diesen Artikel verschieden auffassen; der Pakt war so klug, in der Auslegung der Artikel einigen Spielraum und dadurch den Völkern in dieser Hinsicht einige Bewegungsfreiheit zu lassen. Trotz dieser Mehrdeutigkeit haben nationalistische und militaristische Gruppen in unserem Vaterland, die dem internationalen Völkerbundsgedanken kalt und skeptisch gegenüberstanden, und sich nur für nationale Ehre und nationale Verteidigung erwärmten, sich des Art. XVI des Paktes bemächtigt, um damit der Abrüstungsparole gegenüber Heer und Flotte in Sicherheit zu bringen. Sie übersehen dabei, daß, selbst wenn die militärische Völkerbundsverpflichtung unumstößliche Geltung hätte, die eventuelle Wehrmacht des Völkerbundes bei internationaler Abrüstung u. a. nach dem Urteil des Generals v. Deimling recht gut der Polizeimacht der angeschlossenen Nationen entnommen werden könnte. „Nationale Streitkräfte und Völkerbundspolizei", schreibt Professor J. H. van Meurs, „sind für mich Dinge aus verschiedenen Regionen, und so kann die Völkerbundsidee für mich nie ein Argument gegen nationale Abrüstung sein[7]."

Nun aber das militärische Auftreten des Völkerbundes. Der Pakt spricht nicht von „Kriegführen" gegen den verbrecherischen, angreifenden Staat. Das Protokoll von 1924 hielt es offenbar für besser, dieses Auftreten nicht bloß mit dem Wort „force" anzudeuten, sondern auch mit dem Wort „guerre". Ich halte dies für ehrlicher. Solange die allgemeine Abrüstung nicht stattgefunden hat – und nichts deutet darauf hin, daß wir sie in absehbarer Zeit haben werden – wird eine militärische Völkerbundsmacht aus einem vollständig ausgerüsteten Heer und einer ebensolchen See- und Luftflotte bestehen müssen, und ihr Auftreten einen modernen Krieg in aller Form mit allen entsetzlichen Mitteln der modernen Technik bedeuten. Ja, eine Strafexpedition gegen ein kleines Land wird nicht viel Schwierigkeiten bieten und vielleicht innerhalb kurzer Zeit „befriedigend"

[7] J. H. van Meurs, „De Volkenbond", Februar 1928, blz. 155-156.

verlaufen. Aber ein Staat, der es wagt, dem Völkerbund und seiner internationalen Wehrmacht zu trotzen, wird nicht eine schwache, sondern eine starke Nation sein, und wenn der Kampf anhält, entfaltet sich – durch Mitwirken des Völkerbundes – der Krieg in all seinen Schrecknissen. „Man verhehle sich doch nicht", schreibt der katholische Professor Veraart mit Recht, „daß solch ein Kampf in seinem Wesen genau so entsetzlich sein wird, wie der nationale Krieg in all seinen Schrecknissen." Und ferner warnt er vor Phantasien: „Man verläßt den Boden der Wirklichkeit, wenn man glaubt, daß die Völker jemals bereit sein werden, ihre Leute in der greulichen, modernen Art ... in einem solchen Polizeikampf eines Einzelnen gegen alle zu opfern[8]." In seiner Parlamentsrede vom 2. März 1927 wiederholte Veraart diese Ansicht und berief sich wie früher auf seinen verstorbenen Glaubensgenossen Professor Struycken, der „nachdrücklich erklärt hat, daß der Völkerbund nichts anderes als eine vermittelnde Körperschaft sein dürfe ... und daß, wenn man ein Institut daraus macht, das eventuell auch mit modernen Kriegsmitteln hervortreten müßte, man sich im Völkerbund täuscht"[9]. Professor van Vollenhoven, der unermüdliche Kämpfer für den Rechtsfrieden, der in seinen Schriften die Idee Grotius' „vom kämpfenden Frieden" verteidigte und lange zu glauben schien, daß die Zeit für einen gerechten Krieg noch nicht verstrichen sei, äußerte zu unserer Freude 1928, daß die Zeiten verändert sind: „Wenn die Abwehr eines Kriegsverbrechens durch einen für Recht und Gerechtigkeit kämpfenden Staat immer nur den Charakter des modernen Krieges trägt, dann ändert sich die Welt nicht. ... Ob man diese Abwehr anstatt Krieg mit edleren Namen nennt: ‚Rechtsexekution', ‚Waffengewalt', ‚militärische Sanktionen', ändert an der Sache nichts[10]." Anderswo beleuchtet er dies näher: „Aber bei einer derartigen internationalen Geltendmachung des Rechts wird nur das erlaubt sein, was im Innern eine ehrenwerte Polizei zur Unterdrü-

[8] VERAART, Het vraagstuk van nation. Ontwapening. Rapport der gemengde Commissie (uit 't Genootschap v. zed. Volkspol. en de Vereen. v. Volkenbond en vrede). Leiden 1924, blz. 25.
[9] Handelingen Tweede Kamer.
[10] VAN VOLLENHOVEN, „De Volkenbond", Aug./Sept. 1928: Een Volkenrecht zonder Oorlog.

ckung der Unruhen und des Widerstandes sich leisten dürfte[11]." Er sieht jedoch wohl ein, daß ein derartiges Auftreten der Polizei nur dann möglich wäre, wenn alle Länder abgerüstet hätten; womit es gute Wege hat.

Wir sind für diese Erklärung dankbar. Denn wir wünschen so wenig wie van Vollenhoven einen „leidenden Frieden", und wenn auch unseres Erachtens nur ein „kämpfender Friede" eine Zukunft hat, vor einem „kriegführenden Frieden" graut uns. Ein Friedensinstitut wie der Völkerbund, sich wappnend für einen eventuellen Krieg! Nicht nur das Gefühl, auch der Wirklichkeitssinn empört sich dagegen. Man überwindet keinen Krieg durch den Krieg, man treibt den Teufel nicht durch Beelzebub aus. Außerdem, das Kriegssystem eignet sich kraft seiner Art nicht zu einem uneigennützigen und idealistischen Dienst wie der Erhaltung des Friedens. Der Genius des Krieges ist unlöslich an den Nationalismus gebunden. Krieg kann nicht zu einer internationalen Funktion werden. So der Amerikaner Clayton Murrison[12]. Der englische Feldmarschall Robertson hatte zwar nationale Kriegsvorbereitung im Auge, als er die in seinem Munde aufsehenerregende Erklärung vom 27. November gab, wir dürfen aber trotzdem seine Worte hier wiederholen: „Wir sind nicht mehr bedingungslos damit einverstanden, daß die beste Art, einem Krieg vorzubeugen, die Vorbereitung dazu ist. Kriegsvorbereitung beschleunigt den Krieg[13]."

Abgesehen von der Versuchung, daß ein Staat sein eigenes Kontingent des Völkerbundsheeres vor allem als sein eigenes Werkzeug betrachtet, so liegt doch auch die andere Gefahr nicht außer Möglichkeit, daß nicht der „verbrecherische" Staat, sondern der Völkerbund Schläge bekommt. „Denn von da an", sagt Murrison im genannten Artikel mit Recht, „wo der Krieg sich von dem Zauber und der Stoßkraft des Patriotismus loslöst, wird er matt, glanz- und kraftlos." Ganz anders dagegen der Staat, der gegen den Völkerbund kämpft; da kämpft das Volk für sein Leben, der Bürger für sein Land. Verliert der Völkerbund, dann liegt das internationale Recht danieder und steht vielleicht nicht wieder auf. Das darf kein Völker-

---

[11] „Nieuwe Rotterdamsche Courant", 16. September 1928 Avondblad, in een artikel over GROTIUS: *De jure belli ac pacis.*
[12] „The Christian Century", 23. Februar 1928, p. 264.
[13] Nieuwe Rotterdamsche Courant, 9. November 1927 Avondblad.

bund riskieren. „*Non tali auxilio*", mit einer solchen Hilfe darf ihm nicht geholfen werden. Professor Verzyl, Professor für Völkerrecht in Utrecht, hatte meines Erachtens vollkommen Recht, als er nach der Veröffentlichung des Genfer Protokolls schrieb, daß es für ihn fraglich ist, ob, wenn das „so oft idealisierte Institut einer internationalen Polizei einmal in Aktion träte, das Mittel sich nicht schlimmer als das Übel erweisen würde"[14].

Auch schon deshalb schlimmer als das Übel, weil dann von der höchsten Rechtsinstanz der Welt ein Mittel angewandt würde, das an sich durch und durch ungerecht ist. Die Möglichkeit eines „bellum justum" besteht nicht mehr. Wie Professor Veraart schrieb: „Jedes Unrecht fällt in nichts zusammen, verglichen mit den modernen, immer wachsenden Kriegsgreueln." Man kann keine sittliche Weltordnung mit durchaus unsittlichen Mitteln instand halten. Wer es, wie wir, gut mit dem Völkerbund meint, sei vorsichtig betreffs der militärischen Sanktionen. Es gibt kein besseres Mittel, den Völkerbund bei begeisterten und radikalen Pazifisten zu diskreditieren, ja verhaßt zu machen. Sie sehen darin mit Recht ein Hindernis, dem Krieg den Stempel aufzudrücken, den er wegen seines Handwerks verdient, den Stempel „Verbrechen". Je schärfer und tiefer dieser Stempel sich eindrückt, um so mehr wird er sich als den mächtigsten Schutz des Friedens herausstellen. So schrieb unlängst Bart de Ligt, dessen Geistesverwandter wir nicht in jeder Beziehung sind, dessen fanatischen Kampf gegen den Krieg wir aber sehr schätzen und dessen Stimme von Hunderten gehört wird: „Kriegführen im Dienst des Völkerbundes wird jetzt als ebenso ehrenvoll erachtet und gepriesen, wie früher das Kriegführen für das Vaterland. So bleibt die allgemeine Mentalität trübe. Man hat das Übel nicht ausgerottet, sondern einfach verschoben. ... Wenn der Krieg, wie man jetzt in Genf sagt und schreibt, verbrecherisch ist, ist der Völkerbund auf gutem Wege, ein großer Verbrecher zu werden. Er bereitet dies und jenes furchtlos und geflissentlich vor[15]." Zum Glück fängt man auch in Genf an, sich zu besinnen. Die Trias: Sicherheit (= Sanktionen), Abrüstung, Schiedsgericht, die in dieser Reihenfolge namentlich

---

[14] *Het Protokol van Genève*. Vragen des Tyds, Nov. 1924, blz. 100, 101.
[15] B. DE LIGT, Nieuwe Vormen van Oorlog en hoe die te bestryden, blz. 20. 21. Unsere Beurteilung dieses Buches findet man in: Kerk en Vrede, Januar 1928.

von Frankreich befürwortet wird, verliert an Anhang. Immer mehr fühlt man, daß der Völkerbund, wenn er nicht zur Besinnung kommt, sich an den Sanktionen den Tod holen wird, und daß Abrüstung an erster Stelle stehen muß, wenn von Sicherheit die Rede sein soll. Auf demselben Amboß, worauf Deutschland hämmert: „Nun wir entwaffnet sind, seid ihr dran", werden künftig die Waffen des Friedens in Europa geschmiedet werden müssen. Will man, solange man noch Zeit zu haben glaubt, von diesem Amboß nichts wissen, dann hat Deutschland nachher einen anderen und dann: Lebe wohl, Friede!

Nein, wir arbeiten nicht gegen den Völkerbund, wenn wir, wie es dem Christentum geziemt, gegen jede Form des Krieges protestieren, auch in Gestalt des Völkerbundskrieges. Im Gegenteil, dann üben wir am Bund die Kritik, die er braucht, dann arbeiten wir an einer Neuschöpfung des Bundes in einer Form mit, die Zukunft hat; dann helfen wir die öffentliche Meinung und die Atmosphäre schaffen, in der der Bund erst wie eine wirkliche Friedensmacht leben und arbeiten kann.

IV. Es unterstütze und kritisiere ebenfalls den Kellogg-Pakt.

Die amerikanische Bewegung, den Krieg gesetzlich zu ächten (Outlawry-movement), aus der der Kellogg-Pakt entstanden ist, hat an dem Völkerbund eine gesunde Kritik geübt. Sie hat ihm vorgeworfen, daß er statt des Friedens den Krieg regle, weil er von Männern geleitet werde, die wohl an den Krieg, aber nicht an den Frieden glauben. Man muß mit dem Krieg keinen Vertrag schließen, sondern ihn kurzerhand verurteilen und sich weigern, ihn anzuerkennen.

Im Vergleich zur früheren Lage – es ist noch nicht lange her – in der die Staaten sich gegenseitig wie selbstherrliche Raubritter behandelten, zeigt dieser Pakt einen großen Fortschritt. Er ist ein Meilenstein auf dem Weg der Entwicklung. Die kontrahierenden Regierungen „erklären ja feierlich, daß sie es verurteilen, wenn zur Schlichtung internationaler Konflikte die Zuflucht zum Krieg genommen wird, und daß sie auf den Krieg als Instrument nationaler Politik in ihren gegenseitigen Beziehungen verzichten".

Oberflächlich betrachtet, scheint es, als ob hiermit alle Kriegsgefahr beseitigt wäre. Dies ist aber durchaus nicht der Fall. Dafür sind zuviel Vorbehalte gemacht und anerkannt worden. Zunächst beachte man die Worte: „in ihren gegenseitigen Beziehungen". Die nicht kontrahierenden Völker, die unterworfenen Kolonialvölker, bleiben rechtlos dem Willen ihrer Herren ausgeliefert. England hat sich sofort volle Freiheit ausbedungen, seine Lebensbelange überall, wo es nötig sei, zu schützen und hat in Ägypten sofort gezeigt, was es darunter versteht. Und die Vereinigten Staaten, die im kleinen Nicaragua ihre kapitalistischen Interessen mit harter Hand vertreten hatten, konnten schwerlich protestieren. Jetzt gerade, wo Asien und Afrika langsam aber sicher aufstehen, um sich von Europa loszulösen, vor dem sie im Krieg den Respekt verloren haben, bietet der Kellogg-Pakt wenig Sicherheit.

Jedoch noch eine andere Kriegsgefahr ist nicht beseitigt worden. Ausdrücklich ist vor der Unterzeichnung des Vertrages gefordert und den Staaten das Recht zugestanden worden, daß sie sich im Fall eines Angriffs verteidigen dürfen. Der Verteidigungskrieg besteht demnach weiter. Nun wissen wir vom vorigen Krieg her, wie schwer Angriff von Verteidigung zu unterscheiden ist. Dem ersten Angriff ist in der Regel von beiden Seiten so viel vorangegangen, daß es fast unmöglich ist, festzustellen, wer Angreifer und wer Verteidiger ist. Diese Lücke im Traktat bedeutet, daß alle Staaten ihrer Verteidigung wegen ihre schwere Rüstung beibehalten, und daß diese fortwährende Bedrohung des Weltfriedens ruhig weiter bestehen bleibt.

Der Kellogg-Pakt ist, wie wir schon sagten, als ein Versuch gemeint, den Krieg gesetzlich zu ächten (to outlaw war). Man hat jedoch eins vergessen: sich darüber klar zu werden, welches Gesetz man eigentlich meint. Man wollte den Krieg als Institut angreifen, und man hat ihn mit dem Duell verglichen, das früher überall erlaubt war, und jetzt in vielen zivilisierten Ländern verboten ist. Das Duell ist dort jedoch, nachdem es erst von der öffentlichen Meinung verurteilt war, gesetzlich verboten worden. Etwas derartiges kennen wir in bezug auf den Krieg noch nicht, und der Kellogg-Pakt wird es auch nicht schaffen: die zwingende Macht fehlt hier; die Outlawry-Bewegung will von militärischen Sanktionen oder etwas derartigem mit Recht nichts wissen, weil diese den Krieg als „Institut" wieder anerkennen.

Ein internationales Gesetz kann folglich nicht gemeint sein; international verkehren die Völker zunächst miteinander durch Abmachungen (wie beim Giftgas), an die sich zu halten man von vornherein nicht gesonnen ist. Wenn man ein Heer hat und damit für sein Leben kämpft, kehrt man sich nicht an Abmachungen. Und ein nationales Gesetz? Noch viel weniger. Kein einziger der angeschlossenen Staaten denkt daran, und Amerika am allerwenigsten, das Recht zum Kriegführen und die Pflicht zum Rüsten aus der Verfassung zu streichen, geschweige denn, ein Verbot darin aufzunehmen. Mit der Ächtung des Krieges kann nur die Ächtung durch das Sittengesetz gemeint sein. So haben es viele amerikanische Pazifisten anfänglich gewollt. Aber die politischen Führer wußten recht wohl, auf diesem Weg geht das amerikanische Volk, das in der Mehrzahl nicht daran denkt, das militärische System zu verwerfen, nicht mit uns.

Hier liegt der Geburtsfehler des Kellogg-Paktes: er will den Krieg sittlich ächten („das ist kein zulässiges Mittel, dessen die Politik sich bedienen darf!"), lehnt es aber ab, diese Ächtung prinzipiell zu vollziehen. Als ob man ohne sittliche Grundsätze wirklich sittlich handeln könnte. Entrüstet weist man dem Krieg die Tür, läßt jedoch absichtlich eine Hintertür offen und schreibt darüber: „Eingang für den Verteidigungskrieg." Und im Inneren wird die „Wehrmacht" bereit gehalten und vervollständigt.

Darum ist auch nach dem Kellogg-Pakt die Kriegsgefahr absolut nicht beseitigt. Auch dieser Vertrag macht mit dem Krieg schließlich einen Kompromiß. Die Umstände bei der Geburt waren bezeichnend. Kaum war das Prinzip anerkannt, kam der französisch-englische Geheimvertrag ans Licht, worauf Amerika mit Verstärkung seiner Flotte antwortete.

Der Pazifismus des Völkerbundes und des Kellogg-Paktes stellen sich immer mehr als ohnmächtig heraus, den Frieden wirklich zu sichern. Damit wenden wir uns nicht vom Völkerbund und Kellogg-Pakt ab; es sind noch junge, schwache Pflanzen, die auf unserem alten, blutgetränkten Boden noch nicht recht wachsen wollen. Wohl aber fühlen wir die harte Notwendigkeit und die zwingende Pflicht, es uns selbst und anderen immer wieder zu sagen: es gibt nur einen vollkommen sittlichen und deshalb endgültigen Pazifismus, der wirklich und prinzipiell den Krieg durch das Sittengesetz ächtet, den Pazifismus, der den Krieg sittlich verurteilt, ihn deshalb nie und nirgends zuläßt. Erst wenn der Krieg auf diese Weise vom Sittengesetz geächtet ist, besteht die Aussicht, daß es nationale Gesetze geben wird, die den Krieg unmöglich machen, und daß nationale Abrüstung überall eine Tatsache wird. Dann erst, wenn auf diese Weise die Abrüstung der Welt ins Rollen gebracht worden ist, entsteht langsam aber sicher die Möglichkeit, daß internationale Abmachungen, die den Krieg verbieten, eingehalten werden. An dem Maß der Abrüstung zeigt sich der ernste Friedenswille der Völker. An einen bewaffneten Frieden glauben wir nicht, auch wenn Hunderte von Völkerbünden und amerikanischen Traktaten um uns herum entständen.

V. Das kirchliche Christentum entziehe in radikaler Weise dem Krieg seine Hilfe, die es ihm so lange geleistet hat und fordere (auch nationale) Abrüstung.

Wir sahen in den vorhergehenden Kapiteln, welch großen Anteil das nationalistische Staatschristentum am Kriegsausbruch gehabt hat. Man hätte jenen Krieg nicht so großartig vorbereiten, nicht so lange führen und aushalten können, ohne jene geistliche Unterstützung, d. h. ohne die religiöse Sanktion und Inspiration, die der Nationalismus und Militarismus und schließlich der Krieg von den christlichen Kirchen empfingen. Hier liegt die schwere Schuld des empirischen, abgefallenen Christentums an einer so großen Schande und dem Jammer der Menschheit. Es ist die unabweisliche Aufgabe des erwachten und auferstandenen Christentums, diese Hilfe dem Krieg radikal zu entziehen. Vielleicht kann es damit einen Teil seiner großen Schuld abtragen.

Diese Hilfe entziehen. Dafür genügt Protest jedoch nicht. Wenn der Krieg für uns ein Verbrechen gegen die Menschen und Sünde vor Gott ist, dann dürfen wir nicht mitmachen und müssen zu verhindern suchen, daß Andere es tun. Wir sündigen auch, wenn wir Sünde geschehen lassen. Nun besteht nur ein Land in der Welt, wo wir sofort dieses christliche Prinzip anwenden können, weil wir dort Mitbestimmungsrecht haben: in unserem eigenen Land. Es ist unsere Christenpflicht, zu verhindern, daß unser Volk sich am Kriegführen versündigt. Darum müssen wir die nationale Abrüstung befürworten. „Die ‚moralische Abrüstung' zu betreiben", verkündigt das Manifest, das die schweizerischen antimilitaristischen Pfarrer 1925 herausgegeben haben, „ist unsere selbstverständliche heilige Pflicht; aber niemand wird uns glauben, daß es uns damit ernst sei, solange wir vor der militärischen Abrüstung unsere Vorbehalte machen." Auch wir wollen, wie unsere schweizerischen Gesinnungsgenossen, mit unserem christlichen Anti-Kriegsprinzip ernst machen. Die christliche Kirche in den Niederlanden und anderswo fordere nationale Abrüstung aus Ehrfurcht vor dem von ihr gepredigten Evangelium, mit dem das Kriegshandwerk (einerlei wozu angewandt) in flagrantem Widerspruch steht. Das Kriegsrüsten treibt mit dem Evangelium seinen Spott, den die Kirche nicht länger dulden darf. Sie fordere, daß der Staat unserem Volk nicht durch Kriegsbereitschaft die Möglichkeit gebe und es nicht in Versuchung führe, sich, aus welchem Grunde auch, am Kriegshandwerk zu beteiligen. Sie fordere, daß die Mobilisation für den Krieg, die zugleich die Geister gegen das Christentum mobilisiert, aufhöre. Sie fordere, daß die militärischen Übungen aufhören, die gerade solche, die sich ihnen mit ganzer Seele widmen, vermilitarisiert, d. h. für das Christentum unempfänglich macht. Sie fordere, daß der Staat deutlich nach innen und außen zeige: von uns ist kein Kriegführen zu befürchten, denn wir haben uns aller Kriegsmittel entledigt.

Auf das Rechtsmittel der Polizei verzichten wir damit nicht (Kap. IV C 4). Daß eine Polizeimacht sich, wenn nötig, zu einer Kriegsmacht erweitern kann, ist in Anbetracht unserer geringen chemischen und anderer Kriegsmittel und des schnell entscheidenden Charakters eines modernen Kriegsangriffs, eine Ungereimtheit. Eine Entwaffnung unseres Volkes könnte nur als eine Friedensdemonstration, als eine nationale, feierliche Absage an den Krieg aufgefaßt werden; und wenn man weiß, daß im Hintergrund das Christentum, hoffentlich in Gestalt der Kirche, mitgearbeitet hat, dann wird es für Tausende von Christen außerhalb der Kirche eine Demonstration für etwas Höheres, als nur für irdischen Frieden sein.

Die, welche einseitige Entwaffnung verwerfen, weisen auf die künftige gleichzeitige allgemeine Entwaffnung hin. Man wird lange darauf warten können, wenigstens bis zum nächsten Krieg, der die Abrüstungsbewegung wohl beseitigen wird. An diese Art Abrüstung haben wir nie geglaubt; wir glauben nach allem, was wir gesehen haben, jetzt weniger als je daran und wir beobachten, daß auch in unserer Umgebung der Glaube daran geschwächt ist. Kein Wunder! Selbst wenn man zu einer Herabsetzung der Rüstungen kommt, zu der vielleicht die unerschwinglichen Kriegskosten und die hohen Steuern endlich zwingen werden, dann hat der Friede dabei noch fast nichts gewonnen, im modernen Krieg noch weniger als vorher. Wir glauben, daß nur durch die Anstachelung der nationalen Abrüstung die allgemeine eine Chance hat. Wir sagen mit dem oben genannten schweizerischen Manifest: „Wir sind überzeugt, daß eine allgemeine Abrüstung erst kommt, wenn einzelne Völker damit vorangehen." Der Bann der Furcht und des Argwohns, in dem die Friedensbewegung befangen ist, der verderbliche Kreislauf von Mißtrauen und Bewaffnung muß zerbrochen werden.

Es ist ein ermutigendes Symptom, daß das Streben nach nationaler Abrüstung nicht mehr allein steht, sondern sich international zu entwickeln anfängt: in Dänemark, in den Niederlanden, in Norwegen, in der Schweiz wächst die Bewegung. Ein Land beeinflußt und stärkt das andere und infiziert nachher andere und auch größere Länder. *„Aussi le bien a sa contagion!"* (Auch das Gute wirkt ansteckend.)

Man hält uns wiederum den Völkerbundsvertrag vor, der – wie man behauptet – einseitige Abrüstung im Hinblick auf eventuelles militärisches Auftreten des Bundes verböte. Nach dem, was wir über die militärischen Sanktionen gesagt haben, können wir jetzt kurz sein. Wir glauben, daß, wer so spricht, sich wenig in den Geist und die Absicht des Vertrages vertieft hat, der gerade die Tendenz zur Abrüstung zeigt und zum Beispiel in Art. VIII die Herabsetzung der Staatsrüstung bis zu einem Minimum fordert und die Überschreitung der festgesetzten Bewaffnungsgrenze verbietet. Hieraus zu folgern, wie es unser Delegierter am 21. März 1928 in Genf getan hat, daß man also ein Minimum behalten müsse, ist dasselbe, wie wenn man aus der Bitte, in einem Krankenhaus so wenig wie möglich Lärm zu machen, schließt, e t w a s Lärm müsse also gemacht werden. Es ist unbegreiflich, daß man hier den Völkerbund gegen Abrüstung vorzubringen wagt. Warum hätte dann der Bund Deutschland, als es eintrat, nicht gesagt, daß es sich nun auch wieder auf den Krieg rüsten müsse wie die anderen, die ihren Verpflichtungen nachkämen und dafür sorgten, parat zu sein. Nun wohl! Von einem großen Land fordert der Vertrag keine Rüstung; von einem kleineren, wie das unsrige, erst recht nicht.

Gelegentlich der vorigen dänischen Abrüstungsvorlage (die damals vom Folkething mit großer Mehrheit angenommen, vom Landesthing jedoch abgelehnt wurde) erklärte der Minister Graf Moltke am 18. November 1924: „Das Statut des Völkerbundes verpflichtet in keinerlei Weise die Unterzeichner zum Halten einer Land- und Seemacht. Im Gegenteil, es zeigt gerade in andere Richtung. Die Frage muß im Zusammenhang mit den heutigen und künftigen Chancen auf eine Abrüstung über die ganze Welt erwogen werden. Ich hoffe, daß die dänische Vorlage als ein Beitrag, wenn auch nur als ein bescheidener, zur Verwirklichung dieses Gedankens betrachtet werde und daß sie einen guten Einfluß auf die Behandlung der Frage in dem Geiste, von dem Dänemark beseelt ist, ausüben wird[16]." Gewiß, ein bescheidener Beitrag, aber sicherlich der größte, den ein kleines Land vorläufig schenken kann. Nur ein kleiner, erster Anfang der Weltabrüstung, aber doch ein Anfang, den wir bis jetzt in der Welt vergeblich suchten. Zugleich eine Tat des Glaubens an das erwachte Weltgewissen, eine Tat des Vertrauens zu dem sich aufrichtenden Rechtsgedanken und zugleich eine Tat, die das Volk in ein reineres Verhältnis zum Christentum stellt.

VI. Das kirchliche Christentum bevorzuge auf religiös-ethischer Grundlage das Risiko der Abrüstung vor dem der Rüstung

Nationale Abrüstung, hält man uns vor, untergräbt den Staat. Wir antworten: Ja, den Machtstaat, doch nicht den Rechtsstaat, der keine andere Ausübung der Macht will, als im Dienst des Rechts (s. Kap. III). Auf Professor Steinmetz' Frage: „Wozu ein Staat ohne Kriegsmacht, ein Staat, der ja nichts tun darf?" antwortet Professor Polak mit Recht: „weil der Staat seiner Natur nach eine eigene Funktion hat: Ausübung des Rechts, Verwirklichung und Aufrechterhaltung der Rechtsordnung. … Darum sind wir aus demselben Grund für den Staat, wie wir gegen den Krieg sind"[17]. Die Zeit ist gekommen,

---

[16] Nieuwe Rotterdamsche Courant, 18. November 1924 Avondblad.
[17] Dr. Leo POLAK, Oorlogsphilosophie, blz. 30.

wo das sittliche Bewußtsein, geführt und überwacht von christlichen Grundsätzen (s. Kap. IV), sich mit keiner anderen Staatsform, als mit dem Rechtsstaat, abfinden kann. Und da, wie wir sahen, ein gerechter Krieg für das sittliche Bewußtsein nicht mehr möglich ist, weil das Kriegshandwerk das größte Unrecht in sich trägt, kann ein Rechtsstaat mit dem Krieg nichts mehr zu tun haben, und muß er das Tischtuch zwischen sich und dem Krieg zerschneiden.

Nach dem großen Fiasko der Realpolitik hat man wieder ein Auge für den wirklichen politischen Wert der sittlichen Idee. Für sittliche Politik braucht man jedoch immer Glauben, denn sie ist immer eine Politik auf weite Sicht. Ungläubige werden deshalb immer zur Realpolitik greifen, weil diese in kurzer Frist Erfolg zu versprechen scheint. Gerade darum, sagt Fr. W. Foerster, versagen die Realpolitiker immer wieder, „weil sie in der Beurteilung politischer Aktionen bei den greifbaren Augenblickseffekten stehen bleiben, für die tieferen Rückwirkungen ihrer Politik aber auf das Volksgewissen und damit auf die psychischen Fundamente aller staatlichen Gesundheit gar kein Auge haben"[18]. Es ist für einen Christen beschämend, zu beobachten, daß Kant in seiner philosophischen Auslegung des Evangeliums, die für ihn ein Bekenntnis enthielt, doch mehr Recht hatte als die politischen Christen glaubten. Wir erinnern uns an seinen Rat (s. Kap. III), auch in der Politik vor allen Dingen „nach dem Reiche der reinen praktischen Vernunft und nach seiner Gerechtigkeit zu trachten", wenn der Friede wirklich unser Teil werden soll; wir erinnern uns an diese Äußerung seines unwandelbaren Glaubens an die sittliche Weltordnung, von der schließlich alles Heil, auch das irdische abhängig ist, und seine vornehme Erwartung: „Alle Politik muß ihre Knie vor der Moral beugen, kann dafür aber hoffen, zu der Stufe zu gelangen, wo sie beharrlich glänzen wird[19]." – „Obgleich langsam." In der Tat, Gottes Mühlen mahlen langsam. Ungläubige Realpolitik arbeitet rascher, aber wir kennen die Resultate. In der Überzeugung der Unhaltbarkeit der heutigen Zustände im staatlichen Leben schreibt Albert Schweitzer: „Wir verlangen von dem Staat, daß er geistiger (religiöser) und ethischer werden soll als je von einem Staat verlangt worden ist." Wir stellen

---

[18] Fr. W. FOERSTER, Politische Ethik. S. 204.
[19] KANT, Zum ewigen Frieden. S. 48-49.

an den modernen Staat das Ansinnen, daß er danach trachten solle, eine ethische und geistige Persönlichkeit zu werden. Mit dieser Forderung dringt unsere ethische Weltanschauung „hartnäckig auf ihn ein. Sie läßt sich durch kein hochmütiges Lächeln mehr irre machen. Die Weisheit von morgen klingt anders als die von gestern"[20]. – Mögen viele Historiker und Politiker, die sich die Zukunft nicht anders als der Vergangenheit ähnlich denken können, dieses letzte Wort beherzigen!

Sittliche Politik, eine Politik auf weite Sicht. „Sehr gut möglich", sagt man uns, „daß dies wahr ist, daß nicht nur die ehrliche, sondern jede sittliche Methode am längsten währt und auf die Dauer die besten Resultate zeitigt. Wenn aber sittliche Politik nationale Abrüstung mit einschließt, dann ist es sehr wahrscheinlich, daß die besonderen Belange unseres Volkes stark dadurch geschädigt werden; dann könnte unser Volk während dieser langen Dauer in sehr kurzer Zeit das Opfer seiner sittlichen Politik werden; das Wagnis ist zu groß!" – Bevor wir hierauf eine prinzipielle Antwort geben, weisen wir auf das entsetzliche Gemetzel und die Verwüstung hin, die der moderne Krieg – der zukünftige noch schlimmer als der vorige – anrichtet. Man wird wohl daran tun, dieses Wagnis nicht zu unterschätzen. Der Machtstaat, und namentlich der eines kleinen Landes, läuft in unserer Zeit mindestens genau so viel Gefahr, wie der reine Rechtsstaat, der als solcher nichts vom Krieg wissen will. Auch vergesse man nicht, daß ungeschützte Länder und Städte für die Luftflotten mit ihren Bomben und Giftgasen keine Anziehungskraft haben. Die Entgegnung, daß die jungen Männer eines entwaffneten Volkes gezwungen werden können, in fremde Dienste einzutreten, hat wenig Wert. Der vorige Krieg hat diese napoleonische Methode nicht anzuwenden gewagt. Und wenn ein Volk aus Überzeugung abrüstet und sich danach wie Maultiere vor den Kriegswagen eines anderen spannen läßt, dann … möge es in seiner Unwürdigkeit untergehen.

Aber nun die prinzipielle Antwort: Es mag wahr sein, daß unser Land bei Abrüstung auch Gefahr läuft, wir leugnen dies nicht; jedes Leben eines Menschen und Volkes bringt in dieser Welt Gefahren mit sich, und gewiß auch das sittliche Leben. Es mag wahr sein, was

---

[20] Albert SCHWEITZER, Kultur und Ethik, II. S. 275-276.

wir nicht für wahrscheinlich, aber für möglich halten – daß dieses Risiko sogar größer ist als das der Kriegsbereitschaft. Dann sagen wir dennoch mit Kant: „In einem Konflikt zwischen Politik und Moral haut diese den Knoten entzwei, den jene nicht aufzulösen vermag". Dann wählen wir doch das erste Risiko. Beide, Entwaffnung und Bereitschaft sind ein Wagnis, das kann niemand leugnen. Aber das kirchliche Christentum erkenne an: „das eine Mal handelt es sich um das Wagnis des Glaubens, des Gewissens, des Einsatzes für eine große Sache, das andere Mal nur um das Wagnis der Selbstbehauptung!"[21] Wir müssen dies uns selbst und anderen immer wieder klar machen, damit wir dessen eingedenk bleiben, wenn unser Volk infolge der Entwaffnung (was eben so gut möglich ist als durch „Kriegsbereitschaft") einmal unter die Räder käme und sogar vorübergehend einen Teil seiner Unabhängigkeit verlöre. Dann werden die Stimmen sich mehren, die sagen: „Das habt ihr von eurer Abrüstung! Hätten wir uns nur verteidigt!" Dann, in jener schicksalsschweren Zeit, muß dieser Glaube seine Kraft erweisen und uns aufrecht erhalten: eine andere Stellung konnten wir vor Gott nicht verantworten, wir haben es mit seinem Willen gewagt. Er wird helfen, wir müssen mit tapferer Geduld Ihm trauen. Dann gilt in vollem Umfang das Wort Luthers: „Wer am meisten glaubt, der wird hie am meisten schützen." Auch für die Völker, sagt Pater Stratmann, gilt das Wort: „Leidet lieber Unrecht. Unrecht leiden um Gottes willen und um des Friedens willen bringt weder Unehre noch Unsegen. Im Gegenteil." „Aber", fährt Stratmann fort, „dieser erhabene christliche Gedanke … wirkt in unserer Zeit der praktischen Staatsvergottung so unerhört, daß es nicht überrascht, wenn man heute kein zweites Moralbuch mehr findet, das diesen Gedanken beim Kapitel über den Krieg auch nur anklingen ließe!"[22]

Jeder ernste Mensch, also auch jeder Christ stellt schließlich alle Lebensfragen unter die eine: Was ist das höchste Gut? Die Antwort auf diese Frage bestimmt sein Verhalten. Wenn es Menschen gibt, die in ehrlicher Weise antworten können: „mein höchstes Gut ist mein Vaterland", nun wohl, dann mögen sie diesem höchsten

---

[21] Rudolf LIECHTENHAN, Ist Abrüstung Christenpflicht? S. 55.
[22] STRATMANN, Weltkirche und Weltfriede. S. 99.

Gut alles andere unterordnen und glauben, sie seien die besten Bürger und dienten ihrem Vaterland am meisten. Anders jedoch der Christ. Wie sehr er sein Land auch liebt und ihm dienen will, er kennt ein höheres Gut: jenes Reich ewiger Werte, das Plato und alle großen Denker gekannt haben und dem das Evangelium eine andere Form und einen anderen Namen gibt: das Reich Gottes. Dies ist das ewige Vaterland des Christen. Sonderbar ist es eigentlich, daß man diese einfachen Dinge, die für das Urchristentum selbstverständlich waren, nachdrücklich aussprechen muß. Aber dieses gefallene Christentum hat es bitter nötig, das ABC der christlichen Ethik immer wieder zu hören. Für viele Christen seines Landes sprach Dr. Liechtenhan eine verblüffende Wahrheit aus, als er sagte: „Wir sind berechtigt, ja verpflichtet, eine Frage des Heiles der Menschheit und des Reiches Gottes nicht bloß vom schweizerischen Gesichtswinkel aus zu betrachten." Wie nah uns die Schweiz am Herzen liegt, „der Sieg des Friedens ist uns ein höheres und heiligeres Ziel, als die Erhaltung der Schweiz. Wenn die Überwindung des Krieges nur um das Opfer unserer Selbständigkeit zu erreichen wäre, so müssen wir als Christen dazu bereit sein, so weh es auch unseren Schweizer Herzen täte". Nicht, daß Liechtenhan diesen Verlust wirklich befürchtet; aber von einer höheren Warte aus macht er die Bahn frei für einen rein christlichen Gedankengang, der sonst so leicht durch beängstigende Fragen zweiten Ranges gestört wird, Fragen, die Land und Gut, Fleisch und Blut betreffen, nicht aber das Reich Gottes. Wer Land oder Gut mehr liebt denn mich, spricht Christus hier, ist mein nicht wert. „Und wer nicht sein Kreuz auf sich nimmt und folget mir nach, der ist mein nicht wert" (Matth. 10,37.38). Es war richtig, daß Liechtenhan auf das Kreuz hinwies. Man kann die schwersten Fragen des Menschen und der Menschheit nicht beantworten, ohne das Opfer und das Kreuz zu erwähnen.

Gewiß, ein Christ muß das Kreuz tragen, entgegnet man uns, aber er darf es Andern nicht auferlegen. So hat man auch dem Vorstand der Gesellschaft für sittliche Volkspolitik bei ihrem Vorgehen gegen das Flottengesetz von 1923 vorgeworfen, daß sie damit ein Märtyrertum auferlege. Dieser Vorstand hat darauf geantwortet: „Märtyrertum auferlegen? Vielleicht. Aber dann ist es eins für die sittliche Erlösung der Welt. Und wird nicht auch die Kriegserklärung mit ihren Folgen ungefragt auferlegt? Und wo ist das sittliche

Gut, das als Folge des Krieges ans Tageslicht tritt?"[23] Man hat hier nur die Wahl: entweder dem Volk das Leiden auferlegen um einer gewünschten oder einer nicht gewünschten, um einer möglichen oder unmöglichen Verteidigung willen, oder das Leiden um des gesuchten oder des nichtgesuchten Reiches Gottes willen. Wir, was uns betrifft, können nicht anders, und unsere Wahl ist nicht zweifelhaft. „Wenn wir", sagt Liechtenhan, „unserem Volk Entwaffnung als ein sittliches Gebot vorlegen und verlangen, eventuell auch das Leiden, das daraus hervorgehen kann, auf sich zu nehmen, dann sind wir uns wohl bewußt, wie Schweres wir damit unserem Volk zumuten. Wenn wir es aber nicht versuchen dürfen, es dafür reif zu machen, in ihm Verständnis für diese Aufgabe zu wecken, dann wollen wir lieber auch den Karfreitag mit seiner Verkündigung von der Kraft des Opfers abschaffen[24]."

VII. Das kirchliche Christentum beurteile furchtlos die Kolonialfrage im Lichte der christlichen Wahrheit. – Die Mission und das militaristische Abendland.

Wir können natürlich auf dem Gebiet dieses großen komplizierten Problems nur einige Richtlinien ziehen, und dies wollen wir tun. Denn gerade hier glauben viele unserer Gegner uns zu schlagen. „Ihr vergeßt", sagen sie, „unsere Verpflichtungen Indien gegenüber, denen wir ohne Flotte und Heer nicht nachkommen können. Wir wollen nicht von unserem Besitz, unserem Profit sprechen, obschon ihr wohl auch an die Laufbahn unserer Kinder denken könntet. Wir wollen selbst nicht von der Notwendigkeit, das fruchtbare Indien so produktiv wie möglich zu machen, sprechen, obwohl ihr an die Krisis denken solltet, in die unser Volk geraten würde, wenn es Indien verlöre. Wir sprechen nur von unserer Verantwortung den Kolonien gegenüber, die uns in der Vergangenheit zugewiesen worden sind. Die indischen Völker können unsere Führung, vorläufig wenigstens, noch nicht entbehren, und wir dürfen unsere Kulturarbeit nicht unterbrechen. Wir haben die Länder gegen äußere Feinde und gegen innere Unruhen zu schützen, die unsere Herrschaft und die

---

[23] *Het Gemeene Best*, Oktober 1923, blz. 8.
[24] Rudolf LIECHTENHAN, Ist Abrüstung Christenpflicht? S. 55.

gleichmäßige Entwicklung der eingeborenen Bevölkerung bedrohen. Ihr mögt das ein Polizeiauftreten und keinen Krieg nennen, vergeßt aber nicht, daß hinter der indischen Bewegung eine Rassen-, zum Teil auch eine religiöse Bewegung steht. Ein Aufstand kann in einen Rassenkrieg ausarten und dann haben wir die weiße Rasse und das Christentum zu schützen. Auch dafür brauchen wir in Indien eine Kriegsmacht."

Dies ist in kurzen Zügen, was man in der Regel gegen Abrüstung von niederländisch-indischem Gesichtspunkt aus vorbringt. Es ist gut, daß man Besitz, Profit und ökonomische Interessen einen Augenblick beiseite läßt. Wir wollen annehmen, daß diese Motive weiter nicht mehr mitreden, wenigstens nicht bewußt. Wir, unsererseits, wollen einen Moment die Frage unberücksichtigt lassen, ob Holland wirklich glaubt, mit irgendeiner Aussicht auf Erfolg seine ausgedehnten Kolonien „verteidigen" zu können. Wir beschränken uns nur auf den rein ethischen Gesichtspunkt: „Unsere Verantwortlichkeit den Kolonien gegenüber, die uns in der Vergangenheit zugewiesen worden sind." Viele Christen fügen hinzu: „durch Gottes Vorsehung". Mit Recht bemerkt der Alt-Missionskonsul D. Crommelin in einer auf hohem Niveau stehenden Abhandlung, daß es besser ist zu sagen, „daß wir unter Gottes Zulassung nach Indien gekommen sind", denn „wir haben kein anderes Recht auf Indien als das des Eroberers; wir sind aus rein egoistischen Motiven nach Indien gekommen, wenn auch unsere Vorfahren im guten Glauben lebten, die koloniale Ausbeutung könne durch Einführung des Christentums vor Gott gerechtfertigt werden[25]." „Gottes Zulassung" hat hier ausschließlich eine kosmische und keine ethische Bedeutung, denn wie haben wir Indien erobert und in welcher Weise unsere Autorität behauptet? (wenn es auch mit Portugal, England und anderen Mächten nicht besser bestellt war!) Hierauf geht Crommelin wohlweislich nicht ein[26]. Von Coen bis van Heutsz ist es eine lange Ausbeutungs und Gewaltgeschichte; wobei tausend und abertausend Indier früher und in unseren Tagen das Leben ließen[27].

---

[25] D. CROMMELIN, De toestand van Indie en hoe wij als Christenen daar tegenover hebben te staan, Stemmen des Tyds. April 1927, blz. 355.

[26] Siehe über dieses „Trauerspiel" Prof. Snouck HURGRONJE: Colyn over Indie. 1927, blz. 355.

[27] Kap. II, 36.

Neben all dem Bösen hat Holland Indien nicht aus Altruismus, sondern aus wohlverstandenem Egoismus (Crommelin) auch gute Dinge gebracht, von denen die Bevölkerung einen Teil zu schätzen, einen anderen Teil aber nicht zu schätzen wußte. Es gilt auch hier im Allgemeinen: beneficia non obtruduntur, Wohltaten werden nicht aufgedrängt. Die abendländische Kultur ist so ganz anders als die orientalische und sie hat diese oft mit großer Geringschätzung behandelt. Crommelin klagt: „sie tut das immer noch", klagt auch „über die Weise, in der die Gesetze ausgeführt werden", über den „Ton und die Lebensführung der europäischen Gesellschaft" in Indien, über „den maßlos verächtlichen Ton, der in manchem europäischen Blatt gegen alles, was ‚eingeboren' ist, herrscht". Dies alles erklärt zu einem großen Teil die Unterdrückungspsychose der Eingeborenen. Es wird ihnen schwer gemacht, die niederländische Autorität zu schätzen, abgesehen noch von dem Groll, den jedes Volk empfindet und behält, das von einem anderen Volk beherrscht und ausgenutzt wird, ein Groll, der durch das enorm gesteigerte Selbstbewußtsein der Indier natürlich noch zugenommen hat. Crommelin erzählt, wie „bei der Abreise einer Gruppe politischer Verbannter aus Bandoeng nach dem Ober-Digoel die ganze Intelligenz der ‚Eingeborenen' am Bahnhof anwesend war, um jenen das Geleit zu geben. Diese Dinge geben zu denken".

In der Tat, das stimmt! Sie lassen uns in einem anderen Ton von unseren Wohltaten und von „unserer Kulturarbeit reden, die wir nicht unterbrechen dürfen". Sicherlich, wir glauben mit Crommelin, daß die Niederlande nicht verantwortlich handeln würden, wenn sie, vorausgesetzt, daß die Interessenten es zuließen, sich plötzlich aus Indien zurückzögen: wir würden ein Chaos schaffen und Indien der Eroberung durch andere Mächte aussetzen. Soll das jedoch heißen, daß wir Indien auch mit Kriegsmacht gegen die anderen Mächte schützen müssen? Wem würden wir damit nützen? Wir wollen ehrlich sein: würden wir es wagen, uns selbst vorzutäuschen, wir führten wegen unserer Verantwortung für das Heil der Eingeborenen den Krieg mit irgendeinem anderen Staat? Hunderte von Eingeborenen würden dann in unserem Interesse fallen, insofern dieses nicht durch das Interesse eines mächtigen Bundesgenossen absorbiert würde.

Wir haben noch über die Gefahr im Inneren zu reden, die unsere sittliche Aufgabe in Indien bedroht. Diese sittliche Aufgabe ist, kurz gesagt: die Erziehung des indischen Volkes zur Selbständigkeit. Die zwei niederländischen Auffassungen, schrieb unlängst Professor Paul Scholten in einem Artikel über „Die Gefahr in Indien"[28], die sich kreuzen und sich gegenseitig bekämpfen, sind: „Muß bei der Herrschaft in Indien das Interesse Indiens den Ausschlag geben oder das Hollands?" Kurz gesagt: Vormundschaft oder Besitz? Für Scholten ist vorübergehende Vormundschaft für unsere Regierung in Indien die einzige Existenzberechtigung. „Ein Recht, über ein anderes Volk nur unseres Geldbeutels wegen zu herrschen, ist nicht nur vollkommen undemokratisch, es ist, was mehr sagt, durchaus unchristlich." „Für diese Vormundschaft", sagt er mit Recht, „braucht man eine Autorität, die, wenn nötig, Machtmittel anwenden muß." Er warnt jedoch: „Schließlich stützt sich die Autorität nicht auf die Machtmittel. Wenn sie das muß, geht sie zu irgendeiner Zeit unvermeidlich zugrunde. Schließlich stützt sie sich auf die Anerkennung der Autorität von seiten der Unterworfenen, auf das Vertrauen, das sie diesen einflößt." Wir stimmen dem bei, wenn wir auch anstatt des demütigenden Wortes „Vormundschaft" lieber ein anderes Wort hätten; wir fragen jedoch: Wenn das Vertrauen verloren gegangen ist, und das bevormundete Volk will als Ganzes von der Vormundschaft nichts mehr wissen (gesetzt, daß jene Zeit kommt), darf dann der Vormund sein Amt mit Gewalt behaupten und zur Not seine Mündel mit Feuer und Schwert zugrunde richten? Wenn letzteres geschähe, und Holland in einen regelrechten Krieg mit Indien verwickelt würde, dann würde das, was Scholten scharf tadelt, ans Tageslicht treten: „Bei Vielen war der Vormundschaftsgedanke nur ein fadenscheiniges Kleid, mit dem ihre Begierde nach Besitz verdeckt wurde; in ihrer Furcht werfen sie es von sich."

Indien nach und nach selbständig machen, so daß es ein freies Volk in einem freien Land wird, das sich selbst regieren und dem Welthaushalt liefern kann, was dieser braucht – wenn dies von den Weißen, die Indien regieren, in ehrlicher Weise beabsichtigt wird, dann kann das christliche Bewußtsein damit einverstanden sein.

---

[28] Algemeen Weekblad voor Christendom en Cultuur, 27. Januar 1928.

Wenn es dann auch wirklich ehrlich gemeint ist und wenn es dann auch wirklich sowohl auf ökonomischem und kulturellem wie staatlichem Gebiet durchgeführt wird! Unser größter Feind ist dort nicht der Kommunismus; der kann nur Haß säen, wo der Acker von Anderen bereitet ist. Unser größter Feind ist die durch und durch kapitalistische Clique des Europäertums, die in handfester Realpolitik sich über jede „ethische" Richtung ärgert, die sie auslacht oder verhöhnt, je nachdem diese sich schwächer oder stärker zeigt. Und es sind namentlich diese Handelskreise, die sich genau so wenig um die Eingeborenen Indiens kümmern, wie um ihren Schuhputzer; sie sind es, die nach einer Flotte und nach Verstärkung der Miliz schreien und drängeln. Und dann sollte es eine ethische Forderung sein, diese zu schaffen! Glücklicherweise fängt die Mission auch an, zu verstehen, daß, solange das niederländische Ansehen in Indien noch so eng mit den niederländischen Interessen verquickt ist, es gefährlich ist, mit ihm ein gar zu enges Bündnis einzugehen. „Wir müssen", sagt Crommelin, „nicht zunächst fragen: Was dient dem niederländischen Interesse am meisten?, sondern: Wie wird das Reich Gottes am besten gefördert? Und dann ist nicht die Hauptsache, ob die eingeborenen Christen gute Untertanen sind, sondern vielmehr, ob das Auftreten des niederländischen Volkes als eines christlichen (wenigstens nach der Meinung der Indonesier) so ist, daß es dem Evangelium Ehre macht." „Ich glaube", fährt Crommelin mutig fort, „daß das vom Abendland losgelöste Evangelium die besten Kräfte Indiens zu neuem Leben erwecken kann. Darum bin ich immer mehr davon überzeugt, daß man der Sache des Reiches Gottes nicht besser dienen kann, als wenn man sie von den spezifisch niederländischen kolonialen Interessen loslöst."

Wer so spricht – und so soll doch ein Christ sprechen – wird unseres Erachtens niemals wollen, daß Holland jemals, um das indische Reich gegen die Indier, oder die weiße Rasse gegen die braune zu „schützen", Krieg führt. Wir sahen doch, daß, wenn etwas in flagranter Weise dem Christentum Unehre macht, es der Krieg ist, namentlich so wie die „Christen" ihn vervollkommnet haben, und wie die „Heiden" ihn jetzt vom „Christentum" lernen. Wer spricht wie Crommelin, wird sich nicht denken können, daß man mit dem Krieg das wahrhafte Christentum „schützt", so wenig wir uns denken können, daß man Wasser mit Feuer schützen kann. Er wird beschämt und entrüstet von der Äußerung eines an erster Stelle stehenden Missionars, Dr. Samuel Zwemer, abrücken, der in bezug auf den spanisch-französischen Krieg sagte: „Hoffentlich wird der Krieg gegen die Rifkabylen mit Erfolg gekrönt, denn, wenn sie auch für ihre Unabhängigkeit kämpfen, ihr Sieg würde verhängnisvoll sein und den Mohammedanismus in großen Teilen der Welt ermutigen[29]." Der Sündenfall des Christentums wird hier offenbar: die Herrlichkeit und Heiligkeit der Botschaft Christi durch die Mohammeds vernichtet! Der Kampf zwischen diesen beiden Religionen soll also nicht auf dem Gebiet des Geistes, sondern mit barbarischen Waffen ausgefochten werden! Und dann muß man hören, wie dieser afrikanische Krieg geführt wurde! Zweihunderttausend christliche Soldaten standen mit einer Übermacht moderner Bewaffnung im Felde und warfen an einem gewissen Zeitpunkt, wie der Korrespondent der „Nieuwe Rotterdamer Courant" mitteilt, genau soviel Bomben auf die Berberstämme, wie Berber da waren. Amerikanische Fluggeschwader kamen und halfen freiwillig mit, als ob sie zu einer Jagd auf Freiwild eingeladen wären. „Mitunter", meldete derselbe Korrespondent, „irrte man sich in den Befehlen und die Dörfer, wo Frauen und Kinder untergebracht waren, wurden bombardiert."

Was den Berbern an der Küste Afrikas widerfuhr, das erlitten die Drusen in Syrien. Die „Nieuwe Rotterdamer Courant" veröffentlichte unlängst eine Serie Briefe eines Soldaten der französischen Fremdenlegion, der mit zynischer Offenherzigkeit schildert, wie die Städte und Dörfer von den französischen Fliegern „traktiert" werden, wie die kriegsgefangenen Drusen, junge und alte Männer, erst die Leichen der Pferde aufräumen mußten, danach in Gruppen eingeteilt, an die Wand gestellt und erschossen wurden; wie – nachdem die Stadt Sueida „von unseren Fliegern und unserer Artillerie mit Bomben und Granaten hübsch gesäubert worden war", die Stadt unterminiert und in die Luft gesprengt wurde. „Die Zitadelle, der Palast des Sultans und all die hauptsächlichsten Gebäude wurden zerstört." Danach „nahmen wir neun der besten Dörfer, zündeten sie an, trieben das Vieh weg und verwüsteten das aufständische

---

[29] Von Sven HEDIN in den „Frankfurter Nachrichten" den 25. Dezember 1925 mitgeteilt.

Land mit Feuer und Schwert"[30]. Das Blutbad der Engländer unter General Dyer in Amritsar in Punjab, wo sechshundert unbewaffnete Hindus in einen eingezäunten Raum eingeschlossen und von Maschinengewehren erschossen wurden, liegt uns allen noch frisch im Gedächtnis. So betreiben die christlichen Völker ihre Kulturarbeit. Wir Niederländer, Söhne Coens und Vettern van Heutsz', haben kein Recht, Vorwürfe zu machen. Auch wir wissen, daß der Krieg jedes Menschlichkeitsgefühl erstickt. Aber es berührt uns doch besonders schmerzlich, wenn das Heidentum in dieser Weise das Christentum kennen lernt; im Weltkrieg war es neben aller Barbarei eine besonders bittere Nuß, daß die farbigen Rassen in französischem und englischem Dienst in Europa den verfeinerten christlichen Krieg lernen mußten. „Europa", sagt Gandhi mit Recht, „zog sich in seiner widerwärtigen Nacktheit aus, und rief danach Afrikaner und Asiaten, um die Nacktheit zu besichtigen." Und jetzt nach dem Krieg, mitten im „Frieden", geht dieser Prozeß weiter. „Ja", fragt Sven Hedin, „was können wir im allgemeinen von der Zukunft erwarten, da sogar der Friede, den die Mächtigen der Erde uns geschenkt haben, mit Blut besudelt wurde? Man braucht nur mit einiger Aufmerksamkeit die Bewegung zu verfolgen, die wie ein Fieber sich durch die Volksmassen Asiens und des Islam ziehen, um auszurechnen, was wir von der Zukunft erwarten dürfen."

Wollen wir Christen betreffs jener Zukunft an unserer Hoffnung festhalten, dann müssen wir auf die Tatsache achten, auf die Stanley Jones in „The Christ of the Indian Road" hinwies, nämlich, daß das Evangelium jetzt erst, nachdem die Überzeugung, daß Christentum und abendländische Kultur nicht identisch sind, durchgedrungen ist, in weiten Kreisen Britisch-Indiens sich durchsetzt. In ähnlichem Geist äußerte sich die Botschaft der Welt-Missionskonferenz in Jerusalem 1928. Wenn es eine christliche Organisation gibt, die am Durchdringen dieser Erkenntnis Interesse hat, ist es die Mission. Im großen Weltkrieg und durch ihn hat der Osten nicht nur vor der weißen Rasse mit ihrer Überlegenheit an Fabriken und Kanonen seine Achtung verloren, sondern auch in mancher Beziehung vor dem Christentum. Über die Achseln der christlichen Missionare hinweg sehen die Heiden auf das Verhalten der christlichen Völker und

---

[30] Nieuwe Rotterdamsche Courant, 16. Januar 1928 Avondblad.

rufen den Missionaren zu: „Ärzte, helft euch selbst; fangt mit eurer Verkündigung da an, wo es offenbar am nötigsten ist: in eurem eigenen Haus." Die Zahl der Heiden wird nicht groß sein, die gutgläubig hinnehmen, was Dr. Kruyt einer Gruppe Toradjas (Kopfjäger) erzählte: Unsere germanischen Vorfahren taten noch viel schlimmere Dinge als ihr: sie tranken Palmwein aus den Schädeln ihrer erschlagenen Feinde. „Nun aber haben sich die Verhältnisse merklich verändert, alles Töten der Feinde ist verboten." Dr. T. Leendertz fragte ganz richtig: „Hat die Mission das Recht, so zu sprechen? Ist das Kopfabschneiden der Toradjas nicht ein unschuldiges Kinderspiel im Vergleich zu unseren ‚neueren Erfindungen'[31]?" Ein N ... [Bewohner; *Änderung gemäß Verlagsnorm*] in Südafrika hatte das richtige Verständnis, als er zu einem Missionar sagte: „Eure Taten reden so laut, daß ich eure Worte nicht verstehen kann[32]."

Christentum und abendländische Kultur sind nicht dasselbe! Das Evangelium los vom Abendland! So sprechen Crommelin und Stanley Jones. „An einer neuen Weltordnung mitarbeiten." „Bedingungsloses Annehmen des von Christus gewiesenen Weges der Liebe." „Stellt euch dieser Welt nicht gleich!" „Das Evangelium mit größerem Glaubensmut praktisch anwenden." So lautet die Botschaft aus Jerusalem.

Wenn die Mission mit diesen Gedanken wirklich ernst macht, dann wird das heutige Christentum, das sich auf das ursprüngliche besinnt, kräftig daran mitarbeiten, das Evangelium vom Kriegsgedanken loszulösen, das Christentum von jedem Militarismus zu befreien, dann wird es sich gegen jede militärische Übung und Kriegsrüstung mit Hand und Fuß wehren. Dieser Kampf, der der Mission geboten ist und in Zukunft immer lauter geboten werden wird, wird ihr nicht leicht werden. Denn der größte und mächtigste und ansehnlichste Teil des empirischen Christentums (zu dem neun Zehntel der offiziellen christlichen politischen Führer gehören) ist gerade mit an dieser abendländischen Kultur, die den Krieg in sich aufgenommen hat, verwachsen. Die sogenannten christlichen Parteien in unserem Vaterland (auch darüber hinaus) bilden die Stützen des Heeres und der Flotte. Wenn wir die Wortführer dieses Christen-

---

[31] Kerk en Vrede, Maart 1927.
[32] Crommelin, blz. 361.

tums hören, werden wir an die Klage des Erasmus erinnert[33]: „Es ist fast so weit gekommen, daß es als unsittlich und unchristlich betrachtet wird, wenn jemand den Mund gegen den Krieg auftut." Von diesem Christentum nun ist die Mission auch finanziell in großem Maß abhängig. Und dennoch wird es für sie mehr und mehr eine Lebensfrage werden, sich davon loszulösen, zunächst in ihrer Überzeugung hinsichtlich des Krieges und des Militarismus. Denn die Mission hat anderes zu tun, als die weiße Rasse gegen die braune und gelbe Gefahr zu schützen. Wenn sie die Geschichte kennt, weiß sie, daß von jeher die weiße Gefahr die größte für die Welt gewesen ist. Europa hat Asien und Afrika unendlich viel mehr bedroht und Böses zugefügt, als umgekehrt, und tut dies immer noch. Die Christenheit darf Gott bitten, daß nie der Tag kommen möge, an dem die heidnischen Völker, die von den Christen gelernt haben, wie man mit Erfolg Krieg führt, herüber kommen, um an den Christen zu rächen, was diese ihnen angetan haben. An jenem „dies irae" würde ein Schrei des Entsetzens durch alle christlichen Länder gehen; der Himmel aber würde wissen: heute geschieht Recht. Möge Gott Gnade für Recht gelten lassen! Aber zunächst fordert er dann von uns, daß das Christentum den Krieg abschwört und öffentlich zeigt, daß es von ihm nichts wissen will. Noch ist vielleicht Versöhnung möglich, aber mehr als je verstehen wir jetzt das Wort Christi: „Ohne Mich könnt ihr nichts tun" (Joh. 15,5).

Nein, das koloniale Problem, wenn es richtig verstanden wird, steht der Abrüstung nicht im Wege. Das Gegenteil ist wahr.

VIII. Das kirchliche Christentum lasse sich durch die „rote Gefahr" nicht irre machen. Der Militarismus züchtet Anarchismus und Revolution.

Auch hierüber nur einige Worte, die dazu dienen sollen, unsere Haltung denen gegenüber zu erklären, die hier ein Argument gegen Abrüstung sehen. Wir haben die gelbe und die braune Gefahr behandelt; im Zusammenhang damit weist man uns auf die rote, namentlich die kommunistische Gefahr hin, die sowohl vom Osten, von Rußland her, droht als auch im Innern.

---

[33] Siehe Kap. II.

Zunächst sagen wir, daß West-Europa Rußland gegenüber eine pharisäische Stellung eingenommen hat. Aus Furcht vor dem antikapitalistischen Gespenst hat es, sowie die Sowjet-Republik entstand, die weiß-russischen Generale und die angrenzenden Länder mit Geld, Waffen und mit Offizieren unterstützt. Die neue Republik, die im Innern genug zu tun hatte, sah sich von allen Seiten bedroht und bildete ihr rotes Heer. Dies war noch so schwach, daß der bekannte Korrespondent der „Nieuwe Rotterdamer Courant", Dr. Blankenstein, erklären konnte: es ist kaum stark genug, um im Innern die Ordnung aufrecht zu erhalten. Die west-europäischen Staaten fanden hierin schon einen Grund, ihre Wehrmacht unter der Losung: „Aufgepaßt vor dem roten Heer!" zu vergrößern, obgleich sie das angrenzende Deutschland unbewaffnet ließen. Seitdem ist dieses Motiv bei der fortschreitenden Militarisierung der westlichen Staaten immer dankbar angewandt worden. Wir sind keine Freunde der Sowjets, die mit ihrem Terror, Gefängniswesen und der Todesstrafe es fast genau so treiben wie das zaristische Regime, in dem sie groß gezogen worden sind. Aber es scheint uns unrichtig und heuchlerisch, in dem offenen und geheimen Kampf zwischen der kommunistischen und der kapitalistischen Welt nur jener die Schuld zuzuschieben. Auch halten wir es für falsch, nicht anzuerkennen, daß, wenn auch mangelhaft und getrübt, im kommunistischen Streben, die Menschheit nicht vom Geld, sondern von der Gemeinschaft regieren zu lassen, eine Tendenz steckt, die dem christlichen Geist verwandt ist und in irgendeiner Weise eine Zukunft hat. Ebenso unrichtig war es, Stalin, der die Diktatur des roten Heeres fürchtete und darum Trotzky fortschickte, auszulachen, als er dem Völkerbund radikale Abrüstungspläne vorlegte. Die Zukunft wird entscheiden, wer am meisten guten Glaubens war, und wer sich am meisten in die Karten sehen ließ: Rußland, oder der Chor der westeuropäischen Staaten und Zeitungen. Auf jeden Fall wird man hier, wie bei jeder anderen Kriegsgefahr zwischen dem alten Weg, dem Wettrüsten, und dem neuen Weg, den man entwaffnet im Vertrauen gehen kann, zu wählen haben. Wenn e i n e Losung trügerisch war, so war es doch die: Si vis pacem, para bellum.

Die rote Gefahr im Innern: jener Kommunismus, der die Gewaltmethoden nicht scheut und spricht: „Die Waffen her!" wird für viele heftige Gegner der Abrüstung, namentlich unter den begüterten

267

Klassen, der eigentliche Grund ihres Widerstandes. Sie sprechen von nationaler Ehre und Sicherheit und meinen die rote Gefahr im Innern (auch der Sozialisten, man kann nicht wissen)! Es besteht ein starker Bindestrich zwischen Kapital und Heer. Der „demos" muß unten gehalten werden, fort mit der Abrüstung! Und doch ist die Demokratie, namentlich die christliche, wo der Mensch in seinem höheren Wert erkannt wird, das einzige Bollwerk gegen gärende und zersetzende Elemente. Hier tritt wieder derselbe Unterschied an den Tag, den wir früher zwischen „Nation" und „Volk" machten. Viele Nationalisten machen sich wenig aus dem Volk. Wenn die Steuer hoch wird, und sie können sich's leisten, verlassen sie das „Vaterland". Gegen eine Gesellschaft, die den einen Volksgenossen in Luxus, den anderen in Mangel leben läßt, haben sie nicht viel einzuwenden. Ebenso wenig gegen einen Krieg, der der Nation Ruhm bringen würde, wieviel Individuen auch fallen mögen. Und dies ist gerade der Geist, der die Drachenzähne sät, aus denen der gewalttätige Anarchismus hervorgeht. Es ist aber auch der Geist, der dem Christentum direkt widerspricht. Es ist nicht wahr, daß ein Heer nötig ist, um eventuell ein gewalttätiges Auftreten revolutionärer Elemente im Zaum zu halten. Auch eine Bürgerwehr ist nicht nötig, die, von Generalen und Pfarrern geistig und vom Großkapital finanziell instandgehalten, unsere Arbeiter nur reizt. Unsere Polizeimacht genügt. Aber das ist wahr, daß der Krieg, und schon die Aussicht eines möglichen Krieges, Revolution und Anarchismus großzieht. Denn erstens untergräbt eine Obrigkeit, die zweierlei Moral hat, eine für den Frieden und eine entgegengesetzte für den Krieg, systematisch ihre Autorität. Und ferner fordert ein kriegführender Staat von armen Leuten unendlich viel mehr, als er ihnen gibt. Wenn man die zerlumpten Proletarier aus den großen Städten, die wenig von ihrem Leben und folglich auch von ihrem „Vaterland" haben, in den Krieg schickt, wo sie dann für den Staat die Hölle erleben, die Hölle ausüben, und vielleicht für ihr Leben verstümmelt zurückkehren, wer hat dann die Hölle in ihrem Herzen geschaffen? Und gegen wen sonst wird jene Hölle sich kehren, als gegen die Mächte, die sie dazu zwangen? Die Proletarier wissen nunmehr, was Krieg bedeutet, sie sind gewarnt und fest entschlossen: Alles eher als das! Wer sein Geld und Gut und seine Ruhe liebt, mag sich vor falscher Taktik hüten! Wann und wodurch haben in letzter Zeit die blutigen Revolutionen um sich gegriffen? Nach dem Krieg und durch den Krieg! Wann und wodurch sind die Fürsten und die Regierungen weggejagt worden? Nach dem Krieg und durch den Krieg! Wer vor der Revolution Angst hat, braucht nichts so sehr zu fürchten als den Krieg und den dazu gehörenden Militarismus.

IX. Wo der Militarismus verschwindet, entsteht eine psychologische Leere. Das Christentum schaffe dort eine strengere Ethik und ein stärkeres Gottvertrauen.

Ein großer Teil unseres Volkes weiß nicht, wie es sich verhalten soll. Es möchte zwar gerne nationale Entwaffnung, auch aus ethischen Erwägungen; da es aber nicht von einer starken Überzeugung getrieben wird, zögert es. Es ist ihm, ehrlich gesagt, ein unbehaglicher Gedanke, von militärischer Wehrmacht völlig entblößt zu sein. Sehr begreiflich, denn nichts ist schwerer, wir wissen es aus Erfahrung, als umlernen. Die Macht der Tradition ist viel größer, als wir denken. Wenn es uns auch klar ist, daß unsere Wehrmacht im modernen Krieg nicht viel vermag, und sie vielleicht ebenso sehr eine Gefahr wie einen Schutz bedeutet; auch wenn wir, was wichtiger ist, wissen, daß das aktive Mitarbeiten an einem verbrecherischen Handwerk und ebenso das passive Geschehenlassen, verbrecherisch ist – es ist so ungewohnt, so sonderbar, fortan ohne Kriegsmacht auskommen zu müssen! Der Entwaffnungsgedanke stellt unser Volk vor ein psychologisches Vakuum. Und wenn auch ein solches besser ist, als ein ethisches, so muß doch diese Lücke ausgefüllt werden und zwar durch eine andere Erziehung in dieser Hinsicht, im Haus und in der Schule, und durch eine andere daraus hervorgehende öffentliche Meinung. In dieser Richtung wird schon von Vielen gearbeitet, wenn auch der Prozentsatz noch sehr gering ist. Sie spüren alle: Aller Anfang ist schwer. „Das Gewissen dieser Welt ist durch den Nationalismus und Militarismus der letzten Jahrhunderte derart getrübt und verwirrt worden, daß es die selbstverständlichsten moralischen Begriffe nicht mehr faßt[34]." Dem steht jedoch gegenüber, daß, wie der alte Kirchenvater sagt: „die menschliche Seele

---

[34] *Weltkirche und Weltfriede*, S. 100.

ihrer Natur nach Christin ist" und das Urchristentum sich immer wieder in den Herzen und Gewissen erhebt.

Schwerer wird es für uns und unser Volk sein, jene „geistige Wehrhaftigkeit" (das Wort stammt von De Ligt) zu lernen, die an die Stelle der bewaffneten treten, und zur passiven Resistenz führen muß, wie Gandhi und sein Volk sie lange Zeit in glänzender Weise der Welt vorgeführt haben. Hierzu ist jedoch eine psychisch-ethische Trainierung nötig, in der die Hindus uns, die wir in einer Gewaltsphäre und im Gewaltglauben aufgewachsen sind, bei weitem über sind. Die Haltung der deutschen Bevölkerung während der Ruhrbesetzung gab uns jedoch schon einigen Mut. Hier liegt aber noch das weite Gebiet der persönlichen und geistigen Übung, wo wir Abendländer, die wir so sehr nach außen leben, jämmerlich versagen. Unrecht würdig und stark tragen, ist eine schwere Lebenskunst, auch dann, wenn man weiß, daß es keine andere Alternative gibt, als Unrecht leiden oder Unrecht tun. Eine strengere Ethik, die uns durch eine mehr asketische Lebenshaltung an Entbehrung und Leiden gewöhnt, eine echt christliche Ethik haben wir bitter nötig.

Beidem, sowohl der Befestigung höherer Ideale, als es die traditionellen, national-militärischen sind, wie auch der Heranbildung innerlicher Widerstandskraft, der „soul-force" (Seelenkraft), die dem alten Christentum, dessen Märtyrer die Kirche schufen, in so hohem Maß eigentümlich war, möge die Kirche ihre kräftige Stütze leihen. Mit Gottes Hilfe k a n n sie das. Denn es sind vor allem die religiösen Gedanken und die straffe Richtung des Glaubenslebens, die die öffentliche Meinung, die Erziehung und die Schule, die ganze Haltung des Volkes schließlich beherrschen. Diese zwei Gedanken: „Gott will es" und „Gott v e r b i e t e t das Andere", müssen uns fortwährend beseelen und aufrecht erhalten, namentlich in Tagen der Not und Verzweiflung. Auf die engherzigen Fragen der traditionell Denkenden und Kleingläubigen: „Was wird aus uns und unseren Kindern, was wird aus unserem Vaterland und unserer Kirche, wenn wir abrüsten?" hat das erwachte Christentum mit den Gegenfragen zu antworten: „Was wird aus euren Söhnen, wenn sie in den Krieg geschickt werden? Was wird aus der Welt und auch aus unserem Vaterland in dem Krieg, der materiell und sittlich zerstörend über die Welt rasen wird, wenn die Abrüstung ihn nicht hemmt? Welche moralische Existenzberechtigung hat die Kirche, wenn sie nicht auf das hartnäckigste gegen die Vorbereitung des Krieges auch im eigenen Land protestiert? Mit welchem Recht nennt sie sich fürderhin ‚Kirche Christi', wenn sie wieder mit den Kriegsmächten gemeine Sache macht und ihnen schweigend ihre Sanktion gibt?"

Welch ein Segen wäre es, wenn das Christentum sein altes Vertrauen und seinen edlen Stolz wieder gewönne! Sein altes Vertrauen, das sagen würde: Wir müssen Gottes Wege gehen, das Kreuz nicht scheuen und die Zukunft ihm überlassen. Den edlen Stolz, der sich vom Staate fernhalten und ihm sagen würde: „Ich erkenne dich nur an, wenn du Rechtsstaat bleibst und sichtbar den Krieg abschwörst." Wie herrlich wäre es, wenn das Christentum in dieser Zeit die alte Militia Christi wieder verstehen wollte, die sich zum Kriegsdienst so verhielt, daß Tertullian sie wie das Heerlager des Lichtes gegenüber dem der Finsternis sah. Wie warm würde es einem Christen, der zugleich ein guter Patriot ist, ums Herz werden, wenn das Christentum voranginge und unser Volk dazu brächte, dem Krieg den Dienst zu verweigern, weil es im Dienst Gottes stehen will! Und wenn die Kirchen hierin zurückbleiben, ihren Beruf in dieser Hinsicht nicht verstehen, und dadurch einstmals dem Urteil Gottes verfallen sollten, dann mögen jene Glieder der Kirche, die eine andere Überzeugung haben, sich zusammenschließen, gemeinsam ihre Stimme gegen Krieg und Kriegsrüstung erheben, damit die Kirche nicht stumm bleibe, und damit sie durch diese Stimmen fortwährend in ihrem Schlaf beunruhigt, vielleicht noch durch sie geweckt werde, ehe es zu spät ist. In verschiedenen Ländern besteht schon eine solche kirchliche Vereinigung. In unserem Land heißt sie „Kirche und Friede" (Kerk en Vrede). Darüber später mehr.

Die besten Bürger eines Landes sind die Gläubigen, deren Auge für die Ewigkeit geöffnet ist und die dadurch verhüten, daß ihr Volk Gottes Stunde versäumt, die Zeit, in der es für seine große Sache eintreten darf. „Wer mit seinem Vaterland Götzendienst treibt, ruft einen Fluch über es herbei." So sprach Tagore. Wir fügen hinzu: Wer sein Vaterland ehrt und es in höhern Dienst stellt, ruft den Segen über es herab. Vielleicht hat Keir Hardie hieran gedacht, als er sagte: „Die Nation, die den Mut hat, zuerst die Waffen wegzuwerfen, wird sich einen der größten Namen in der Geschichte erwerben." Aber wir denken bei Gottes Segen noch an etwas anderes als an den Namen in der Geschichte. Wir denken an das Wort der Schrift, das so gut zu unserem Gegenstand paßt:

„Gerechtigkeit erhöht ein Volk, aber die Sünde ist der Leute Verderben" (Sprüche 14, 34). Auf Grund der Wahrheit, die hierin liegt, sprechen wir es als unseren Glauben aus, daß ein Volk, das lieber untergeht, als daß es wieder in die alte Kriegssünde verfällt, und das mit Christi Willen die Gerechtigkeit sucht, von Gott nicht erniedrigt, sondern erhöht und in Ehren bestehen wird, welche vorübergehende Unterdrückung es auch erleiden möge. In diesem Sinn hat Fr. W. Foerster recht, wenn er sagt: „Nur die Staaten werden leben, die so (für die Gerechtigkeit) zu sterben entschlossen sind." Denn es ist wahr, was er folgen läßt: „Die Vorsehung wird die nicht fallen lassen, die mit solcher geistig-sittlichen Energie den tiefsten Offenbarungen und Verkündigungen nachleben, die dem Menschen gegeben sind, damit er etwas Höheres aufbaue als das Tierleben und die Tiergesellschaft[35]." Aber darf das Volk, das den Weg des Krieges, in dem das Tier im Menschen losgelassen wird, weiter beschreitet und die Kriegsrüstung fernerhin betreibt, die Vorsehung anrufen und ihr trauen? Ein jeder beantworte die Frage selbst, für uns ist es keine mehr.

Schließlich, im letzten Grunde ist auch die Abrüstungsfrage wie jede ernste Lebensfrage, eine Glaubenssache. Niemand darf von uns fordern, daß wir auf alle Fragen nach Verlauf und Zukunft der Dinge befriedigend zu antworten vermögen. Wer in das Rätsel des Lebens und der Geschichte hineingeschaut hat, getraut sich nicht, vollkommene Lösungen zu geben. Und wer etwas von Gottes Majestät und von seiner unermeßlichen Schöpfungsmacht kennt, die die Zukunft immer wieder anders gestaltet als die Vergangenheit, der wird sich hüten, dies möglich und jenes unmöglich zu nennen und so selbst die Vorsehung zu spielen. Wir glauben, daß, wenn wir treu sind, Gott Möglichkeiten schaffen wird, die wir jetzt noch nicht sehen können. Schließlich wissen wir nur dies; dies aber auch sehr bestimmt: Wir haben den Weg zu gehen, den Gott uns weist, ohne zu fragen, wohin er führt; auf diesem Weg dürfen wir Ihm trauen, dieses Vertrauen wird nie zuschanden. „Getreu ist, der euch ruft; er wird's auch tun" (1. Thess. 5, 24).

---

[35] Fr. W. FOERSTER, Politische Ethik. S. 221.

B. Die persönliche Haltung des Christen

Der Beruf des Christentums ist demnach: gegen Krieg und Kriegsrüstung zu protestieren und deren verbrecherischen und sündhaften Charakter aufzudecken; in Übereinstimmung mit diesem Protest sich gegen die Bewaffnung im eigenen Land zu wenden, und also sich für nationale Abrüstung einzusetzen, damit auch allgemeine Abrüstung möglich werde. Muß und darf es sich damit begnügen? Und wenn die Nation – weil die Mehrheit dafür ist – weiter rüstet und folglich sich nachher am Krieg beteiligen kann, darf das Christentum sich hiermit abfinden, sei es auch unter Protest?

Zwei wichtige Antworten, die wir wohl verstehen, aber nicht billigen können, wollen wir hören und prüfen, ehe wir unsere eigene Antwort geben. Die erste Antwort heißt: Ja, weiter dürft ihr nicht gehen. In einem demokratischen Land hat man sich dem Wunsch der Mehrheit zu fügen. Und Anhänger des Staates, die ihr doch seid, habt den im Gesetz festgelegten Willen des Staates zu respektieren. Die zweite Antwort kommt von der Seite der Entwaffnungsparteien. Außer unserer Entwaffnungsaktion, sagen sie, ist nichts zu machen, es sei denn, so spricht die sozialdemokratische Partei, ein Generalstreik und daran anschließend eine massenhafte Dienstverweigerung bei Kriegsmobilisation. Aber individuelles Auftreten, das unsere Aktion schwächt und dem Anarchismus die Tür öffnet, ist schädlich.

Wir bestreiten aber, daß einem so großen sittlichen Übel wie dem Krieg gegenüber die oben angegebene Haltung genügt. Das Kriegsproblem ist darum eine so ernste, sittliche Frage, weil es eine Gewissenssache ist. Nun gibt es auf der Welt nur ein Gewissen: das persönliche. Alle kollektiven Überzeugungen und öffentlichen Meinungen erhalten ihre sittliche Bedeutung durch die individuellen Gewissen, und jede sittliche Bewegung erhält ihre Kraft von dem persönlichen Verhalten. Darum ist Krieg als sittliches Problem nicht allein eine Landes- und eine Parteisache, sondern auch und zunächst eine persönliche Sache. Wo die persönliche Haltung nicht lauter ist, bleibt die ganze Anti-Kriegsbewegung unlauter. Nun gibt es sofort eine Tatsache, mit der das persönliche Gewissen auch schon im Frieden zu tun hat, und in Konflikt geraten kann: die Dienstpflicht. Wie hat der Staatsbürger, wie hat die Partei sich zu dieser Frage zu stellen? Wir wollen auf beide Fragen eine Antwort zu geben suchen.

I. Die persönliche Haltung dem Staat gegenüber[36]: die Dienstpflicht. Vom sittlichen Standpunkt nicht zu verteidigen. Motive der Dienstverweigerung.

Wir haben schon einiges über Einführung der Dienstpflicht und ihren ethischen Charakter gesagt[37]. Allmählich unter dem Einfluß des wieder erwachenden Christentums und des wachsenden Humanitätsbewußtseins, bildet sich in der ganzen Welt bei denen, die darüber nachdenken, gewissermaßen eine gemeinschaftliche Überzeugung, die in dem Internationalen „Anti-Conscription-Manifesto", das Ende August 1926 in allen Ländern veröffentlicht wurde, ihren Ausdruck fand. Unter den siebzig Unterzeichneten fanden sich u. a. folgende Namen: C. F. Andrews (Brit. Indien), Norman Angell, Henri Barbusse, A. Mendelssohn-Bartholdy, Annie Besant, die Generale von Deimling, von Schönaich, Verraux und Koolemanns Beynen (†), Edward Carpenter, Georges Duhamel, Einstein, Gandhi, Ellen Key (†), Chr. Lange (Norwegen), Arthur Ponsonby, Ragaz, K. H. Roessingh (†), Romain Rolland, Bertrand Russell, Dr. Seipel (Österreich), Philip Snowden, Pater Stratmann, Rabindranath Tagore, Fritz v. Unruh, H. G. Wells und Mathilda Wrede (†). In diesem Manifest lesen wir u. a.: „Die Dienstpflicht bringt mit sich Degradierung der menschlichen Persönlichkeit und Vernichtung der Freiheit. Das Kasernenleben, der militärische Drill, der blinde Gehorsam gegen noch so ungerechte und sinnlose Befehle, dies ganze System der zielbewußten Trainierung zur Menschenschlächterei (deliberate training for slaughter) untergräbt die Achtung vor der Persönlichkeit, vor der Demokratie, und vor dem menschlichen Leben. Es ist menschenunwürdig, Menschen zu zwingen, ihr Leben zu opfern oder andere zu töten, wenn dies gegen ihren Willen oder ohne die Überzeugung, daß sie gerecht handeln, geschieht. Der Staat, der sich berechtigt glaubt, seine Bürger zum Kriegführen zu zwingen, wird niemals im

---

[36] Über persönliche und Staatsethik siehe Kap. II und III.
[37] Siehe Kap. IV, A. 2.

Frieden die notwendige Ehrfurcht vor dem Wert und dem Glück ihres Lebens haben können. Außerdem pflanzt die Wehrpflicht der ganzen männlichen Bevölkerung einen militärischen Geist ein und das in einem Alter, in dem sie solchen Einflüssen am ehesten erliegt."

Früher erhoben sich schon Bedenken gegen die Dienstpflicht; als aber im letzten Krieg die Kriegsdämonie sich in ihrem Wesen und ihren Folgen offenbart hatte, wurde die sittliche Verurteilung schärfer und entschiedener. In weiten Kreisen erhob sich Protest. „Es ist deutlich", schrieb der „Schwedische Bund für christliches Gemeinschaftsleben" in einem ehrfurchtsvollen Schreiben (unterzeichnet von Dr. Beskow und Dr. Lindskog) an den schwedischen König, „daß die Dienstpflicht nicht mehr vom sittlichen Bewußtsein des Volkes getragen wird"[38]. Und bei uns sprach der bekannte Journalist des Handelsblattes, Dr. C. E. Hooykaas, aus, was in Tausenden lebte: „Bei sehr vielen nachdenkenden und guten Bürgern unseres Landes hat sich die Überzeugung gefestigt: das können und dürfen wir persönlich nie mehr mitmachen und zu diesem Handwerk dürfen wir Andere nie mehr zwingen[39]" Derselbe schrieb über den Gegensatz zwischen Kirche und Gesellschaft: „Was nützt uns die noch so geistliche Moral e i n e r Religionsstunde und e i n e r Stunde Gottesdienst pro Woche in einer Welt, die beharrlich Geldsucht und Selbstsucht predigt? Was bleibt von der Brüderlichkeit übrig, wenn man bei seiner Arbeit nur an die Kraft der Mißgunst glaubt? Was wird aus der Liebe, wenn morgen ein Krieg ausbricht, der eure Söhne zu dem zwingen kann, was wir im täglichen Leben als eine so große Schlechtigkeit betrachten, daß wir nicht darüber reden mögen, nämlich zum Mord? … Es fehlt an nüchternem Wirklichkeitssinn in unseren Kirchen[40]." In der Tat, was bleibt von der christlichen Erziehung, dem ersten Grundprinzip des antirevolutionären Programms übrig, wenn in der Ausbildung zum Krieg und im Krieg (in der Theorie und in der Praxis) selbst die Erziehung auf den Kopf gestellt wird? Und was bleibt vom zweiten Grundprinzip übrig, der

---

[38] „Die Eiche", 13. Jahrgang 1925, Nr. 1, S. 42.
[39] Voor Eigen Kring, 2. Mai 1925.
[40] Uit de Rem. Broederschap, Juli 1924, blz. 19. 20.

Autorität der Obrigkeit, wenn diese zu Taten zwingt, die das Gewissen aufs schärfste verurteilt?

Der Staat hat das Recht, von seinen Bürgern Dienste zu fordern. Der Kriegsdienst aber ist Unrecht. Es ist schon eine offene Frage, ob der Staat das Opfer des Lebens fordern darf. Aber der Staat hat ganz entschieden nicht das Recht, Menschen als bloße Bestandteile der Gesamtheit zu behandeln, ohne Rücksicht auf ihre sittliche Persönlichkeit, ohne nach ihrer persönlichen Überzeugung zu fragen. Ein solcher Staat pflegt Unrecht, ist ein Unrechtsstaat! Wir denken hier an das Urteil Augustins: „Wenn der Staat die Gerechtigkeit, die jedem das Seine geben will, Gott gegenüber nicht beobachtet und Ihm den Menschen, auf den Er doch Recht hat, vorenthält, so ist das kein gerechter Staat[41]." Dieser Staat wird seine Autorität auf die Dauer nicht behaupten können. Denn Autorität ist etwas anderes als Macht, ist sittlicher Natur. Dem ernsten Wort aus dem vorhin erwähnten schwedischen Manifest muß man zustimmen: „Die Treue des einzelnen Bürgers gegen die Stimme des Gewissens ist der unerschütterliche und feste Grund, worauf der Rechtsstaat aufgebaut werden muß. Ein Staat, der das Gewissen verletzt, untergräbt seine Sicherheit[42]."

Da darf man sich denn auch nicht wundern, wenn – wie es in den letzten Jahren öfter der Fall war – Soldatenunruhen ausbrechen, und man darf die Schuld nicht nur auf die Parteipropaganda, die Hetzreden und den Einfluß des Alkohols schieben. Denn dann übersieht man die tiefere Ursache. Natürlich mißbilligen wir die Unruhen; wenn man den Dienst auf sich nimmt, soll man ihn so gut wie möglich erfüllen. Sabotage ist sittlich unerlaubt, ist Betrug. Auch nach unserer Meinung gehören die Unruhestifter nicht zu denen, die Gewissensbedenken haben, sondern zu den gröberen Naturen. Wohl aber glauben wir, auch diese fühlen: das sittliche Recht, uns militärisch zu drillen und zu üben, fehlt; die Autorität, die uns zur kriegerischen Ausbildung zwingt, hat keine sittliche Grundlage. Dieser Gedanke, der überall durchdringt (auch ohne irgendwelche Propaganda, denn die Menschen sind nicht stumpf und blind), beseitigt die Hemmung, die gerade sie am meisten brauchen.

---

[41] *De civitate Dei* XIX, 21.
[42] „Die Eiche", S. 44.

Wenn man so über die Wehrpflicht urteilt, hat man dann trotzdem, wenn sie an einen herantritt, die sittliche Pflicht, zu gehorchen? Oder ist der Staatsbürger sittlich berechtigt, bei einem ernsten Konflikt zwischen dem Gebot des Staates und dem des Gewissens, diesem zu gehorchen?

Bei einem ernsten Konflikt. Wir hassen jenen Individualismus, der ohne Gefühl für Gemeinschaft und Staatsnotwendigkeit und ohne den Begriff der Autorität seine eigene Person und Meinung so wichtig findet, daß er sie in allen Dingen geltend machen will und weder zu einem Opfer, noch zu einer Konzession bereit ist. Auch wissen wir, daß das Gewissen sich irren kann und man also in seinem Urteil vorsichtig sein muß. Darum wird ein Christ nie unterlassen, im Gebet sein Gewissen an der Wahrheit des Evangeliums zu prüfen und zu schärfen. Wenn er das getan hat, und er ist s i c h e r, daß G o t t zu ihm spricht, darf er dann dem Staat den Gehorsam verweigern?

Es versteht sich von selbst, daß wer nicht vor Gott, wohl aber vor dem Staat Ehrfurcht hat, Nein sagen wird. Wir sahen aber im dritten Kapitel, daß auch religiöse Geister unter dem Einfluß der Vergötterung des Obrigkeitsstaates den Menschen zu einem in allen Dingen gehorsamen Objekt des Staates stempelten. Auch sie verneinten die obige Frage: Wenn beim Befolgen eines Staatsbefehls von Schuld die Rede ist, dann trägt der Staat die Schuld und nicht der Mensch; der Mensch hat zu gehorchen. So sprach sogar Schleiermacher, der große Theologe: „Und zuletzt ist deutlich, daß der Untertan keine Verschuldung auf sich zieht, wenn er auf Befehl der Obrigkeit die Waffen ergreift." Er kann und muß, wenn er den Krieg ungerecht findet, „remonstrieren", wenn er aber das getan hat, und es nützt nicht, ist er: „aller Verantwortung frei", denn dann handelt er einfach als Untertan: „wie alle Untertanen den Befehlen der Obrigkeit Genüge leisten". Glaubt er den Dienst verweigern zu müssen, dann „verfehlt die Gewissenhaftigkeit ihr rechtes Maß". „Sich von der Teilnahme am Kriege ausschließen, weil man ihn nicht gerecht finde, ist geradezu Empörung[43]."

So sprach namentlich auf lutherischem Boden (Untertanenge-

---

[43] SCHLEIERMACHER, Die christliche Sitte. Sämtliche Werke, Ausgabe L. Jonas 1843, S. 284.

horsam), aber auch bei uns das 19. Jahrhundert. Aber das erwachende Gefühl für internationales Recht ist in unserer Zeit dabei, diese absolute Staatsautorität zu durchbrechen. Bekannte Staatsmänner und Juristen wie Politis und Mendelssohn-Bartholdy sind der Ansicht, daß nach dem Kellogg-Pakt die einzelnen Bürger eines vertragsbrüchigen Staates die sittliche Pflicht haben, ihrem eigenen Staat und ihrer Obrigkeit den Dienst zu verweigern[44]. Wichtiger ist jedoch, daß, namentlich in reformierten Ländern die Religion darum ringt, ihre Selbständigkeit wieder zu gewinnen und die Vergötterung des Staates einzudämmen. Sie spricht mit Max Huber: „Das Ewige ist nur in Gott und der Seele. Alles andere ist vergänglich; Volk, Staat und Menschheit haben kein selbständiges Sein, alles lebt nur im menschlichen Bewußtsein. ... Der Mensch wird gerichtet, er wird erlöst, er findet Gnade; nichts davon kann er auf ein Zwischenwesen zwischen Gott und sich übertragen: der Staat kann ihm keine einzige Verantwortung abnehmen[45]." „Der Mensch hat kein Recht zum Bösen – niemandem gegenüber. Das Böse ist immer bös und scheidet die Seele von Gott." „Nie darf sich der Christ zu etwas hergeben, was er sittlich verurteilt." „In grundsätzlicher Beziehung kann nur das Eine gesagt werden: die sittliche Pflicht geht der rechtlichen vor, die ewige der zeitlichen." „Selbst ein so geheiligtes Band wie das Kindes- und Elternverhältnis muß, wenn es sein muß, bedingungslos geopfert werden. Wie könnte da der Staat etwas anderes beanspruchen?" Indem Huber also redet, kann er gar nicht anders, als an das Urchristentum zurückdenken: „Paulus ermahnt die Christengemeinde zum Gehorsam ... sogar gegen den ihnen gleichgültig oder feindlich gesinnten Staat." „Diese Christen aber, die alle staatlichen Pflichten erfüllten, brachen ohne Zaudern mit dem Staat, wenn dieser durch die Forderung der Anerkennung der Göttlichkeit des Caesars ihre Seele heischte[46]."

---

[44] Zitiert in der „Friedenswarte", Dezember 1928, Kriegsächtung und Kriegsdienstverweigerung, S. 362.

[45] Prof. Dr. Max HUBER, Staatenpolitik und Evangelium. S. 14. Wir sperren.

[46] S. 14. 16. 34. Wenn HUBER sich schärfer Rechenschaft gegeben hätte von den Forderungen, die der Krieg, dessen dämonischen und seelenzerstörenden Charakter er anerkennt, an diejenigen stellt, die vom Staate gezwungen werden, ihn

Max Huber gibt hier durchaus unsere Ansicht wieder. Wie kann der Staatswille vollständiges Bestimmungsrecht über das Gewissen besitzen, wo doch allein das Gewissen imstande ist, die sofortige Erkenntnis des absolut Gültigen zu übermitteln, während der Staatswille dieses absolut Gültige nie anders als aus zweiter Hand kennt und es nie anders als in mangelhafter Weise wiedergeben kann? Das ewige Gesetz geht über das zeitliche. „Ich bin mir vollkommen bewußt", schreibt Gandhi, der sich, so weit und so lange es ihm möglich war, als loyalen Untertan der britischen Regierung gezeigt hatte, „ich bin mir vollkommen der Gefahr bewußt, die einer Regierung daraus erwächst, wenn ein ehrlicher Bürger zum Widerstand gegen das Gesetz des Landes rät. Aber ich lehne es ab, an die Unfehlbarkeit der Gesetzgeber zu glauben. Es gehört nicht zur Pflicht eines Bürgers, den Gesetzen, unter die man ihn stellt, blinden Gehorsam zu leisten[47]." So hat auch Alexandre Vinet geschrieben: Als Glied des Staates müssen wir die Einschränkung unserer persönlichen Freiheit willig auf uns nehmen. „Aber wir können ihm keineswegs das Opfer unseres Gewissens bringen." Darüber können wir nicht verfügen, „das Gewissen verfügt über uns". Wenn man dies aufrührerisch nennen wollte, so antwortet Vinet: „Ja, aufrührerisch gegen den, der das Gesetz aufgestellt hat, in den Augen des Gesetzes. Aber man beachte wohl, manchmal sind die Gesetze selbst aufrührerisch; nämlich gegen das ewige Gesetz der Gerechtigkeit, gegen das höchste göttliche Gesetz. Vor die Wahl zwischen diesen beiden Gesetzen gestellt, kann sich der Staatsbürger darauf besinnen, daß er ein Mensch, daß er ein Gottesgläubiger ist. Unter dem Zwang der Entscheidung zwischen seinesgleichen neben ihm und seinem Meister über ihm entscheidet er sich nun für den, durch den allein die Könige herrschen und die Gesetzgeber Gesetze erlassen, die Regierungen das Recht ausüben …[48]." In verschiedener Weise haben alle großen Gläubigen die Ant-

---

mitzumachen, dann würde er besser eingesehen haben, daß Kriegsgewalt und Polizeigewalt nicht „im Grunde dasselbe sind" (S. 26f.) und verstanden haben, warum es vielen jungen Männern beim Aufruf, ihre Dienstpflicht zu erfüllen, zumute ist, als „heische der Staat ihre Seele". - Siehe auch Schluß des I. Kapitels.

[47] Zitiert von Dr. CASE in *Non-violent Coercion*. London 1923, p. 365. 366.

[48] Zitiert von Rudolf LIECHTENHAN, Ist Abrüstung Christenpflicht? S. 59. 60. Wir s p e r r e n .

wort, die die Apostel dem jüdischen Rat gaben, wiederholt: „Man muß Gott mehr gehorchen, denn den Menschen" (Apostelgeschichte 5,29).

Auch Luther hat inmitten seiner Ermahnung, der Obrigkeit in allem untertan zu sein, auf diese Ausnahme hingewiesen; wie hätte der Mann von Worms anders gekonnt! Aber stärker und stolzer hat es Calvin in dem Schlußkapitel seiner Institution getan; es ist sein Geist, der in den reformierten Ländern wieder auflebt. Wir können nicht umhin, die Worte Calvins zu wiederholen, die man auf das Verhältnis der heutigen Antimilitaristen zum Staat, dem sie so weit wie irgend möglich gehorchen wollen, so gut anwenden kann: „Aber in jenem Gehorsam, den man, wie wir gelehrt haben, der Obrigkeit schuldig ist, muß immer eine Ausnahme oder vielmehr eine Regel in Kraft bleiben, die man befolgen und der man gehorchen muß, nämlich, daß besagter Gehorsam uns nicht vom Gehorsam gegen Gott ablenkt, dessen Willen alle Wünsche der Könige untergeordnet sein, dessen Geboten alle Anordnungen weichen, dessen Majestät all ihre Zepter sich beugen und unterwerfen müssen. Wahrlich, wie falsch wäre es, wenn man, um den Menschen zu gefallen, keine Bedenken hätte, den Zorn dessen auf sich zu laden, um dessentwillen man den Menschen gehorcht. Der Herr doch ist der König aller Könige, der, wenn er seinen heiligen Mund geöffnet hat, vor allem und über alles gehört werden muß. Danach müssen wir uns selbst den Menschen, die über uns gestellt sind, unterwerfen, doch nur als Vertreter des obersten und höchsten Gottes. Wenn sie diesem entgegen etwas gebieten, muß das als wert- und kraftlos verworfen werden[49]."

Dieses heilige Recht der christlichen Persönlichkeit hat sich im letzten Jahrhundert zu wenig geltend gemacht. Der Staat hat zuviel Rechte gefordert, die Persönlichkeit herabgedrückt und gerade dadurch als Kulturstaat an innerlichem Wert verloren. Als einen der Gründe der Verderbnis unserer Kultur nennt Albert Schweitzer: die Persönlichkeit ist der Kollektivität untergeordnet worden. „Wo die Kollektivitäten stärker auf den Einzelnen einwirken, als er auf sie zurückwirkt, entsteht Niedergang." Verhängnisvoll war es, „daß die Menschen fortwährend ihre persönliche Sittlichkeit auf dem

---

[49] *Institution* IV, 32.

Altar des Vaterlandes opferten, statt in Spannung mit der Kollektivität zu bleiben und Kraft zu sein, die die Kollektivität zur Vollendung antreibt". „Der Bankrott des Kulturstaates, der von Jahrzehnt zu Jahrzehnt offenbarer wird, richtet den modernen Menschen zugrunde. Die Demoralisation des Einzelnen durch die Gesamtheit ist in vollem Gange." „Da wir in dieser Lage sind, müssen bei uns die Einzelnen wieder zu einer erhöhten Eigenbestimmtheit gelangen. ... Nichts als dieses Ereignis an den Vielen kann uns retten." „Kultur kann nur dadurch wieder zustande kommen, daß in den vielen Einzelnen unabhängig von der jetzt herrschenden Gesamtgesinnung und im Gegensatz zu ihr eine neue Gesinnung entsteht ...[50]."

Nun wohl, so ist in dieser Zeit bei vielen Einzelnen als Folge schärferer „Eigenbestimmtheit", in aufhorchendem Gehorsam gegen die sittliche Idee, die antimilitaristische Gesinnung aufgekommen, die dabei ist, eine neue Moralität in die Gesellschaft zu bringen, eine neue öffentliche Meinung zu schaffen und an einer neuen Kultur mitzuarbeiten. Es ist nicht die schlaffe, pazifistische Gesinnung, die zwar eine Abneigung gegen den Krieg hat, sich aber allen Kriegspflichten des Staates fügt. Nein, da es eine Gesinnung ist, die in lebendiger Berührung mit dem absolut Gültigen steht, kann sie unmöglich sich dem Staatswillen und seiner militärischen Gesetzgebung beugen, die nach ihrer Überzeugung „selbst gegen das ewige Gesetz der Gerechtigkeit, gegen das höchste göttliche Gesetz aufrührerisch ist."

Ein ernster Staatsbürger hat mitunter keine andere Wahl: entweder er arbeitet für den bestehenden Staat gegen den zukünftigen, oder für den zukünftigen gegen den bestehenden. Und die Geschichte hat öfters gelehrt: die dem alten Staat widerstrebten, haben den neuen, besseren vorbereitet.

In mehreren Ländern hat man nach dem Krieg gefühlt, daß diese neue Gesinnung nicht mehr mit Zwang und Strafe bekämpft werden könne. Man mußte Dienstbefreiungen zugestehen. Dänemark bekam sein Gesetz wegen der Dienstverweigerung schon 1917, Schweden 1920 (danach wurden jährlich zirka 400 befreit), Norwegen (das, ehe es sein Gesetz hatte, im Zeitraum 1911-1921 nicht we-

---

[50] Albert SCHWEITZER, Verfall und Wiederaufbau der Kultur. S. 20. 46. 47.

niger als 776 Dienstverweigerer befreite) 1922[51]. Auch die Niederlande folgten zögernd und nahmen nach der Forderung der Verfassung am 13. Juli 1923 ein Gesetz wegen Dienstverweigerung an, begannen im Oktober 1924 mit der Ausführung und gaben im ersten halben Jahr neun Mann frei. Artikel 183 der Verfassung lautet: „In einem Gesetz werden die Bedingungen festgelegt, nach denen wegen ernster Gewissensbedenken die Befreiung vom Kriegsdienst erfolgen kann." In welcher Hinsicht das Gesetz von 1923 eine Einschränkung der Verfassung ist, wie engherzig das Gesetz ausgelegt und durchgeführt wurde, ohne irgendein Verständnis für die Triebfedern ernster junger Menschen zur Kriegsdienstverweigerung, habe ich anderswo auseinandergesetzt[52]. Die untersuchende Staatskommission war sich viel zu wenig bewußt, daß der wachsende Widerstand gegen die Dienstpflicht nur zu einem sehr kleinen Teil aus dem tolstoianischen Prinzip absoluter Wehrlosigkeit erklärt werden kann (auch das Gesetz von 1923 zeugt von diesem Mangel an Einsicht). Vielmehr geht er für neun Zehntel aus Ehrfurcht vor dem Menschenleben hervor, das im Krieg nur als „zu zerstörendes Material betrachtet wird" (Max Huber); aus „Verantwortungsgefühl für das Schicksal der Menschheit", vor allem aber aus der sittlichen Verurteilung jenes Handwerks, das in der furchtbarsten Weise „das alle sittliche Ordnung schändende Wesen des Krieges offenbart", wodurch man sich „verpflichtet fühlt, die stärksten Mittel, über die man verfügt, als Protest gegen das System anzuwenden". (Zitiert aus dem genannten Manifest des Bundes für christliches Gemeinschaftsleben an den schwedischen König. Es betont auch nachdrücklich, daß nicht die Besorgnis für die eigene Seele und Gemütsruhe bei den heutigen Dienstverweigerern die Hauptrolle spielt, sondern das Verantwortungsgefühl der Gemeinschaft gegenüber.) „Erweiterung" des Gesetzes ist zwar erwünscht, aus den beiden folgenden Gründen aber durchaus ungenügend:

a) Weil diejenigen, die das Glück haben, daß sie wegen ihrer Gewissensbedenken von der Dienstpflicht – ohne wie so viele andere ins Gefängnis wandern zu müssen – „befreit" werden, nun aber „zur Strafe" eine Verlängerung des Staatsdienstes von 8 oder 12 Monaten

---

[51] Siehe „Die Eiche", 1925. Nr. 1.
[52] *Dienstplicht en Gewetensbezwaren*, Haagsch Maandblad, Dezember 1925.

durchmachen, je nachdem sie freiwillig entweder in den Ambulanz-dienst oder in einen Zweig eintreten, der in keinerlei Beziehung zum Heere steht. Die meisten können sich dies wegen ihrer Ausbildung und ihrer Laufbahn gar nicht leisten. (In Schweden war die Verlän-gerung zwei und vier Monate; der letztere Termin scheint noch ver-kürzt worden zu sein.)

b) Weil das Gesetz, wie sehr auch verändert, fortgesetzt von dem falschen Standpunkt ausgeht, daß der Staat das sittliche Recht hat, den Kriegsdienst zu fordern. Dadurch lädt es auf alle, die ihrer Dienstpflicht nicht genügen, das Odium „des Anarchisten", „des Rebellen", was ihnen später in der Gesellschaft, namentlich in Zei-ten der Arbeitslosigkeit, sehr hindernd im Wege steht.

Diese beiden Gründe veranlassen viele junge Leute, mit ihrem Gewissen einen Kuhhandel zu schließen, ja „vernünftig" und nicht so „prinzipiell" zu sein (so raten die älteren Verwandten!). Hun-derte junge Gewissen werden auf diese Weise vom Staat auf ein tie-feres Niveau gedrückt. Dies ist natürlich eine sittliche Schwäche, aber wer wagt es, das diesen Jungens, deren Charakter und Weltan-schauung noch geformt werden müssen, übel zu nehmen? Viel schärfer muß der Staat verurteilt werden, der die noch schwachen Gewissen der Minderjährigen auf die Probe stellt und mit der gan-zen Wucht, über die er verfügt, sie fast nötigt, sich auf die Seite des so tief unsittlichen Kriegshandwerks zu stellen. Sogar Pfarrer wer-den gebraucht – und lassen sich mitunter gebrauchen – jugendlichen Christen klar zu machen, daß ein „guter Christ ein guter Soldat ist"[53].

Nein, ich kann es diesen jungen Leuten nicht verübeln, daß sie schließlich nachgeben. Oft schämen sie sich dessen später. Aber ich möchte denen meine Ehrenbezeugung bringen, die, wie jung auch, schon soviel Charakter und Überzeugung hatten, daß sie standhaft blieben und sich für ihre Überzeugung opferten. Von 1915 bis heute haben in den Niederlanden mehr als tausend Dienstverweigerer im Gefängnis gesessen. Ich weiß zwar, daß hier, wie auch sonstwo, Spreu unter dem Weizen ist; aber wir wollen über diese „Spreu" nicht zu Gericht sitzen.

---

[53] Über das Gegenteil siehe Kap. I und IV.

Die den Dienst verweigern, weil sie kein Verantwortungsgefühl weder für die Gemeinschaft noch für die Rechtsordnung haben, verteidige ich nicht, wenn ich auch gerne zugebe, daß der Staat von vielen armen Jungen viel mehr fordert, als er ihnen gibt.

Denen, die sagen: „ich will frei sein, um zu wissen, für was ich kämpfe, und das weiß ein Soldat nie, wenn er eingezogen wird", kann ich nicht Unrecht geben. Mindestens neun Zehntel der Soldaten im Weltkrieg sind in dieser Hinsicht zu drei Viertel betrogen worden.

Auch solchen gebe ich vollständig recht, die der Ansicht sind: „in so ernsten Fällen, wie sie der Krieg mit sich bringt, will ich s e l b s t denken und s e l b s t urteilen und nicht wie ein gedankenloses Instrument gebraucht werden." Sagt doch Max Huber: „Der Staat kann ihnen keine einzige Verantwortlichkeit abnehmen".

Aber mein Herz zieht mich namentlich zu denen, deren ganzes Gewissen aufrührerisch wird, wenn sie vor sich das Kriegshandwerk sehen, das die Menschen zu Bestien macht und die Erde zu einer Hölle von Sünde und Leid, und d a r u m sich weigern, ihr Gewissen der militärischen Dienstbarkeit gefangen zu geben.

Sie waren es, die zuerst das Gewissen unseres gefallenen Christentums geweckt haben. Sie sind es, die uns zurufen: „Steht auch ihr in der Freiheit, mit der Christus euch befreit hat!"

II. Die persönliche Haltung und die Partei.

Wenn man das antimilitaristische Streben auf die Abrüstungsaktion der Parteien beschränken will, und im übrigen seine Hoffnung nur auf einen Massen-Arbeiterstreik und eine Massen-Dienstverweigerung bei Kriegsgefahr setzt, steht man sowohl ethisch, wie psychologisch, wie schließlich auch taktisch schwach da. In den Abrüstungsparteien selbst gibt es Viele, die das wohl fühlen.

Ethisch schwach, weil man vergißt, daß die echte Ethik beim persönlichen Gewissen und der persönlichen Haltung anfängt und d i e s e Ethik die Moral der Kollektivität durchdringen muß, nicht umgekehrt. Der Antimilitarismus, von dem die Abrüstungsparteien als solche doch leben müssen (denn von den Opportunitätsgründen geht keine Stoßkraft aus), zieht seine sittliche Kraft nur aus dem prinzipiellen Antimilitarismus, und dieser empfindet den Kampf niemals nur als eine Volks- oder Parteisache, sondern immer und an erster Stelle als eine persönliche, ja als eine Gewissenssache. Und wenn sein Gewissen (für den Gläubigen: Gott in seinem Gewissen) das Veto gesprochen hat: „Du darfst hier nicht mitmachen!", dann ist es sittlich und auch religiös unerlaubt, wegen welcher Partei oder Aktion auch, es dennoch zu tun.

Die Partei, die hier hemmend auftritt und auf den Erfolg (darüber nachher) hinweist, versündigt sich an dem Gewissen dessen, der auf diese Weise behindert wird, handelt gegen die christliche Ethik, die zunächst nach dem Motiv fragt und den Menschen an eine übermenschliche Macht bindet.

Psychologisch schwach, weil man glaubt, in der Stunde der Gefahr auf eine kollektive Bereitschaft zu persönlichen, großen Opfern rechnen zu dürfen, während man vorher die Bereitschaft zum Opfer und die Übung in Opferfreudigkeit systematisch unterdrückt. So lange man dem Aufruf zum militärischen Dienst Folge leistet und Folge leisten läßt, so lange man folgsam mit exerziert und mit mitrailliert, als ob kein Wölkchen am Himmel wäre, so lange man des Brotes wegen (wir verdenken es niemandem, achten aber solche, die sich weigern) U-Boote baut und Kugeln gießt, solange gibt es keine Sicherheit, daß, wenn es darauf ankommt, die Ereignisse von 1914 sich nicht wiederholen werden.

Darum schließlich auch taktisch schwach. Die persönliche Dienstverweigerung erfüllt in der Bewegung für nationale Abrüstung in gewissem Sinn dieselbe Rolle, wie diese im Kampf für internationale Entwaffnung: durch ihre radikale und prinzipielle Stellung ein unentbehrlicher Ansporn des Gewissens! Man spricht über die geringe Wirkung (über die gefährliche später mehr) und weist auf die geringe Zahl der Dienstverweigerer hin. Man unterschätze jedoch den sittlichen Einfluß jener Überzeugungen, für die persönliche Opfer gebracht werden, nicht, wenn sie auch namentlich in unserer ethisch schlaffen Zeit selten sind. Ohne diesen prinzipiellen und also persönlichen Antimilitarismus würde unsere ganze Abrüstungsbewegung Gefahr laufen, in jenen opportunistischen Antimilitarismus hinabzugleiten, der keine anderen Motive kennt, als die Kosten der Bewaffnung und unsere militärische Ohnmacht (letztere Motive müssen zwar wohl beachtet werden) oder seine Stütze sucht in jenem sentimentalen Pazifismus, der nur die Abscheulichkeit des Krieges sieht, nicht sein Verbrechen, seine Sünde. Das Abscheuliche darf und muß man vielleicht einmal mitmachen, das Verbrecherische und Sündhafte niemals. Ich wiederhole: das Schlimmste des Kriegs ist nicht seine Abscheulichkeit, wie groß diese auch ist[54]; das Schlimmste ist sein Verbrechen, seine Sünde, seine Schuld.

III. Aufreizung zur Dienstverweigerung?

Zur Dienstverweigerung aufreizen bleibt strafbar, und sehr begreiflich ist es, daß unsere Gegner, nachdem sie das Vorhergehende gelesen haben, fragen: „Würdet ihr zur Dienstverweigerung auffordern?" Wir antworten: Wenn wir selber dienstpflichtig wären und mit gutem Beispiel vorangehen könnten, und wenn wir nicht junge Leute von 19-20 Jahren vor uns hätten, sondern erwachsene Menschen und gefestigte Charaktere, dann würden wir nicht zögern, sie dazu aufzumuntern. Für einen Menschen, der fest davon überzeugt ist, daß er im Namen eines höheren Gesetzes gegen ein ihm widersprechendes handelt, ist es keine Schande, sondern eine Ehre, wenn er dafür ins Gefängnis kommt. Welch eine große Kraft würde sein Zeugnis auf einmal erlangen! Welch eine wohltuende Ruhe auch vielleicht inmitten ermattender Arbeit! Daß wir uns bis jetzt sowohl privatim wie in der Öffentlichkeit jeder Aufforderung zur Dienstverweigerung enthielten, hat seine Ursache in beiden genannten Gründen. Wir wollen nicht, daß junge Leute auf unseren Anreiz oder moralischen Druck hin einen Schritt tun, dessen Tragweite sie noch nicht ermessen und dessen Folgen sie noch nicht tragen können. Weist man uns auf die indirekte Aufreizung hin, die von unserem Zeugnis ausgeht, so nehmen wir die Schuld auf uns; sie ist unvermeidlich. Die schwerste Schuld würden wir auf uns laden, wenn wir schwiegen. Dieses Schweigen, wie das nationalistisch-

---

[54] „Wie groß diese auch ist". Man lese einmal Georges DUHAMELS: Vie des Martyrs, 45 me éd. Paris 1912, oder Erich Maria REMARQUE: „Im Westen nichts Neues", 76.-100. Tausend, Berlin 1928. „Erst das Lazarett zeigt, was Krieg ist", schreibt letzterer. „Wie sinnlos ist alles, was je geschrieben, getan, gedacht wurde, wenn so etwas möglich ist!" (S. 260.)

militaristische Reden, ist die bleischwere Schuld der Kirche. Wenn indirekt diese Suggestion von uns ausgeht, kann man sich – auch vom bloßen Gerechtigkeitsstandpunkt aus – darüber freuen, daß so vielem Druck und starken Suggestionen gegenüber, die Dienstpflicht zu erfüllen, auch eine einzige Suggestion in entgegengesetzter Richtung wirkt. Die mit dieser Suggestion in Berührung kommen, haben die Möglichkeit, darüber nachzudenken, ob vom sittlichen Standpunkt aus Militärdienst wirklich eine Pflicht ist. Und wenn dann ein junger Mann nach reiflicher Überlegung und innerem Kampf zu uns kommt und sehr entschieden erklärt: Ich kann es nicht ... ich darf es nicht ... ich tue es nicht ... dann wollen wir, wenn wir wissen, daß alles echt und ernst ist, nichts anderes antworten, als was ein Vater, selber orthodoxer Christ, unlängst zu seinem Sohn sprach: „Junge, Gott segne dich!" Die Welt braucht, will sie einer besseren Zukunft entgegengehen, junge Menschen dieses Geistes. Und Christus kennt hier die Seinen. Ach, wir alle haben doch eigentlich Hochachtung vor einer derartigen Haltung. Neulich hörte ich, wie einer der ersten sozialdemokratischen Führer, der selber vor Dienstverweigerung warnte, voll Rührung in seiner Stimme öffentlich erklärte: „Ich darf es von einem so jungen Menschen nicht fordern noch erwarten; wenn aber nachher mein eigener Junge zu mir kommt und mir seinen Entschluß, den Dienst zu verweigern, mitteilt, werde ich stolz auf ihn sein."

Wir dürfen es von einem so jugendlichen Alter weder fordern noch erwarten. Frau Bakker-Nort hatte recht, als sie bei der Behandlung des Dienstverweigerungsgesetzes im Parlament sagte: Diese jungen Menschen bezahlen die Zeche für das, was in unserem ganzen Volk gärt, für den Kampf um das sittliche Recht der Kriegsrüstung. Und dieser Kampf darf nicht in dieser Weise von jungen Menschen in diesem Alter ausgefochten werden! In der Tat. Dies darf doch eigentlich nicht geschehen. Neben dem Zwang zur Ausbildung im Kriegshandwerk ist dies die zweite unmoralische Seite der Dienstpflicht. Unsere Jungen werden dabei einfach aufs Spiel gesetzt. Und während in allen anderen Fällen die Eltern das Recht und die Pflicht haben, die Interessen ihrer minderjährigen Kinder zu vertreten, wird ihnen hier in dieser allerwichtigsten Angelegenheit diese Pflicht und dieses Recht nicht gewährt. „Die Staaten", sagt

Albert Schweitzer[55] bitter, aber richtig, „gehen mit ihren Untertanen mit Willkür um, ohne Rücksicht auf Erhaltung irgendeines Rechtsempfindens". Aber darum kann es auch geschehen – namentlich, wenn das Monstrum Krieg droht –, daß wir uns mit einemmal trotz aller Bedenken, die uns bis jetzt zurückhielten, ergriffen und berufen fühlen werden, die jungen Niederländer zu warnen und zu beschwören: „Laßt ab von diesem verfluchten Handwerk, denkt an Christi Reich und an Hollands Beruf!" Wir überlassen dies der Führung Gottes.

IV. Die Dienstpflicht kann nicht aufrecht erhalten werden. Freiwilligen-Heer?

Immer mehr wird es einem klar, daß die Dienstpflicht auf die Dauer nicht aufrecht erhalten werden kann. Sittliche und andere Bedenken gehen hier Hand in Hand, und zwar nicht immer in glücklicher Kombination. Früher oder später wird die Dienstpflicht und mit ihr ein großes Unrecht aus der Welt verschwinden. Um dies ohne Erschütterung und Nachteil für das Heer vorzubereiten und auch um das Heer von unerwünschten (d. h. unmilitärischen) Elementen zu säubern, haben sich 1928 Militärs und Arbeitgeber zusammengetan (Eingabe Posthuma-Boele) und den Minister veranlaßt, ein Gesetz vorzulegen, nach dem das Heer durch Freiwillige verstärkt werden könnte. Eine ganze Anzahl großer Arbeitgeber hatte vorher diesen Freiwilligen wichtige Erleichterungen und Vorteile versprochen. Zum Glück hat die Kammer dem Minister klar gemacht, daß, solange es ein Heer gäbe, dies ein Volksheer sein müsse.

Aber hier liegt nun die gefährliche Wirkung vor, auf die die Entwaffnungsparteien immer hinweisen: wenn infolge der Bekämpfung der Dienstpflicht diese abgeschafft wird, dann besteht die Gefahr, daß wir ein Heer bekommen, das aus militaristischen Freiwilligen und aus bezahlten Kreaturen besteht, ein Heer, daß nicht nur ein williges Werkzeug in den Händen der Reaktion ist, wenn die Arbeiter je zu einem Massenstreik kommen, sondern auch in Kriegsgefahr eigenmächtig und provozierend wird auftreten können.

---

[55] Albert SCHWEITZER, Kultur und Ethik II. S. XVIII.

Auch wenn die Freiwilligen nicht in hellen Haufen gelaufen kommen, so kann doch im modernen Krieg eine kleine aber technisch vollkommen ausgerüstete Wehrmacht ein ganzes Volk terrorisieren.

Wir erkennen diese Gefahr vollkommen an, wenn wir auch Gerechtigkeits halber nicht umhin können, darauf hinzuweisen, daß sowohl die Abrüstungsbewegung wie auch der Kampf gegen die Dienstpflicht bei den Gegnern den Wunsch nach solch einem Freiwilligenheer wachruft, das nicht vom Antimilitarismus infiziert ist. Hier liegen Schwierigkeiten, die noch schärfer hervortreten werden. Wir erkennen jedoch die hier berührte Gefahr vollständig an, und unterschätzen ebensowenig die einer Arbeiterwehrmacht, die sich dem feindlichen Heer gegenüber rüstet; die Gefahr eines Bürgerkrieges ist wahrlich nicht imaginär. Dennoch können und dürfen wir unsere Forderung nicht fallen lassen: die Dienstpflicht muß verschwinden, denn sie ist Unrecht, und Unrecht darf aus keinem einzigen Grund beständig werden, es darf nie und nirgends bestehen. Das Einzige, was hier geschehen kann, ist, daß wir für beide zu gleicher Zeit eintreten, sowohl für Abschaffung des Dienstzwangs als auch für das größere und umfassendere Prinzip der nationalen Abrüstung, in der Hoffnung, daß letzteres siegen möge und daß außerdem die Abschaffung der Dienstpflicht dem militärischen Dienst ein sittliches Odium aufdrücken möge, das mithilft, die Entwaffnung herbeizuführen. Denn nur letztere bürgt dafür, daß unser Volk sich nicht zur aktiven Beteiligung verführen läßt und sich so an jenem teuflischen Totentanz, der Krieg heißt, mitschuldig macht. Wir dürfen nicht eher ruhen, als bis die nationale Abrüstung eine Tatsache ist.

Aber ich wiederhole: Die Aktion für Abrüstung kann, wenn sie Aussicht auf Gelingen haben soll – national und international – die Kriegsdienstverweigerung nicht entbehren. Will man letztere auf ihren wahren Wert schätzen, dann muß man zwei Dinge im Auge behalten:

a) Daß sie sich nicht nur auf die jugendlichen Dienstpflichtigen bezieht, sondern auch auf all die anderen und älteren, auf deren Dienst in Kriegszeit gerechnet wird. Und vielleicht schon im Frieden, wenn nämlich unsere Regierung auf das Vorhaben hören sollte, das von unseren militärischen Autoritäten schon erörtert wird, um nach französischem Muster das ganze Volk, Männer und Frauen, schon im Frieden, im Hinblick auf den kommenden Krieg, zu organisieren. Man sei auf seiner Hut und bereit zum Widerstand. Es liegt eine vorzügliche präventive Wirkung in der rechtzeitigen Warnung durch einen Teil des Volkes (namentlich, wenn dieser Teil durch Anzahl und Einfluß anfängt, ansehnlich zu werden). „Rechnet bei Kriegsaktion, auch bei der vorbereitenden, nicht auf uns, wir machen auf keinen Fall mehr mit; unsere Unterstützung wird euch nicht zuteil."

b) Daß sie schon lange international ist und dies in stets größerem Maß wird. Seit Jahren erscheint unregelmäßig: „The War-Resister (Der Kriegsdienst-Gegner)", das Nachrichtenblatt der Internationale der Dienstverweigerer, dessen Redakteur H. Runham Brown[56] in hervorragender Weise immer wieder das Problem beleuchtet. Daneben steht das „Antimilitaristische Bureau", das seine Blätter hinausschickt, und dessen monatliches niederländisches, auf anarchistischer Basis redigiertes Organ „De Wapens neder (Die Waffen nieder)" ist (1929 schon der 25. Jahrgang). „The international Fellowship of Reconcilation (Internationaler Versöhnungsbund)": dessen unermüdlicher Sekretär Oliver Dryer war (jetzt Kaspar Mayr[57]), gibt sein „Monthly News Sheet" heraus und arbeitet in antimilitaristischem Geist, obgleich nicht in ausgesprochener Weise, gegen die Dienstpflicht. In Frankreich erscheint „L'Universel", Organ des „Mouvement Pacifique Chrétien", redigiert von Dr. M. Dumesnil. In der „Friedenswarte"[58] (Blätter für internationale Verständigung, begründet von Dr. Alfred H. Fried, jetzt redigiert von Hans Wehberg) werden neben anderen Tönen die des radikalen Antimilitarismus immer wieder gehört. Wir nennen ferner die einzige pazifistische Zeitschrift Deutschlands, die von Frauen: Lida Gustava Heymann und Dr. Anita Augspurg redigiert und für Frauen geschrieben wird: „Die Frau im Staat"[59]. Sie tritt seit elf Jahren unentwegt, den Zielen der Internationalen Frauenliga für Frieden und Freiheit entsprechend, sowohl für totale als auch für „moralische Abrüstung durch Erzie-

---

[56] 11 Abbey ROAD, Enfield, Middlesex, England. Hier ist auch der Bericht der in Sonntagsberg (Österreich) abgehaltenen internationalen Konferenz, Juli 1928, zu haben.

[57] Deutsches Sekretariat: Berlin O, Fruchtstr. 62. Wien, Döblergasse 2/26.

[58] Hensel & Co., Verlag, Berlin W 30, Nollendorfstraße 21a.

[59] Kommissionsverlag Käte Beissel, Frankfurt a. M. Süd, Schwanthalerstr. 25.

hung im Geiste menschlicher Einigkeit und sozialer Gerechtigkeit"
ein (siehe Programm der I.F.F.F.). Außerdem muß auch die Viertel-
jahrsschrift „Die Eiche" genannt werden, deren Redakteur, Professor F. Siegmund-Schultze, schon während des Krieges für den
christlichen Antimilitarismus eingetreten ist und dafür gelitten hat.
Schließlich nennen wir noch die niederländische Monatsschrift: „De
Nieuwe Koers" (Der neue Kurs), allgemeines Organ der Friedensbewegung in den Niederlanden, speziell die „Nooit-meer-oorlog Feder-
atie (Nie-wieder-Krieg Föderation)"[60].

Eine bemerkenswerte Erscheinung der letzten Zeit ist das Zu-
nehmen der Ponsonby-Aktion sowohl in als außer England. Im
Dezember 1927 hat Arthur Ponsonby, Untersekretär des Ministeri-
ums des Auswärtigen unter Macdonald und Mitglied des Unterhau-
ses, dem englischen Ministerpräsidenten einen „Friedensbrief"
überreicht, unterzeichnet von 128.770 englischen Untertanen, folgenden Inhalts:

*„Wir Unterzeichneten, überzeugt, daß alle Streitigkeiten zwischen den
Völkern durch diplomatische Unterhandlungen oder durch internationale
Schiedsgerichte in einer oder der anderen Form geregelt werden können,
erklären hiermit feierlich, daß wir uns weigern werden, eine Regierung zu
unterstützen, oder Kriegsdienste zu verrichten für eine Regierung, die ihre
Zuflucht zur Gewalt nimmt."*

Nach der Einreichung kamen noch so viele Unterschriften, daß
Ponsonby sich entschlossen hat, entgegen seiner ursprünglichen
Absicht, die Aktion fortzusetzen. Namentlich in Deutschland nimmt
sie stark zu: allein in Rheinland und Westfalen hatten Ende 1927
schon 137.000 Männer und Frauen unterzeichnet; in der Republik
Sachsen, im Bezirk Zwickau, gab es 86.842 Unterschriften, darunter
53 Prozent Frauen.

V. Durch die persönliche Haltung ihrer Glieder erwacht die Kirche.

Es liegt nicht in unserem Sinn, eine vollständige Übersicht der antimilitaristischen Bewegung zu geben. Wir wollen hauptsächlich auf
die kollektive und persönliche Haltung des Christentums achten.

---

[60] Uitgevers D. VAN SIJN EN ZONEN, Bierhaven 1927 – 31 Rotterdam.

Die christliche antimilitaristische Bewegung hat, wie überall, auch bei uns ihre Pioniere gehabt. Diese waren oft mehr oder weniger anarchistisch gesinnt. Sie konnten – und die Geschichte gab ihnen darin Recht – den Staat nicht vom Krieg trennen, und ihr Vertrauen in die menschliche Natur setzte sie in den Stand, sich eine andere Gesellschaftsform auszudenken, als die vom Rechtszwang regierte.

Viele, die dieses Vertrauen nicht besaßen, ihren Standpunkt nicht teilen konnten, die einen reinen Rechtsstaat für unentbehrlich und auch für möglich erachteten, sind zwar von ihrem Beispiel erweckt worden, konnten jedoch nicht mit ihnen gehen; bis auch sie nicht länger schweigen und den alten national-militärischen Weg nicht länger beschreiten konnten, bis sie begriffen: der Staat, dem wir als treue Bürger dienen wollen, wenn auch an erster Stelle unser Dienst Christus und seinem Reiche gilt, braucht für seinen sittlichen Bestand und seine Zukunft in erster Linie Christen, die sich standhaft weigern, den Kriegsweg zu betreten, die sich prinzipiell jeder Kriegsvorbereitung, jedem Militarismus widersetzen. Da standen auch sie auf, hier und anderswo, und danach fing die Kirche allmählich an, zu erwachen. Die Kirchen als solche schweigen noch, aber ihre Glieder haben das sündhafte Schweigen gebrochen. Aus kirchlichen Kreisen, folglich aus der Kirche, erheben sich Stimmen, und diese vereinigen sich zu einem Protest gegen den Kriegsgedanken in jeder Form. Es sind vorläufig nur schwache Töne, aber sie schwellen merklich an, und man kann, Gott sei Dank, nicht länger sagen: Die Kriegsrüstung geht weiter und die Kirche schweigt wiederum in allen Sprachen.

Wir hörten schon, daß der „Friedensbund deutscher Katholiken" auf seiner Tagung 1924 als seine Ansicht äußerte: „in der Idee möge es einen gerechten Krieg geben, daß aber in Wirklichkeit die Bedingungen fehlen, die die katholische Sittenlehre für einen erlaubten Krieg aufstellt"[61]. – In der Schweiz bildete sich die „Vereinigung antimilitaristischer Pfarrer", die 1925 im Namen von hundert Pfarrern das Manifest herausgab, das wir schon erwähnten, und deren Vorsitzender, Dr. Liechtenhan, 1927 eine kräftige Befürwortung nationaler Entwaffnung („Ist Abrüstung Christenpflicht?") herausgab.

---

[61] Bei uns lassen die Katholiken wenig von sich hören, obgleich viele Antimilitaristen unter ihnen sind.

Manifest und Schrift nehmen beide die Dienstverweigerung in Schutz und erklären, die militärische Landesverteidigung zu bekämpfen. – 1925 sprachen 115 englische Prediger, die in Leicester versammelt waren (congregational ministers), sich in einer feierlichen Erklärung folgendermaßen aus: „Wir sind mit Gott übereingekommen, weder am Krieg teilzunehmen, noch ihn zu sanktionieren. Dieses Versprechen duldet keinen Kompromiß. Wir machen keinen Unterschied mehr zwischen rechtmäßigen und unrechtmäßigen Angriffs- oder Verteidigungskriegen. Jeder Krieg ist Sünde." – 1928 brachten 135 dänische evangelisch-lutherische Pfarrer in einem Manifest als ihre Überzeugung zum Ausdruck, „daß jeder Krieg – auch der sogenannte Verteidigungskrieg – mit den Grundsätzen des Christentums, wie sie im Evangelium Jesu Christi offenbart sind, in absolutem Widerspruch steht", daß sie für „Abrüstung arbeiten wollen, und dadurch für den Frieden"; das Manifest schließt mit den Worten: „Wir würden es als eine Ehre für unser Volk empfinden, wenn es das erste wäre, das sich zur Abrüstung entschlösse." – Auch Deutschland, Schweden und Norwegen haben jetzt ihre Gruppe antimilitaristischer Pfarrer[62].

Auch die Niederlande blieben nicht zurück. Im Oktober 1924 versammelten sich in Utrecht zirka dreißig Pfarrer, die es nicht länger ertragen konnten, daß die Kirche schwieg und durch ihr Schweigen die fortwährende Kriegsrüstung sanktionierte („Wer schweigt, stimmt zu", sagt man mit Recht). Sie faßten gemeinsam folgende Re-

---

[62] Während der Korrektur erreicht mich die Nachricht aus den Vereinigten Staaten, daß die zweite kirchliche Konferenz, die im März 1929 in Columbus (Ohio) gehalten wurde (21 religiöse Körperschaften waren vertreten) u. a. zu dem Schluß kam: „Die Kirchen müssen eine starke Macht bilden, um den Krieg zu überwinden. Der Krieg verneint die Vaterschaft Gottes, er schmäht die Brüderlichkeit der Menschen und die Heiligkeit des menschlichen Lebens, er ist erbarmungslos gegen Frauen und Kinder. Er gebraucht die Lüge, leugnet das Recht, läßt den Leidenschaften freien Lauf und züchtet den Haß. Der Krieg will nichts von dem, was Jesus wohl – und will alles, was Jesus nicht wollte." Und ferner: „Wir sind der Überzeugung, daß Christen gute Bürger sein müssen, den Gesetzen des Staates gehorsam bis zu dem Punkt, wo dieser Gehorsam Ungehorsam gegen Gott wäre." Schließlich: „Die Kirchen müssen es als Sünde verurteilen, wenn die Staaten ihre Zuflucht zum Krieg nehmen und die Kirchen müssen sich künftig weigern, dies zu sanktionieren, oder sich zur Unterstützung dieses Systems gebrauchen zu lassen."

solution, die die Grundlage der Vereinigung „Kerk en Vrede" (Kirche und Frieden), Gruppe religiöser Prediger und Gemeindeglieder gegen Krieg und Kriegsrüstung, bildete:

„Die Gruppe usw.

– in der Überzeugung, daß nur das ständige Einwirken der christlichen Grundsätze auf einzelne Personen, ganze Völker und die Völkergemeinschaft uns Heil bringen kann,

– daß dieses Einwirken nicht nur durch den Einfluß der Sünde, sondern auch durch das Festhalten an sündigen Gebräuchen, deren verderblichster der Krieg ist, gehemmt wird,

– daß der Krieg nicht nur jedes Recht verhöhnt, sondern daß auch der Charakter des modernen Krieges das religiös-sittliche Bewußtsein in untragbarer Weise verletzt,

– daß es jedes Opfers wert ist, diesem Verbrechen gegenüber mit der sittlichen Wahrheit Ernst zu machen, daß Unrecht leiden besser ist als Unrecht tun,

nimmt den Kampf auf gegen Krieg und Kriegsrüstung und ruft allen Christen innerhalb und außerhalb der Kirchen zu: Kämpft mit uns für die Heilighaltung des Namens Jesu Christi und seines himmlischen Vaters, damit dieser Name nicht mehr in so furchtbarer Weise von den Völkern geschändet werde, wie es in den vergangenen Jahren der Fall war."

Diese Vereinigung hat sich zunächst hauptsächlich an die Prediger gewandt, deren Zahl (aus allen Kirchen und Richtungen, ausgenommen die katholische Kirche) jetzt die 260 überschritten hat. In den letzten Jahren ist ein Appell an die Gemeindeglieder gerichtet worden, von ihnen sind schon 5000 beigetreten. Das Monatsblatt heißt ebenfalls „Kerk en Vrede". Von dieser Vereinigung aus ist in Genf 1926 das „International Comitee of antimilitarist Clergymen" gegründet worden, das vom 13-15. August 1928 einen vorbereitenden Kongreß in Amsterdam einberief. Dieser Kongreß, der von knapp 100 Predigern aus zehn verschiedenen Ländern besucht wurde, nahm außer Resolutionen, die das ökonomisch-soziale Problem, das Rassenproblem und das Verhältnis des Krieges zum Recht betrafen – folgende Hauptresolution einstimmig an:

Der Internationale Kongreß antimilitaristischer Pfarrer in Erwägung:

1. daß die Grundlagen des Christentums, wie sie im Evangelium Jesu Christi offenbart sind, mit dem Krieg in unversöhnlichem Widerspruch stehen;

2. daß der Krieg, namentlich der moderne, durch die ganze Art seiner Ausübung alle christlichen Werte schändet;

3. daß der Staat, der sich zum Krieg rüstet und seine Bürger zur Ausbildung zum Krieg zwingt, das Volk systematisch entchristlicht;

ruft eindringlich alle christlichen Kirchen auf, es als ihre heilige Pflicht zu betrachten:

I. in prinzipiell antimilitaristischem Sinn gegen die Sünde des Krieges und der Kriegsrüstung Stellung zu nehmen;

II. das Amt eines Feldpredigers für unvereinbar mit der Verkündigung des Evangeliums zu erklären[63];

III. die Dienstverweigerung aus Gewissensgründen als eine christliche Haltung dem Staat gegenüber in Schutz zu nehmen;

IV. die Völker zu überzeugen, daß sie national abrüsten, das sündige Wagnis des Krieges aufgeben und im Vertrauen auf Gottes Hilfe sich für das Wagnis des Friedens erklären müssen.

Am Schluß des Kongresses, der sich durch Einigkeit und religiöse Weihe auszeichnete, wurde „The international Union of Anti-Militarist Ministers and Clergymen" mit einem Exekutivkomitee gegründet. Das Verhältnis dieses antimilitaristischen Bundes zum Weltbund für Freundschaftsarbeit der Kirchen (The World Alliance for promoting international Friendship through the Churches) wurde in der Zeitschrift „The British Weekly" vom 22. August 1928 vom Vorsitzenden dieses Komitees, Dr. Hector Macpherson aus Edinburgh, folgendermaßen charakterisiert[64]:

---

[63] Beim zweiten Punkt, der später hinzugefügt wurde, enthielten sich ein paar Mitglieder der Abstimmung. Sie fürchteten, daß es so ausgelegt werden könnte (was niemand in der Versammlung beabsichtigte), als ob, solange es Soldaten gibt, diese keine geistliche Pflege bedürfen würden. Die dafür Stimmenden wollten jedoch nur zum Ausdruck bringen, daß ein Prediger, der dem Heer einverleibt ist, dem Evangelium kein Recht widerfahren lassen kann.

[64] Sekretariat: Pfarrer HUGENHOLTZ, Ammerstol, Holland. Hier ist der Kongreß-

„Der Zweck der neuen, soeben gegründeten ‚International Union of Anti-Militarist Clergymen‘ ist nicht, ein Duplikat der vorzüglichen Arbeit des Weltbundes zu liefern. Die Aufgabe des antimilitaristischen Bundes ist vielmehr die eines ‚Vorgängers‘ (der bezeichnende holländische Ausdruck für Pfarrer: einer der vorangeht), eines Pioniers, der bereit ist, sich seinen Weg auch auf Kosten eigener Popularität und mit persönlichen Opfern durch das Gestrüpp menschlicher Furcht und Vorurteile zu bahnen; eines Pioniers, dessen Ziel es ist, den Begriff des Krieges als etwas Verwerfliches aus den Herzen der Christen zu verbannen. Die einzige Waffe, der diese ‚Vorgänger‘ sich anvertrauen, ist die Waffe des Geistes Jesu Christi. In seinem Namen und in keinem anderen haben die Diener der Religion aus Großbritannien, Deutschland, Frankreich, Holland, der Schweiz, Belgien, Amerika und anderen Ländern sich zu einer ‚Christlichen Internationale‘ zusammengeschlossen. … Wenn das Prinzip dieser Pioniere sich über ganz Europa verbreitet, dann haben die Kirchen ihren wirklichen Beitrag zu der Ächtung des Krieges im menschlichen Herzen und infolgedessen in der Welt geleistet.“

Diese kirchlichen, christlichen Antimilitaristen sehen ein, daß, wie der vorige Krieg ohne die Unterstützung der Kirche niemals hätte geführt und durchgehalten werden können, es so die Aufgabe der Kirche infolge des erwachten christlichen Gewissens ist, ihre Hilfe zurückzuziehen und, damit man wisse, woran man ist, die Regierungen im voraus davon in Kenntnis zu setzen: Wir wollen euch gehorchen, soweit unser Prinzip uns dies erlaubt; weiter können und dürfen wir nicht. Wenn ihr euch zum Krieg anschickt, könnt ihr nicht auf uns rechnen. Mit der Hilfe der Kirche ist es dann, soweit es uns betrifft, aus. Wenn es ernst wird, werden wir uns verpflichtet fühlen, auf dem Weg weiterzugehen, den wir eingeschlagen haben und also das Gegenteil von dem verkündigen, was ihr dann wünscht. Denn wir beharren dann mehr denn je im Evangelium Jesu Christi, das kein Unrecht duldet, und das, wo die Barbarei anfängt, sich weigert mitzumachen, sich weigert, sich der Welt gleichzustellen und den Leidensweg wählt: besser Unrecht leiden, als Unrecht tun.

---

bericht in vier Sprachen (englisch, französisch, deutsch und Esperanto) zu haben.

Wir wissen es wohl, ohne Schuld geht niemand aus so furchtbarer Zeit hervor. Wenn wir in den verschiedenen Ländern dem Staat diesen Dienst verweigern, werden wir ein Schuldgefühl nicht unterdrücken können; auch wir sind Kinder der Tradition und Kinder der Erde; Kameradschaft, sogar im Bösen, kann uns geboten scheinen. Wir brauchen uns jedoch nur klarzumachen, was Christentum und was Krieg ist, damit wir bestimmt wissen: eine andere Haltung ist uns nicht erlaubt. Wir dürfen unserem Vaterland nicht in dieser Weise Hilfe leisten, so wenig wie dieses Vaterland, wenn es Gottes Willen kennte, unsere Hilfe auf diese Weise beanspruchen dürfte. Über dem Vaterland steht das Reich Gottes, dessen ewige Gesetze in jedem Krieg zertreten werden.

VI. Die „Militia Christi" lebt wieder auf.

Wir können uns nie vollkommen für die Stellung verbürgen, die wir künftig in kritischen Tagen einnehmen werden. Wenn die nationalistische Kriegspsychose sich einmal eines Volkes bemächtigt hat, ist es schwer für den Einzelnen und für die kleine Gruppe, gegen den Strom zu schwimmen. Wir können nur hoffen und bitten, daß wir gerade dann die Kraft haben werden, unserem Prinzip treu zu bleiben. Wie sehr wir auch unser Vaterland lieben, es wird uns doch vielleicht schwer werden, auf die Dauer die Liebe aufrecht zu erhalten, wenn es fortfährt, zu rüsten, und sich bereit hält, das verbrecherische Spiel mitzumachen, das „radikale Böse", wie Paul Natorp (Kap. III) den modernen Krieg nennt. Vielleicht wird es uns gehen, wie es Fichte (Kap. III) schildert: „Wenn ein Staat sich im Zustande der Verstockung befindet, drückt er öffentlich das Siegel der Verwerfung sich selbst auf", dann „hat der Erleuchtete kein Vaterland mehr auf der Erde, sondern sein Bürgerrecht im Himmel, worauf das Recht er dadurch sich verdient, daß er nach Vermögen das Saatkorn in die Gegenwart werfe, woraus einst nach ihm ein Saatkorn sich auf Erden, ein Vaterland für die Vernünftigen entwickeln möge."

Wir wissen wohl, daß wir keine Erleuchteten sind. Wir sind kein Haar besser als Andere; eins ist jedoch gewiß: Gott hat uns in einer Hinsicht die Augen geöffnet und unseren Geist von einem sündigen

Wahn erlöst, in dem das Christentum durch und nach seinem Abfall befangen war. Und wenn unser Vaterland in diesem Wahn befangen bleibt, die sündige Praxis vorbereitet und sich nachher bewußt in die Sünde stürzt, dann haben wir zwar kein Recht auf das himmlische Vaterland – wer von uns könnte darauf irgendein Recht geltend machen? – sondern wir hoffen, dann all unsere Liebe auf jenes ewige Vaterland, dem das irdische Schmach antut, richten zu dürfen und ihm unser ganzes Herz zu geben.

Wir sind kein Haar besser als andere Christen, die sich über dem Konflikt Christentum – Krieg vielleicht weniger Rechenschaft geben oder weniger Phantasie besitzen, sich in ihn hineinzuversetzen. Wir sind uns bewußt, daß wir in jeder Hinsicht sündig und schuldig sind vor Gott. Aber das, was wir durch Gottes Gnade an christlichem Glauben besitzen, hindert uns, in einer Welt ruhig zu atmen, die sich mit allem Bedacht auf das verruchteste Handwerk, das Menschen erfinden können, vorbereitet. Und wenn wir über einen noch kindlicheren Glauben als den unserigen verfügten, würden wir Gott bitten: „Herr, laß durch deine mächtige Hand, durch eine große Sintflut, diese Menschenwelt vergehen, ehe sie durch eigene Schuld in unauslöschlicher Schande untergeht!"

Vielleicht gibt es noch einen Ausweg. Gott tut große Dinge in dieser Zeit. Er will das Christentum aus seinem Fall emporheben, dem Christentum etwas von seinem ursprünglichen Geist zurückgeben: die sittliche Abneigung gegen Kriegsgewalt und Blutvergießen, den passiven Widerstand, besser gesagt: die geistliche Wehrhaftigkeit (Eph. 6,10-17) gegen das heidnische und brutale Auftreten der Welt, gegen „das Heerlager der Finsternis". Es erhebt sich wieder etwas von diesem prinzipiellen Widerstand, der das Urchristentum auszeichnete, als man es zwingen wollte, andere Götter zu verehren als Christus und dessen heiligen Vater; von dem Widerstand, der sich überall zeigt, wo der kategorische Imperativ des absolut Gültigen hervortritt, der Widerstand, den Kant mit seinem Lieblingszitat aus Virgil wiedergab: „*Tu ne cede malis, sed contra audentior ito*" (Weiche dem Bösen nicht aus, sondern gehe ihm mit größerem Wagemut entgegen).

Gott tut große Dinge in dieser Zeit. Vielleicht hält er, um die Treue der Christen zu besiegeln, wieder das Märtyrertum bereit. Es wird gut sein, wenn wir uns darüber klar sind, daß Verweigerung der Unterstützung des Krieges, Generalstreik der für den Krieg notwendigen Betriebe, geistiger Widerstand gegen Kriegszwang jeder Art, nicht bloß leichte Opfer von uns fordern werden. Es wird gut sein, wenn wir uns auf das Schlimmste für uns und die Unserigen vorbereiten und Frau und Kind, Gut und Blut in die Hände dessen stellen, der über uns befiehlt und uns, wenn wir gehorchen, führen wird. All unsere Glaubenskraft, all unser Vertrauen, all unser Gebet wird nötig sein. Aber das Gebet wird erhört, das Vertrauen erfüllt, die Kraft verdoppelt werden.

Die alte „Militia Christi" lebt wieder auf. Christus ruft seine Soldaten des Friedens. Sie waren im letzten Krieg schon da. Ihrer viele sind an die Wand gestellt worden. Es wurde zwar erst später bekannt, aber es wirkte. Das Blut der Märtyrer war auch hier der Samen der Kirche. Sie wollten ihrem Vaterland das militärische Opfer nicht bringen, das niemand, ohne erst seine Mitmenschen zu opfern, bringen kann. Sie brachten es dem Vater aller Menschen, um ihres Nächsten willen, ohne ihn zu opfern; nur das reine, das christliche Opfer ihres eigenen Lebens. Es werden noch viele derartige Opfer gebracht werden müssen, schreibt Liechtenhan, ehe die Zeit kommt – sie wird aber bestimmt kommen – da man am Grabe dieses für den Frieden gefallenen „unbekannten Soldaten" seine Huldigungen darbringt[65].

Von wem dürfen diese Opfer eher erwartet werden als von denen, die Christus als den Weg, die Wahrheit und das Leben sehen? Wer wird auf diesem Gebiet eher bereit sein, es mit den christlichen Grundsätzen zu wagen, als solche, von denen Rudolf Otto die wahre soziale Reform erwartet, die „inwendig Brennenden", d. h. die Gläubigen? Wenn die Kirche so auftritt, wagt sie ihre Existenz – doch nur scheinbar. Dann wird auch sie erfahren: „Wer sein Leben verliert um meinetwillen, der wird es finden." Sonst droht, jetzt mehr als je, das Gegenteil. „The impotence of the Church is an astounding fact in the modern world" (Die Ohnmacht der Kirche ist eine erstaunliche Tatsache in der heutigen Welt) schrieb nach dem Krieg ein englischer Prediger[66].

---

[65] Ist Abrüstung Christenpflicht? S. 42.
[66] Rev. MELLONE in The Hibbert Journal, April 1922.

Auf der Konferenz des „Stockholmer Fortsetzungsausschusses" in Winchester, die im Jahre 1927 tagte, klagte Wilfred Monod: „Leider gibt die moderne Welt sich nicht einmal mehr die Mühe, uns zu bekämpfen, wir sind nicht gefährlich genug, daß man uns haßt. Man läßt die Christen unbeachtet vorbeigehen, man hält sie keiner Widerlegung mehr für wert[67]." Kein Wunder, da die Kirche so lange beim Allerschlimmsten schwieg! „Es ist Gottes Wille", sagt Max Huber, „daß der Christ in der Welt wirke gerade durch das, was ihn von der Welt und ihrem Wesen scheidet[68]." Das hat die Kirche des letzten Jahrhunderts zu wenig gekonnt; sie war zu sehr auch in den sozialen Zielen der Welt gleich. Sie war nicht das beißende Salz, das reinigt und vor Verderben schützt. Sie ließ die Welt unbehelligt. – Wenn Gott es will, und wir gehorchen, wird sich dies ändern.

VII. Wir sind mehr als Pazifisten. Es geht uns vor allem um die Ehre Gottes und Christi Namen.

Unser Reden und unsere Arbeit hat zweierlei Zweck. Wir wollen den Krieg in jeder Form bekämpfen und so dem Frieden dienen, da wir überzeugt sind, daß ohne diese prinzipielle Bekämpfung jeder pazifistische Weg im Sande verläuft. Aber man versteht uns falsch, wenn man in uns nur Pazifisten sieht. Dann hat man den tiefsten Grund unseres Widerstandes nicht erfaßt. Es ist der brennende Wunsch, das Evangelium von dem Kriegsgedanken loszulösen, und um der Ehre Gottes willen, dem Christentum seine frühere Bereitschaft zum Opfer und zum Kreuz und damit seinen früheren edlen Stolz und seine Unabhängigkeit zurückzugeben, damit es, zu seinem eigenen Heil, fähig ist, gegen den Staat Distanz zu halten und ihm zu sagen: „ich kann dich nur dann völlig anerkennen, wenn du völlig Rechtsstaat wirst und den Krieg deutlich und offensichtlich abschwörst; wenn du das nicht willst, gehe ich als Christ und christliche Organisation meinen eigenen Weg; dann möge der Herr der Zeit und der Ewigkeit zwischen uns richten. Denn es geht in letzter Instanz weder um dich, noch um uns, sondern um Gottes Ehre und sein Reich, welches unendlich mehr und noch etwas ganz anderes

---

[67] *Life and Work*, Bulletin Nr. 2, November 1927. p. 78.
[68] *Staatenpolitik und Evangelium*, S. 34.

ist als der Friede der Welt; durch nichts jedoch wird dieses Reich so verhöhnt und geschändet, als durch den Krieg."

Wir wissen, daß wir nicht in unserem eigenen Namen sprechen und handeln, sondern im Namen Jesu Christi, der sein Christentum aus tiefem Fall wieder emporheben, seinen Namen vom Krieg wieder reinwaschen will. Ohne daß wir es würdig oder wert sind, ruft er uns jetzt auf zur Hilfe an seinem Werk. Unverdiente Ehre, die er uns schenkt! Aber gerade Schwache will er mit seiner göttlichen Kraft erfüllen! Und so hegen wir die heilige Hoffnung, die Zeit möge wiederkommen, wo das von der Schande des Krieges erlöste Christentum, ohne sich schämen zu müssen und ohne den Spott der Anderen herauszufordern, beten und bekennen darf:

Unser Vater, der du bist im Himmel,
Geheiligt werde dein Name!
Dein Reich komme,
Dein Wille geschehe,
Wie im Himmel
Also auch
auf Erden.

Foreword by
E. STANLEY JONES

The Fall
of
Christianity

A STUDY OF CHRISTIANITY
THE STATE AND WAR

By G. J. HEERING

FELLOWSHIP PUBLICATIONS

Englische Ausgabe der Studie von Gerrit Jan Heering über den „Sündenfall des Christentums". – Im Vorwort zur niederländischen Neuauflage von 1953 schrieb der Verfasser: ‚Die stärksten Kräfte in der Welt und im Leben sind nicht Gewalt und Waffen, sondern Glaube und Gewissen. Und die rettende Tat ist nicht die Atombombe, sondern das christliche Opfer.'

Anmerkungen
zur vorliegenden Neuedition des Werks
„Der Sündenfall des Christentums"
von Gerrit Jan Heering

Schon 2004 konnte die erstmals 1930 erschienene deutsche Übersetzung des Werks „De zondeval van het Christendom"[1] mit Erlaubnis der
Nachfahren von Gerrit Jan Heering in die digitale „Handbibliothek
Christlicher Friedenstheologie" aufgenommen werden. Wir danken
nunmehr Karel Heering, einem Enkel des Verfassers, für seine
freundliche Zustimmung zur Darbietung der vorliegenden Neuedition[2] innerhalb der Reihe „edition pace" (Regal: Pazifismus der frü-
hen Kirche | 2). Die Internetversion ist – wie bei allen Publikationen
des ‚Regals' – frei abrufbar; es gibt nachträglich aber auch die Möglichkeit, eine preiswerte Taschenbuchausgabe zu bestellen.

Der Werdegang des Verfassers sei hier – zumeist wortgetreu – in
Anlehnung an eine Darstellung aus der niederländischen ‚Bücher-
kunde'[3] nachgezeichnet:

> Gerrit Jan Heering – geboren am 15. März 1879 in Pasuruan/In-
> donesien, gestorben am 18. August 1955 in Oegstgeest – wirkte
> nach seinem Universitätsstudium lange als Hochschullehrer des
> Theologischen Seminars der Remonstranten in Leiden (NL). Der

---

[1] Niederländische Ausgaben | De zondeval van het Christendom. Arnhem 1928; 2de
herziene druk, met antwoord aan de bestrijders. 1929; 3de herziene druk 1933;
4de opnieuw ewerkte druk. Utrecht 1953. – Übersetzungen: Der Sündenfall des
Christentums. 1930; The fall of christianity. London 1930 & New York 1943; Kirken
og Krigen. Kobenhavn 1932; Dieu et César. Paris 1933.

[2] Textgrundlage | G[errit]. J[an]. HEERING: Der Sündenfall des Christentums. Eine
Untersuchung über Christentum, Staat und Krieg. Aus dem Holländischen über-
setzt durch Octavia Müller-Hofstede de Groot. Mit einem Geleitwort von Martin
Rade. Gotha: Leopold Klotz Verlag 1930. [278 Seiten]

[3] G. J. SIRKS: Jaarboek van de Maatschappij der Nederlandse Letterkunde te Leiden 1955-1956, S. 86-94; auszugsweise übertragen von Markus Heper (Bielefeld)
für die von Thomas Nauerth herausgegebene Digitale „Handbibliothek Christlicher Friedenstheologie" (2004). – Nachfolgend z. T. sehr frei bearbeitet.

Vater war seit 1868 Prediger in Indonesien gewesen. Die Familie kehrte 1881 in die Niederlande zurück. G. J. Heering ist dann ebenfalls Prediger geworden wie sein Vater, aber mit einer anders gefärbten Predigt, in der die *geistliche* Motivation deutlicher zu Tage trat, und mit einer anders ausgerichteten [*,rationalismus-kritischen'*] Theologie, die er in seiner Zeit als Hochschullehrer durchdacht und grundgelegt hat. Als Prediger diente er den Remonstranten-Gemeinden von Oude Wetering (1904-1907), Dordrecht (bis 1913) und Arnheim (bis zum Beginn seines Hochschullehramtes, April 1917). – Als junger Pfarrer heiratete er im Jahr 1905 Alida van Bosse; die beiden wurden Eltern von fünf Söhnen. – Heering's Leidenschaft gehörte der Kanzel. Seine Predigten zeichneten sich durch eine starke persönliche Überzeugungskraft aus; verschiedene Predigtsammlungen sind in Buchform veröffentlicht worden (*,Unser Vertrauen'*; *,Zeugnisse aus dunkler Zeit'* 1940; *,Was uns erhält'*). Predigen bedeutete für Heering die durch den Glauben getragene ,freie prophetische Verkündigung des Evangeliums, im Dienste und zur Ehre des heiligen Gottes'. – Gerrit Jan Heering entwickelte eine eigene „Dogmatik auf der Grundlage der Evangelien und der Reformation", schrieb über den „Ort der ,Sünde' in der freisinnigen-christlichen Dogmatik" (1912) und über „Die Selbstständigkeit der Seele" (1917).

Der Erste Weltkrieg führte ihn zu einem radikalen Antikriegsstandpunkt, beeinflusst von Hilbrandt Boschma (1869-1954), der bereits während der Kriegszeit 1914-1918 an verschiedenen Orten pazifistische Lesungen abhielt: „Kreuz oder Kanone?" – „Warum kein Krieg? Weil der Krieg die radikalste Sünde gegen Gott ist." Heering fasste seine eigenen Studien und Einsichten 1928 in dem Werk „*Der Sündenfall des Christentums*" zusammen (s. u.).[4] Er gründete mit anderen „Kerk en Vrede" (Church and

---

[4] Auswahl weiterer Werke von J. G. Heering: *Militia Christi* (Sammlung pazifistischer Artikel, Arnhem 1936); *Geloof en Openbaring* (Arnhem 1935-1937; 2de herziene druk. Arnhem 1944; 3de opnieuw bewerkte druk. Arnhem 1950); *De christelijke Godsidee* (Arnhem 1945); *De verwachting van het Koninkrijk Gods* (Arnhem 1952); *De menselijke ziel* (Arnhem 1955). – Eine sehr umfangreiche Bibliographie zu Veröffentlichungen von und über Gerrit Jan Heering ist im Internet abrufbar: https://denhaag.remonstranten.nl/bibliotheek-remonstrantica-auteurs-h/ – [Alle angegebenen Netzressourcen zuletzt nachgesehen am 11.12.2024.]

Peace), wurde Vorsitzender dieser Vereinigung auf nationaler Ebene und war für viele Jahre auch international eine der leitenden Persönlichkeiten des neuen kirchlichen Friedensnetzes.

Die Friedensbewegung in den Niederlanden zeigte sich schon vor dem Ersten Weltkrieg gut organisiert, vielgestaltig ('Tolstojaner', Anarchisten, sozialistische Antimilitaristen …) und übernational vernetzt. Mit Gerrit Jan Heering und Persönlichkeiten, die ihm nahestanden, wurde sie durch eine neue Strömung mit ökumenisch-friedenskirchlicher bzw. friedenstheologischer Programmatik bereichert.[5] Wie bedeutsam die 1928 vorgelegte Untersuchung des gelehrten Remonstranten zum 'konstantinischen Sündenfall' und dessen mögliche Überwindung über die Landesgrenzen hinaus war, führen uns gleich vier Übersetzungen in andere europäische Sprachen vor Augen. 1933 ist der Verfasser sogar für den Friedens-Nobelpreis vorgeschlagen worden.[6]

Der bekannte Dominikaner und Friedenstheologe P. Franziskus Maria Stratmann (1883-1971) schrieb bald nach Erscheinen der deutschen Ausgabe von Heerings Werk *„De zondeval van het Christendom"* in einer Rezension:

„Einem Christen tut es weh, vom 'Sündenfall des Christentums' reden zu hören. Je stärker er seine Religion liebt, um mehr schmerzt ihn jede Anklage. Aber gerade die starke Liebe muß hellsichtig sein, damit Krankes geheilt, Schwaches gestärkt werden kann. Die Christen, die die Geschichte des Christentums mit Einschluß der Kriegsgeschichte ganz in der Ordnung finden, sind sicher nicht die besten und erweisen ihm einen schlechten Dienst. Man muß deshalb für das Buch Heerings, das hier nur in seinem Kern, nicht in seinem sonstigen reichen Inhalt behandelt werden konnte, sehr dankbar sein. Der Verfasser selbst gehört, wie eingangs gesagt, zu denen, die an der Darlegung der Krankheitsgeschichte des Christentums alles andere als Freude haben. Er will nur als gewissenhafter Arzt an die Wurzel des Übels heran. Er sieht sie in einer Verwachsung des christlichen Edelbaumes mit einem ihm schicksalhaft, aber auch schuldhaft auf

---

[5] https://www.nieuwwij.nl/achtergrond/g-j-heering-in-navolging-van-christus/
[6] https://www.nobelprize.org/nomination/archive/show.php?id=7397

gepfropften Wildling, dem Krieg. Im letzten Teil des Buches gibt er sehr beachtenswerte Ratschläge zur Heilung des Übels. [...] Die Wahrheit und der Ernst der Sache verlangen aber doch, daß wir alle Schuld nicht allein auf die Menschen, die Christen, wälzen und behaupten, sie hätten eben in ihrem schuldbaren Kriegführen eine an sich tadellose christliche Kriegslehre verleugnet, sondern wir müssen sagen, daß gewisse weit verbreitete Kriegslehren mindestens die gleiche Schuld treffen. Zahllose Christen hätten nichts lieber getan als einer möglichst strengen Kriegs- bzw. Antikriegslehre Gefolgschaft geleistet. Sie haben jedem obrigkeitlichen Befehl *nur* deshalb gehorcht, weil er sie dazu zwang und ihr widerstrebendes Gewissen vergewaltigte. Nötiger als eine Reform dieser Christen ist deshalb eine Reform dieser Lehren, mindestens eine neue Anwendung alter Lehren auf die von Grund auf veränderte heutige Situation. Eine vom Lehramt der Kirche definitiv formulierte oder gedeckte und darum im Glaubensgehorsam verbindliche, für jede Situation gebrauchsfertige ‚katholische' Kriegslehre gibt es nicht. Diese Feststellung ist von der größten Wichtigkeit. Sie läßt die Bahn frei sowohl für die theoretische Arbeit der Moraltheologie wie für das praktische Handeln der Katholiken. An dem Heeringschen Buche wird die Neuorientierung nicht vorübergehen können [...]. Es ist eine bedeutende Bereicherung der pazifistischen Literatur, und auch der Katholik kann in ihm, trotz wesentlicher Vorbehalte, einen der Wegebereiter nicht nur des Welt-Friedens, sondern auch des ‚Friedens Christi im Reiche Christi' sehen."[7]

Wer die Kirchengeschichte kennt, weiß wie außergewöhnlich dieses – nur ein wenig vorsichtige – Lob für Heerings Buch aus dem Mund eines römisch-katholischen Ordenspriesters gegen Ende der Weimarer Republik erscheinen musste.

In seinem Geleitwort zur deutschen Ausgabe des Werkes von 1930 hatte der evangelische Theologe Martin Rade (1857-1940) geschrieben: „*Wenn der nächste Krieg kommt, werden die Kirchen nicht*

---

[7] P. Franziskus STRATMANN OP: Der Sündenfall des Christentums (Rezension). In: *Der Friedenskämpfer*. Organ der Katholischen Friedensbewegung 5. Jg. (1931), S. 69-76.

mehr geschlossen zu den Armeen stehn. Es wird dann nicht ohne schwere innere Konflikte gehen. Wie sie sich abspielen, wie sie sich lösen werden, weiß kein Mensch. Je länger die gegenwärtige Atempause dauert, desto besser mag es sein." (→S. 10). Doch die ‚Atempause' bis zum nächsten Menschenschlachten im Zweiten Weltkrieg dauerte nur kurz. Die amtlichen Leitungen der beiden deutschen Großkirchen leisteten ab 1939 für den ‚Hitlerkrieg' (!) doch wieder – ziemlich ‚geschlossen' – kriegstheologischen Beistand in großem Umfang und riefen – mit durchschlagendem Erfolg – die Getauften zum Gehorsam gegenüber der Obrigkeit im NS-Staat auf.[8] Nach 1945 haben die i. d. R. vom Staat besoldeten Kirchenhistoriker wunderliche Verteidigungstexte zu diesem abgründigen Komplex verfasst – und nicht wenige ‚weltliche Vertreter' der Geschichtswissenschaften haben ihnen dabei unter dem Vorzeichen sogenannter „Historisierung" assistiert.

Heerings Anliegen wird gegenwärtig verstanden, wenn etwa der Bischof von Rom bezeugt, es könne im Licht des Evangeliums keine ‚gerechten Kriege' geben und Christen müssten schon Herstellung oder Besitz atomarer Massenvernichtungswaffen als verwerflich brandmarken. Doch der vom niederländischen Seelsorger und Theologieprofessor nach dem Ersten Weltkrieg ersehnte *radikale Bruch mit dem konstantinischen Staatskirchenparadigma* hat in den privilegierten nationalen Kirchengebilden, zumal im Militärkirchenwesen, nie stattgefunden. Die völlig irrationale militärische Heilslehre stößt in diesem Zusammenhang heute nirgendwo auf eine Fundamentalkritik, während der Militarismus unentwegt Felder des öffentlichen Lebens für sich ‚zurückerobert'. Leider gibt es viele Gründe, das ehedem bahnbrechende Werk *„Der Sündenfall des Christentums. Eine Untersuchung über Christentum, Staat und Krieg"* gerade jetzt wieder allgemein zugänglich zu machen. Möge es vielen zur Erschütterung und zu einem klaren Denken verhelfen.

Düsseldorf, Dezember 2024 I Peter Bürger

---

[8] Vgl. dazu etwa die im Internet bereits frei zugänglichen Dokumentationen auf: https://kircheundweltkrieg.wordpress.com/

Adolf von Harnack
Militia Christi

Die christliche Religion und der Soldatenstand
in den ersten drei Jahrhunderten.

Mit einem einleitenden Essay von Franz Segbers

edition pace | Regal: *Pazifismus der frühen Kirche* 1
Herausgegeben von Peter Bürger
(ISBN: 978-3-7597-6020-3; Paperback; 180 Seiten; 9,99 €)

1905 veröffentlichte der protestantische Gelehrte Adolf von Harnack (1851-1930) seine jetzt als Neuedition vorgelegte Spezialstudie *„Militia Christi"* mit dem Untertitel: „Die christliche Religion und der Soldatenstand in den ersten drei Jahrhunderten". Darin, so resümiert Herbert Koch, „führte Harnack den Nachweis, dass es für die Christen bis zum Ende des 2. Jahrhunderts eine Selbstverständlichkeit war, keinen Dienst im römischen Heer zu leisten. Ein Problem entstand erst, als es mit fortschreitender Ausbreitung des Christentums auch Soldaten gab, die getauft werden wollten. Dies wurde dann zugestanden, aber nur unter Auflagen, etwa der, die Beteiligung an Hinrichtungen (tötender Gewalt) zu verweigern. Eine Studie wie diese hatte es bis dahin nie gegeben."

Der Anhang dieser Neuausgabe enthält noch das „Soldatenkapitel" aus dem Werk „Mission und Ausbreitung des Christentums" (1902/1906) sowie „Anmerkungen" zu Harnacks unrühmlicher Rolle als Staatsdiener während des Ersten Weltkriegs. – Franz Segbers beleuchtet in seinem einleitenden Essay den Pazifismus der frühen Christenheit als „unzeitgemäße Erinnerung zur Zeitenwende": „Wie die Theologen der Alten Kirche in den vorkonstantinischen Jahrhunderten für ihre Zeit des Imperium Romanum eine kontextuelle Theologie der Gewaltfreiheit entworfen haben, ist es auch den Theologen und Theologinnen im 21. Jahrhundert aufgegeben, den Zusammenhang von Kapitalismus, Militarisierung und Rückkehr des Krieges als Kontext ihrer Theologie zu reflektieren."

Thomas Gerhards
Pazifismus und Kriegsdienstverweigerung in der frühen Kirche

Eine Quellensammlung. – Mit einer Einleitung von Konrad Lübbert.
Neuedition der sechsten, überarbeiteten Auflage von 1991.

edition pace | Regal: *Pazifismus der frühen Kirche* 2
Herausgegeben von Peter Bürger
(ISBN: 978-3-7693-2108-1; Paperback; 108 Seiten; 6,99 €)

Die hier ohne Änderungen erneut edierte Quellensammlung „Pazifismus und Kriegsdienstverweigerung in der frühen Kirche" kursierte 1984 als ‚Geheimtipp' unter friedensbewegten Christenmenschen und wurde dann aufgrund der starken Nachfrage bis 1991 vom deutschen Zweig des Internationalen Versöhnungsbundes in sechs Auflagen verbreitet, versehen mit einem Vorwort von Konrad Lübbert.

Im einleitenden Teil erläuterte der Bearbeiter Thomas Gerhards vor vier Jahrzehnten seine Intention: „Eine der großen Fragen, mit denen ich mein Studium der Theologie begann, lautete: Wie kommt es, dass Christen, denen Jesus die völlige Gewaltlosigkeit vorlebte …, nicht klarer gegen das immer erschreckendere Wettrüsten Stellung beziehen? Müsste seine Kirche die Haltung Jesu nicht deutlicher herausstellen? Ist, angesichts der heutigen Situation, die Kriegsdienstverweigerung für eine/n Christin/en nicht die notwendige Konsequenz? Ich entdeckte, dass die frühe Kirche viel entschlossener die gewaltlose Botschaft Jesu zu leben suchte. Aus zweijähriger Beschäftigung mit dem Thema erwuchs diese Quellensammlung, da ich immer wieder feststellte, wie … unzureichend das Wissen um die Haltung der frühen Christen zu Krieg und Kriegsdienst war. – Die Dokumente aus den ersten drei Jahrhunderten des Christentums sind zu bedeutsam, als dass man sie – wie die herrschende Kirchenhistorie – mit wenigen Sätzen abtun und dann zum ‚gerechten Krieg' übergehen kann."

Egon Spiegel
Gewaltverzicht

Grundlagen einer biblischen Friedenstheologie.
Neuedition nach der Zweiten Auflage 1989.

edition pace | *Regal: Pazifismus der frühen Kirche* 3
Herausgegeben von Peter Bürger
(ISBN: 978-3-7693-2404-4; Paperback; 412 Seiten; 15,99 €)

Der vorliegende Band im Regal „Pazifismus der frühen Kirche" erschließt eine bibeltheologische Gesamtschau zum Themenkreis ‚Gewalt – Gewaltverzicht – Frieden'. Unsere Neuedition des erstmals 1987 veröffentlichten Standardwerks „Gewaltverzicht" von Egon Spiegel folgt ohne Änderungen der zweiten Auflage aus dem Jahr 1989.

Der Verfasser arbeitet nicht nur die Tragweite des Gewaltverzichts Jesu heraus. Indem er der Frage nachgeht, warum sich Jesus jeder Gewaltanwendung enthalten hat, führt er in eine wenig bekannte alttestamentliche Theologie des Gewaltverzichts ein. Selbstverständlich setzt er sich dabei auch ausführlich mit der weitverbreiteten Vorstellung eines gewalttätigen Gottes auseinander. Im dritten Hauptkapitel wird gewaltfreies Handeln in der Reich-Gottes-Perspektive erklärt.

Das zentrale Fazit der Untersuchung: Gebrauch und Einsatz von Gewalt sind atheistisch. Wo immer Gewalt angewandt wird, da wird nicht mit Gott als einer lebensfördernden Macht gerechnet, ja wird ein Eingreifen Gottes dadurch verhindert, dass die Konfliktpartner die Lösung des Konflikts eigenmächtig in allein ihre Hand zu nehmen versuchen. Umgekehrt ist es das Ziel der gewaltfreien Aktion, einen von Gewalt und Gegengewalt freien Raum der politischen Auseinandersetzung zu schaffen, in dem göttliche Dynamik schalom-stiftend wirksam werden kann.

edition pace

Begründet von Thomas Nauerth & Peter Bürger

John Dear
EIN MENSCH DES FRIEDENS UND DER GEWALTFREIHEIT WERDEN
Ausgewählte Aufsätze und Reden.
Norderstedt: BoD 2018 – ISBN: 978-3-7460-8898-3

Heinrich Missalla
„GOTT MIT UNS"
Die deutsche katholische Kriegspredigt 1914-1918.
Norderstedt: BoD 2018 – ISBN: 978-3-7528-1568-9

Christian Weisner / Friedhelm Meyer / Peter Bürger (Hg.)
„GEDENKT DER HEILIGSPRECHUNG VON OSCAR ROMERO
DURCH DIE ARMEN DIESER ERDE"
Dokumentation des Ökumenischen Aufrufes zum 1. Mai 2011.
Norderstedt: BoD 2018 – ISBN: 978-3-7460-7979-0

Reinhard J. Voß
DIE KATHOLISCHE KIRCHE IN DER DR KONGO
IM KONTEXT VON GESELLSCHAFT UND ÖKUMENE.
Norderstedt: BoD 2019 – ISBN: 978-3-7481-4482-3

Matthias-W. Engelke
ZELT DER FRIEDENSMACHER
Die christliche Gemeinde in Friedenstheologie und Friedensethik.
Norderstedt: BoD 2019 – ISBN: 978-3-7494-3645-3

IM SOLD DER SCHLÄCHTER
Texte zur Militärseelsorge im Hitlerkrieg
Hg. von R. Schmid, Th. Nauerth, M.-W. Engelke, P. Bürger.
Norderstedt: BoD 2019 – ISBN: 978-3-7481-0172-7

John Dear
GEWALTFREI LEBEN
Aus dem Englischen von Ingrid von Heiseler,
herausgegeben von Thomas Nauerth.
Norderstedt: BoD 2019 – ISBN: 978-3-7494-5179-1

DIE SEELEN RÜSTEN
Zur Kritik der staatskirchlichen Militärseelsorge
Hg. von R. Schmid, Th. Nauerth, M.-W. Engelke, P. Bürger.
Norderstedt: BoD 2019 – ISBN: 978-3-7494-6804-1

Peter Bürger
OSCAR ROMERO, DIE SYNODALE KIRCHE UND ABGRÜNDE DES KLERIKALISMUS
Zum 40. Todestag des Lebenszeugen aus El Salvador.
Norderstedt: BoD 2020 – ISBN: 978-3-7504-9377-3

Ullrich Hahn
VOM LASSEN DER GEWALT
Thesen, Texte, Theorien zu Gewaltfreiem Handeln heute.
Hg. von Annette Nauerth & Thomas Nauerth.
Norderstedt: BoD 2020 – ISBN: 978-3-7519-4442-7

Wilhelm Wille
SIE SAGEN FRIEDE, FRIEDE … Zwanzig Jahre Forum Friedensethik
in der Evangelischen Landeskirche in Baden (FFE).
Norderstedt: BoD 2020 – ISBN: 978-3-7526-2956-9

Thomas Nauerth /
Ökumenisches Institut für Friedenstheologie (Hg.)
WAS IST FRIEDENSTHEOLOGIE ? EIN LESEBUCH.
Norderstedt: BoD 2020 – ISBN: 978-3-7526-4444-9

George Pattery S.J.
GANDHI ALS GLAUBENDER. Eine indisch-christliche Sichtweise.
Aus dem Englischen von Ingrid von Heiseler.
Herausgegeben von Klaus Hagedorn & Thomas Nauerth.
Norderstedt: BoD 2021 – ISBN: 978-3-7557-0056-2

Ulrich Frey
AUF DEM WEG DER GERECHTIGKEIT UND DES FRIEDENS
Texte aus drei Jahrzehnten. Herausgegeben von Gottfried Orth.
Norderstedt: BoD 2022 – ISBN: 978-3-7543-8569-2

Thomas Nauerth / Annette M. Stroß (Hg.)
IN DEN SPIEGEL SCHAUEN
Friedenswissenschaftliche Perspektiven für das 21. Jahrhundert.
Ein Lesebuch mit Texten von Egon Spiegel.
Norderstedt: BoD 2022 – ISBN: 978-3-7562-2081-6

Jochen Vollmer
„FRIEDENSKIRCHE WERDEN – ANKOMMEN IM
POSTKONSTANTINISCHEN ZEITALTER"
Friedenstheologische Beiträge zur Entgiftung von Kirche und Glauben.
In Zusammenarbeit mit dem OekIF, hg. von Matthias-W. Engelke.
Norderstedt: BoD 2023 – ISBN: 978-3-7583-0420-0

Gottfried Orth (Hg.)
… DASS GERECHTIGKEIT UND FRIEDEN SICH KÜSSEN
Helmut Gollwitzer (1908-1993).
Norderstedt: BoD 2024 – ISBN: 978-3-7583-7214-8

Alfred Hermann Fried
GESCHICHTE DER FRIEDENSBEWEGUNG
Eine Darstellung zum Pazifismus bis 1912.
(Regal: Geschichte der Friedensbewegung 1)
Norderstedt: BoD 2024 – ISBN 978-3-7597-0334-7

Ludwig Quidde
ÜBER MILITARISMUS UND PAZIFISMUS
Vier friedensbewegte Texte aus den Jahren 1893-1926.
(Regal: Geschichte der Friedensbewegung 2)
Norderstedt: BoD 2024 – ISBN 978-3-7597-0320-0

Richard Barkeley
DIE DEUTSCHE FRIEDENSBEWEGUNG 1870-1933
Unveränderter Text der Darstellung von 1947 – Bibliographie.
(Regal: Geschichte der Friedensbewegung 3)
Norderstedt: BoD 2024 – ISBN 978-3-7597-0405-4

Eberhard Bürger
FRIEDENSBEWEGUNGEN IN DER ÖKUMENE
UM DIE ZEIT DES ERSTEN WELTKRIEGS – EIN ÜBERBLICK
(Regal: Geschichte der Friedensbewegung 4)
Norderstedt: BoD 2024 – ISBN 978-3-7597-0660-7

Dieter Riesenberger
DIE KATHOLISCHE FRIEDENSBEWEGUNG IN DER WEIMARER REPUBLIK
Neuedition der Auflage von 1976. – Mit einem Vorwort von Walter Dirks
und einem Nachruf für Dieter Riesenberger von Helmut Donat.
(Regal: Geschichte der Friedensbewegung 5)
Norderstedt: BoD 2024 – ISBN 978-3-7597-0649-2

David Low Dodge
KRIEG IST MIT DER RELIGION JESU CHRISTI UNVEREINBAR
Eine pazifistische Pionierschrift aus dem Jahr 1812,
mit einer Einführung von Edwin D. Mead –
aus dem Englischen von Ingrid von Heiseler.
(Regal: Geschichte der Friedensbewegung 6)
Norderstedt: BoD 2024 – ISBN: 978-3-7597-3038-1

Erasmus von Rotterdam
ALLE MÜSSEN DEN KRIEG VERLÄSTERN
„Die Klage des Friedens" 1517, übersetzt von Rudolf Liechtenhan –
mit einem Vorwort von Eugen Drewermann.
Norderstedt: BoD 2024 – ISBN: 978-3-7583-8178-2

Johann von Bloch
DIE WAHRSCHEINLICHEN POLITISCHEN UND WIRTSCHAFTLICHEN
FOLGEN EINES KRIEGES ZWISCHEN GROßMÄCHTEN
Neuedition der Übersetzung von 1901 mit Begleittexten
von B. Friedberg, Manfred Sapper und Jürgen Scheffran
(Regal: Pazifisten & Antimilitaristen aus jüdischen Familien 1)
Norderstedt: BoD 2024 – ISBN: 978-3-7597-2313-0

Rudolf Goldscheid
MENSCHENÖKONOMIE, WELTKRIEG UND WELTFRIEDEN
Ausgewählte Schriften 1912 – 1926
(Regal: Pazifisten & Antimilitaristen aus jüdischen Familien 2)
Norderstedt: BoD 2024 – ISBN: 978-3-7597-7885-7

Moritz Adler
WENN DU DEN FRIEDEN WILLST, BEREITE FRIEDEN VOR
Texte wider den Krieg 1868 – 1899
(Regal: Pazifisten & Antimilitaristen aus jüdischen Familien 3)
Norderstedt: BoD 2024 – ISBN: 978-3-7597-9450-5

Eduard Loewenthal
DER KRIEG IST ABZUSCHAFFEN
Friedensbewegte Schriften für das Europa
der Völker und einen Weltstaatenbund, 1870 – 1912
(Regal: Pazifisten & Antimilitaristen aus jüdischen Familien 4)
Norderstedt: BoD 2024 – ISBN: 978-3-7583-5069-6

Eduard Bernstein
DER FRIEDE IST DAS KOSTBARSTE GUT
Schriften zum Ersten Weltkrieg. Mit einem Essay von Helmut Donat.
Herausgegeben von Peter Bürger.
(Regal: Pazifisten & Antimilitaristen aus jüdischen Familien, 5)
Norderstedt: BoD 2024 – ISBN: 978-3-7693-1268-3

Adolf von Harnack
MILITIA CHRISTI
Die christliche Religion und der Soldatenstand
in den ersten drei Jahrhunderten.
Mit einem einleitenden Essay von Franz Segbers.
(Regal: Pazifismus der frühen Kirche 1)
Norderstedt: BoD 2024 – ISBN: 978-3-7597-6020-3

Thomas Gerhards
PAZIFISMUS UND KRIEGSDIENSTVERWEIGERUNG IN DER FRÜHEN KIRCHE
Eine Quellensammlung. – Mit einer Einleitung von Konrad Lübbert.
Neuedition der sechsten, überarbeiteten Auflage von 1991.
(Regal: Pazifismus der frühen Kirche 2)
Norderstedt: BoD 2024 – ISBN: 978-3-7693-2108-1

Egon Spiegel
GEWALTVERZICHT
Grundlagen einer biblischen Friedenstheologie.
Neuedition nach der Zweiten Auflage 1989.
(Regal: Pazifismus der frühen Kirche 3)
Norderstedt: BoD 2024 – ISBN: 978-3-7693-2404-4

Gerrit Jan Heering
DER SÜNDENFALL DES CHRISTENTUMS
Eine Untersuchung über Christentum, Staat und Krieg.
Aus dem Holländischen übersetzt durch
Octavia Müller-Hofstede de Groot, 1930
(Regal: Pazifismus der frühen Kirche 4)
Norderstedt: BoD 2024 – ISBN: 978-3-7693-2488-4

edition pace

Die hier fortgesetzte *edition pace*,
initiiert von Thomas Nauerth und Peter Bürger,
erschließt Quellentexte, Inspirationen & Forschungsbeiträge
zu folgenden Themenschwerpunkten:

Kultur der Gewaltfreiheit und des Friedens;
Persönlichkeiten, Spiritualität und Praxis
des gewaltfreien Widerstands;
Friedenstheologie, Kritik der Kriegsreligion;
Kirchliche Friedenslehren und Geschichte des
religiös motivierten Pazifismus;
Ökumenische und interreligiöse Lernprozesse
in der Bewegung für Gerechtigkeit, Frieden und
Bewahrung der Schöpfung.

Ergänzend:
Regal zur Geschichte der Friedensbewegung.

Regal: Pazifisten & Antimilitaristen
aus jüdischen Familien.

Buchausgaben:
https://buchshop.bod.de/
(Suchfunktion I Eingabe: *edition pace*)